现代化研究

第 三 辑

北京大学世界现代化进程研究中心　主编

商务印书馆
2005年·北京

封面题字	罗荣渠					
学术顾问	郭传杰	于维栋	王玉民	郝 斌	何芳川	林被甸
	丁建弘					
编委会	钱乘旦	陈晓律	吴恩远	虞和平	陈勇	周积明
	何晓明	王加丰	吕一民	哈全安	石冰山	常绍民
	何传启	谢文惠	朱庆芳	吴述尧	邹兆辰	杨玉圣
	严立贤	尹保云	赵自勇	梅俊杰	牛大勇	杨奎松
	王红生	王新生	包茂宏	刘一皋	高 岱	董正华*
	牛 可*	吴小安*	董经胜*			

（带＊号者为常务编委）

助理编辑　昝　涛　郑振清

责任编辑　丛晓眉

第 三 辑

目 录

卷首语

主题研讨·农业与全球化

沈　汉:16世纪英国农业资本主义发展的典型性问题及其他……… 5
文礼朋:历史发展的悖论:农业生产的特殊性与家庭自耕农的
　　　 生命力……………………………………………………………… 25
秦　川:法国农业转型中的合作社体制:农业中的"第三条道路"…… 52
彼德·A.考克莱尼斯:来自过去的教训?
　　　——历史语境下的农业全球化……………………………… 69
司马万:1890—1934年间德国农业对世界市场的拒斥……………… 82

学术专论

李家翘:资本主义世界体系与其空间的生产
　　　——一个有"后现代"视角的现代化理论刍议……………… 93
杨辰起:20世纪美国科技治国思想述论………………………… 137
王曙光:论转轨经济学的"华盛顿共识"与"后华盛顿共识"……… 164

当代中国

朱庆芳:小康及现代化社会指标体系评价方法……………………… 178

成都市经济信息中心课题组：成都市现代化进程及现状评估 …………… 190

沙　琳：铁饭碗之后：扩大中国安全网 ……………………………………… 210
吴理财：乡镇体制改革研讨会观点综述 ……………………………………… 253

王立礼：地区轮替与台商大陆投资的发展趋势 ……………………………… 264
林　震：李登辉主导下的台湾"民主化"进程 ………………………………… 300

各国研究

程汉大：弹劾制度与英国宪政 ………………………………………………… 315
埃尔纳·奥尔纳：铁路建设与19世纪拉丁美洲的现代化 …………………… 337
李　雯：试论萨达特时代的埃及政党政治 …………………………………… 357
罗智国：外来移民与1979—1985年印度阿萨姆危机 ……………………… 373
马　娟：土耳其繁荣党始末 …………………………………………………… 393

阅读与思考

高寿仙：明清江南的经济发展：理论与事实——对李伯重先生
　　的明清江南经济研究的一点反思 ………………………………………… 408
郑振清：自由与发展——简析阿马蒂亚·森的自由发展观 ………………… 422
刘　青："自由"的美国和"不自由"的第三世界——评《自由美
　　国和第三世界》……………………………………………………………… 436
闵凡祥：政治权威主义与现代化——读《新加坡——"权威型"
　　政治下的现代化》…………………………………………………………… 448

现代化研究论文及著作索引(2000—2001) …………………………… 456

卷 首 语

主要因为经费不足,《现代化研究》每年推出两辑的计划恐怕一时难以实现,只能像现在这样不定期出版了。当初的设想或有不周。这使我们两年来常常汗颜,感觉愧对作者(特别是给了我们文章而不能被收录的作者)与热心的读者。我们希望眼下每年至少出一本,条件具备时再增加到两本。"现代化研究"的跨学科性质,使它在现有的学科分类、论著与资料目录中很难找到应有的位置。研究成果不能比较集中地发表以飨读者;研究者也缺少一个比较固定的园地以切磋交流。但愿这种情况能尽快结束。到那时我们的任务也就完成了。

聊以自慰的是,奉献给读者的前两辑内容都是沉甸甸的。本辑各栏目亦不乏上佳之作。

"三农"成为令人关心、忧心的问题在中外历史上均由来已久。苏东坡在内廷任上就写过"忧勤终岁为三农"的词句。意涵或有差别,核心都是个"农"字。本辑"主题研讨·农业与全球化"栏收录的几篇文章,俾以他山之石攻错。其中,沈汉讨论了农业与资本主义的关系,对将16世纪英国当作资本主义农业发展典型的传统观点提出了挑战。文礼朋对农业生产特殊性和家庭农业生命力的考察,与沈文有异曲同工之妙。秦川的"法国农业转型中的合作社体制:农业中的'第三条道路'",讨论了一个在传统的"农业资本主义发展"命题之外的家庭农场合作与发展问题,颇有新意。彼德·A.考克莱尼斯"来自过去的教训?——历史语境下的农业全球化"和司马万的"1890—1934年间德国农业对世界市场的拒斥",分别考察了较早阶段的农业全球化。他们的共同结论是:农业全球化的兴起和逆转在历史上都曾发生过。19世纪后期至20世纪初期的全球化与今天的全球化有许多相似之处,许多经验教训仍然适用于今天。这些讨论在今天仍然是十分有意义的。

两文作者分别来自美国北卡罗莱纳大学的两个校区。对他们两位以及英国学者沙琳女士、瑞典学者埃尔纳·奥尔纳教授的热忱支持和供稿,编者谨在此表示衷心的感谢。

　　本辑"学术专论"栏所刊李家翘"资本主义世界体系与其空间的生产"一文,从空间分析和"后现代"的视角出发,提供了一个反思现代化理论的框架。作者强调指出:现代化所体现的只是资本主义空间的生产过程,现代化在此过程中会遇到"地区"、"地方"以及"身体"的抵抗。杨辰起的"二十世纪美国科技治国思想述论"深入探讨了发达工业社会中科技对政治的影响。从经济技术进步对社会政治的结构和决策的直接而深刻影响这一角度,透视发达工业社会发展的趋向。作者提出:科技治国思想是工业化进程和经济技术进步在人们思想观念中的反映。没有科学理性的社会理性是空洞的,没有社会理性的科学理性则是盲目的。人们从理论到实践给予科技治国政治以批判和反省,则是因为现实中企图用科学技术解决社会政治问题的尝试遭到了失败。王曙光的"转轨经济学的'华盛顿共识'与'后华盛顿共识'"从经济转轨的实践出发,揭示了"华盛顿共识"的内在理论困境。文章指出:"华盛顿共识"是 20 世纪 80 年代转轨经济学的重要成果,但是这种依据新古典经济学教条所达成的迅速私有化、市场化和自由化的转轨共识正日益受到经济转轨现实的严峻挑战,从而形成转轨经济学界的"后华盛顿共识"。文章同时分析了"后华盛顿共识"对于转轨经济学自身的理论"转型"所具有的深远意义。

　　"当代中国"栏目收入的前两篇文章都是关于现代化程度评估问题的,希望能对地区发展与现代化的规划和评估提供参考。沙琳的"铁饭碗之后:扩大中国安全网"对当前中国政府为满足贫困人口和弱势群体的需要而采取的政策进行评估,对包括非正式支持体系、社区、慈善组织等在内的更广泛的"社会安全网"做了探讨。吴理财"乡镇体制改革研讨会观点综述"反映了该研讨会在乡镇政府的去留、乡镇选举方式的改革和创新、乡镇财政问题、"七站八所"的改革及农村社会中介组织的培育和发展、县乡村整体关系的调适,以及村民自治、农村税费改革背景下农村基层民主政治建设、发展和乡村民主治理等问题上的各种意见。王立礼先生的"地区轮替与台商内地投资的发展趋势"以他的博士论文中的两章为基础改写而成。作者身兼学者与台商双重身份。他以丰富的材料,包括实地的问卷调查,加上亲身经历和感受,分析了台湾经济在上个世纪90年代中期以后逐渐在岛内政治恶斗和两岸关系僵持中停步不前的困境。作者强调:台商赴内地是为求生存、求发展,是为提升竞争力优势和潮流所趋。台湾当局以主观的意识强加于台商,无法改变和主导台商的投资方向和策略。文章回顾了既有的两波台商内地投资热潮,对未来台商内地投资趋向及其对两岸关系的影响,也做了深入的讨论。"李登辉主导下的台湾'民主化'进程"一文也脱胎于作者博士论文中的有关章节。文章揭示出李登辉如何在"民主改革"和"修宪"的幌子下大肆扩大"总统"的权力,谋取独裁和推动"台独",种下今天台湾地区政局混乱、经济沉沦之因。

"各国研究"的目的在于比较分析世界各国现代化进程的历史经验。"试论萨达特时期埃及的政党政治"分析了埃及从一党政治向多党政治过渡背后的社会根源。"繁荣党与土耳其的现代化"一文对这个世俗化较为彻底的国家何以在20世纪60、70年代以来亦未免伊斯兰复兴运动的冲击做出了解释。"外来移民与1979—1985年印度阿萨姆危机"提出了一个全球化时代值得关注的问题——资本与劳工的流动问题。英国是现代化的先行国,其政治制度对其他国家具有示范性作用。"弹劾制度与英国宪政"一文对弹劾制度的起源做了深入的追溯。拉美的早期现代化与铁路建设有着不可分割的关系。国内学术界对此尚缺少系统性研究,埃尔纳·奥尔纳教授的文章"铁路建设与19世纪拉美的现代化"从大量的档案资料入手,对19世纪拉美的铁路建设进行了细致的考察,其中不乏精彩的见解。

多多推出好的书评一直是我们的奢望。本辑"阅读与思考"一栏所收高寿仙"明清江南的经济发展——对李伯重先生明清江南经济研究的一点反思",其实是一篇很有理论深度的专论,相信读者阅后自会作出评价。其他几篇书评文笔可能尚嫌稚嫩。"抛砖引玉",是编者和这些文字的作者共通的心声。

本辑常务编委分工如下：牛可负责学术专论部分，董经胜负责各国研究，吴小安负责农业与全球化部分，董正华负责当代中国及阅读与思考两栏并统筹全书。

16世纪英国农业资本主义发展的典型性问题及其他

沈 汉

恩格斯在《共产党宣言》1888年英文版的注中曾说,"一般说来,这里是把英国当作资产阶级经济发展的典型国家"。① 马克思则写道:"从亨利七世以来,资本主义生产在世界任何地方都不曾这样无情地处置过传统的农业关系,都没有创造出如此适合自己的条件,并使这些条件如此服从自己支配,在这一方面,英国是世界上最革命的国家。"② 如果马克思和恩格斯的论述是就直至工业革命完成的整个近代时期英国经济在世界上的地位而论,那么无疑是正确的。20世纪一些历史学家在把17世纪英国革命作为世界近代史开始的同时,又把16世纪英国农业视为农业资本主义发展的典型。从历史资料来看,后一结论有过高估计16世纪英国农业资本主义发展程度之嫌。英国农业发展的道路比这要复杂得多。英国农业资本主义是通过16至19世纪几乎3个世纪漫长的发展过程才最终发展成熟的。而在16世纪的英国,农业资本主义只是其开端,远未达到成熟的程度。本文拟从16世纪及以后英国农业经济组织发展的几个方面对这个问题作一初步阐述。

---

① 《马克思恩格斯选集》第一卷,人民出版社1972年版,第253页注①。
② 马克思:《剩余价值理论》,载《马克思恩格斯全集》第26卷,II,人民出版社1973年版,第263页。

一、对 16 世纪圈地运动和
处理修道院地产的再审视

16 世纪英格兰的圈地运动无论是对历史学者还是对一般读者都是一个引人注目的问题。但是，人们对一个历史时期和一个重大历史事件的评价常常受到时代流行的文学、古典作品的观点和社会习惯看法的影响。19 世纪及以前，历史著作常带有浓郁的文学风格。富有感情色彩的对历史的描述会使评价离开冷静的理性。国内对 16 世纪英国圈地运动的认识，一度也处于这种境况。

影响国人对英国 16 世纪圈地运动认识的著作有两部，即托马斯·莫尔的《乌托邦》和马克思的《资本论》。莫尔在 1516 年出版的《乌托邦》曾写到"羊吃人"的现象，书中说"你们的绵羊本来那么驯服……现在变得很贪婪，很凶险，甚至把人吃掉，要把你们的田园、城市全部毁坏掉。"这位人文主义者同情乡村劳动者的悲惨状况的描述性文字阐明了圈地运动的种种恶果，产生了很大的影响。马克思大体上继续了莫尔的结论，他在《资本论》中写道："把大法官福特斯居的著作与大法官托马斯·莫尔的著作比较一下，我们就会清楚地看见 15 世纪和 16 世纪之间的鸿沟。""通过把农民从土地……上赶走，夺走他们的公有地的办法，造成了人数更多得无比的无产阶级。在英国，特别是弗兰德羊毛纺织工场手工业的繁荣，以及由此引起的羊毛价格的上涨，对这件事起了直接的推动作用。"[①]这些经典的文字使读者，甚至使众多的历史学者过高估计了 16 世纪英国圈地运动规模和社会分化作用。

其实，90 年前英国经济史学家托尼就曾冷静地指出："难道我们不应该说，16 世纪的农业革命是微不足道的，只是由于不熟练的观察家的夸张的抱怨而被夸大为具有重要性吗？"[②]

---

① 马克思：《资本论》第一卷，下册，人民出版社 1975 年版，第 787 页、786 页。
② R. H. Tawney, *The Agrarian Problem in the Sixteenth Century*, London: Longman's Green, 1912, p. 402.

16世纪的圈地运动在英格兰各地区进行的情况和产生的社会后果有很大差异。总的来说,在16世纪,有大量的圈地是农民出于更好地农耕和放牧、饲养牲畜而进行的。英国学者比尔斯福德把从都铎王朝到汉诺威朝时期的圈地称为"协议圈地"时期,其中有的协议是友善和真诚的,但也有强迫的和虚伪的协议,甚至引起法庭的争执。16世纪圈地存在地区差别。英格兰北部地区的圈地在诺森伯兰和达勒姆是平静和无痛苦的。而兰开郡、约克郡、康沃尔郡、德文郡、柴郡、希罗普郡、德比郡有相当大的土地面积种草,因此对圈地的反映较温和。① 至于英格兰东部和南部各郡如肯特、苏塞克斯、埃塞克斯、东盎格利亚,圈地或是主要针对林地牧场,或是圈地面积不大。② 引起社会关注的多是密德兰地区的圈地,这是英格兰人口最密集的地区,一些乡村已用光了所有的荒地,很难再找到作为农场的土地,因此圈地在这里引起了强烈的抵制和不满。③

晚近对英格兰全部圈地运动的历史研究表明,16世纪只有2%的土地被圈占。而17世纪在英格兰圈地史上占有重要地位,有24%的土地是在17世纪被圈占的。在18世纪有13%的土地被圈占,而在19世纪,有11%的土地被圈占。尽管上述总体的统计数字仍存有争议,但基本上是准确的。从个别地区来看,在莱斯特郡,1550年以前的圈地共52起,圈地占1750年以前圈地总面积的36%,1550—1600年间的圈地为7起,占圈地总面积的5%,1600—1650年间圈地为57起,占圈地总面积的40%,1650—1700年间的圈地为24起,占圈地总面积的17%,1700—1750年间圈地为4起,占圈地总面积的3%。④ 在南密德兰地区,1450年以前的圈地占圈地总面积的4%,1450—1524年圈地占圈地总面积的6%,1525—1574年间圈地面积占圈地总面积的2%,1575—1674年间圈地面积占圈地总面积的17%,

---

① Joan Thrisk, ed., *Agrarian History of England and Wales*, Vol. IV., Cambridge U. P., 1967, p. 245.

② *Ibid.*, pp. 246—247.

③ *Ibid*, pp. 245—248.

④ M. Overton, *Agricultural Revolution in England*: *The Transformation of the agrarian economy 1500—1850*, Cambridge U. P., 1996, p. 149. Table 4.2.

1675—1749年间圈地面积占圈地总面积的5％,1750—1849年间圈地面积占圈地总面积的55％,1850年以后圈地面积占圈地总面积的3％。① 在达勒姆郡,1551—1600年间圈地面积占1550—1850年间圈地总面积的2％,1610—1650年间圈地面积占圈地总面积的18％,1651—1700年间圈地面积占圈地总面积的35％,1801—1850年间圈地占圈地总面积的24％。② 也就是说,英格兰16世纪的圈地规模在300多年圈地的面积中,只占很小的比例,不居重要地位。伴随着圈地运动发生的"农民"的衰落,看来是一个连续性的过程,它在17世纪加快了速度。但它是商业化的压力对此起的作用,比圈地和驱赶农民要大。马克·奥弗顿认为,一些历史学家认为英格兰到18世纪下半叶已没有农民了,这些学者走得太远。③

  亨利八世时期解散576所修道院及随后出售大宗修道院地产通常被视为农业资本主义关系发展的重要契机。但研究者告诉我们,其中情况复杂。在王室处理没收的修道院地产过程中,原属于修道院的庄园通常是原封不动地进行转手。与佃户有关的旧的土地所有权关系均未加触动。绝大多数自由持有农、习惯佃农和租地持有农,他们的主人不过是由修道院变成了国王。绝大多数根据无兵役租佃制持有土地的自由佃户,现在免去了封建随附义务。在每个郡都有一批土地所有者,他们曾经根据修道院的军事保有权持有土地。在解散修道院以后,他们成为对王室履行军事义务的佃户,再以后,则成为对其他地主承担封建义务的佃户。例如,威尔顿女修道院有大量承担骑士义务的佃户,宗教改革后,彭布罗克伯爵获得了大部分威尔顿女修道院的土地。1567到1568年对这片土地的调查报告说,土地转手后,这些佃户仍然承担着效忠宣誓礼、忠诚仪式和封建代役税。④ 更重要的是,当修道院土地被国王按照无条件继承权让渡给其臣民后,确保王室对它的监督。这样就潜在地扩大了国王的封建权利和利益。1536年建立增收法庭

---

① M. Overton, *ibid.*, p. 150. Table 4.4
② *Ibid.*, p. 149. Table 4.3. pp. 1550—1850.
③ *Ibid.*, p. 174.
④ Joyce Youings, "The Monasteries," in Joan Thirsk, *op. cit.*, p. 341,脚注①。

的法规,规定了所有有无条件继承权的修道院地产,应当保留以国王为首领的骑士义务保有权。此后,对这一条款稍有松动。总而言之,解散修道院和处理修道院地产的总体结果,是长期维持了当时英国农村的保有权制度结构,惟一不同的是更换了土地的主人。①

因此,对1530年代宗教改革中没收的修道院地产及日后地产的出售的意义作分析时似应谨慎行事。一方面应当肯定,大宗原修道院地产的出售加速了地产的流动,使相当大部分的地产转到非贵族地主和新兴城市资产阶级之手。这种流动的趋势有利于地产资本化和商品化,有利于农业资本主义的迅速发展;但另一方面需要看到,进入市场的原修道院的大地产,其内部旧的租佃关系继续存在和长期存在,并不因为地产的转手就立即资本主义化。对这一过程中资本主义化的程度作估计需要以各个地产的经营情况具体个案研究为基础。

二、关于商业化农业在 16 世纪英格兰的发展程度

国内学者一般都认为商业化农业的发展是 16 世纪英国农业资本主义的一个重要标志。但是,从英国学者对 16 世纪农业地理学的研究来看,商业化农业在英格兰的发展不但不那么整齐划一,而且,商业化农业高度发展的地域较为有限。在这个时期,相当大的地区农业商业化程度不高。

到 1600 年的时候,在英格兰东南部肯特郡,圈地以后,这里主要是由小农场和小持有地构成,绝大多数农场面积在 5 至 25 英亩之间,也有的农场要大些。肯特郡是一个小土地持有制流行的地区。② 在诺森伯兰和达勒姆郡,习惯佃户人数众多,他们持有的农场面积大约在 26 至 80 英亩之间。诺

---

① *Ibid*., p. 341.
② A. R. H. Baker, "Field Systems of Southeast England," in Alan R. H. Baker and Robin A. Butlin, eds., *Studies of Field Systems in the British Isles*, Cambridge U. P., 1973, p. 391, 410.

森伯兰的西部地区人口少,耕地少,荒地多,农业耕作水平不高。① 在库伯兰郡、威斯特摩兰郡、柴郡,情况与诺森伯兰郡和达勒姆郡相似。大部分地区远离工业、商业中心,远离首都伦敦,旅行者足迹罕至。同时,该地区土质贫瘠,农作物收成不可靠,主要农作物是大麦和燕麦。在一些年景,这个地区粮食严重短缺。② 到16世纪,在库伯兰郡的彭里斯、威斯特摩兰的肯达尔、柴郡的斯托克堡、麦克斯菲尔德等地也出现了集市、工业和繁荣的市场,但总的来说,这里存在着大量公用可耕地。③ 在兰开郡,绝大多数地区农场面积在50英亩以下,大量小土地所有者依靠公地上的土地共有权维持生存。④ 在约克郡,小农场平均面积不超过60英亩,有的农场面积在6到24英亩之间。在山岩边缘,有一些大牧羊场。⑤ 密德兰地区是英格兰农业较发达的地区,但各部分状况差别也很大,希罗普郡到16世纪末17世纪初年"绝大部分是不毛之地"。在伍斯特郡有许多"贫瘠的低草地",在东密德兰存在着公地制度。但是,在北安普顿郡"有许多上等的牧羊场"并有"肥沃的谷物产地"。⑥ 赫里福德郡以及伍斯特郡和格罗斯特郡是谷物产区,被称作"谷仓",并生产大量的奶酪、黄油和肉类供应给市场。商业化农业较为发达。⑦ 赫里福德郡以及伦敦附近的贝德福郡、哈福德郡、伯金汉郡和埃塞克

---

① R. A. Butlin, "Field Systems of Northumberland and Durham," in Alan R. H. Baker and Robin A. Butlin, eds., *Studies of Field Systems in the British Isles* (Cambridge U. P., 1973), p. 94.

② G. Elliott, "Field Systems of Northest England," in Alan R. H. Baker and Robin A. Butlin, eds., *Studies of Field Systems in the British Isles* (Cambridge U. P., 1973), p. 56; Joan Thirsk, ed., *Agrarian History of England and Wales*, Vol. 4, (Cambridge U. P., 1967), p. 16.

③ Alan R. H. Baker and Robin A. Butlin, eds., *Studies of Field Systems in the British Isles*, Cambridge U. P., 1973, p. 67.

④ David Hey, "Yorkshire and Lancashire," in Joan Thirsk, ed., *Agrarian History of England and Wales*, Vol. 4, Cambridge U. P., 1967, pp. 61—62.

⑤ Joan Thirsk, "The Farming Regions of England," in Joan Thirsk, ed., *Agrarian History of England and Wales*, Vol. 4, (Cambridge U. P., 1967), p. 31; Alan R. H. Baker and Robin A. Butlin, eds., *Studies of Field Systems in the British Isles* (Cambridge U. P., 1973), p. 155.

⑥ Joan Thirsk, p. 90, 92.

⑦ *Ibid*, p. 55, 100, 105.

斯郡,受到伦敦城市发展的影响,这几个郡的农业在 16 和 17 世纪迅速实行商业化经营,为伦敦提供肉类、奶、黄油、奶酪和制面包的小麦。①

以上便是 16 世纪甚至到 17 世纪初年英格兰农业生产地区的商业化发展程度的分布。直到 17 世纪笛福写他的旅行记时,仍然描述了英格兰许多地区农业发展程度不高、一些地区耕作粗放的情况。我们今天对英国 16 世纪农业资本主义发展程度作估计时,需要有一个地区差别的把握,在注意到某些地区商业化农业和大农场形成的同时,不能过高估计英格兰农业资本主义整体发展水平。

三、16 世纪以后英格兰的庄园制

庄园制度被认为是封建社会农村富有代表性的经济组织形式。诺斯和托马斯在《庄园制度兴衰:一种理论模式》一文中提出,庄园制度的变化导致"土地的绝对所有权和自由劳动力市场。"这是"有利于经济成长的有效地分配资源的终点。"②

然而,在英国,庄园制度到 17 世纪及以后一段时间时并未衰落到完全消失的地步。庄园制作为一种制度形态,它的残存持续了几个世纪,在一些地区存在的数量尚不在少数,这方面的例子俯首可拾。例如,佩特沃斯庄园在 17 世纪正处于它的黄金时代。在 17 世纪,佩特沃斯庄园有由自由持有农组成的男爵法庭,还有由庄园领主和他的管事组成的处理公簿持有农案件的习惯法法庭,有审理较小的犯罪案件的封建领主的民事法庭,它还有 10 家连保制度。自 1625 年到 1922 年,近 300 年的佩特沃斯庄园法庭的案卷共有 25 卷,它记载着这个庄园的命令、习惯、职责、有关领主与佃户之间

---

① Joan Thirsk, Cambridge U. P., 1967, p. 55; R. C. Richardson, "Metropolitan Countries," in Joan Thirsk, ed., *Agrarian History of England and Wales*, Vol. V, p. 250.

② D. C. North and R. F. Thomas, "The Rise and Fall of the Manorial System: A Theoretical Model," *Journal of Economic History*, 31 (1971), pp. 777—803.

不动产的让与、佃户的死亡和继承等事宜。① 17 到 18 世纪,许多庄园领主的地产增长很快。在 17 世纪后期,剑桥郡奥韦尔庄园的领主买下了数百英亩公簿持有地。1696 年,剑桥郡奇普纳姆庄园领主买下了教区内所有公簿持有农的土地。② 在剑桥郡的惠特尔福德庄园,"在 18 世纪,埃比尼泽和他的侄儿以及另一个同名同姓的人吞并了许多小农场,扩大了庄园地产。"③

1741 年的一份庄园法庭的指南记载了庄园法庭管理的诸多事务,名目多达 20 余项。其中包括:提出诉讼人的讼案;调查自上一次开庭以来与所有死亡的佃户有关的应交给领主的救济、监护等;领主退回的权利和劳役;在佃户与领主之间任何搬动道路基石或桩标之事;任何未经许可侵占领主土地之事;任何佃户未经国王或领主同意把土地授予教会之事例。任何拔除树木或树篱、推倒房屋等等事宜;任何拿走或撤销属于领主的证据和庄园法庭案卷之事,等等。④ 它反映了庄园和庄园法庭当时仍然存在并运转着。诚然,在残存的庄园中,庄园法庭旧有的权力在衰落,庄园领主逐渐失去对农民的控制。

罗伯特·C.阿兰根据征收土地税的资料并利用了维多利亚郡史中的资料对密德兰南部 690 个村庄的 16,131 个土地所有单位进行了分析和研究,区别了庄园农场和非庄园农场。研究结果如下:在庄园领主所属的农场中,面积在 200 英亩以上的大农场占农场数的 48.3%,面积在 200 英亩以下的小农场占农场总数的 1.4%;非庄园农场中面积在 200 英亩以上的大农场占农场总数的 18.1%,面积在 200 英亩以下的小农场占农场总数的 32.2%。⑤ 1790 年前后,在上述调查的村庄中,面积在 10 至 60 英亩的占农

---

① Load Leconfield, *Petworth Manor in the Seventeenth Century*, Oxford U. P., 1954, pp. 1—3.
② Margaret Spufford, *Contrasting Communities*, Cambridge U. P., 1974, p. 70, 104.
③ 维多利亚史,剑桥郡,VI, 269。见 Robert C. Allen, *Enclosure and the Yeoman: The Agricultural Development of the South Midlands. 1450—1850* Oxford U. P., 1992, p. 96.
④ J. W. Molyneux-Child, *Evolution of English Manorial System*, Lewis, Book Guild Limited, 1981, pp. 44—45.
⑤ Robert C. Allen, p. 90. Table 5—4, Table 5—5.

场总数的 26.0%,面积在 60—200 英亩的农场占农场总数的 38.5%,面积在 200 至 300 英亩的占农场总数的 16.8%,面积在 300 英亩以上的占农场总数的 18.8%。从 1790 年前后两类农场占地面积来看,庄园所属农场的总面积为 322,608 英亩,非庄园农场的总面积为 399,008 英亩。非庄园农场的面积略高于庄园农场的面积。这些数据表明,1790 年前后,在南密德兰地区庄园所属农场与非庄园所属农场数据相当。庄园领主属下的租佃制的实施规模与自由农民经营规模大致相当。一些残存庄园一直存在到 19 世纪末和 20 世纪初。中世纪结束后,英国的庄园并未很快就消失。

附表:1790 年前后庄园农场与非庄园农场面积(英亩数)

面积	茅舍农与农场		面积在 10 英亩以上农场的百分比	
	庄园农场	非庄园农场	庄园农场	非庄园农场
0—5	575	7236		
5—10	1083	10306		
10—15	1262	9128		
15—30	3386	23958	3.6	19.4
30—60	6865	40970		
60—100	17215	56417	5.4	14.8
100—200	58488	116994	18.2	30.7
200—300	66654	63784	20.8	16.7
300—400	42088	35430		
400—500	27591	14359	52.1	18.4
500—1000	42466	19425		
1000+	34952	1001		
	332608	399008		

(Robert C. Allen, *Enclosure and the Yeoman*, p. 93. Table 5—7)

在多塞特郡,在斯特拉顿村和格里姆斯通村庄园体制依然保持,而且很有活力,到此时为止 200 年的庄园法庭案卷仍保存完好。[①] 在这两个庄园,

---

① Gilbert Slater, *The English Peasantry and the Enclosure of Common Field*, New York, 1968, pp. 19—20.

每年在圣诞节前后,庄园的佃户都要聚集起来,庄园管事出席这个会议,由上一届庄园官员公布账目,随后辞去官职;再选出下一届庄园官员。庄园官员中最重要的官员有土地检查员、牲畜清点员。在各郡建立警察制度和什一税划拨制度之前,庄园还设有临时警察和什一税收税员。① 此外,庄园还设一名家畜围篱管理员和两名烟囱视察员。斯特拉顿庄园法庭案卷有宣布庄园对河流的权利的记载,还记载了居住在庄园外人员的归顺、租佃权的变迁、经一致同意的管理土地的规则;凡违背在公地上放牧规定的要罚款 5 先令或 10 先令。②

在英国庄园衰落和消失,大地产迅速发展起来之后,在英国出现了一批资本主义农场。但是,从英国农业经济组织的总体情况来看,绝大多数地主并没有或不愿意扮演资本主义雇主和企业家的角色。他们偏好收取地租。这样,在 16 世纪修道院解散以后,英国地主对农民居住和对农民乡村团体的控制问题上走过了曲折的道路。一些保留了某些土地并有能力出价支付地租的农民愿意支付地租去承租土地。③ 租地农和公簿持有农在整个近代时期持续存在着,尽管公簿持有农人数在不断减少。但公簿持有农在第一次世界大战结束前始终未能取得所租种土地的土地所有权。

四、19 世纪英国农业经营的结构和雇佣劳动的成分

直到 19 世纪后期,英国农业经济组织主要表现为二元结构,即所有者持有的农场和租地农场。如果说使用雇佣劳动的所有者农场属于资本主义农场,那么租佃制农场则是一种历史的、中世纪遗留下来的经济组织形式。由于租佃制农场长期存在,英国租佃农在近代时期也长期存在着。这些财

---

① Gilbert Slater, *The English Peasantry and the Enclosure of Common Field*, p. 22.
② Ibid., p. 29.
③ Richard Lachmann, *From Manor to Market: Structural Change in England, 1536—1640*, University of Wisconsin Press, 1987, pp. 139—140.

力不大、经营规模一般较小的农业经营者在18到19世纪漫长的历史时期中没有取得土地所有权。

到了19世纪末和20世纪初,不仅在英格兰,而且在苏格兰和威尔士,实行着农业土地租佃制,大部分农场都是租佃农场。1887年,英格兰和威尔士从事租地经营的农业业主为393,047户,所有者农业业主为64,588户,拥有部分土地所有权并租佃部分土地的农业业主为18,991户。1888年,英格兰和威尔士从事租地经营的农业业主为400,297户,所有者农业业主为67,389户,拥有部分土地所有权并租佃部分土地的农业业主为20,327户。1889年,英格兰和威尔士从事租地经营的农业业主为405,859户,所有者农业业主为66,385户,拥有部分土地所有权并租佃部分土地的农业业主为20,413户。1890年,英格兰和威尔士从事租地经营的农业业主为408,040户,所有者农业业主为66,130户,拥有部分土地所有权并租佃部分土地的农业业主为20,665户。1891年,英格兰和威尔士从事租地经营的农业业主为404,630户,所有者农业业主为68,923户,拥有部分土地所有权并租佃部分土地的农业业主为31,373户。1908年,英格兰和威尔士从事租地经营或以租地经营为主的农业业主为375,212户,所有者农业业主为54,869户。1909年,英格兰和威尔士从事租地经营或以租地经营为主的农业业主为374,892户,所有者农业业主为55,920户。1910年,英格兰和威尔士从事租地经营或以租地经营为主的农业业主为376,241户,所有者农业业主为55,433户。1911年,英格兰和威尔士从事租地经营或以租地经营为主的农业业主为381,134户,所有者农业业主为54,176户。1912年,英格兰和威尔士从事租地经营或以租地经营为主的农业业主为384,914户,所有者农业业主为50,972户。1913年,英格兰和威尔士从事租地经营或以租地经营为主的农业业主为386,917户,所有者农业业主为48,760户。1914年,英格兰和威尔士从事租地经营或以租地经营为主的农业业主为385,920户,所有者农业业主为49,204户。1919年,英格兰和威尔士从事租地经营或以租地经营为主的农业业主为368,003户,所有者农业业主为48,665户。1920年,英格兰和威尔士从事租地经营为主的农业业主为 360,757 户,所有者农业业主为 57,234 户。1921 年,英格兰和威尔士从事租地经营或以租地经营为主的农业业主为 349,664 户,所有者农业业主为 70,469 户。1922 年,英格兰和威尔士从事租地经营的农业业主为 352,035 户,所有者农业业主为 62,680 户。①

  就英格兰和威尔士两种土地经营的面积来看,租地经营的土地面积比所有者经营的土地面积同样要多。1887 年英格兰和威尔士租地经营的土地面积为 23,291,000 英亩,所有者经营的土地面积为 4,217,000 英亩。1888 年,英格兰和威尔士租地经营的土地面积为 23,522,000 英亩,所有者经营的土地面积为 4,284,000 英亩。1889 年,英格兰和威尔士租地经营的土地面积共 23,618,000 英亩,所有者经营的土地面积为 4,227,000 英亩。1890 年,英格兰和威尔士租地经营的土地面积为 23,646,000 英亩,所有者经营的土地面积为 4,226,000 英亩。1891 年,英格兰和威尔士租地经营的土地面积为 23,809,000 英亩,所有者经营的土地面积为 4,193,000 英亩。1908 年,英格兰和威尔士租地经营的土地面积为 24,014,000 英亩,所有者经营的土地面积为 3,334,000 英亩。1909 年英格兰和威尔士租地经营的土地面积为 23,986,000 英亩,所有者经营的土地面积为 3,337,000 英亩。1910 年,英格兰和威尔士租地经营的土地面积为 23,964,000 英亩,所有者经营的土地面积为 3,329,000 英亩。1911 年,英格兰和威尔士租地经营的土地面积为 24,002,000 英亩,所有者经营的土地面积为 3,247,000 英亩。1912 年英格兰和威尔士租地经营的土地面积为 24,220,000 英亩,所有者经营的土地面积为 2,954,000 英亩。1913 年英格兰和威尔士租地经营的土地面积为 24,239,000 英亩,所有者经营的土地面积为 2,891,000 英亩。1914 年英格兰和威尔士租地经营的土地面积为 24,152,000 英亩,所有者经营的土地面积为 2,962,000 英亩。1919 年英格兰和威尔士租地经营的土地面积为 23,458,000 英亩,所有者经营的土地面积为 2,396,000 英亩。

---

① Table 10, "Number of Holdings by Tenure -England and Wales", in Ministry of Agriculture, Fisheries and Food Department of Agriculture and Fisheries, *A Century of Agricultural Statistics*, *Great Britain 1866—1966*. London, Her Majesty's Stationery Office, 1968.

1920 年英格兰和威尔士租地经营的土地面积为 22,407,000 英亩,所有者经营的土地面积为 4,103,000 英亩。1921 年英格兰和威尔士租地经营的土地面积为 20,912,000 英亩,所有者经营的土地面积为 5,232,000 英亩。1922 年英格兰和威尔士租地经营的土地面积为 21,386,000 英亩,所有者经营的土地面积为 4,640,000 英亩。[①]

1887 年到 1891 年,在英格兰和威尔士,有 82% 的土地占有者是完全没有土地所有权的佃户,有 4% 的土地占有者拥有全部土地所有权,剩下的 4% 的土地占有者部分拥有土地所有权。此期间,种植作物和种草的土地中约有 85% 是租佃经营地,有 15% 的土地是所有者经营的土地。

在苏格兰,就土地持有者的数量而论,1887 年土地租佃者为 74,870 户,土地所有者为 5,995 户。部分租佃土地并拥有部分土地所有权的土地持有者为 426 户。1888 年土地租佃者为 75,665 户,土地所有者为 6,044 户,部分租佃土地并拥有部分土地所有权的土地持有者为 484 户。1889 年土地租佃者为 75,889 户,土地所有者为 6,054 户,部分土地所有权并租佃部分土地的土地持有者为 510 户。1890 年土地租佃者为 76,393 户,土地所有者为 6,049 户,部分土地所有权并租佃部分土地的土地持有者为 564 户。1891 年土地租佃者为 76,384 户,土地所有者为 6,535 户,部分租佃土地并拥有部分土地所有权的土地持有者为 629 户。1908 年土地租佃者或主要是租佃土地的土地持有者为 72,129 户,拥有土地所有权或部分拥有土地所有权的土地持有者为 6,419 户。1909 年土地租佃者或主要是租佃土地的土地持有者为 72,216 户,拥有土地所有权或部分拥有土地所有权的土地持有者为 6,143 户。1910 年土地租佃者或主要是租佃土地的土地持有者为 72,024 户,拥有土地所有权或部分拥有土地所有权的土地持有者为 6,110 户。1911 年土地租佃者或主要是租佃土地的土地持有者为 71,908 户,拥有土地所有权或部分拥有土地所有权的土地持有者为 6,041 户。

---

① Table 11, Acreage of Holdings by Tenure - England and Wales, From *A Century of Agricultural Statistics*, *Great Britain*, *1866—1966*, London, 1968, p. 25.

1912 年土地租佃者或主要是租佃土地的土地持有者为 72,426 户,拥有土地所有权或部分拥有土地所有权的土地持有者为 5,236 户。1913 年土地租佃者或主要是租佃土地的土地持有者为 71,740 户,拥有土地所有权或部分拥有土地所有权的土地持有者为 5,148 户。1914 年土地租佃者或主要是租佃土地的土地持有者为 71,259 户,拥有土地所有权或部分拥有土地所有权的土地持有者为 5,891 户。1920 年土地租佃者或主要是租佃土地的土地持有者为 69,684 户,拥有土地所有权或部分拥有土地所有权的土地持有者为 6,218 户。1921 年土地租佃者或主要是租佃土地的土地持有者为 68,449 户,拥有土地所有权或部分拥有土地所有权的土地持有者为 7,554 户。1922 年土地租佃者或主要是租佃土地的土地持有者为 68,177 户,拥有土地所有权或部分拥有土地所有权的土地持有者为 7,824 户。[1]

就苏格兰土地面积而论,1887 年苏格兰租地经营的土地面积为 4,247,000 英亩,拥有所有权进行经营的土地面积为 618,000 英亩。1888 年苏格兰租地经营的土地面积为 4,252,000 英亩,拥有所有权进行经营的土地面积为 627,000 英亩。1889 年苏格兰租地经营的土地面积为 4,263,000 英亩,拥有所有权进行经营的土地面积为 626,000 英亩。1890 年苏格兰租地经营的土地面积为 4,278,000 英亩,拥有所有权进行经营的土地面积为 618,000 英亩。1891 年苏格兰租地经营的土地面积为 4,291,000 英亩,拥有所有权进行经营的土地面积为 626,000 英亩。1892 年苏格兰租地经营的土地面积为 4,285,000 英亩,拥有所有权进行经营的土地面积为 616,000 英亩。1893 年苏格兰租地经营的土地面积为 4,275,000 英亩,拥有所有权进行经营的土地面积为 615,000 英亩。1894 年苏格兰租地经营的土地面积为 4,284,000 英亩,拥有所有权进行经营的土地面积为 608,000 英亩。1895 年苏格兰租地经营的土地面积为 4,288,000 英亩,拥有所有权进行经营的土地面积为 606,000 英亩。1896

---

[1] Table 12, Number of Holdings by Tenure - Scotland, From *A Century of Agricultural Statistics*, *Great Britain*, 1866—1966, London, 1968, p. 29.

年苏格兰租地经营的土地面积为 4,292,000 英亩,拥有所有权进行经营的土地面积为 605,000 英亩。①

也就是说,1887 年时,苏格兰约有 15% 的土地是由土地所有者经营的,到 1902 年,所有者耕作的土地占 12%。在 1919 年到 1933 年间,所有者经营的土地面积上升为 1/3。1960 年,在苏格兰,土地所有者占有的土地面积达到了 51%。②

生产规模和使用雇佣劳动力的情况是衡量农业资本主义发展程度的重要标准。

1831 年的人口统计表明,当年英格兰共有 236,343 户从事农业的土地所有者,他们中有 36% 没有雇佣任何劳动力。这其中有地理差别。在德比郡、拉特兰郡、威斯特摩兰郡和西约克郡,有 50% 以上的农场主没有雇佣任何劳动力。而在伯金汉郡,有 80% 以上的农场主使用了雇佣劳动力,数量不小的这批小农场的主人更关心家庭的需要、邻里的义务,以及农产品贸易的利润。③

根据 1851 年人口统计资料和议会文件,我们可以了解此时英格兰各地和威尔士农场规模和使用雇佣劳动力的情况。在英格兰东南部,占地 100 英亩以下的农场占农场总数的 48.8%,占地 500 英亩以上农场的比例为 22.2%,未雇佣劳动力或未说明没有使用雇佣劳动力的农场的比例为 18.3%,使用 2 名以上劳动力的农场占农场总数的 59.3%。在南密德兰地区,占地 100 英亩以下的农场占农场总数的 44.5%,占地 500 英亩以上农场占农场总数的 17.7%,未雇佣劳动力或未说明没有使用雇佣劳动力的农场占农场总数的 17.5%,使用 2 名以上劳动力的农场占农场总数的 62.8% 在英格兰东部,占地 100 英亩以下的农场占农场总数的 53.5%,占地 500

---

① Table 13, Acreage of Holdings by Tenure-Scotland, From *A Century of Agricultural Statistics*, *Great Britain*, *1866—1966*, London, 1968, p. 30.

② *A Century of Agricultural Statistics*, *Great Britain*, *1866—1966*, London, 1968, p. 28.

③ Mark Overton, *Agricultural Revolution in England*, *The Transformation of the Agrarian Economy 1500—1800*, Cambridge University Press, 1996, p. 178.

英亩以上的农场占农场总数的 18.9%,未雇佣劳动力或未说明没有使用雇佣劳动力的农场占农场总数的 18.2%,使用 2 名以上劳动力的农场占农场总数的 57.4%。在英格兰西南部,占地 100 英亩以下的农场占农场总数的 60.8%,占地 500 英亩以上的农场占农场总数的 8.6%,未雇佣劳动力或未说明没有使用雇佣劳动力的农场占农场总数的 37.5%。在西密德兰,占地 100 英亩以下的农场占农场总数的 56.1%,占地 500 英亩以上的农场占农场总数的 8%,未雇佣劳动力或未说明没有使用雇佣劳动力的农场占农场总数的 34.6%,使用 2 名以上劳动力的农场占农场总数的 36%。在北密德兰,占地 100 英亩以下的农场占农场总数的 65.4%,占地 500 英亩以上的农场占农场总数的 9.7%,未雇佣劳动力或未说明没有使用雇佣劳动力的农场占农场总数的 46.5%,使用 2 名以上劳动力的农场占农场总数的 25.8%。在英格兰西北部,占地 100 英亩以下的农场占农场总数的 86.8%,占地 500 英亩以上的农场占农场总数的 0.8%,未雇佣劳动力或未说明没有使用雇佣劳动力的农场占农场总数的 58.4%,使用 2 名以上劳动力的农场在农场总数中占的比例为 15%。在约克郡,占地 100 英亩以下的农场占农场总数的 73.3%,占地 500 英亩以上的农场占农场总数的 4.8%,未雇佣劳动力或未说明没有使用雇佣劳动力的农场占农场总数的 54.7%,使用 2 名以上劳动力的农场占农场总数的 18.2%。在英格兰北部,占地 100 英亩以下的农场占农场总数的 55.2%,占地 500 英亩以上的农场占农场总数的 10.3%,未雇佣劳动力或未说明没有使用雇佣劳动力的农场占农场总数的 47.2%,使用 2 名以上劳动力的农场在农场总数中占 24.9%。在威尔士,占地 100 英亩以下的农场占农场总数的 71.9%,占地 500 英亩以上的农场占农场总数的 3%,未雇佣劳动力或未说明没有使用雇佣劳动力的农场占农场总数的 54.4%,使用 2 名以上劳动力的农场占农场总数的 17.1%。[1]

  这说明,英国农业中资本主义雇佣剥削关系到 19 世纪中叶已有相当发

---

[1] Table 7.5, "Size of Farms and Employment of Labour in 1851". From, G. E. Mingay, ed. *Agrarian History of England and Wales*, Vol. IV 1750—1850, Cambridge University Press, 1989, p. 694.

展,但已具备雇佣关系的农场不过占农场总数的一半稍多,其中还有相当一批使用极少量雇佣劳动力的农场。这是在估计19世纪中叶英国农业资本主义发展程度时须要重视的一个事实。

在英格兰和威尔士,在1870年,持有土地不超过5英亩的小农户有113,050户,持有土地在5英亩以上到20英亩的农户有127,761户。这样,持有土地不超过20英亩的农户共240,811户。同年,持有土地在20至50英亩的农民有75,418人,持有土地在50英亩以下的农民共有316,229户。1871年,持有土地不超过20英亩的农民有237,999户。1872年,持有土地在1/4英亩到1英亩之间的农户有18,659户,持有土地在1英亩到5英亩的农户为103,189户,持有土地不超过5英亩的农户共有121,848户。1875年持有土地不超过50英亩的农户共有333,630户。1880年持有土地不超过50英亩的农户共有336,149户。1885年持有土地在1/4英亩到1英亩的农户有22,162户,持有土地在1英亩到5英亩的农户为114,273户,这样,持有土地在5英亩以下的小农为136,425人。持有土地在5英亩到20英亩的农民有126,674户,持有土地在20英亩到50英亩的农户有73,472户,这样,持有土地不超过50英亩的农民共有339,571人。1889年持有土地在1/4英亩到1英亩的农民为27,352人,持有土地在1英亩到5英亩的农民为121,826户,持有土地在5英亩到20英亩的农民为129,250人,持有土地在20英亩到50英亩的农民有74,611户,这样,持有土地在50英亩以下的农民共353,039人。1895年持有土地在1英亩到5英亩之间的农民133,372户,持有土地在5英亩到20英亩之间的有126,714户,持有土地在20英亩到50英亩之间的农民有74,846户。持有土地在50英亩以下的农民合计有334,942户。①

1895年以后,英格兰和威尔士的小土地持有者人数有所下降,但下降的幅度不大。1903年,持有土地在1英亩到5英亩之间的农民有91,797

---

① Table 37. Ia. "Number of Holdings of Various Sizes in England and Wales, 1870—1895". From, E. J. T. Collins, ed. *Agrarian History of England and Wales*, Vol. VII. 1850—1914, Cambridge University Press, 2000, Part II, p. 1842.

户,持有土地在 5 英亩到 10 英亩的农民有 198,874。1908 年持有土地在 1 英亩到 5 英亩之间的农民有 89,958 户,持有土地在 5 英亩到 50 英亩的农民有 197,218 户。1913 年持有土地在 1 英亩到 5 英亩的农民有 92,302 人,持有土地在 5 英亩到 20 英亩的农民有 122,117 户,持有土地在 20 英亩到 50 英亩的农民为 78,027 户,这样,持有土地在 5 英亩到 50 英亩土地的农民为 200,144 户。1914 年持有土地在 1 英亩到 5 英亩土地的农民有 91,570 户,持有土地在 5 英亩到 20 英亩的农民为 121,698 户。持有土地在 20 英亩到 50 英亩之间的农民为 78,454 户。这样,持有土地在 5 英亩到 50 英亩的农民共有 200,152 户。①

据上综述,在英格兰所有各郡,1875 年时持有土地在 50 英亩以下的农民为 293,469 户,1895 年为 257,646 户,1915 年为 247,181 户。英格兰农民总户数在 1875 年为 412,340 户,1895 年为 380,176 户,1915 年为 372,637 户。威尔士各郡持有土地在 50 英亩以下的小农户,1875 年为 40,161 户,1895 年为 41,732 户,1915 年为 42,508 户。英格兰和威尔士持有土地在 50 英亩以下的农户数,从 1875 年的 333,630 户,下降到 1895 年的 299,378 户和 1915 年的 289,689 户。② 在近代时期最后 40 年间,占地在 50 英亩以下的小农户的户数下降了 13%,这种减少极其缓慢。

五、余论

对英国近代时期土地占有制的复杂性,长期以来人们重视不够。19 世纪中期以来英国农业史的历史编撰学的一个重心始终围绕着大、小土地持有农问题。自 1909 年阿瑟·H.约翰森发表《小土地所有者的消失》的讲演

---

① Table 37. Ib. "Number of Holdings of Various Sizes in England and Wales, 1895—1914". From, E. J. T. Collins, ed. *Agrarian History of England and Wales*, Vol. Vii. 1850—1914, p. 1843.

② Table 36. 10. "Landholdings by Counties, 1875, 1895, 1915". From, E. J. T. Collins, ed. *Agrarian History of England and Wales*, Vol. VII. 1850—1914, Part II, pp. 1807—1813.

并作著作出版,德国学者列维在 1904 年出版《大小持有地,英格兰农业经济学研究》(遂后于 1911 年出版英译本)。到 1987 年戴维·格里格在《农业史评论》第 35 卷第 2 期上发表《从早期维多利亚时代到现今英格兰和威尔士农场的大小》一文为止,对英国农业土地占有面积大小的讨论源源不绝。其起始恐怕当数马克思《资本论》第一卷第 24 章关于英格兰自耕农消失的论述。① 对于这种研究倾向,列宁早有不同意见。列宁在研读 19 世纪以来的资产阶级经济学家的著作时,在笔记中曾经记下了德国学者奥托·普林斯海姆博士在 1900 年写的一篇论文中的话:迄今为止,"农业形态学问题"还似乎没有人研究过。(仅仅按照耕地面积来划分大农户和小农户,这是死板的、肤浅的办法。)② 列宁认为,土地占有制在不同时期、不同的国家具有各种各样的形式。因此,按土地占有面积分类不能表明农业的真正性质。③

马克思在《资本论》中讨论英国农业史和农业资本主义的文字主要限于对农业经营、规模的研究,大抵是从资本积累角度来讨论的。这些内容属于"资本"研究这个大题目之下。马克思原先对经济的研究计划远不只这一点。在《〈政治经济学批判〉导言》马克思写下的研究提纲中,"资本"只是他研究政治经济学六项任务之第一项。紧接着,第二项任务便是研究"土地制度"。④ 可惜他在世时只完成了第一项研究任务。如果马克思继续他的计划,他会对英国土地制度的历史作出精彩论述的。马克思的计划大纲向我们提出了这个研究英国农业史的重要角度。它涉及所有制和土地法领域众多复杂的问题,而至今我们还注意不够。

英国从封建主义向资本主义社会转型时期的农业史,应当以土地所有制为主线重新写过。这个题目十分庞大,绝非这篇文章所能解决的。

对 16 世纪英国农业发展的再认识,对理解以后三个世纪英国政治史的

---

① 马克思:《资本论》第一卷,第 791 页。
② 列宁:《对奥·普林斯海姆〈农业工场手工业和电气化农业〉一文中的资料的分析》,《列宁全集》,第 56 卷,人民出版社 1990 年中译本,第 101 页。
③ 参见鲁友章、李宗正主编:《经济学说史》下册,人民出版社 1983 年版,第 371 页。
④ 马克思:《〈政治经济学批判〉导言》载《马克思恩格斯选集》第一卷,人民出版社 1972 年版,第 81 页。

发展包括理解17世纪英国革命都有帮助。它进一步佐证了我在十年前就提出的对17世纪英国革命的一个看法,即那是一场特殊的资产阶级革命,在那场资产阶级革命中,我们几乎还找不到一个真正的或成熟的(不论是工业的还是农业的)资产阶级在其中战斗。

16世纪至17世纪英国农业经济发展的不平衡和17世纪土地法发展的渐进性特点,使得它把大量应当在近代开始时加以解决的农业土地立法问题留到以后的300年去解决。可以提及的一个相关的事实就是,英国公簿持有农土地所有权的获得,直到19世纪末以后才实现。

(作者联系地址:南京大学历史学系)

历史发展的悖论:农业生产的特殊性与家庭自耕农的生命力

文 礼 朋

一、家庭自耕农在当代世界的优势

本文所谓的家庭自耕农,就是主要以家庭劳动力为主的农业生产单位。在绝大多数的中国人眼里,家庭自耕农必然与小块土地经营相联系,主要采用落后的手工劳动,主要为本家庭的食物消费而进行生产,与机械化大生产毫无关系。其实这是一种误解。不管它是亚洲人多地少地区只有小块土地、主要使用落后的手工劳动进行耕作的家庭农业生产单位,还是美国、加拿大、澳大利亚地区占地几百、几千公顷的大规模农场,也不管他是耕种自由土地,还是租种他人的地,只要是以家庭劳动力为主(当然农忙季节也往往雇佣临时工)的农业生产单位,在本文则一概被称为家庭自耕农。

家庭自耕农的发展前景与命运,自18世纪以来一直是西方经济学界争论的一个重大问题。很多人认为,随着技术的进步与资本主义的发展,农业生产将日益走向大型化,主要依靠家庭劳动力的自耕农将会为雇佣型的大农场所排挤。在古典经济学家与经典马克思主义作家眼里,家庭农场制度不仅在经济的规模效益上绝对处于劣势,农民还缺少经济人的理性;他们保守,不能对市场的变动与技术的进步迅速作出反应;他们宁可忍受贫困,也不愿意离开他们的小块土地,成为城市工人阶级;由于经济效率的低下,自耕农制难以为工业的发展提供资金与市场;而由于他们死死抱住小块土地不放,又难以为工业的发展提供充足的廉价劳动力。按照经典马克思主义的理论,小农经济天生具有脆弱性,经不起天灾人祸,经不起商品经济的冲击,因而大多数农户必然在资本主义发展的大潮之下逐渐破产,社会两极分化,农村将逐渐演变为资本主义雇佣型农场的天下,由大批的工资劳动者进行耕作。

作为18世纪英国圈地运动的一个主要产物,小农经济逐渐成为落后与贫穷的代名词。尽管对圈地运动中自耕农的消失原因及其程度,人们存在着很多分歧。大家却几乎一致同意,经过圈地运动,英国自耕农的数量大大减少,土地日益集中,雇佣劳动占据了优势,农业生产因此获得了极大的提高,产生了欧洲最发达的农业,成为欧洲各国学习的榜样。在人们眼里,圈地运动也为英国工业的发展提供了大批廉价劳动力。18世纪的英国农学家阿瑟·扬是鼓吹圈地的旗手,认为圈地虽然造成了不少家庭自耕农的消亡,但是它却带来了生产的巨大进步。与英国相对应的是法国同一时期小农的贫困与落后,这给他留下了极为深刻的印象。19世纪的法国是一个自耕农经济的汪洋大海,农业落后,工业也落后,也是一个不争的事实。人们往往把法国19世纪的落后在很大程度上归罪于法国大革命所促成的自耕农制。从那以后,农业生产中大生产优于小生产、雇佣劳动农场优于家庭农场的观念就深入人心了。

然而,历史的发展并没有证实上述论断与预测。

不少研究工业革命的学者指出,大地产制在近代英国与德国易北河以东地区促进了农业的发展;但是在近代西班牙、意大利、哈布斯堡帝国,土地集中程度在农奴解放后远高于同一时期的德国,却成为了农业发展的障碍。[1] 另一方面,自耕农制尽管在近代法国成为农业变革的障碍,但是在近代德国的西部与南部却促进了农业的变革。[2] 众所周知,近代德国西部与南部的土地改革是以法国大革命的模式进行的,造成了自耕农制,但是它并没有阻碍这里的农业与工业的迅猛发展,成为德国经济最发达的部分。19世纪下半叶到20世纪初叶,自耕农制在日本与丹麦及1905年以后的俄国,

---

[1] Clive Trebilcock, *The Industrialization of the Continental Powers*, New York, 1981, pp. 323—334.

[2] Ibid., p. 386.

均促进了农业的迅速增长,为俄国这一时期的工业革命提供了巨大刺激,① 农民国家的丹麦也创造出了当时世界上最有效率的农业。二战以后的东亚地区——日本、韩国以及中国台湾,都是依靠自耕农制迅速走向工业化的,在这里,自耕农制比拉美的大农场制更有利于农业发展与工业化。② 中国在十一届三中全会以来,解散集体农场,实行家庭联产承包制,恢复家庭经营,使农业获得了巨大发展,并导致乡镇企业的异军突起,更是举世瞩目。正如著名发展经济学家罗斯托所指出的,人们以往过分估计了大农业的效率,同时低估了自耕农制的效率。③

另一方面,尽管大批农民被排挤出了农村与农业,沦为工人阶级,农业的经营规模不断扩大;但时至今日,无论是西欧还是北美,占统治地位的仍然是家庭农场。不仅如此,大地产在欧洲的重要性反而下降了,农村无产者的人数不仅在绝对数字上下降了,而且在农村劳动力比重中也下降了。1966—1967年间,欧共体最初的六个国家农业劳动力中只有14%是非家庭劳动力。④ 1976年加拿大农场总数中91.5%是家庭农场;1980年澳大利亚17万多个农牧场中有90.4%是家庭农牧场;美国1982年家庭农场占农场总数的95%。有趣的是,随着农业人口和农场数目的下降、农场规模的增大,平均每个农场的劳动力人数反而减少了。⑤

那么,为什么会出现这种局面呢?国内学者对此作了许多很有价值的探讨,其中以清华大学秦晖教授最为深入。在家庭农场优于社会主义国家曾经实行过的集体农场这个问题上,学者们达成了共识,但对家庭农场与雇佣型大农场哪一个更为高效这一点,却讳莫如深。即便是对家庭农场制生

---

① Clive Trebilcock, *the Industrialization of the Continental Powers*, pp. 257—265. 另见金雁、卞悟:《农村公社、改革与革命》,中央编译出版社1996年版,第197—203页。
② 董正华等:《透视东亚"奇迹"》,学林出版社1999年版,第105—108页。
③ W. W. Rostow, ed., *The Economics of Take-off Into Sustained Growth*, London, 1963, p. 434.
④ G. Djurfeldt, "Classical discussions of capital and peasantry: a critique", in John Harriss, ed., *Rural Development*, London, 1984, p. 139.
⑤ 郭熙保:《农业发展论》,武汉大学出版社1995年版,第304页。另见 David Goodman & Michael Redclift, *From Peasant to Proletarian*, Basil Blackwell · Oxford, 1981, p. 11.

命力作出最为深入探讨的秦晖教授也似乎回避了这个问题。秦晖教授接受恰亚诺夫关于家庭农场比雇佣型大农场更有生命力的论断,但是恰亚诺夫对家庭农场更能度过经济危机的解释,主要不是由于家庭农场的效率高于雇佣农场,而是在人多地少的情况下,家庭农场由于人口压力,在劳动的边际产出低于社会工资的情况下继续投入劳动,从而获得比雇佣农场更高的单位土地产出,因而他们愿意付出比资本主义地租更高的地租,从而排挤资本主义式的经营。尤其是在经济危机利润低下的情况下,雇佣农场由于在扣除成本(包括工人工资)后缺少利润而退出农业经营。与此同时,家庭农场在没有利润的情况下却仍然可以存在下去,因为农民作为劳动者获得了"工资",即家庭收入,因而也导致家庭农场排挤资本主义式的雇佣农场。[1]

恰亚诺夫的解释无疑具有里程碑式的意义。而恰亚诺夫根据丹麦农业的合作制纵向一体化所设想的农业现代化方向,确实是那以后发达国家农业发展的方向,显示出他超凡的预见力。恰亚诺夫把劳动与消费的均衡作为分析农民经济理性的基础,被认为是该领域的一场革命,恰亚诺夫也因此而被认为是该领域的牛顿,[2]其对农民未来命运的设想被认为是农民的马克思[3]。但是笔者认为,恰亚诺夫同样没有回答家庭农场的效率是否优于雇佣农场。恰亚诺夫的解释理论主要是针对人多地少,同时又缺乏足够的农业外就业机会的地区。对于美国、澳大利亚、加拿大等土地资源丰富、劳动力相对稀缺的国家和地区,则显然不能令人满意。

根据当代西方农业经济学研究的新成果,西方学者认为,家庭农场不仅具有恰亚诺夫所说的优势,而且在很多方面比雇佣农场具有更高的效率,一个土地面积处于最优状态下的家庭农场,比雇佣农场具有更高的劳动生产率,而不仅仅是更高的土地生产率。在他们眼里,这才是家庭农场在当代西

---

[1] 恰亚诺夫:《农民经济组织》,萧正洪译,中央编译出版社1996年版,第六章"家庭农场组织特点产生的国民经济后果"。

[2] Mark Harrison, "Chayanov's theory of peasant economy", in John Harriss, ed., *Rural Development*, London, 1984, p. 255.

[3] 秦晖:"当代农民学研究中的'恰亚诺夫主义'",恰亚诺夫:《农民经济理论》(代中译序),第5页。

方成为占主导地位的农业生产组织方式的根本原因,这是由农业生产的特殊性所决定的。① 经典马克思主义者在论述家庭农民劳动生产率时,往往是以人地比例极为不利的家庭小农场与人地比例远为有利的雇佣型农场相对照的,这不能说明家庭农场的效率不如雇佣农场。

历史已经表明,除了英国与德国易北河以东地区以外,欧美其他地区的农业发展并没有表现出马克思主义者所预言的结果。笔者认为,从某种程度上来说,近代资本主义大农场是封建时代大地产的继续,只有在向近代农业变迁以前封建大地产占有重要地位的地方,并且没有经历过革命土地再分配的地方,雇佣型大农场才占有重要地位。在缺少这种大地产的地方,家庭农场一直占据优势,没有明显地显示出被雇佣农场取代的历史与趋势,如美国、澳大利亚和加拿大等国。

那么,家庭农场制度为什么在 19 世纪的大多数经济学家眼里成为低效率的代名词,而在当代却焕发出了生命力,成为现代农业经营的基本形式? 在这种效率变化的背后到底进行了一些什么样的制度创新? 本文主要以西方各国农业的具体历史为基础,结合西方经济学的新发展,对 19 世纪以来关于家庭农场生命力的争论进行分析与评论,并提出一些自己的浅见,以促进国内学术界对这个问题的深入研究。

二、恰亚诺夫论家庭农场劳动投入模式的优越性

在 19 世纪,马克思主义者与自由主义者都深信,随着技术的进步与商业竞争的加强,雇佣农场由于其更高的效率、能够付出更高的地租,最终将排挤农民家庭农场。然而恰亚诺夫却认为,恰恰相反,是农民家庭农场比雇佣农场更有生命力,能够付出更高的地租,将排挤雇佣农场。家庭农场由于人口压力,在劳动的边际产出低于工资的情况下继续投入劳动,从而获得比

---

① 速水佑次郎、弗农·拉坦:《农业发展的国际分析》,郭熙保等译,中国社会科学出版社 2000 年版,第 389—393 页。

雇佣农场更高的单位土地产出,因而他们愿意付出比资本主义地租更高的地租,从而排挤资本主义式的经营。尤其是在经济危机利润低下的情况下,雇佣农场由于在扣除成本(包括工人工资)后缺少利润而退出农业经营。与此同时,家庭农场在没有利润的情况下却仍然可以存在下去,因为农民作为劳动者获得了"工资",即家庭收入。①

在通常状况下,当劳动的边际收益低于工资时,资本主义企业将不再继续投入劳动,而农民农场却在生存压力下继续投入劳动,因而在不少人眼里这是违反经济人理性的。但是人们应当知道,农民之所以在劳动的边际收益低于社会工资的情况下仍然继续投入劳动,关键是由于缺少外部就业机会,受着失业的困扰。农民的劳动处于闲置的状态,机会成本极小,具有不用白不用的特征,因而继续投入劳动完全符合经济人的理性算计。

人们从事劳动与经营的经济目的是为了获得收入。对于家庭劳动农民来说,收入由两部分构成,一部分是"工资",另一部分是扣除经营成本(包括工资)后的利润,农民追求的是收入最大化。当他们在劳动边际收益低于社会"工资"时,农民农场就不再盈利,但农民与此同时开发了他有可能闲置的劳动力,获得了"工资",尽管它低于社会工资,但农民的总收入增加了,家庭的生活得到改善。这对于缺少外部就业机会,面临失业困扰的人们来说,完全是理性的。当人们在研究传统农业社会的劳动生产时,应当知道,在这里存在大量的隐性失业,劳动力开发利用不足,大量的劳动力处于季节性闲置状态。因此,许多单位劳动收益很低的工种,只要它能够更大程度地开发和利用这些季节性闲置的劳动力,只要它带来的收入能够大于或等于恢复体力所必需的支出,农民就会去从事它,以换取更多的总收入来维持生计。②

因此,在一个存在大量闲置劳动力的社会中,实行耕者有其田的土地改革,除了可以促进社会平等外,还可以促进社会闲置劳动力的开发。家庭农场在劳动边际生产率低于社会工资的情况下仍然继续投入劳动,这部分劳

---

① 恰亚诺夫:《农民经济组织》,第六章"家庭农场组织特点产生的国民经济后果"。
② 同上。

动力如不如此将处于闲置之中,不用白不用,可以创造出更多的社会财富。这是在雇佣型农场经营模式中所无法做到的。换句话来说,在那些人多地少的地区,实行雇佣农场制度,表面上看起来促进了劳动生产率的提高,但是由于它并没有充分开发闲置的劳动力,从而造成了社会总要素生产力的降低、社会财富的减少,因而是一种低效率的产权经营制度。[①]

当然,人们也许会说,既然社会存在大量就业不足的劳动者,那么雇佣农场主就可以通过降低工资,使得边际劳动生产率低于工资的均衡点往更多的劳动方向偏移,从而使劳动投入增加到农民家庭农场的水平。但这其实是做不到的,在劳动进一步增加投入的情况下,劳动的边际苦役度大大增加,劳动者存在偷懒的强烈动机,监督成本大大提高,因此,雇佣农场很难达到家庭农场的劳动投入水平,因为家庭农民为自己劳动,不存在一个监督的问题。因此,家庭农场排挤雇佣农场是一个难以避免的普遍趋势。

三、农业生产的特殊性与农业规模的限制

前文已经指出,恰亚诺夫的解释理论主要是针对人多地少,同时又缺乏足够的农业外就业机会的地区。对于美国、澳大利亚、加拿大等土地资源丰富、劳动力相对稀缺的国家和地区,家庭农场制度迄今一直占据主导地位,恰亚诺夫的解释则显然不能令人满意。在这里,必然有一些其他重要因素,使得家庭农场制度在一个开放的市场经济中保持了它的强大生命力,相对于雇佣农场有着更高的效率。

众所周知,农业生产受到自然地理环境的极大影响,超大规模农场的出现对于地理环境有着特殊的要求,例如种植业与畜牧业,超大规模农场要求有大片连接在一起的平整土地,否则便难以协调管理与耕作、发挥大规模生产的优势。但这种农业生产的地理条件在绝大多数的地方往往并不具备,

---

[①] K.N.雷克:"农业经济的动员——亚洲的经验",载《发展经济学的新格局》,经济科学出版社 1987 年版,第 64 页。

人们往往只能在现有的并不平整的、不够大块的土地上进行农业生产,地理上的阻隔限制了农场规模的空间扩张,这就决定了世界上大多数国家和地区,尤其是像亚洲的水稻生产区,由于大型农场对成片平整土地的要求特别苛刻,使得人们不得不屈从于中小型农场的生产组织形式,这种中小型农场在现代科学技术条件下完全可以主要依靠家庭劳动力来经营。

就其本质而言,农业的主要生产资料——土地,不具有再生性,农场面积的扩大只能依赖对小地产的购买与合并,一旦家庭自耕农宁可受穷也不愿出卖土地,在资本主义私有财产制度下,农场规模的扩大就不可能,因而在农业当中,大生产排挤小生产的速度就慢得多,大生产扩大的速度就慢得多。而在工业界,工厂扩大生产不必以合并小生产为条件,生产设备可以通过生产而造出,大生产与小生产并存,在竞争的过程中大生产借助规模效益的优势,最终把小生产排挤出去,这是农业生产所不具有的。这也在很大程度上限制了农场规模的扩大。①

不过,我们也知道,在美国、加拿大与澳大利亚等大平原小麦生产地区,应该说并不缺乏大规模雇佣农场占优势的地理环境条件——有广阔的大平原,人少地多,土地资源极为丰富,小麦生产极适合于机械化大生产,因而这些国家家庭农场一直占据压倒优势,就更能说明家庭农场制度优于雇佣农场制度。

人们往往把美国家庭农场制度一直占据主导地位,归因于独立以来的美国政府对家庭农场制度的偏好与扶持,像《宅地法》这样的土地政策。②毫无疑问,《宅地法》之类的土地政策确实造就了美国大批的自耕农,对美国自耕农占主导地位起了极为重要的作用。但是,美国经济史家也指出,在殖民地时代,殖民者曾经想把宗主国的封建制度移植到北美,但是由于北美土地极为丰富,农民极易获得土地,因而移植母国封建制度的企图无法成功,以家庭为单位的耕作遍布各地。③ 另外,马克思主义者所向往的农业资本

---

① 考茨基:《土地问题》(上卷),岑纪译,商务印书馆1936年版,第203—207页。
② 樊亢、戎殿新主编:《美国农业社会化服务体系——兼论农业合作社》,经济日报出版社1994年版,第194—197页。
③ 福克纳:《美国经济史》(上),王昆译,商务印书馆1964年版,第73页。

主义发展道路,也即列宁所谓的农业资本主义发展的美国式道路,就是要求废除封建的土地占有方式,造就一个广大的自耕农阶级,在此基础上自由竞争,经过优胜劣汰,走向大规模的雇佣型大农场。① 但是历史已经证明,所谓的农业资本主义发展的美国式道路并没有出现。正如笔者开篇所说,除了英国与德国易北河以东地区以外,欧美其他地区的农业发展并没有表现出马克思主义者所预言的结果。因此,以政治的原因来解释美国至今家庭农场一直占据压倒性优势,显然难以令人信服。还必须从农业生产的特殊性来寻找原因。

与工业生产相对集中在一个较为紧凑的空间相比,农业生产是在相对广阔的空间中进行的,譬如说一个小麦种植农场,劳动的空间分布相当分散,这就增加了劳动监督的成本。众所周知,在工资劳动中,不可避免地存在着工人卸责的问题,损害雇主的利益。在工业生产中,劳动相对集中于一个较为紧凑的空间,可以用一个或少数人监督许多人,因而较为容易监督,监督的平均成本较低。但是在农业生产中,劳动极为分散,大大提高了监督成本,因而大规模雇佣劳动往往并不经济。我们知道,即便在工业生产部门,企业规模也并非越大越好,随着企业规模扩大到一定程度,内部的管理、协调、监督边际成本将会高于规模边际效益,从而规模不经济。

在农业生产中,一方面雇佣劳动的监督成本相当高,另一方面劳动协作所带来的规模效益却并不明显。大多数的农业生产工具,甚至是现代机器,往往可以由单个人驾驶与操作,因而农业生产具有浓厚的单干性质,协作生产的必要性不强,协作生产所带来的边际生产力递增并不明显。这两方面的因素制约着农场规模的扩大。以往人们在论述大农场制度的优势时,往往是以机器与设备的不可分性出发的。② 在工业生产部门中,一台机器、一个生产流程的运作,往往必须多人同时参与,具有集体劳动的特性,在一定

---

① 列宁:《列宁全集》(第16卷),人民出版社1988年版,第204页。
② 西奥多·W.舒尔茨:《改造传统农业》,梁小明译,商务印书馆1987年版,第92、93页。另见 Athar Hussain & Keith Tribe, *Marxism and the Agrarian Question*, Volume 1, Humanities Press, p.119.

范围内协作生产所带来的边际生产力递增非常明显,尽管在这里同样具有监督成本问题,但是工厂式大生产仍然具有无可比拟的优势。

除了这些物理上的因素外,农业生产的另外一些特征也使得雇佣劳动的监督成本相当高。农业生产的生物过程受制于无数的变量,而这些变量都与生态条件有关,当温度与土壤湿度发生微小的变化时,对一种作物或牲畜的处理往往必须作出很大的变化,特别是像养蚕业、乳畜业等,要求劳动者在完成工作过程中非常富有责任心。但正如前文所说,雇佣工人往往具有卸责的倾向,因此这类劳动的工作质量极难监控。农业生产的生物过程与工业部门的机械过程很不一样,工业部门的机械过程使得工作变得高度标准化,因而容易对工人的生产劳动过程进行监控。而在农业生产部门,只有少数作物,如甘蔗和棉花,可以由非熟练的劳动力在雇来的监工的指导下进行大规模雇佣式生产。①

马克思主义者认为,农业雇佣大生产的一个重要优越性是,它比小生产更能够利用大规模分工的优点,可以根据每一个人的优缺点,实行专业化的分工。由于分工及专业化生产的结果,每个人都长期做自己的专业工作,不必常常改换工作,因而可以提高每一个人的劳动熟练程度,提高每一个人的专业技术水平,进而提高整个农场的生产技术水平,就如同在工业部门的分工效果一样。②

然而,农业劳动是随着农作物的发育成长而进行的,劳动过程不可能具有连续性,而是经常中断。作业的内容也随着农作物的发育成长而变化。而且还要为气候、气象的变化所左右,不可能有工业劳动那样的规律性。由这一点也可以看出,协作和分工在农业中很难成立,即使成立也是局部的、暂时的。劳动者不能专门从事特定的作业,一年中必须由始至终地在适合农作物生长的季节不断地进行不同的作业。③ 因而分工所带来的劳动的专

---

① 速水佑次郎、弗农·拉坦:《农业发展的国际分析》,第 390、391 页。
② 考茨基:《土地问题》(上卷),第 139—145 页。
③ 中村哲:《近代东亚经济的发展和世界市场》,吕永和、陈成译,商务印书馆 1994 年版,第 211 页。

业化,并由此而提高劳动生产率,在农业部门并不明显。

由于全世界土地资源的有限性,随着人口的增加而来的消费需求的增加,不得不要求人们更为节约地使用土地,提高单位土地产出,高产的技术、高产的作物与牲畜等土地节约型技术,往往要求更为复杂的耕作与管理,使农业生产体系变得越来越复杂。当农业生产体系变得更为复杂,尤其是实行多种经营时,导致更为复杂与密集的作物与牲畜管理,对雇佣劳动者工作质量的监控困难就会成倍增加。而家庭农场由于其为自己劳动,工作质量很高,不存在上述责任心与监督的问题,没有这方面的成本。因此,在更适合多种经营的农场方面,家庭经营者有更大的优势。经营项目的增加使得每英亩土地上的现场监督—管理决策成本成倍增加,以至于一个管理单位能够监管的全部土地面积,迅速接近于普通家庭能够经营的面积。①

另一方面,在马克思、恩格斯、考茨基、列宁写作的年代,农业生产的技术进步主要是在机械技术——耕种机器、灌溉运输机器等,而机械技术的进步通常伴随着规模经济,会导致管理方面以及生产中劳动使用量的节约。因而正如马克思和列宁所设想的,机械技术的发展大大提高了大农场的相对经济效率。但是19世纪末以来,农业技术进步的生物技术方面获得了巨大进步,它们多为规模中性技术,对于大农场和中小农场都会有相同的效果。但是如果考虑到前述监督成本问题,生物技术进步中新的牲畜饲养品种与方法、改良种子和新栽培技术等,要求集中的现场管理决策,从而提高了小家庭农场的相对效率,造成了家庭农场占优势的农场规模分布状况。

因此,当代西方学者认为,马克思和列宁之所以未能预测到土地变革的过程,主要是因为他们未能理解生物生产过程的复杂性和生物生产过程对生产力提高的潜在贡献。②

---

① 速水佑次郎、弗农·拉坦:《农业发展的国际分析》,第390、391页。
② 同上,第392页。

四、小农制农业的现代化之路

对于美国、加拿大、澳大利亚等新世界的国家来说，这里土地资源丰富，稀缺的是劳动力，在这里发展劳动节约型技术，实行机械化，发展大规模粗放经营技术是适合的。适合于大规模机械化耕作的小麦种植，在这里具有比较优势。在一些实行大地产制的发展中国家和地区，尽管社会上往往有大批就业不足的劳动力，农场主们也往往热衷于机械化，采用机械化的粗放经营，因为监督少数几个拖拉机手比监督一大群体力劳动者要容易得多。① 这表面上看起来提高了农场的劳动生产率，其实这并不表明整个经济体系效率的提高，因为大量闲置的劳动力没有得到开发，整个经济体系的效率反而降低了。

人们经常可以看到，在那些实行大农场制的国家，一方面是大农场的机械化经营，但同时也往往是粗放经营。另一方面在大农场的周围有大量劳动生产率低、精耕细作的家庭小农场，这些小农场的经营者往往是大农场劳动力的来源。由于农业生产的季节性，以及农业工资的低下，纯粹的农业工人是难以生存的，他们必须通过耕作自有的小块土地才能维持生活。换句话说，大农场经营的存在是以大量少地农民的存在为条件的。在这种结构下，大农场的机械化生产是以大量少地农民土地上以锄头进行低效率生产为代价的，降低了整个社会的劳动生产率。并且由于大农场上的粗放经营，整个农业体系产出反而降低了。无论是前苏联的集体农庄还是拉美的大地产制均是如此。②

对于那些人多地少的后起工业化国家来说，一方面资本稀缺，另一方面具有丰富的劳动力优势，在这里，技术进步的主要方向首先不应该是劳动节约型——一味追求机械化，换句话说，美国式的农业现代化道路不适合于他

---

① 速水佑次郎、弗农·拉坦：《农业发展的国际分析》，第469页。
② 西奥多·W.舒尔茨：《改造传统农业》，第93、94页。另见莱斯利·贝瑟尔主编：《新编剑桥拉丁美洲史》（第6卷，上），当代世界出版社2000年，第374页。

们，而应当是能够使用更多劳动力的技术，也即劳动密集型技术，主要是生物、化学技术，提高单位土地面积产出。像现代品种、化肥技术，表面上是规模中性技术，对于大农场与小农场均有同样的效果，其实并不全是这样。不同的农作物对化肥的反应是不一样的，喜肥高产的农作物品种往往需要投入更多、更复杂的劳动与日常管理，如中国的杂交水稻技术，是生物、化肥技术的典型，使用更多的化肥与劳动，获得更高的单位面积产量。另外，像烟草种植等经济作物，土地产出高，但同时也要求更多的劳动与管理。这些在美国这样的国家是难以大量采用的，而对于那些人多地少的国家而言，却应当是农业技术进步的主要方向。

由于粮食等农作物生产的季节性，在一年的很多时间里，农民的劳动力往往处于闲置的状态，这对于那些缺少土地而又面临生活消费压力的小农来说是非常不利的，如何开发这些季节性闲置劳动力，是这些国家和地区农业技术进步的主要方向。近代丹麦由英国的粮食供应国转化为黄油和熏肉的主要供应国，以及近代日本养蚕业的发展，是这方面的典型。[①]

速水佑次郎对近代日本开发出的夏季、秋季养蚕技术给予了极高的评价。传统上，春季4月到6月是养蚕生产的时期，然而，这一时期又与水稻和其他作物生产对劳动力需求的高峰期是一致的，所以在劳动力需求方面产生了竞争。夏秋养蚕技术的开发，在资源利用方面有许多好处，例如提高了养蚕工具与设备的利用率。但是速水认为，其中最重要的是它使日本的养蚕业不局限于传统的春季——最为繁忙的农业季节，开发了在夏季、秋季往往处于闲置的劳动力，使每人每年工作的天数大大增加，既促进了农业生产，又促进了农民收入的增加。从19世纪70年代到20世纪20年代，日本养蚕生产增加了10倍，养蚕生产占整个农业生产总值的比重由大约5%上升到15%左右。而近代日本丝绸的出口也是近代日本外汇收入的主要来源，在整个19世纪占到外汇收入的50%左右，即使在20世纪20年代，仍

---

① 速水佑次郎、弗农·拉坦：《农业发展的国际分析》，第511页。

占 30%,有力地促进了日本工业的进步。①

就西欧国家而言,尽管人地比例没有近现代东亚这么不利,但是相对于新大陆,仍然处于不利地位,因此,随着 19 世纪下半叶,大量廉价海外农产品的涌入,农业进步的方向也具有同样的特征——从谷物生产转向牲畜饲养,发展劳动密集型的乳畜业,利用地理上接近的优势,为工业城镇提供乳、肉制品。因为牲畜的生产远不如粮食作物那样受季节变化的限制,可以更多地开发季节性闲置的劳动力。在这方面,小农场往往走在前列,一方面是因为他们人地比例不利,急需开发闲置的劳动力,另一方面大农场在这方面不具有比较优势,大农场主往往更愿意从事谷物生产,因为小麦等谷物生产适合采用机械化,对他们来说监督一个拖拉机驾驶员比照看一大群小公牛无疑要容易得多。② 当然,要实现这种转变必须要有一些相应的技术发明,使得小农场主在这方面能够利用他们的优势。丹麦由于在这方面取得了突破——发明了奶油分离器,它投资少,使得小农场也可以加入到奶油生产中去。而在此之前,牛奶的脱脂(为了保鲜)设备需要大笔投资,无力支付这笔巨大投资的小农场主,就不能够参与盈利性的黄油生产。这一创新也促进了乳制品与生猪生产的一体化。大量脱脂乳和黄油生产的副产品,为生猪提供了廉价的饲料。建立在这一综合体系基础之上的腊肉生产在丹麦得到了发展,它向英国的出口量超过了美国向英国的出口量,使得丹麦克服了这一时期遍布整个西欧国家的农业危机,农民的收入获得显著增长。③

五、当代家庭农场制度的生命力

尽管由于农业生产的特殊性,家庭农场生产组织形式完全能够适应现代科技进步,但是在马克思写作的时代,无论是英国还是普鲁士的雇佣型大农场都显示出相对于家庭农场的优越性,在经济上更有优势。这除了家庭

---

① 速水佑次郎、弗农·拉坦:《农业发展的国际分析》,第 517—521 页。
② 同上,第 391 页。
③ 同上,第 511—514 页。

农场往往在人地比例上的不利因素外,还有许多社会的、制度的原因,使得家庭农场制度不能发挥它的优越性。要使家庭农场制度焕发出它应有的生命力,还必须进行一系列的制度创新。

特里比尔科克认为,近代丹麦与日本的家庭制农业之所以能够焕发出强大的生命力,必须要有一系列的配套措施:为农民提供充足的信贷支持,以使他们能够购买土地、化肥、牲畜、农具等;提供适合于小块土地耕作的技术创新;创造出推广这些技术创新的手段,使农民受到教育,以使他们能够运用这些技术创新。[①] 就技术方面而言,速水与拉坦总结为:建立社会公共机构支持的农业科研体系。另外,公司加农户组织模式的推广、家庭农场基础上的合作化运动的发展,实现农业的纵向一体化,也是家庭农场制适应现代社会大生产所必需的产权制度革新。

1. 对农民的信贷支持制度

相对于近代丹麦、日本以及当代东亚在信贷方面对家庭农民实行支持,使农民免受高利贷之苦,近代欧洲国家在这方面还很不发达,小农难以获得低息贷款,往往陷入高利贷的盘剥之中,陷于贫困之中,无力改进生产,这种现象在19世纪的法国很普遍。而当代东亚由于建立了对农民的低息信贷体系,使得农民免受高利贷之苦,能够投入资金改进农业生产,从而促进了农业的快速发展,焕发出了小自耕农制的生命力,[②]并为这些国家的工业化做出了巨大贡献,比拉美的大农场制度更为有效地促进了东亚国家的现代化。

当然,我们也必须清醒地认识到,英国与普鲁士那样的雇佣型大农场在转移农村剩余劳动力、采用现代机械技术、提高劳动生产率方面,往往比自耕农制下更为容易。以小自耕农制为主体的农业生产体系,在合并小农场,建立大的家庭农场、转移剩余劳动力,从而提高单位时间劳动生

---

① Clive Trebilcock, *op. cit.*, 1981, p. 258.
② 董正华等:《透视东亚"奇迹"》,学林出版社1999年版,第82—88页。

产率方面,往往比雇佣型农场面临更多的阻力。这是当代西欧、东亚国家在农业进一步发展中所面临的难题。毕竟一个自耕农放弃自己的土地、退出农业生产,比雇佣农场制度下解雇剩余劳动力,更为痛苦。但是人们不能以今天工业化完成时期所面临的困难,来否定小自耕农制在工业化时代对农业生产力的巨大进步、促进各国工业发展所做出的贡献,至于那些借此来否定二战后中国台湾实施土地改革必要性的观点,就更没有历史主义的态度了。正如速水和拉坦所说,人多地少国家在工业化初期所面临的主要问题并非提高单位劳动生产率,而是充分利用劳动力,生产更多的农产品,提高整个经济体系的经济绩效,创造更多的社会财富,①为工业化提供资金。正如前文所说,在这方面,小自耕农制相对于雇佣农场更有优势。

另一方面,小自耕农制比拉美的大农场制更有利于强权国家榨取农业剩余,投资于工业发展。在大农场制度下,少数大土地所有者拥有强大的政治经济力量,往往阻碍了有利于国家经济发展政策的实施。② 另外,实行平均地权的自耕农制,有助于社会公正,从而有利于社会的稳定。另有一些学者指出,美国近代实行的自耕农制,使人们有一个相对平等的起点,造就了近代以来美国社会的中产阶级化,避免社会的两极分化,为美国的工业化提供了广阔的国内市场。③ 如若实行大地产制,少数农业资本家掌握大量社会财富,他们对工业品的消费需求会集中于欧洲国家质量更高的工业品与奢侈品,另一方面又会造成广大人民的贫困,无力购买工业品,这些都会限制国内工业品的市场。两极分化的社会是不利于社会的可持续发展的,这是近代以来拉美国家工业化不时出问题的重要原因。自耕农制无疑也在这方面有力地促进了当代东亚的现代化,促进了当代东亚中产阶级的壮大,有利于国内市场的开发,有利于经济的可持续性发展。

---

① 速水佑次郎、弗农·拉坦:《农业发展的国际分析》,第 403 页。
② 董正华等:《透视东亚"奇迹"》,第 105—106 页。
③ 罗博克:《巴西经济发展研究》,唐振彬译,上海译文出版社 1980 年版,第 30 页。

2. 纵向一体化的生产组织体系

尽管家庭农场制在最基础的农业生产层面上,由于农业生产的特殊性占有优势,但是由于现代农业生产是面向大市场的生产,因此,家庭农场在这方面还是面临一系列的困难。例如农产品加工、农业生产资料购买、农产品的远距离销售等,凭单个农户的力量是远远不够的,在这方面大农场往往具有很大的规模优势,能够在与外界的讨价还价中少受中间商人的盘剥,也正是由于这方面的劣势,经典马克思作家断言家庭制农民是没有生命力的。要使家庭农场克服这方面的劣势,就必须进行制度革新。

以往人们认为,把所有农业生产、加工、销售、农业生产资料的采购等诸环节联系起来的方法,是建立集生产、加工和销售为一体的大企业。但是,如前文所说,在最基础的农作物栽培、牲畜饲养方面,家庭式生产往往效率更高,因而这种工厂式的组织方式在经济上并不划算。因而在起初,农业生产被纳入到世界市场体系中去的主要方式并不是结成这种大工厂式的企业,而是纵向一体化——公司加农户的组织方式,也即商业资本主义的组织方式。一些特大型的商业销售企业、加工企业将大量分散的家庭农业企业置于自己的控制之下,收购家庭农业企业的农产品,又给他们提供生产资料、贷款、技术咨询等,将家庭农业企业与市场紧密连结起来。

通过这种方法,大批家庭农业小生产者纳入到了世界市场体系中去,是一种非常可行的生产组织形式。但是这种商业资本主义形式的纵向一体化往往意味着加工企业、中间商对农民的残酷剥削。农民为了维护自身的利益,于是联合起来,建立各种农产品加工、销售、生产资料购销合作社,承担那些以往由异己的中间商、加工企业所承担的环节,以合作制的方式实现纵向一体化。①

19世纪中后期以来,丹麦农民的合作化运动就蓬勃地开展起来,农民们建立了各种各样以家庭农场为主体的农产品加工、销售、采购、信贷、技术

---

① 恰亚诺夫:《农民经济组织》,第257—265页。

交流等合作社或农场主协会。这些生产组织方面的革新,一方面保持了家庭农场生产基本特征,充分发挥家庭农场制度在精耕细作、牲畜饲养等生产过程复杂、要求随时随地现场决策、难以对雇佣劳动者工作质量进行监控的农业经营方面的优势,同时这又在很大程度上克服了小生产在资金、设备、农产品加工与市场参与方面的缺陷,使家庭农场能够积极参与国内、国际市场,融入到现代社会化大生产中去。在这方面,丹麦走在了世界各国的前列,使得以小农制为主体的丹麦农业适应了资本主义世界市场的发展,适应了现代社会化的大生产,成为英国黄油与熏肉的主要供应国,又使广大农民免受中间商的盘剥,提高了自身的收入。①

恰亚诺夫正是借助了丹麦农民的经验,对农业未来的理想生产组织形式提出了不同于马克思主义者的设想——未来的农业组织形式并非农场的横向合并导致工厂式的大生产,而是通过建立以家庭农场为基本生产单位的各种农业合作社,改造资本主义条件下形成的公司加农户的商业资本主义纵向一体化模式,实现合作形式的生产纵向一体化,通过这些纽带使家庭农场参与到国内、国际大市场,融入到现代社会化大生产。② 无论是在欧洲,还是在美国,③历史的发展都证明了恰亚诺夫的超凡预见力,通过商业资本主义形式、合作制的纵向一体化形式纳入世界市场的家庭农场,仍然是农业生产的基本组织形式。

3. 社会公共部门支持的农业科研体系

在19世纪晚期以前,大多数欧美国家均尚未建立由社会公共机构支持的农业研究体系,技术进步的方式主要是私人厂商的诱导创新模式,由私人企业家依靠本身的资金与其他各项条件,根据市场的要素变动,在利润的指引下进行技术创新。就英国17、18世纪的农业革命而言,农业生产技术的

---

① 参见 J. 克里斯滕森:《丹麦农业现代化历程》,田晓文译,天津大学出版社1992年版,第4章"合作化运动"。
② 同上,第264—271页。
③ 参见樊亢、戎殿新主编:《美国农业社会化服务体系——兼论农业合作社》,第四、五章。

进步主要是由有进取心的地主所进行的,因而也被称为地主的农业革命。在此种技术进步方式下,大规模的农场往往具有优势,往往走在技术革新的前列。而且由于当时社会信贷体系不发达,家庭农民难以通过信贷市场获得资金用以改善生产,因而地主在资金上相对于家庭农民具有很大的优势,这就导致了地主往往在采用新技术方面具有极大的优势。加上在19世纪晚期以前,农业生产的生物化学技术尚未大规模涌现,主要是机械技术方面的进步,而如前文所述,机械技术的进步通常伴随着规模经济,提高大农场的相对经济效率。所有这些都有助于大农场在当时的经济优势,从而导致英国自耕农的衰落,大规模雇佣型生产的压倒性优势,并且由于经济学上所谓路径依赖的因素,英国农业生产结构至今仍然如此,与其他欧美国家很不一样。

一方面由于英国工业革命走在各国的前头,为英国农业的发展提供了良好的技术条件与产品市场,另一方面也由于绝大多数国家尚未建立农业技术社会公共研究服务体系,英国的大农场制度相对有利于技术创新和新技术的采纳,因而直到19世纪中叶,英国农业是世界上最发达的农业。然而其他后起的工业化国家却并没有英国这样的优越条件,在这些国家,过多的人口造成地块的细碎化,而工业部门的发展又难以迅速吸收农业部门的剩余劳动力,因此无法走英国式的农业现代化道路。

通常人们认为,法国农业在19世纪和20世纪初的长期停滞不前,主要是以家庭小农为主的农业组织体制所造成的后果。家庭小农的保守性导致了他们不能对市场的变动、技术的进步做出有效的反应。但是,当代西方学者经过更进一步的详细分析,发现法国农业停滞的根源,一方面在于法国经济中非农业部门发展缓慢,难以为农业的发展提供技术援助与国内市场,另一方面在于法国没有发展出像丹麦那样的支持农业迅速增长的公共部门制度性创新。[①]

19世纪末20世纪初,丹麦国家的农民在人均耕地面积减少、来自新大

---

① 速水佑次郎、弗农·拉坦:《农业发展的国际分析》,第514—517页。

陆廉价农产品的激烈竞争、实行农业自由贸易政策的条件下,在单位面积产出与平均男性劳动力产出均取得了巨大进步,从下表可看出,她甚至在很多方面取得了比美国更为突出的绩效:①

	年份	美国	联合王国	法国	德国	丹麦
农业产出指数	1880	100	100	100	100	100
	1930	204	111	146	192	279
每一个男性工人的农业产出	1880	13.0	16.2	7.4	7.9	10.6
	1930	22.5	20.1	13.2	16.0	24.1
每公顷农业用地的农业产出	1880	0.51	1.10	1.06	1.25	1.19
	1930	0.56	1.18	1.50	2.47	2.95
每一个男性农业工人的耕作面积(公顷)	1880	25	15	7	6	9
	1930	41	17	9	6	8

注:农业产出是以小麦产量为单位的。

相对于丹麦,人们普遍认为法国的农业生产条件更为优越,然而丹麦农业却正是在这种不利的条件下,取得了奇迹般的成就,在劳均耕地面积远低于英国、更不用说美国的情况下,取得了劳均产出的相对优势。

著名农业经济学家速水和拉坦认为,造就丹麦农业奇迹的一个主要原因在于农业科研体制的创新——建立社会公共机构支持的农业科研体系,在这方面,丹麦走在了各国的前列,德国在这方面的情况与丹麦类似,因而农业生产在人均耕地面积非常不利的情况下也取得了巨大进步。在丹麦和德国,义务教育的推广进行得很早,全社会的教育水平相当高,农业技术研究、推广机构的经费,主要由社会公共机构提供,由这些机构向生产者提供新技术或技术指导,通过这种制度革新,加上有利于农民的信贷体系的建

---

① Ken A. Ingersent & A. J. Rayner, *Agriculture Policy in Western Europe and the United States*, Edward Elgar, 1999, p. 48.

立,小农在采纳先进的生产技术方面就不会处于劣势。遗憾的是法国在一战之前一直没有进行这方面的制度创新,或者进展缓慢,相对大大落后,从而导致 19 世纪直到 20 世纪初,法国农业停滞与落后。①

即便是实行大农场制度的英国,尽管劳均耕地面积优势明显,在 19 世纪末叶以前,农业生产相当发达,但是由于她同法国一样没有建立社会公共机构支持的农业科研体系,因而农业生产进步缓慢,到 20 世纪初叶,已全面性地落后于丹麦。人们往往把英国 19 世纪末农业的衰落归因于英国工业的发达,实施自由贸易政策,牺牲了农业。这当然是其重要原因,但是速水与拉坦认为,英国没有进行农业科研方面的制度创新,无疑是其重要原因。②

私人厂商诱导技术创新模式,其实并不适合农业部门的技术革新。如前文所述,农业技术进步主要包括机械技术进步与生物化学技术进步。机械技术方面的进步,像耕作机器之类的,它们由工业生产部门提供,不受农业生产的特殊性影响,并且也容易实施专利保护,因而可以通过私人厂商得以提供。但是生物技术方面的技术则难以通过私人厂商技术创新方式提供出来。在这里,很多研究产品,像新品种、新耕作方法,很难阻止其他人采用,具有非排他性的特点,具有公共产品的性质。农业生产的性质使得限制有关新技术或新方法的信息十分困难。在这方面,专利法的保护要么没有,要么不充分。私人生产者难以占有直接产生于该新技术与新方法的全部社会收益,因此通过私人厂商提供这方面的技术创新,往往会供给不足。另一方面,对于生物技术方面的许多进步,如新的农作物栽培技术、新的动物饲养方法等,采用专利法进行保护,往往不利于新技术的推广,产生最大的社会效益。因为即便是最大的农场,相对于工业企业来说都相对较小,只能在一定范围内实施新品种、新方法,因而只能从发明活动中获得一部分新技术所带来的利益。通俗言之,由于工业生产的集中性,一项新技术的大规模运

---

① Ken A. Ingersent & A. J. Rayner, *Agriculture Policy in Western Europe and the United States*, pp. 42—45.

② *Ibid.*, pp. 40—42.

用,可以通过少数几个厂家来实现,因而适合于采用专利法进行保护,通过专利转让得以实施。然而农业生产却极为分散,由许许多多的农场组成,如若实施新技术的专利法保护,通过专利转让来实施,这将使大规模实施新技术的成本大大增加,不利于新技术的推广运用。因而这类技术的提供应当主要依靠由社会公共机构所支持的研究机构来承担,在新技术产生后,由社会给予奖励,然后公之于众,通过由公共机构支持的农业技术推广组织加以推广,让全社会免费采用实施。这种方法最有利于农业生产技术中生物化学技术的开发与推广。[1]

另一方面,任何一个大农场都是相对较小的,难以提供足够的人力与物力去进行生物技术方面的研究。而生物技术研究又具有很大的风险与不确定性。私人厂商、农场往往不愿意进行这方面的研究。因而建立社会公共机构支持的农业研究体系,进行这方面的制度创新对于农业的发展具有极为重要的意义。[2]

主要是因为丹麦在这方面走在各国的前列,从而导致了以家庭农民为主体的丹麦农业在19世纪晚期、20世纪初,获得了巨大进步。而法国由于这方面制度创新的迟缓,导致了农业的落后,遗憾的是,人们往往把近代法国农业的落后主要归罪于自耕小农制。

另一方面,农业科研的这种特性,使得大农场在技术创新方面没有多少优势,又进一步强化了自耕小农制。这与前文所述的合作化运动、优惠的信贷体系一道巩固了自耕小农制。那么,这些到底是制度创新,还是保护落后的小生产措施呢?笔者认为,这些措施是由农业生产的特殊性所决定的,并且提高了整个经济体系的经济绩效,因而是制度创新。如果是损害了整个经济体系的绩效,即便它有助于改善自耕小农的经济状况,也只能说是保护落后的小生产。

---

[1] 西奥多·W.舒尔茨:《改造传统农业》,第87、88、113—115页。速水佑次郎、弗农·拉坦:《农业发展的国际分析》,第127—129页。

[2] 同上。

六、近代大农场制度的兴衰

近代英国是雇佣型大农场制度占优势,在我国学术界向来被看做是农业现代化发展的方向。但是据前文所述,英国这种状况其实是一种历史的特例,从某种程度上是封建大地产制的延续,同时也是在当时英国尚未发展出支持家庭农业经营的社会公共支持体系的情况下,家庭农场经营尚未发挥出优势,从而使得雇佣型农场占有优势。

另外,英国18、19世纪雇佣型农场占优势,具有生存能力,还与当时社会存在大批难以就业的廉价劳动力紧密相关。从某种程度上来说,雇佣型大农场制度的盛行是以社会上存在大批就业不足的廉价劳动力为前提的,一旦这种情况消失,雇佣型农场将难以为继,渐趋消失。因为如前文所述,雇佣型生产其实并不比家庭农场效率高,而是相反。因此,要使雇佣农场盈利就必须降低劳动工资。按照18世纪英国鼓吹圈地的农学家阿瑟·杨的说法,大农场的优点在于增产效果,而没有省力效果。① 农业单位面积产量的提高主要是通过投入更多的劳动而实现的,根据英国经济史家克拉克的综合估算,英国农业革命时期每个劳动日的产出并没有明显的增长。② 众所周知,在传统农业社会,社会上存在大量的季节性闲置劳动力,大农场实行诺福克轮作制事实上是充分开发了这些季节性闲置劳动力,从而导致人均年产出的增加,尽管没有多少劳动日生产率的提高。一些著名经济史学家指出,在17、18世纪的农业革命中,农业人口比率的大幅减少,是与每个劳动者年投入劳动量的大幅增加相伴随的,人们认为这一时期英国出现了所谓"勤奋的革命"。

不少经济史学家认为,英国资本主义农业能够在这种低生产率和劳动密集型的形态中形成,其背景是第二次圈地和机器排挤劳动力的工业革命

---

① 中村哲:《近代东亚经济的发展和世界市场》,第205页。
② 参见 Mark Overton, *Agricultural Revolution In England: The transformation of the agrarian economy 1500—1850*, Cambridge University Press, 1996, p.82.

导致的农村过剩人口。还有从体制上维持和保存这种庞大的农村过剩人口的济贫制度,帮助维持低工资工人的生存,使资本主义农业经营者能够盈利。而到了19世纪中期,达到顶点的英国资本主义农业随着这种条件的丧失而开始衰落。如此看来,19世纪西欧的资本主义农业经营,包括英国在内,基本上是这样形成的,即:在资本主义比较初级的阶段,即在大工业取得正规发展之前,在因原始积累而农村过剩人口大量累积的普遍条件下,使用了大量的低工资劳动力。因此,随着从19世纪后半期开始的机器大工业的正规发展,农村劳动力流入城市,农村过剩劳动力减少,资本主义农业经营开始解体。西欧各国农业在二次大战后转变成为家庭农业。① 即便是英国也是如此。19世纪的英国普遍形成了土地占有与农业经营分离的农业结构,即近代地主、资本家性质的租地农和农业雇佣工人。但是从19世纪末开始,资本主义大经营逐渐趋向解体,在第二次世界大战后发展成以家庭经营为中心。②

现在,在农业中实行雇佣型大农场较多的是:拉丁美洲的大庄园和新的大庄园;印度、斯里兰卡、菲律宾和非洲等热带亚热带的种植园;意大利南部的庄园等。这些都是低发展国家和低发展地区,其资本主义经营是以农村大量存在过剩劳动力为基础,使用低工资劳动者来经营。将来这些国家或地区一旦实现工业化,过剩劳动力减少,或是农业技术提高,集约型农业发展,看来这种资本主义经营就会解体。或许会形成技术水平较高的家庭农业。而且如前文所述,把这些大庄园分配给小农,社会的总要素生产率还会更高。这些大庄园的存在既是以大量低工资劳动者的贫苦生活为代价的,同时也是以降低整个社会的财富产出为代价的。

一般来说,种植园经济主要是热带亚热带经济作物,在那些地方,劳动者的生存费用相对较低,使得他们在低生产率、低劳动报酬的情况下仍然能够生存下去。例如美国内战以前种植园经济只能在南部生存,北部则盛行

---

① 中村哲:《近代东亚经济的发展和世界市场》,第205、206页。
②③ 同上,第202页。

小农经济。这其实也表明了家庭农场制度比大农场制度具有更强的生命力。

速水认为,发展中国家大规模种植园能够产生与生存,还有一些其他方面的因素。一般来说,大规模种植园经济主要是在原先未开垦的处女地上建立起来的。建立种植园往往需要巨额的初始投资:不得不清除和开发处女地;不得不修建诸如道路、灌溉系统、桥梁和码头设施等基础设施;还要从人口更密集的地区引入劳动力,而且还要对劳动力进行作物生产的培训。在提供基础设施方面,大农场制度确实占有优势。这是家庭农场所不具备的,在很多情况下,即便是当代美国的大型家庭农场也无法克服。尽管我们可以通过政府机构来承担这些设施的建立,通过公共机构来协调它们的使用,但这种协调的成本是相当高的,这些设施作为公共设施,得不到私人的有效维护与爱惜,如同中国的许多水利工程在实行联产承包制以后,渐渐处于荒废,无人管理。如果是在大规模农场制度下,水利设施的受益者人数减少,从而近似于私人物品的状况之下,不用政府操心就可以得到正常维护。要使基础设施投资所带来的社会收益尽可能多地为投资者所占有,从而促进这些基础设施的提供,农场规模必须非常大。因而速水认为,种植园的发展,并非因为它是比家庭农场模式更为有效的生产组织模式,而是因为它在榨取因开发人口稀少的处女地所产生的经济利益方面是最有效的生产组织类型。[1]

速水认为,必须采用大规模种植园生产组织模式的作物其实相当少。只有那些农场生产和加工、销售之间需要紧密合作,从而类似于工厂式生产的作物,大种植园才具有不可替代的优势。就香蕉出口而论,收获的果实必须在一天内打包,运到码头并装到冷藏船上,一船能满足外国买主质量标准的香蕉必须在几天内收齐。因此,从种植到收获的整个生产过程必须精确地控制,因而在出口香蕉生产上种植园体制拥有决定性的优势。对于不需

---

[1] 速水佑次郎:《发展经济学——从贫困到富裕》,李周译,社会科学文献出版社2003年版,第291—292页。

要集中加工和销售的作物,种植园体制就不比家庭农场有优势。例如,出口红茶的加工需要一个现代化的加工厂,采摘下的新鲜茶叶必须在几小时内送到厂内进行发酵。因而红茶制造普遍采用种植园体制,相反,在中国和日本,无需发酵的绿茶仍以农民生产为主。①

速水认为,即使是需要大型加工和营销设施的种植园作物的生产,如果农户通过种植体制合同组织起来,他们就可以成为有效的生产单位。在合同种植中,农商公司或合作社按合同购买农民的农产品,并进行加工和销售。公司向农民提供技术指导、信贷和其他服务。其回报是农民保证为公司生产。通过这种方式,这一制度既不牺牲加工和销售的规模经济,又在农业生产中发挥了家庭农场的优势。泰国近来以该制度为基础的罐装菠萝生产,超过了菲律宾这个以种植园制度为基础的前罐装菠萝主要出口国,充分表明了经过制度革新后的家庭农场制度优于种植园体制的工厂式大生产组织方式。② 充分表明了笔者在前文所述的农业生产现代组织模式的最佳形态是纵向一体化——公司加农户或合作制。

结 束 语

综上所述,笔者认为,家庭农场制度符合农业生产的特性,能够通过一系列的制度性革新积极采用现代生产技术、参与国内外市场、适应现代社会化大生产。尽管如此,在那些人多地少、以自耕农为主体的国家和地区,在工业化进一步推进、完成的时代,如何合并太小的经营者——主要依靠兼业收入的农场,建立由专职农民经营的大规模农场,转移农业剩余劳动力,提高农业劳动生产率,提高专职农民的收入,却仍然是这些国家和地区所面临的棘手问题。在这些国家中,农场面积的狭小,导致农民往往把农业看成了副业,却又不愿意退出农业经营,这不利于土地资源的充分利用。以自耕小

---

① 速水佑次郎:《发展经济学——从贫困到富裕》,第292—293页。
② 同上,第293页。

农制为主体的农业生产体系,在合并小农场、建立大农场方面,往往比雇佣型农场面临更多的阻力。毕竟,一个自耕农放弃自己的土地、退出农业生产,比雇佣农场制度下农场主解雇剩余雇佣劳动力,要困难得多。这是当代西欧、东亚国家在农业进一步发展中所面临的难题,要求国家采取各方面的政策支持与制度创新,要求人们发挥更多的智慧。

(本文作者联系地址:北京大学世界现代化进程研究中心 邮政编码:100871)

法国农业转型中的合作社体制：
农业中的"第三条道路"

秦　川

在《法兰西的特性》中，布罗代尔曾感叹于法国长达千余年的"农村经济"，并担心其将使法国"陷于长期固步自封、因循守旧的境地"①。然而不可否认的是，进入 20 世纪后，农业在国民经济中的地位和农民的人口数量都在显著地下降。在 1931 年，城市人口开始超过农村人口；1968 年的时候农业还居于国民经济的首位，从业人数达 312.5 万人，而到 1977 年却只剩下 200 万人。与此相伴随的是国家现代化水平和农业生产率的迅速提高。这既是结果也昭示着法国农业正在经历有意识的现代化进程。探究这一进程的原因是一个庞大的问题，涉及国家宏观经济和政治体系等诸多层面的改革，不过其内部组织结构的调整也是不可忽略的。本文讨论的正是后者的一种可能性——合作社体制。

需要说明的是，如同农业所牵涉问题的复杂性，农业内部特别是各地区耕地和农民平均份地的数量更是复杂不一。农业现代化的一个重要表现就是小农的逐渐减少和农业用地的重新整合。在法国这一以小农众多而闻名的国度，大型现代化农庄的普及并不是朝夕之事。经济史学家认为，20 世纪后半期的法国存在着三种农民：第一种是"大种植者"（grand culture），在 1950 年占农民人口 8% 的他们控制了提供了近 45% 的农业产量。但他们的占地数很少超过 200 公顷，大部分以公司的形式组织农庄的运作，拥有良好的设备和充裕的资金来源，种植的作物主要是大麦和

---

①　F.布罗代尔：《法兰西的特性（人与物）》，商务印书馆 1997 年版，第 3 页。

燕麦。这些农庄大多分布在北部和巴黎盆地附近。第二种,也是人数最多的,是那些控制土地数量从 10 到 40 公顷的农民,他们的装备"不好不坏",在农闲时还能进入城市打些短工,同时享受着国家的农业补贴。至于第三种农民,是一致认为需要国家重点保护和扶植的,他们为基本的生存而挣扎,所占有的土地贫瘠不易于作物的生长,即使稍有出产也仅仅用于满足自给。[1]

表 一

土地开垦面积分布表												数量单位:千	
土地(单位:公顷)	1929		1942		1955		1963		1967		1970		
	数量	%	数量	%	数量	%	数量	%	数量	%	数量	%	
≤1	1014.7	25.6	221.8	9	151.7	6.6	94.6	5	81.6	4.8	92.7	6	
1—1.99	1146.3	28.9	204.1	8.3	232.3	10.2	154	8.1	122.6	7.3	117.7	7.6	
2—4.99			456.9	18.6	416.5	18.2	300.3	15.8	243.7	14.4	211	13.6	
5—9.99	717.6	18.1	529.4	21.6	476.7	20.9	364.1	19.2	297.9	17.6	246.1	15.8	
10—19.99	593.1	14.9	552.8	22.5	536	23.4	485	25.5	422.2	25	359.7	23.2	
20—34.99	380.4	9.6	384.8	15.7	294.5	12.9	290	15.2	289.7	17.2	279	18	
35—49.99					82.5	3.6	103.9	5.5	110.8	6.6	115.4	7.4	
50—69.99	81.8	2.1	78.5	3.2	51	2.2	55.3	2.9	59.7	3.5	65	4.2	
70—99.99					24.1	1.1	29.7	1.6	33.1	2	36.3	2.3	
≥100	32.5	0.8	26.6	1.1	20	0.9	23.5	1.2	26.8	1.6	30	1.9	

数据来源:Annal Statistique Economique de la France 1977 p.153 par:INSEE

从表一中可以看出,在 20 世纪 60 年代第二种农民的控制的土地数量已经超过了总量的一半。他们不用担心自然环境的束缚,拥有份额不大却足以供给自己和国家的土地。由于自然和历史的原因,这些农民大部分分布于巴黎盆地以南,种植的作物也以经济作物为主,比如葡萄和油料等。本文所要分析的合作社体制正是主要由这些还没有跨入"大农场主"行列,也并无先天性环境限制的"小农"所发起建构的。在饱受垢弊的他们看来,大农庄并不是提高农业产量和规模的惟一途径。小农甚至可

---

[1] F. Braudel et E. Labrousse, *Histoire economique et sociale de la France* (Tome IV. 3/1950—1980),Presses universitaires de France,1993,p.1436.

以通过组织形式的改变来达到同样地提高产量和享受现代化成果的目的。

为什么他们会选择合作社这样的一种组织形式呢？这既有深刻的历史原因也是社会发展的现实所决定的。以下的这一部分,我将探讨合作社体制的社会思想流变。

合作思想之流变

早期的合作思想是空想社会主义的一部分。世界上最早的消费合作社产生于英国,18世纪随着机器大工业的兴起,传统的手工业和农业劳动者收入不同程度受到减少,而伪劣商品也充斥于市,许多贫困的工人、市民等为了改善自己的生活处境而建立了一种互助组织。欧文的空想社会主义实验也深深影响了互助合作运动。到1830年英国总共出现了300多个合作社,大部分集中于消费领域。[①] 社会主义在19世纪的发展大大促进了互助合作运动,合作的范围也从消费延伸到工业、农业领域。从本质上说,当时的互助合作运动有着较为浓重的哲学和意识形态色彩。其倡导者如欧文等,往往忽视具体的经济关系和社会现实,过分强调人性的理想主义,因此合作运动在比较长的一段时间内处于停滞状态。

法国合作思想

以法国的菲利浦·毕舍为代表的基督教社会主义者也认为"合作生活是人类的合理生活,劳动者应当占有自己的生产工具,一旦生产合作社得到发展,就可以摆脱资本家的剥削"。这些带有终极性意义的思想不仅指导了人们的具体行动,更为此后欧洲和法国合作思想的发展奠定了基础。

一战后的法国的合作思想受到尼姆学派的查理·吉德(Charles Gide)

---

① 杜吟棠主编:《合作社:农业中的现代企业制度》,江西人民出版社2002年版,第57页。

影响。他的思想同样诉诸于哲学理念,只是较之以前更加实际。在1926年法兰西学院的演讲中,他系统地阐述了自己"合作社共和国"的理想。他认为基于消费领域的合作社是最为重要的,它反馈市场的信息,使社会交换达到均衡水平。消费合作社的诞生还直接促使对工业乃至农业生产过程的控制,并进而控制整个国民经济。这一思想在当时造成了轰动性的影响。①

但1934年合作社银行的瓦解使吉德理论的正统性遭到动摇。雄心勃勃的合作社共和国理论被福克(Fauquet)的合作社部门(Sector Cooperatives)理论所取代。这一理论合作社只是在公共部门和私人部门之间存在的另一个部门,没有普适的指向。它包括了所有家庭、手工和农业等行业的经济实体,合作社也不仅是消费合作社,而包括了生产、农业等诸多类型。

二战后,合作社的发展似乎印证了福克的理论。表二是1972年法国合作社部门的分布情况。合作社的部门已经呈现出多样化的趋势。合作社部门也成立了自己的代表机构——全国合作社集团(GNC)。不过又一位学者克劳德·维尼(Claude Vienney)在试图延伸福克理论的同时却几乎构成了对其的瓦解。他提出了合作社的社会经济学说,再一次从人性的角度将合作社体制纳入了整个经济的框架,这样便实际上又回到了吉德的理论阐述。

总之,法国乃至欧洲的合作思想一直具有一种终极含义。合作思想不仅指导改革经济的运行机制,更提供了一幅社会发展的蓝图。理论家们纷纷将自己的构想系统化并倡导于实际。但大洋彼岸的美国,却独自发展出一套完全不同的合作社理论体系。相对而言,后者要微观和现实得多。美国的理论家似乎并不关心宏大的理论体系,他们从产权经济学、微观经济学理论着眼,注重合作社的运行机制和市场属性。

---

① http://www.wisc.edu/uwcc/icic/orgs/ica/pubs/review/vol-88/france.html

表 二

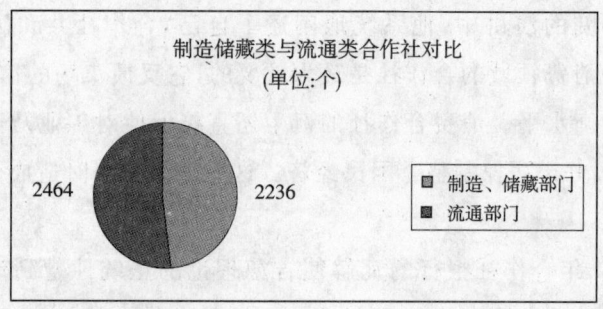

美国合作思想

从对合作社的定义中我们可以晓知其中差别。美国威斯康星大学合作社研究中心(UWCC)给出了如下定义:合作社是其成员顾主自愿拥有和控制,在保本或非盈利的基础上由他们自己为自己经营的企业,它是由其用户所拥有的。按照这个定义,合作社首先是一种企业组织,内部实行民主管理,但它与普通企业又有所不同。主要在于其资本来自于内部成员,而目的在于为用户提供定向的服务。在新古典主义盛行的美国,对于合作社制度并没有过多的历史和政治层面的诉求,他们将其视为企业形态的延伸。

美国早期合作思想的代表诺斯(Edwin Nourse)便是这么一位受实用主义哲学熏陶的经济学家。他认为农业的合作社仅仅是个体农场企业的延伸,在内部应该本着保护个人权益的精神民主地运作。他还主张只有在三个条件下,组建合作社才是必要的:一是为了引进目前所不能供给的设备和服务,二是为了降低投入和生产服务的价格,三是为了在可接受的价格变动范围内抬高商品的价格。他主张合作社应该是务实的事业,而非意识形态的十字军。②

在1980年代,法国的学者们曾经高呼合作社"意识形态"危机的到来。

---

① 数据来源:*Annal Statistique Economique de la France*(1976),p.157.
② 杜吟棠主编:《合作社:农业中的现代企业制度》,第66页。

在美国式新古典主义的挑战下,经济的分析、组织形式的考察超越了对政治哲学的诉求。合作社在脱去了其意识形态的外衣后,作为一种生产要素的高效率组织形式而出现。以下将要对法国葡萄酒业合作社进行的分析,便是建立在这样一个现实的基础上:面临大型农庄和自耕小农共同发展的情况,如何能够在现有社会资源许可的范围内,最大可能地挖掘后者的经济潜力。事实证明,合作社不失为农业资源组合形式上的"第三条道路"。

案例:法国南部葡萄酒酿造销售合作社

法国长期作为全球最大的葡萄酒生产和出口国,拥有着悠久的葡萄酒酿造和葡萄种植历史。而南部又是葡萄酒的主要生产地,早在罗马和阿拉伯统治时期,南部的朗格多克-鲁西永地区就被认为最适合种植葡萄和酿造葡萄酒。当时修建的许多灌溉设施和酒窖直到今天还保存着。虽然在漫长的中世纪,农民的生产率不高,但葡萄酒作为一项收益诱人的产业,一直发展着并成为法国农业的特色产业。

法国葡萄酒合作社简史

表 三

葡萄酒产量前五名的大区(1970)	单位 面积:千公顷	产量:千公升
大区	种植面积	酒的产量
朗格多克-鲁西永	416.7	28612.4
普瓦图-夏朗德	97.3	9544.1
阿基坦	169.8	8271.1
普罗旺斯-蓝色海岸	123.7	6671.1
南比利牛斯	104	5523.8
数据来源:Annal Statistique Economique de la France 1973 p.157		par INSEE

从表三可以看出,1970年占据葡萄酒产量前五名的大区全部属于巴黎盆地的南部。尽管这些地区在种植面积和产量上有着巨大的优势,但按照人平均占有土地数量来说,南部地区又要明显低于北方。以吉伦特省为例

(见表四),面积小于7.4英亩的葡萄园占了绝大多数。也就是说,以非大农庄的形式种植葡萄并酿造葡萄酒是一件很普遍的事情。其中的原因很复杂,一般认为法国南部小农传统更为强盛,但葡萄种植本身需要的精细和对土地的掌握程度可能由单个农户操作更为适合。①

表 四②

吉伦特省葡萄园土地分布(1924)			单位:英亩
面积	葡萄园个数	平均面积	总面积
≤7.4	50301	2.8	140400
7.4—24.7	8909	12.5	111088
24.7—74.1	1096	39.5	43314
≥74.1	285	132.9	37379

与此同时,葡萄酒销售部门也发展起来。据考察,最早起源于9世纪的葡萄酒销售产业,在英国占领和百年战争时期得到了迅速的发展。为了满足出口和国内市场的要求,以空闲劳动力、商人等为主体的中间部门以一定的形式组织起来,将南部零散的生产者所提供的产品销售到各地。

18世纪,有两个事件改变了整个葡萄酒产业的面貌。其一是大革命,在激进派没收贵族和教会土地的同时,商人们则大力购买。他们将种植葡萄和酿造葡萄酒作为一个回报丰厚的产业加以投资。许多葡萄庄园产生了,这些庄园有着充裕的资本用于改进技术和实行规模经营,因此葡萄酒产量大幅度增加。其二,在18世纪后期,为了加强国际竞争力,法国政府颁布了 Grand Crus 这一给葡萄酒分级并建立标准的法令。法令严格规定了葡萄的种植和葡萄酒生产、储藏的条件和水平。实际上造成了葡萄种植和葡萄酒酿造这两个流程的分离。而小农由于自身条件和规模等原因,大部分

---

① Guido G. Wegend,"The basis and significance of viticulture in Southwest France",*Annals of the association of American Geographers*,Vol. 44,Issue. 1(1954).

② *Ibid*.

只能从事于葡萄种植和普通酒（Vin Ordinaire）的酿造。[①] 因此,在葡萄酒生产总体规模上升的情况下,小农们却面临着市场的被细分。

进入19世纪,天灾的到来使小农们雪上加霜。70年代到80年代的根瘤蚜病几乎将许多葡萄种植农推上了破产的边缘。大农庄也不能幸免,拯救的办法是引进国外的砧木,但是,由美国所进口的砧木虽然能够保证葡萄不受根瘤蚜病的祸害,却不可避免的导致了葡萄质量的下降。正因为此,大的葡萄庄园开始生产普通酒,由于其规模效应和市场资源,迅速将葡萄酒特别是普通酒的产量提高到前所未有的水平。同时,国内的葡萄酒还面临着来自低地国家和阿尔及利亚的低价酒的竞争。这一切,造成了1900—1907年之间的价格大跌。最严重时,在南部的许多地区爆发了葡萄种植农的大规模抗议活动,不过都因为组织分散而归于失败。

面对低廉的市场价格,虽然第三共和国的政府对葡萄种植农积极予以扶持和补助,但一些农业精英认为仅仅靠"输血"是无法从根本上解决问题的。他们开始考虑农村适当的组织上的变革,以调动农民的积极性,使其自身拥有一定的抵御市场困境的功能。互助合作由此发展起来,一开始还只停留在"防火防灾等目的,带有很大地方色彩,缺少法律意识"[②],但由于国家在经济上的大力扶持和立法上的支持（1884年、1903年和以后的年份相继颁布了法规来规范合作社和农业工会的运作）以及农民们实践的摸索,合作社的功能得到了极大的延伸,不仅互助还通过产权组合的方式在生产和营销方面实现了规模效应和信息的共享。农业技术的发展也通过互助合作社高效率地传播到农民中去。不仅仅是葡萄种植和酿造领域的合作社,其他农业部门的合作社也在19世纪末取得了巨大的发展,从此之后奠定了互助合作社的制度基础。随着农业现代化的发展,大农庄日益增多土地规模也逐渐扩大,似乎处于不利地位的小农也找到了这条适合其经营的道路。因此,在法国农业体系中我们看到,一切改变并没有教条的束缚,农业的组

---

① Trevor M. Knox, *Organization Change and Vinification Cooperatives in France's Midi*, Working Paper, 1998.

② 端木美等:《法国现代化进程中的社会问题》,中国社会科学出版社2001年版,第81页。

织方式完全按照市场的原则运作着,即使仍旧存在着数量不少的小农,但他们也与以往意义上的满足于自给自足大不相同了。

进入20世纪,虽然经历了两次世界大战,但法国农业的基本方针并没有较第三共和国时期有根本意义上的改变,即使在维希时期,贝当也以农民代言人的形象出现,他试图在市场中按照公司体制组织农民(Corporation Paysanne)。① 尽管成果有限,但其强调的农村自治和结构整合,却为合作社等组织的发展提供了良好的环境。战后,受到马歇尔计划的资助,第四共和国大力恢复并发展农业生产,尤其是合作社,很快全国有80%—90%的农户参与进来,农产品的生产更加集中,加工和销售相结合,保护了农民在与工商业者竞争中的利益。在精神层面上,随着不少战时的俘虏从德国返回农村,他们的经历留下的最大财富便是一种互助合作度过困难的精神。② 在农业的各个领域,小农们以不同的方式展开合作:有主要为应对市场、寻求价格稳定和保障的营销合作社;有在农产品生产领域进行密切合作的生产种植合作社(以下将要谈到的葡萄酒种植营销合作社可以说是这两者的结合);有为小农提供他们力所不能及的大型农具的农业机械合作社,等等。③

在第五共和国时期,政府更是颁布了一揽子的解决农业问题的方案,如1960年的农业指导法(Loi Orientation Agricoles)。此后,"国家农业合作社联合会"(FNMCA)联合了分散的合作社,进一步提高了合作社在加工和销售方面的优势。进入20世纪70年代农业合作社更是迎来了自身发展的黄金阶段,在立法和国家的支持下,在市场和农户经济需求的指引下,投资和营业额不断上升。农业合作社蓬勃的发展是法国农业在欧共体内部确立领导地位和实现现代化的不可缺少的因素之一。

---

① Gordon Wright, *Rural Revolution in France*, Stanford University Press, 1964, p. 79.
② F. Braudel et E. Labrousse, p. 1428.
③ 见表七。

表 五①

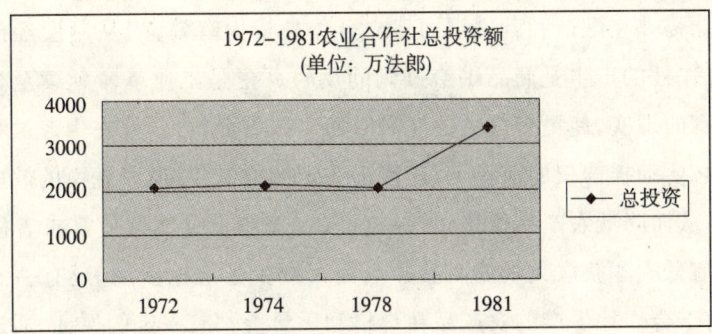

表 六②

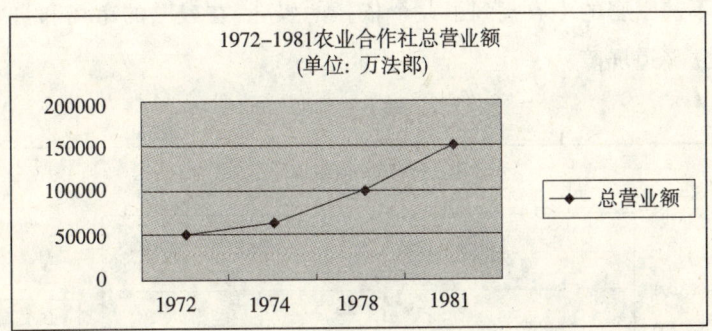

葡萄酒酿造营销合作社的运作机制

回到葡萄种植和葡萄酒酿造的问题。基于这一产业在整个法国农业中的地位,以及其本身的历史和现实原因(小农数量较多),在全国的专业合作社中,葡萄种植和葡萄酒酿造合作社一直居于领先位置。(见表五)1987年1160个葡萄酒业合作社制造了占总量42%的产量,尤其在合作社分布最为密集的南部,这一地区的产量占世界总量的12%—13%。

葡萄酒合作社类型并不单一,有的只是在种植(Viticulture)方面进行

---

① 数据来源:*Annal Statistique Economique de la France*,1973/1976/1977/1981,INSEE.
② 同上。

合作,也有的在酒酿造(Vinification)方面。学者们认为就市场反应而言,小农种植葡萄并在酿造和营销层面建立合作社最为有效。[①] 从制度经济学的角度,合作社的产生是商品供给过剩的反映。正是工业革命延续至今产品极大丰富的现实,使更多的人关注需求面。一方面,合作社在生产过程中能够在不必要动摇产权的前提下,让渡出一定的控制权,形成规模的效应和技术共享,从而降低农产品价格;另一方面,在营销上合作社使需求者能够花较少的信息成本获取大量的商品并且大大减少了运输费用;还有一点不可忽视,由于合作社生产的农产品在规格和质量上都有一定的保证,通过品牌效应,可以增加商品的附加值,从而提高农民收入。总之,通过合作社,使平时联系不甚紧密的小农找到了一个依托的媒介,在残酷的市场和自家的田地间建立一道屏障。

表 七[②]

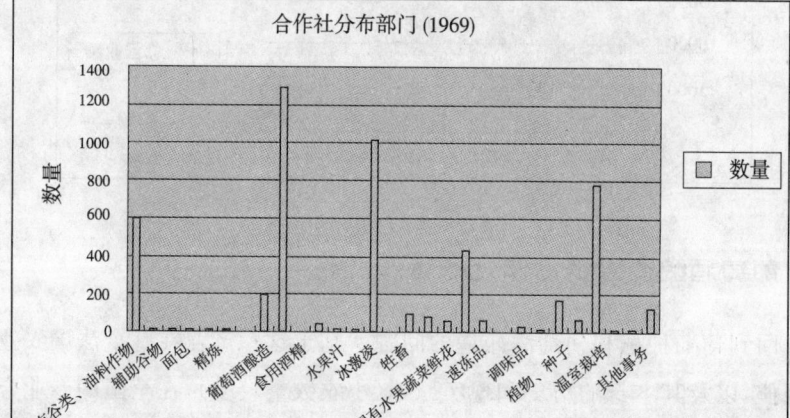

需要说明的是,农产品合作社只是在某些由于历史和现实原因不能迅速达到行业整合的领域比较受欢迎。法国政府在二战以来一贯的方针便是

---

① Trevor M. Knox, *Organization Change and Vinification Cooperatives in France's Midi*, Working Paper,1998.

② 数据来源:*Annal Statistique Economique de la France* 1973,INSEE.

减少小农的数量提高农业的效率,那么合作社是否可以视为现代化大农庄和小农体制之间的过渡呢?或许只有等到这一进程的结束,才能给出一个较为完整的答案。

葡萄种植和葡萄酒酿造无疑是符合现实要求的行业。那么,究竟以何种方式组织小农参加合作社,学者们列出了三种可能的方式。首先,不涉及酿造,只是组成葡萄酒储藏和销售合作社,由广大的小农们提供酿好的酒,然后统一储藏和销售。但市场很快作出了反应,由于酒的质量参差不齐也因为没有统一的产量安排,结果产量过剩造成了积压。其次,由商人创办的酒业销售合作社来收购散布生产在不同地区的葡萄酒,但缺少农民作为利益主体,在激励机制上存在着重大的缺陷,这类合作社时常压低酒类的价格,并且在运输方面协调不够。最后,公认以小农组成的在酿造和销售方面实行合作经营的合作社最为有效率。①

如前文所说,葡萄种植和葡萄酒酿造实际以分化为两个流程。大的农庄往往有足够的资本和技术将其合二为一。但小农不然,他们熟悉地理环境和土壤质地,可以种植出品质很高的葡萄,但在酿造和储藏以及流通上却存在显著的缺陷。同时,由这些种植农(而非另一方力量)组成的合作社在激励和代理机制上都要好得多,因为葡萄的产量和品质将直接与酒的质量和销路挂钩,而酿造上的统一化也是保证酒质量的关键。在这样的一个结构中,各小农之间的利益被很好地组合起来了,并借助国家的扶持和自身规模及营销的优势迅速提高了收入。因此,虽然不同专业的合作社在形式和内涵方面都具有广泛的含义,但有几点是共同的:第一,要有设计充分的激励和代理机制,将小农自身的利益和合作社联系起来;第二,根据不同行业和市场的特点决定其合作化的领域和程度;第三,合作社能否整合资源形成规模和信息优势是其成败的关键。

除了这些市场的手段外,专业化的合作社通过形成更为广大的利益集合,来使用政治的方式保护自己的权益。这是下一部分将重点介绍的内容。

---

① 数据来源:*Annal Statistique Economique de la France* 1973, INSEE.

合作社与农民政治

推进合作社发展的力量除了国家外,农民自己的意愿不可忽视。第三共和国以来,农民特别是小农们通过各种农会(Agricole Syndicate)团体参与协调农业政策的制定,在复杂的利益交锋中寻求平衡。但合作社作为一种生产要素的组合方式,并不总是与农会的政策指向相重合。总体来说,合作社与农会的关系经历了两个发展阶段。

农会:缺少政治意义的合作社?

茹费理在1884年曾说:"共和国将成为农民的共和国,否则便该停止存在。"同年,议会通过了一项议案,旨在将"维护经济、工商、农业利益"的民间团体合法化。① 第三共和国为农会运动的发展创造了良好的法律和制度环境,各种农会如雨后春笋般出现。大体上他们分属于三种类型,代表地方天主教利益的保守派创办了最早的农会组织,其内部按照宗教关怀和教义的原则运作。但它的最终目的是为了保持乡村的保守气氛,"阻碍共和空气的渗入"。与此相对应,自由的右派力量在1886年成立了法国农会中央联盟(UCSAF),到20世纪初吸引了10000多本地农会的加入,并创办了许多互助组织。左派也不示弱,形成了所谓的"雅各宾辛迪加"。1914年,随着隶属于左派的"国家农业互助联合会"(FNMCA)的成立,他们与右派在农户规模上大致相持。但不论是左派还是右派,他们的农会组织在政治意义上都是不明显的,"他们更倾向于称呼自己的组织为集体合作社,而不是农会"。② 更大程度上,从第三共和国直到二战结束前,农会组织与合作社的功能区分并不大,前者的经济意义要远大于政治。为了防止保守力量在乡村的发展,农会大多以合作社的形式存在着,新兴的政治力量希望通过经济

---

① Gorden Wright, *Rural Revolution in France*. , p. 18.
② Ibid. , p. 20.

利益的布道,改变传统的乡村社会。事实上,正是农会所带来的农民经济效益的提高和对农村社会结构改善,推动了法国乡村现代化的发展。也正是这一时期的发展,奠定了合作社这一生产组织形式在法国农业经济中的地位。

综观第三共和国,农会、合作社、专业协会等组织遍布法国乡村,为农民特别是小农在经济上提供了巨大的帮助。但是,直到二战结束前,统一的农民政治组织还没有出现。农业和政治精英们有感于工人的统一组织——工会(CGT),也决心创办农民的"工会"。这一主张最先由左派的农会付诸实施。1943年农业总会(CGA)成立,在解放前一直处于秘密活动状态,它的创办者唐古依·布里朗(Tanguy Prigent)便出身于不列塔尼的一个互助合作社。[①] 1944年,他出任过渡政府的农业部长,主要任务就是促进农业的进一步改革。而他的民间身份也有助于政府和农会之间的沟通。在成功接纳了左翼共产党的农会组织后,农业总会的实力大增。在议会选举中唐古依基本延续了第三共和国的农业方针,保持国家补贴并按照自由竞争的原则发展农业,促进土地整合。但是农业总会的成立并没有解决农会、合作社和行业协会之间的关系,在大多数人看来,农会和合作社仍然没有太大区别。对此,唐古依设计了一个"大农会"的概念,他认为传统意义上的农会仅仅是大农会的一部分,代表分散的农民群体的利益,而大农会应该是各种农村力量的集合,它应该包括七个部分:原有的农会(CGA),三种服务联合会(合作社、互助组、农业信贷联合会),代表其他团体的联合会(农业技工、天主教农场工人、非天主教工人)。[②] 这样,农会和合作社的关系进入了一个新阶段,农会以其包容政治、经济等诸多方面的特点,将合作社并入了其组织体系。从此,合作社的发展有了更为具体和系统的组织保障,农会和政府间的沟通进一步方便了合作社的扩大。以农业机器使用合作社联合会(CUMA)为例,由于国家大量的补贴和组织沟通的有效,1948年已经有分散于

---

① Gorden Wright, *Rural Revolution in France*, p. 98.
② *Ibid.*, p. 101.

全法的 12000 余个这样的合作社参与进来。大大促进了农业机械化的普及和乡村结构的变化。

合作社：谁来控制？

1946 年 3 月全法农会联合会（FNSEA）宣告成立。但埋藏已久的左右翼的矛盾并没有因为统一的农民组织诞生而消弭。至少有两种力量导致了在大农会的内部发生的权力转移。首先，由于大部分由富裕农民和大农场主控制的行业协会的加入，农业协会（CGA）的原有力量遭到稀释；其次，随着唐古依 1947 年的下台，许多加入大农会的合作社联合会纷纷失去了其小农的主导地位，由崇尚古典自由理论的农业精英所接管。进入 20 世纪 50 年代，大农会的自治和市场意识达到了顶峰，意识形态的力量也随之消长。不可否认，自由竞争理论的引入确实对于合作社的效率有着很大的改善。但在大农会内部却存在着利益集团的单极化，小农们指责农会内部重要部门的职位都被大农场主的代言人所占据，两极分化正逐步加剧。

在合作社问题上，大农场主和小农的取向是不相同的。前者的终极诉求是形成自由竞争的农业，使土地和其他生产资源重新整合，使大农产的规模进一步扩大。也就是说，合作社有可能成为他们控制小农的工具，因为他们享有更多的资本和话语权。而在小农看来，法国社会由于自然和历史等原因，完全按照自由市场的意志会造成社会转型中的利益分配不公，很可能最后的结果是以他们的牺牲成就了大农场主的富裕。因此，合作社应该成为小农们联合起来发挥资源组合优势的平台。在一定的历史阶段，合作社将是法国农业现代化效率与稳定的最好保证。

在这种认识下，左翼力量连同大农会中的"服务技术型"联合会（合作社、农业信贷协会等），以形成内部与右翼的对立力量。与此同时，大农会内部保障小农利益的呼声也日益增多，不过收效都很有限。成立于 1945 年的青年农业协会（JAC）在大农会内部的壮大却在一定程度上改变了这一面貌。他们大都来自于小农居多的西部和南部，并在有限的时间内占据了大农会的许多重要职位。① 与传统的力量不同,这些年轻人对大农会一贯通过"价格保护"来支持国内农业非常不屑。他们需要的是农业结构的改变,而这一改变又应该是以不肆意伤害小农利益为基准的。合作社这一组织形式便是他们追求的理想。

1960年的《农业指导法》是由政府与大农会共同协商制定的,被誉为是"农民宪章"。其中规定了保险、价格补贴等许多具体政策。但在青年农协看来,它最大的意义是"首次在立法意义上确定了农业结构调整的必要"。② 1962年的《农业指导法补充》(又被称为皮萨尼宪章)进一步巩固了青年农协的成果,表现为社会行动基金的建立。当然,最为重要的是,它将"农业结构调整"的内容具体到"大力发展营销合作社"和"集体农业",为合作社体制最终确定了法律和制度的基础。③

从合作社和农会的含义重合到大农会领导下的合作社,我们看到,合作社的经济资源组合功能并没有发生改变,自由市场意识的渗透更加有助于其效率的提高。然而,作为一个传统的小农国家,法国又赋予了合作社新的意义。在不断扩大农业规模和土地整合的同时,对于因为自然和历史原因而存在的广大小农,合作社具有同样的改善效率的功能。农业现代化的转变并非朝夕之功,农业内部结构的改变同样需要照顾利益的分配,不致使弱势的群体承担太大的改革成本。另一方面,大农会的政治功能又可以使合作社在国家农业政策的指定中享有优先的地位。合作社与农民政治是密不可分的,在有效的经济组织形式背后是社会利益群体的相互博弈。

结 语

纵观法国农业现代化的道路,有两股潮流是几乎同时进行的:小农体制向现代大型农业企业的转变以及在某些行业和地区小农通过合作社体制进

---

① Gorden Wright, *Rural Revolution in France*, p. 154.
② Ibid., p. 167.
③ F. Braudel et E. Labrousse, *Histoire euonomique of social de la France*, p. 1442.

行的自身变革。在这一过程中国家扮演了极其重要的角色,而合作社体制之所以能受到小农的欢迎,在某种程度上也正是因为国家的大力提倡。但我们不应忘记,合作社体制的成功与其深厚的文化土壤、生产组织优势、政治感召力有着密切的关系。

由于合作社的存在,避免了市场自由竞争所带来的小农的大量破产。部分小农在合作社机制的组织下得到了效率的迅速提升,从而保障了作为群体的小农的利益。

由于合作社的存在,国家的农业现代化在效率和稳定的平衡中进行着,农业转型的经济和社会成本都相应地趋于最小化。

也正是由于合作社的存在,在小农们之间发展起了根深蒂固的合作思维和习惯,与社会的联系也日趋紧密,这是其走向现代化的关键。农业现代化归根结底是作为主体的农民思想和意识的现代化。

转型从这个意义上在法国取得了巨大的成功。可以从这个以小农体制闻名的欧洲大陆国家在欧洲共同农业体系中日益重要的地位中看出。而从经济效率改善的层面,转型却远远没有结束,合作社如何在实际的经济运行中进一步发挥其沟通市场和小农的优势、发挥其在生产资源组织中的优势,如何更为有机地保持小农团体与大型农业企业的良性关系,这些还都有待于历史的检验。

历史仍然在继续,法国农业转型的步伐仍未停止。合作社体制作为一个开放的、以改善生产要素配置为目的的经济运行机制也必将在现代化的实践中不断调整、丰富。

(作者联系地址:北京大学历史学系　邮政编码:100871)

来自过去的教训?
——历史语境下的农业全球化

彼德·A.考克莱尼斯

动荡不定的价格、无情的国际竞争、关税之战、令人难忘的生产力提高、交通通讯方面的急剧创新、生物技术和遗传学中惊人的发现与再发现、对食品供应安全的深切关注、对"大农业"和"大企业"的不信任、在剥削劳工问题和垄断问题上的激烈争论、对经济与环境问题采取更有力政府调控的呼吁、大规模的抗议活动等等——请看,这便是19世纪后期至20世纪早期的食品与农业世界!

尽管当前关于全球化、农业、商品链和粮食安全的论述多得让人窒息,有历史知识的观察者只会觉得其中许多都似曾相识。的确如此,虽然角色变了,许多论调其实并不陌生。在每一个埃里克·施洛塞和他的反对我们的快餐输出国的运动中,都有一个揭露与早期肉类加工业有关的腐败、不公以及危及健康问题的厄普顿·辛克莱尔。[①] 农业关税、补贴和非关税障碍吗? 一百年以前就有了。今天到处都是季节性劳工? 全球性农业劳工市场也可以追溯到那时。至少就食品和农业而言,全球化并不新鲜。对一些学者来说它甚至不是新闻。本文就是把百年前众多农产品的世界市场作为案例。导致出现这种市场的进程既有积极的也有消极的

---

① 埃里克·施洛塞(Eric Schlosser)为美国知名记者,获奖著作《快餐之国》(*Fast Food Nation: the Dark Side of the All-American Meal*, The Penguin Pr., 2001)一书的作者。书中揭露了美国快餐业的阴暗面,如对决定工人最低工资的影响、对国会施加影响等。厄普顿·辛克莱尔(Upton Sinclair):美国著名作家,1906年出版的《屠场》(*The Jungle*)一书揭露了芝加哥肉食加工业内幕。——译者注

影响,既造就了赢者,也制造了输家。这一进程并不是必然发生的,也不是线性的、不可逆的。在 2004 年诉诸"全球化"这一含义暧昧、无明确界定的术语,可以赢得少数人点头称是,更多人则只会厌倦得打哈欠,或讽刺性地模仿甚而嘲笑之。考虑到这些年来不断有关于全球化的唠叨和废话,保罗·克鲁格曼在提到当代许多关于全球化的著述时多次使用"全球胡话"(globalony)——他机智地从剧作家兼外交官 C. B. 鲁斯那里倒腾来的新词,就不让人奇怪了。① 虽然全球化同时意指一种进程和一种状态,本文只在前一种意义上使用它,把它当作一个其历史和谱系均有争议的复杂进程。

如果说全球化肇始于中国和中亚的丝绸之路、欧洲地理大发现时代或者迟至 20 世纪 80—90 年代才开始(一些记者可能这样说过),学者没有人会同意。然而,就经济的而非文化的全球化而言,在经济领域里就农业而言,答案是很清楚的。其关键时期明显是从 1789 年到 1914 年的"漫长的"19 世纪,尤其是从 19 世纪 40 年代到第一次世界大战爆发之间的时期。全球化进程并非从此开始,但却在该时期明显加速了。不仅在农民眼里,在商人、制造业主和消费者看来,其征兆都是越来越明显。

这可以从各方面来说明。无论用计量方法,例如农产品跨国贸易绝对量的增加,或者以质的变化,例如上述贸易带来的人类饮食和消费方式的深刻变革为标准,来衡量农业全球化,人们都发现自己不能不被拉回那个漫长的 19 世纪。当时,农耕、市场交易、交通通讯中的一系列工艺和技术创新,可能还伴以至少发生在边沿的人的价值的相当程度的商业化,都使得全世界的农业联系更紧密。② 上述发展进而又像马克思和恩格斯 1848 年

---

① Paul Krugman, *The Accidental Theorist and Other Dispatches from the Dismal Science* (New York: W. W. Norton, 1998), p. 73.

② 参见 Kevin H. O'Rourke and Jeffrey G. Williamson, *Globalization and History: The Evolution of a Nineteenth-Century Atlantic Economy* (Cambridge: The MIT Press, 1999); Jeffrey G. Williamson, "Land, Labor, and Globalization in the Third World, 1870—1940," *Journal of Economic History* 62 (March 2002), pp. 55—85.

在《共产党宣言》里所说的那样"使一切国家的生产和消费都成为世界性的了。"①

说得再具体些,到了漫长的 19 世纪的后半叶,"更紧密的联系"意味着大批量的农产品交易、农产品更高比例的出口以及国家间农产品价格变动越来越一致。随着市场进一步一体化,所谓单一价格法则开始支配农产品市场。② 必须强调指出,价格统一不仅影响到国际市场,也影响到国内市场。放到概念层面上,一旦市场一体化跨越边界,商品出口与在国内销售就没有多大区别了;每个市场的价格由全球市场决定。对于全世界品质同一的商品例如小麦、稻米尤其如此。对其他绝大多数农产品则大体如此。在 19 世纪 40 年代到 1914 年之间,我们看到这样的事情在全世界发生。这种看法一定与《纽约时报》记者托马斯·弗里德曼对全球化的看法高度一致:一个进程,当"每个人"感觉到压力、约束和参与世界贸易的机会,当与此相关的技术、金融、信息被"民主化"地应用之时,它就实现了。③ 19 世纪后期到 20 世纪早期,农民遭遇了众多的压力、约束和机会,也遇到了技术、金融和信息的勉强称得上的"民主化"。

这种体制是由什么引发的? 它的突出特点是什么? 从最广泛的意义上说,全球农业体制是工业化的产物。工业化在这里可以定义为:在经济领域通过系统应用科学知识而达到的历史性高水平经济增长的制度化。经济史家、技术史家就是如此看工业化的。他们经过几代人的工作,形成了一整套方法、概念,用于研究许多我们拿来与现代性相联系的现象:人的价值的商品化、城市化、制造业的发展、快速的技术变革、人均收入和财富的持续增

---

① Karl Marx and Frederick Engels, *The Communist Manifesto: A Modern Edition* (London: Verso, 1998), p. 39.(见马克思恩格斯《共产党宣言》,人民出版社 1997 年 8 月第 3 版。——译者注)

② 参见 O'Rourke and Williamson, *Globalization and History*,特别是第 5—55 页。关于稻米这一种商品的情况见 Peter A. Coclanis, "Distant Thunder: The Creation of a World Market in Rice and the Transformations It Wrought," *American Historical Review* 98 (October 1993), pp. 1050—1078.

③ Thomas L. Friedman, *The Lexus and the Olive Tree* (New York: Farrar, Straus and Giroux, 1999), p. 59,以及其他章节。

加、不断变化的财富分配与消费方式、人口快速增长,等等。①

粗略概括一下:在 1500 至 1800 年间的某些时候(学者们不同意精确划定时限,也不愿讨论变迁是渐进还是革命性的),世界不同地方的众多男人和女人们开始更合理地、更遵循科学原理和市场法则地组织其经济生活。②从变化中的宗教意识形态到财产保护标准再到人口压力程度,尝试解释人类行为变化的众多理论被提出来。然而,不管在何等情形下,我们都看到了更勤勉更有目的的经济活动,对经济创新越来越容忍甚至尊重,对资本积累的更大兴趣,以及某些地方出现的更有效的促生上述行为的制度支持。③

上述发展的综合作用,不断导致许多经济领域里生产方式和生产关系的变化,并常常伴以生产力的显著提高。后者又常常激发人口、社会和政治领域的进一步变化。——列举这些变化相当于详细说明现代世界的诞生。还是让我们把目光集中于不太难捉摸的对象:食品与农业领域的变化。

农业领域的每一个方面几乎都是伴随"工业化"而变化的。④ 农民选种

---

① 参见 Nathan Rosenberg, *Technology and American Economic Growth* (New York: Harper & Row, 1972,特别是第 1—58 页。另见 Simon Kuznets, *Toward a Theory of Economic Growth* (New York: W. W. Norton, 1968),特别是第 60—62 页。

② 参见 Karl Polanyi, *The Great Transformation: The Political and Economic Origins of our Time* (New York: Rinehart & Co., 1944)。

③ 参见 Polanyi, *The Great Transformation*; Eric J. Hobsbawm, *The Age of Capital, 1848—1875* (New York: Charles Scribner's Sons, 1975),特别是第 27—71 页。

④ 我对工业化时期农业的概括来自本领域的权威文献。作为这些文献的入门读物可看 David B. Grigg, *The Agricultural Systems of the World: An Evolutionary Approach* (London and New York: Cambridge University Press, 1974); Grigg, *The Transformation of Agriculture in the West* (Oxford: Balckwell, 1992); *The Agrarian History of England and Wales*, ed. H. P. R. Finberg, *et al.*, 8 vols. (Cambridge: Cambridge University Press, 1967—2000), especially vols. VI (1989); VII, pt. I (2000), vol. VII, pt. II (2000); vol. VIII (1978); R. Douglas Hurt, *American Agriculture: A Brief History* (Ames: Iowa State University Press, 1994); Hurt, *Problems of Plenty: The American Farmer in the Twentieth Century* (Chicago: Ivan R. Dee, 2002); Niek Koning, *The Failure of Agricultural Capitalism: Agrarian Politics in the United Kingdom, Germany, the Netherlands and the USA, 1846—1919* (London and New York: Routledge, 1994)。

的农作物和种植的方式,农民的市场和他们如何进入市场,农民的竞争和他们产品的主顾,农民与土地、债权人、国家的关系——所有这些都变了,在19世纪工业化加速进行时变化尤其明显。

伴随着工业化,农产品市场的规模到处都在扩大。其具体原因多种多样,最明显的有人口和人均收入的增长,交通和通信联络的改善,以及常常由国家推动的农民从自给糊口转向商品经济。

这些动因都与前面所定义的工业化有关,只不过关联的途径各异。随着有效市场规模的扩大,世界各地的农民和农业区域越来越专业化,用亚当·斯密的增长标准来衡量,也越来越有效率。这种在农户和宏观层面上都显现出的效率,常常是农业资本投入增加(尤其是机械化)以及越来越广泛地应用我们今天所称的科学技术的结果。需要指出的是,特别是在发达的资本主义国家,后者常由国家(state)推动。到19世纪后期,那里的国家已经致力于农业技术发明、推广和升级,以提高农业生产力。来自私家或者公共部门与私家的合作的技术创新在提高农业效率当中也起了核心作用。说到这一点马上可以想到的是在农产品收获与储存技术上的革新,以及铁路、电信、轮船航运、冷藏设备的出现。商业领域的种种进步,例如经纪人、货物转运人之类更为专业化的商人的兴起,运输合同、期货市场等制度方面的创新,当然也很重要。

在人口增长、农民数量增加的情况下,市场也在成长并越来越有效率。其结果是世界农产品大量增加,从谷物、经济作物、工业原料作物、乳制品、水果、蔬菜到家畜的增加等等方面几乎都能看到。当然不止于产出增加,产品运出地区以外市场的比重也随之增加。

农产品大量增加连同交通、通信领域使市场紧密连为一体的创新——例如前面提到的轮船运输的兴起、国家铁路系统的扩大,以及苏伊士运河的开通——意味着食品和纺织品市场越来越国家化、越来越统一、竞争越来越激烈。人口增长、城市化和收入水平的提高当然导致对农产品需求的增加,但农产品供给的增加始终走在前面。① 此外,在世界上较富的地方,恩格尔定律随人均收入增长而开始起作用,相比对其他产品和服务的需求的增长,食品需求的增长缓慢。换句话说,一个人不管收入多高,他也只能吃下这么多的东西。尽管这不一定会危及肉类和乳制品等收入弹性较高产品的生产者的地位,但对谷物、淀粉类和蔬菜类生产者总是不利的。其结果是19世纪后期农产品价格急剧下降,尤其在西方是如此。不错,19世纪后期到处发生通货紧缩。但一般说来,农产品价格比总价格水平下降多得多。这使得农民跟其他部门从业者相比地位严重恶化。②

站在2004年来看这些一点都不感觉吃惊。想一想农产品,或者纺织品,或鞋子,甚至集成电路板块,然后倒回当年。随着众多农产品的相对统一的全球市场形成——很大程度上由19世纪西方的帝国计划促成,我们发现生产者无论大小都在遍布世界的一个又一个市场上打拼。③ 美国的麦农跟加拿大、俄罗斯、阿根廷的麦农,美国的稻农(主要在南部沿大西洋各州和路易斯安那)跟意大利西北部的、缅甸和泰国的稻农,美国的棉农跟印度和埃及的棉农,加勒比海地区的蔗糖生产者跟美国、东亚、东南亚的蔗糖生产

---

① 关于这个时期农业生产与贸易增长的详细统计请看 B. R. Mitchell, *International Historical Statistics: Europe 1750—1993*, 4th ed. (London: Macmillan Reference, 1998), pp. 260—317, 326—331, 332—378, 400—408; Mitchell, *International Historical Statistics: The Americas 1750—1993*, 4th ed. (London: Macmillan Reference, 1998), pp. 166—187, 188—199, 200—203, 204—207, 208—216, 217—223, 224—228, 233—263, 264—267, 268—269, 270—274, 279—302; Mitchell, *International Historical Statistics: Africa, Asia & Oceania 1750—1993*, 3d ed. (London: Macmillan Reference, 1998), pp. 176—208, 209—219, 220—325, 332—342. 有关的概述见 W. Arthur Lewis, *Growth and Fluctuations 1870—1913* (London: George Allen & Unwin, 1978), pp. 167—176, 282—283, 285—299. 对19世纪40年代至第一次世界大战期间全世界农业产出和农产品贸易量很难精确计量,但是,它们都比世界人口增长更快,这一点是很清楚的。1800年世界人口大约为9亿,1850年增加到12亿,1900年达16亿。有关人口估计参见 Rondo Cameron and Larry Neal, *A Concise Economic History of the World From Paleolithic Times to the Present*, 4th ed. (New York: Oxford University Press, 2003), p. 189.

② 关于19世纪晚期世界范围的农产品价格下降见 Lewis, *Growth and Fluctuations 1870—1913*, pp. 27, 58, 278—281, 以及其他部分的论述。关于稻米价格见 A. J. H. Latham and Larry Neal, "The International Trade in Rice and Wheat, 1868—1914," *Economic History Review*, New Series, 36 (May 1983), pp. 260—280, esp. p. 268.

③ 参见 O'Rourke and Williamson, *Globalization and History*, pp. 5—55.

者以及欧洲的甜菜生产者,北美大平原上的养牛人跟阿根廷潘帕斯草原上的养牛人,相互间的竞争越来越普遍也越来越严酷。能否保住或者取得市场,端赖投入要素的情况,结果意味着竞相压价、设置关税或非关税障碍、殖民扩张倾向等等。

以稻米为例,[①]18 世纪以前亚洲和西方各地各有其稻米市场。虽然在印度洋、南中国海和孟加拉湾等地方已经有了几百年的长途贸易,但这些市场大都是地方性或区域性的。将视线移到西方,我们发现欧洲的绝大多数稻米贸易源于意大利,特别是皮蒙特和伦巴底富庶的波河上游流域。西班牙的稻米也找到了输往欧洲各地市场的途径,印度稻米则经利凡特进入欧洲。然而,这些地区没有一个是依赖稻米出口的,稻米的国际需求量对它们的经济状况没有决定性影响。经过 18 世纪以后的两百年,作为 19 世纪后期国际稻米市场枢纽的欧洲稻米市场有了许多新的供应地,它们都是欧洲资本主义扩张和精心规划的成果。它们的命运与欧洲对稻米的需求紧紧连在一起,因而,这些看来根本不同的地区如南卡罗来纳和南部缅甸、乔治亚和泰国,将发现它们的经济在一个 19 世纪后期发育成的全球一体的稻米市场上相互联系了。

18 世纪初叶以后,欧洲市场上的稻米越来越多地来自所谓外围地区,这一事实证明了帝国和新帝国愿望实现的程度。[②] 不管用比较利益原则还

[①] 下面的讨论基本上来自我的一部即将出版的论国际稻米贸易的著作,所涉经验事实见 Peter A. Coclanis, "Southeast Asia's Incorporation into the World Rice Market: A Revisionist View," *Journal of Southeast Asian Studies* 24 (September 1993), pp. 251—267; Coclanis, "Distant Thunder"; Coclanis, "The Poetics of American Agriculture: The U. S. Rice Industry in International Perspective," *Agricultural History* 69 (Spring 1995), pp. 140—162; 彼得·考克莱尼斯:"农业的全球化:大米贸易的警示",载《史学理论研究》(北京)2001 年第 1 期第 112—120 页; Coclanis, "Home and the World: The Creation of an Integrated World Market for Rice," *Proceedings*, XIII *Economic History Congress* (Buenos Aires: International Economic History Association, 2002), CD-ROM, Session 64, pp. 26—31.

[②] 现代早期重商主义的核心信条是殖民地应当供给宗主国早先从外国进口的初级产品和贵金属,以换取工业制品、航运和商业性服务。19 世纪的帝国与新帝国倾向大体上仍然如此。参见 Joseph J. Spengler, "Mercantilist and Physiocratic Growth Theory," in Bert F. Hoselitz, Joseph Spengler *et al.*, eds., *Theories of Economic Growth* (Glencoe, Ill. The Free Press, 1960), pp. 3—64, 299—334; Anthony Brewer, *Marxist Theories of Imperialism* (London: Routledge & Kegan Paul, 1980).

是用宗主国支配来解释国际贸易,都会发现18—19世纪欧洲稻米的主要供应者南卡罗来纳、乔治亚、南部缅甸和泰国非常相似,讽刺性地呈现为出口导向的、产品单一的经济。如果上述各个出口地区在很大程度上是欧洲资本和资本家的创造物,在绝大多数情况下伙同欧洲人作案的还有所谓外围地区的合作者和受惠者。例如,印度和中国的商人团体就常常协助将南亚东南亚的稻米转卖到西方。

与一些学者的意见相反,以上述方式构成的经济并非天生就要受到损害。① 基于种植某种主要作物和出口的战略有时也能导致持续的增长和发展。列举一些遵循赫希曼著名的"不均衡"增长道路的地区或者国家并不困难。② 本文上面提到的这些经济体,主要作物生产走在任何其他地方前头。

这些经济体最初都从供应远程市场的专业化稻米生产中获益。例如,南卡罗来纳和乔治亚的水稻区——18世纪上半叶建立的依靠奴隶劳动的种植区——在1770—1820年间大概是世界上最富裕的农业区。还有,缅甸三角洲在英国刺激下从一个欠发展的边远地变成世界最大的稻米出口地,确实提高了缅甸农民的收入,至少在1850—1900年间是如此。同一时期泰国中央平原的稻米种植情况也是这样。③

但这几个地方以及意大利、巴西、孟加拉、爪哇、越南南部一些稻米出口区的长期发展最终却因专门种植一种产品而停滞。从西方观点看,稻米并

---

① 今天仍有许多学者继续主张罗森斯坦—罗丹和纳克斯等人在20世纪40—50年代提出的各种"均衡增长"型的发展模式。

② 按照"不均衡增长"模式,缺少资源和企业家的发展中国家常常能够靠向某些部门倾斜来达到发展潜能最大化。赫希曼(Albert. Hirschman)的有关论述见他的经典著作 *Strategy of Economic Development* (New Haven: Yale University Press, 1958). 以及"A Generalized Linkage Approach to Development, with Special Reference to Staples," *Economic Development and Cultural Change* 25, Supplement (1977), pp. 67—98. 许多人认为19世纪美国中西部的发展是不均衡增长模式成功的典型,还有人提出战后马来西亚的发展经验是又一个上好的例子。

③ 这个时期缅甸和泰国靠稻米出口带来的收入提高常被拿来解释标准的"释放剩余"(vent for surplus)经济模型。参见 Hla Myint, "The 'Classical Theory' of International Trade and the Underdeveloped Countries," *Economic Journal* 68 (June 1958), pp. 317—337.

不重要，价格变化较大，有许多可替代它的谷物。从东方角度看，产自其他地方的廉价稻米越来越多。像今天的许多农产品一样，稻米被证明不是一个好的能赢得发展的赌注，尤其是在缺少机会和诱因使农产品出口成为通往高附加值产品生产的过渡阶段的背景下。前面提到的每个地区都有过在市场上辉煌的一刻。但交通通讯等技术的创新导致市场更加一体化，也使竞争更激烈，上述各地区接连黯然失色。

在19世纪后期资本主义和资本家设置的全球化的条件，只能保证最廉价或者最有效（作为替代，也可以是联系最广或最受保护）的商品供给者成功。依照这种全球化的严酷逻辑，广义的竞争优势一旦丧失，上述经济体就会陷入停滞衰败。具有讽刺意味的是，在这样的稻米市场上有时甚至"赢家"也会普遍失败，1900年至第二次世界大战期间的缅甸农民就是如此。

上述各地方的农民或许都曾在全球化的大饼上咬上一口，从而取得短期比较优势。但是在限定的时段里被经济学家视为经济合理的，并不一定最有利于甚至并不有助于持续的、长时期的发展。考虑到农产品市场的盛衰和专门种植一种作物的风险，即使地位优越的生产者和生产区也能够并且常常很快地发现了自己的困境。

为了赢得竞争，生产者运用过各种策略，绝大多数都曾想方设法通过加重对劳动力的剥削和对土地的掠夺来提高效率以降低成本。这一类策略常常引发新问题。例如，发达地区面向市场的农民为提高效率，常常尝试采用拉坦和速水早年提出的方案，如机械化生产，使用更多化肥，或者购买质量较好因而价格也较高的种子。[1] 然而这样做使他们常常深陷债务。在农产品价格普遍下跌和通货紧缩时期，这种策略的确是要冒风险的、有危险的。在欠发展地区，所谓效率的获取，常常是至少部分地通过短期的、速效的、消耗土壤的办法，或者在殖民帝国当局支持下通过合法地、半合法甚至非法地使用劳

---

[1] 参见 Vernon W. Ruttan and Yujiro Hayami, "Strategies for Agricultural Development," *Food Research Institute Studies in Agricultural Economics, Trade and Development* 9 (1972), pp. 129—148.

工。① 结果,无论在发达地区还是欠发展地区,身陷困境的自耕农、佃农、分成制农民或农业工人开始诉求于政治或超政治的行动,最后必定走向集体合作。

动员实行合作不仅对农民来说很难,即使策划也不容易。发达地区的农民习惯于单独而非集体行动,因而对合作伙伴多不信任。欠发展地区土生的农人常常比较有集体性。那里的传统社会政治结构常是没有效能的、限制成功机会的。② 组织成功的地方,农民领袖一般都会提出经济补偿和更多公正的要求,以及成员对尊严和尊重的渴望。

回想起来,农民在19世纪后期的挫折和焦虑是很容易理解的。他们不仅经过一个世纪的奋斗大大提高了产量和效率,而且支撑、支援、巩固了本世纪最重大的社会发展:城市化和制造业。至少在经济发达地区,农业部门从四个方面推动了城市化和工业化:第一,食物和纺织品价格下降,将先前用于这方面的花费省下来,用于其他商品和服务的消费和储蓄投资;第二,农业中单位面积劳动力投入减少,释放出劳动力到其他部门特别是迅速增长中的制造业部门再就业;第三,19世纪后期欧洲和美国的许多制造厂一直忙于生产迅速机械化的农业部门所需的各种用品;最后,西方制造业的另一大部分所做的事是加工来自欧洲和美国农场的食物和棉毛纤维。③ 关于这一点,有必要指出:直到1919年,肉类加工业一直是美国惟一最大的工业部门。当时,它的产值和产品都比居第二位的钢铁工业多50%。④

---

① 参见 Hla Myint, *The Economics of the Developing Countries* (London: Hutchinson & Company, 1964), pp. 23—52. 19世纪爪哇的农业经济是在欠发展世界用强制手段造成"效率"的一个案例。甚至连所谓修正派也认为荷兰人实行的是剥削和以反发展为结果的政策。参见 R. E. Elson, *Village Java under the Cultivation System, 1830—1870* (Sydney: Allen & Unwin in Association with the Asian Studies Association of Australia, 1994).

② 参见 James C. Scott, *The Moral Economy of the Peasant: Rebellion and Subsistence in Southeast Asia* (New Haven: Yale University Press, 1976), pp. 114—240 especially.

③ 见 William N. Parker, "Agriculture," in Lance E. Davis et al., *American Economic Growth: An Economist's History of the United States* (New York: Harper & Row, 1972), pp. 369—417, esp. pp. 373—375.

④ U. S. Department of Commerce, Bureau of the Census, *Fourteenth Census of the United States Taken in the Year 1920*, Volume VIII, *Manufactures 1919: General Report and Analytical Tables* (Washington: Government Printing Office, 1923), Table 9, pp. 16—17.

可以用来说明19世纪末至20世纪初农产品市场扩大的重要意义的另一项发展是大型企业的兴起。近年来一些学者质疑钱德勒关于美国、欧洲和日本大型企业兴起的部分论述。钱德勒将新型的企业组织形式与战略的兴起看做对工业化、技术创新和市场扩大带来的机会和新问题的回应。食品加工部门的企业无疑是首批具有钱德勒视为现代企业的特征的：联合的组织、众多的车间和运作单位、拿薪水的专业管理人员、一体化所需的对内与对外战略（垂直的与水平的外部整合，集权的、技能部门化的内部官僚结构）。①

较早采用这种形式和战略的食品加工企业名列首批大型企业。由于它们的行为和政府法规缺位或滞后，这些企业和企业集团很快随着它们的强大而引起争议。农民、工人、消费者都感觉到了集中化权力的威胁。早期的农产加工企业正是其典范。美国的牛肉和糖业托拉斯是两个最好的例证。这些巨大的食品企业的行为和形象多次引起公众的强烈不满，最终导致改变私人部门与资本主义国家之间的关系。的确，这些巨大的企业联合体潜在的和常常实际表现出的市场力量，促使欧洲和美国更普遍地形成健全对消费者的保护和政府法规的"需求"。这样一来，这些实体还促使对自由放任政府的呼求和对消极国家的赞美失去正当性。这样的呼求和赞美出现在欧洲一些地方，在美国则非常普遍。②

当法规的"供给"与对法规的"需求"达到均衡，另一种发展就不期而至，帮助减轻了19世纪后期农业全球化引起的其他问题。出于一系列原

---

① Alfred D. Chandler, Jr., *The Visible Hand: The Managerial Revolution in American Business* (Cambridge: The Belknap Press of Harvard University Press, 1977), pp. 299—302, 391—402 especially; Chandler, *Scale and Scope: The Dynamics of Industrial Capitalism* (Cambridge: The Belknap Press of Harvard University Press, 1990). 同样的战略被用于东南亚，参见 Peter A. Coclanis, "Aw Boon Haw, Tan Kah Kee, and the Rise of Big Business in Southeast Asia," *Southeast Asian Journal of Social Science* 23 (1995), pp. 88—98.

② 参见 Alan Dawley, *Struggles for Justice: Social Responsibility and the Liberal State* (Cambridge: The Belknap Press of Harvard University Press, 1991), pp. 128—171 esp.; Elizabeth Sanders, *Roots of Reform: Farmers, Workers, and the American States, 1877—1917* (Chicago: University of Chicago Press, 1999); Koning, *The Failure of Agrarian Capitalism*, passim.

因——最主要的原因包括许多重要的农产品供给增长率下降，货币和黄金储备增加，货币流通速度提高，19世纪90年代中期食物和纺织品价格开始全球性上涨，[①]普遍达到很高的水平，部分高价格因第一次世界大战而维持到1920年前后。这种发展并没有像有人所说的那样普遍地给农民带来一个"黄金时代"。例如东南亚稻农的债务负担正是在这个时期明显增加。[②]但一般地说，绝大多数农民的处境改善了。这是否暗示现阶段的全球化会有同样愉快的结局？或许我们所需要做的全部事情就是尊重"21国集团"对农业问题的关注，适当抑制大型跨国食品企业，结束伊拉克的混乱，解决关系到所谓"邪恶轴心"中其他国家的突出问题，以此来完成坎昆贸易谈判。

这些或许能够做到，也可能做不到。来自早期农业全球化的教训并非浅显易懂。20世纪20年代，农产品价格出现崩溃，且一直被压低达整整一代人时间。以跨国贸易流量测算的全球化发生逆转。统一市场的分裂成为常态（部分地是不稳定的国际货币体系、支付方面的问题、无助的关税政策的结果）[③]当然，这种形势在第二次世界大战以后有重大的改变。但此后全球化和农产品世界贸易的变化一直是充满曲折的。[④] 未来的情况会如何，现在还不清楚。19世纪末叶全球化导致的秩序混乱激发农民采取集体行动，也引起对政府更多干预经济与社会生活的吁求。同样的努力和呼求今天已普遍出现。这些都没有严重妨碍第一次世界大战以前的全球化，事实上还可能有助于稳定其进程。但预言它们在今天会引向何处是不可能的。

---

① Lewis, *Growth and Fluctuations*, pp. 64—93.

② 参见 Cheng, *The Rice Industry of Burma 1852—1940*, pp. 137—197.

③ 见 Harold James, *The End of Globalization: Lessons from the Great Depression* (Cambridge: Harvard University Press, 2001). 农业大萧条的时间和影响因地而异。对其间东南亚情况的解析见 Peter Boomgaard and Ian Brown, eds., *Weathering the Storm: The Economies of Southeast Asia in the 1930s Depression* (Singapore: Institute of Southeast Asian Studies, 2000).

④ 有关美国的情况参见 Bruce L. Gardner, *American Agriculture in the Twentieth Century: How It Flourished and What It Cost* (Cambridge: Harvard University Press, 2002), pp. 128—249 especially. 更多的情况见 Carl K. Eicher and John M. Staatz, *International Agricultural Development*, eds., 3d ed. (Baltimore and London: The Johns Hopkins University Press, 1998); David Goodman and Michael J. Watts, eds., *Globalising Food: Agrarian Questions and Global Restructuring* (New York and London: Routledge, 1997).

全球化终究还不是一种状态而是一个进程,而且是一个不均衡的、有多种可能的、非线性的进程。

(本文作者及联系地址:Mr. Peter A. Coclanis, Associate Provost for International Affairs, Albert R. Newsome Professor of History and Economics, University of North Carolina at Chapel Hill, Chapel Hill, NC 27599, USA)

(董正华 译)

1890—1934年间德国农业对世界市场的拒斥*

司马万

一

历史学家很早就认识到,作为一个进程的全球化可以追溯到几百年前,它的具有决定意义的加速过程发生在19世纪中期。如果认识到全球化与现代化是同步发展的,我们或许可以把全球化看做现代化必需的、不可分割的组成部分。进而,这样的认识也能引导我们对这两个现象有更为详细的理解。

全球化一开始是作为经济现象特别是贸易现象而出现的。全球市场的建立既是一个技术过程,同时又是一个政治过程。大众消费品全球市场在19世纪的兴起,要求的不仅仅是轮船、铁路带头的运输革命。全球市场的出现还必须有有意识的政治选择,即建构一个国际贸易体制(设想、标准与规则),以便于新技术力量开花结果。那些政治选择绝不是自发的,或者不可避免的。重要的社会团体,甚至是所有群体都可能会拒绝加入全球市场。尽管人们无法拒斥支撑全球贸易的革命性技术发展,但"拒绝者"(rejecters)可以拒绝参加必要的国际体制的创建。如果那些持拒绝态度者力量足够强大,那么,他们在建立全球贸易体制方面的不合作,会明显地减缓、阻碍甚或逆转体制的建设进程,并给所有参加者带来严重后果。

---

* 本文是作者在2004年3月向北京大学历史系提交的一篇学术报告。非常感谢历史系的老师和同学给予本文的非常有价值的评论。

本文所要考察的就是这样一个不合作集团——德国地主,看看他们在1890—1934年间如何努力阻止、进而逆转了全球农产品贸易体制的上升趋势[①]。随着19世纪后期全球农产品市场的出现,德国农场主渐渐感到了外国竞争(一开始是在谷物方面,进而是在几乎所有的农产品方面)对他们非常不利的影响。由于容克贵族地主在社会与政治层面都十分强大,所以,德国农业可以对加在他们头上的全球性力量表达一种非常有力而明确的反对意见。在本文所探讨的时限内,与西方其他社会相比,德国地主对全球市场的抗争是最激烈的、也是最成功的。三个相互联系的进程——全球市场的形成、外国的竞争对德国农业的冲击、德国农场主的政治反应——可以通过三个不同的国际贸易时期加以考察:19世纪80年代到1914年欧洲自由主义经济时期;20世纪20年代部分地复兴了的自由主义时期;1929—1934年间大萧条年代的全球贸易规则迅速瓦解时期。

随着传统的对关税保护的要求,自19世纪80年代开始,德国农场主促成了一系列日益激进的诉求,而这将使他们隔离于全球市场之外。到1930年,他们的计划实际上就是,最终促使德国取消支配此前半个世纪欧洲贸易的贸易惯例:废除最惠国(MFN)条款,结束所有的长期贸易协定;以政府垄断取代自由市场的私人贸易。他们的努力在1930—1934年间的大萧条年代达到了顶点。那时,德国地主的政治压力迫使历届德国政府接受上述建议,借此使德国农业退出了全球市场。

这些发展的后果是很重要的。紧随农业之后,整个德国经济的国际贸易都受到政府的严格控制。由于德国是欧洲最大的经济体,其行为对世界发展的影响是非常重大的。德国政府坚定地放弃了传统的全球贸易惯例,转而支持自给自足与国家控制,随即在英国、瑞典、罗马尼亚、西班牙产生连锁反应。相比于任何其他力量,德国农业利益集团推动的一系列极端的保护主义政策,对促成国际贸易体制的崩溃作用最大。

---

① 对现代德国贸易政策的形成感兴趣的读者可以参看拙作,*Osthandel and Ostpolitik. German Foreign Trade Policies in Eastern Europe, 1890—1960*(《德国在东欧的外贸政策,1890—1960》)(Providence, RI, 1997).

二

让德国生产者最终感到对自己有毁灭性影响的全球农业市场发展于19世纪中叶。工业时代运输革命的核心因素——轮船、铁驳船和铁路——是众所周知的。在德国,19世纪末形成运河建设的第二次浪潮。运河加入广大的自然水域,连接成一个水路交通网,使得大批量货品可以运输到德意志帝国的腹地。由于距离遥远,新的运输技术在东欧产生了革命性作用,那里的发展也直接影响到了德国的农业生产者和消费者。克里木战争失败后俄国才走向工业化,但一开始就将新技术用于国家的发展。例如,从1870年到1890年,俄国的铁路增长了5倍,从10,000公里左右增加到50,000公里;吨/公里运载量也迅速增长。到19世纪80年代,蒸汽机在船舶和铁路上的运用已经显示,它有能力把欧洲和非欧洲生产者在包括德国消费者在内的全球市场上联系在一起。

自由国际贸易体制的演进打破了政治与行政上的障碍。对于全球市场的兴盛,这跟技术革命消除原有的物质障碍同等重要。发轫于英国的古典自由贸易意识形态,有力地冲击了19世纪的欧洲大陆,并重塑了欧洲贸易协定。这一进程的关键因素在于长期关税条约和最惠国条款。1860年的英法条约包含了原始的最惠国条款——如果一方在将来给予第三国贸易优惠,那么,也要保证签约对方自动地获得同样的优待。在接下来的20年间,由于最惠国条款在西方贸易中变得十分普遍,它把很多国家连接成了多边最惠国条约贸易网。此外,由于最惠国条款使得任何的关税降低都要相应地给予其他国家,它实际上把整个欧洲的关税都降低了。自由贸易体制与新运输工具对19世纪整个欧洲的贸易增长具有同等重要的意义。

在普鲁士领导下,先是德国关税同盟(Zollverein)后来是整个德意志帝国都卷入了这个贸易自由化趋势之中。在农业方面,关税同盟的进口谷物税被取消;1865年,牲畜的进口税率亦大大降低。在俾斯麦任内,德国与法国、奥匈帝国、瑞典、挪威、葡萄牙、比利时、荷兰、瑞士、意大利、希腊、塞尔维亚、罗马尼亚还有奥斯曼帝国都签订了最惠国条约。19世纪90年代初,俾斯麦的继任者卡普里维(Caprivi)与东欧农业大国罗马尼亚、奥匈帝国和俄罗斯都签订了长期最惠国条约。

技术进步与政治发展的结合,推动了19世纪全球商业的迅速扩展。与此同时,德国农业生产者也面临着前所未有的外国竞争压力。没过多久,这一压力就表现得非常明显了。到19世纪70年代,澳大利亚对英国然后是对德国本土的羊毛出口,使在萨克森和德国东部一度盛行的羊养殖业消失了。东部地主开始更依赖于谷物生产,而这也处于激烈的外国竞争压力之下。在1874年,德国从一个纯粹的小麦出口国变成了进口国;整个70年代,进口达到450万吨,差不多花了10亿马克。从1860—1865年间到1874—1879年间,德国的黑麦进口扩大了三倍①。日益增加的粮食进口与工业化造成的巨大的工农业产品价格剪刀差不期而遇,这严重威胁到了19世纪70年代早期和中期的德国农民。②

容克地主在德国的社会和政治地位意味着,德国东部农产品生产者的经济问题是普鲁士贵族和德意志帝国高层必须密切关注的。对于进口造成的农产品价格下跌和农业经济困难,俾斯麦政府只好以提高关税保护作为解决办法。自1879年始,农产品进口税开始恢复,从10马克/吨增加到1883年的30马克/吨,到1887年为50马克/吨。在这一时期,俾斯麦还对木材业、畜牧业、肉类和奶类产品提供了关税保护。即使这种做法也无法弥补正在扩大的工业产品价格与19世纪80年代急剧下跌的农产品价格之间的巨大差价。

对关税保护的要求和俾斯麦所采取的这些温和措施,实无特殊之处,而且也没有什么危险。因为,欧洲的其他国家在这些方面也是如法炮制:1882年的意大利,1888年的奥匈帝国,1890年的法国和美国都是这么干的。只要合理的农业保护是在长期贸易条约和最惠国条款框架之内,那么,在既定

---

① *Statistiches Jahrbuch des deutschen Reiches*, 1881, 81.
② A. Jacobs and H. Richter, "Die Grosshandelspreise in Deutschland von 1792 bis 1934," *Sonderhefte des Instituts fuer Konjunkturforschung*, Nr. 37 (1935).

的惯例中它仍会运行良好。此外,卡普里维很快就与罗马尼亚(1891)、奥匈帝国(1891)和俄国(1894)签订了条约,把德国粮食关税再次降低到35马克/吨,这显然是逆转了俾斯麦的做法,也显示出,农产品关税的上升不是长期趋势,也不会威胁到多边贸易体制。

具有讽刺意味的是,卡普里维降低农业关税的政策最终对欧洲贸易却是有害的,因为它开启了德国农业激进化的过程。作为对卡普里维早期条约的回应,普鲁士大地主建立了强硬的新组织——地主同盟(Bund der Landwirte—BdL),到1894年卡普里维与俄国签订条约时,同盟在整个德国共有20万成员。那个时候,这些农业代表们的立场已经变得很极端了。他们不仅要求提高关税保护的水平,他们现在还开始要求德国取消与主要农业竞争对手签订的关税条约。在德国国会,农业代表汉斯·卡尼茨(Hans von Kanitz)提议,德国应"废除1891年的奥地利条约";持保守立场的主要报纸则号召,"如果必要,就废除与奥地利和意大利的贸易条约"。①

在19世纪90年代,卡普里维的一系列条约之后,外国农产品倾泻到德国,地主同盟变得更激进了。1891—1895年间,农产品价格急剧下降;在1894年,小麦的批发价格比1891年的水平下降了38%,而黑麦则下降了45%。在主要的粮食集散地,如不来梅(Bremen),价格更低。19世纪90年代最后几年,粮食价格水平大约比卡普里维条约前下降了15%。②

农民激烈地斥责进口造成的价格下跌,并要求把关税恢复到50马克/吨。为了将来更长远地实行保护,他们还要求德国设立粮食的"最低关税",在德国与任何国家签订的条约中这都不能降低。一个较小但很有影响的派别还开列了一些补救德国农业的更激进的措施:废除卡普里维条约;不要长期贸易

---

① Kanitz, 23 November 1893, *Stenographische Berichte ueber die Verhandlungen des deutschen Reichstages*, 1893—1894, I, 34—35; *Schulthess' Europaeischer Geschichtskalendar* (1893), 154.

② *Statistiches Jahrbuch des deutschen Reiches*, 1895, 81; *ibid*. 1905, 210.

条约;不要最惠国条款;国家垄断粮食进口。①

在与俄国签订了条约之后,地主利益集团特别是农民同盟开始掌控保守党;他们还在其他两个政党——自由保守党和民族自由党(Free Conservatives and National Liberals)——中有立场坚定的派系。在这三个政党中,每一个党内的地主都拒绝与政府合作,除非政府接受他们提出的日益增强的保护要求。作为他们在中右政党中的政治立场和反对态度的结果,地主能够而且确实在帝国国会和普鲁士议会(Reichstag and in the Prussian Chamber of Deputies)中阻碍了重要的政府立法。由于德皇政府不但拒绝与左派的社会主义者和进步主义者合作,还排斥天主教,所以,他们只能依靠右派,而且只能以满足地主的要求为代价来换取他们的支持。在1894年俄国条约签订后不久,地主对政府的反对最终使卡普里维及其继任者霍恩洛厄(Chlodwig Hohenlohe)下台。

1900年比洛(Bernhard von Bulow)出任首相,他决定通过对德国农业生产者特别是粮食生产者让步,来修补双方之间的关系。② 1902年,比洛把小麦的关税提高到了55马克/吨(比俾斯麦1887年的税率还要高),把黑麦的关税提高到50马克/吨。对于最重要的农业商品,比洛还建立了法定的最低税率,如果没有议会的同意,最低税率不能在与外国谈判中被降低③。这些措施到1914年第一次世界大战爆发时依然有效,它们的确通过较高的价格水平使德国农民受益。1905—1912年的德国小麦与黑麦价格水平比1894年和1898年间要高出25%④。但是,比洛的确不是很激进;他的让步是在已有的农业国际贸易惯例的基础上进行的。他没有考虑那些更激进的

---

① Sarah Tirrell, *German Agrarian Politics after Bismarck's Fall*(《俾斯麦之后的德国地主政治》)(New York, 1951); H. J. Puehle, *Agrarische Interessenpolitik und preussischer Konservatismus im wilhemischen Reich 1893—1914* (Hannover, 1966), 73ff, 227 ff.

② Bernhard von Bulow, *Memoirs of Prince von Bulow*《比洛自传》(Boston, 1931), vol. 1, 441—442; K. A. Lerman, *Chancellor as Courtier*(《作为朝臣的总理》)(Cambridge, 1990), 51 ff., 76.

③ Bundesarchiv [hereafter "BA"] R2/24461.

④ *Statistiches Jahrbuch des deutschen Reiches*, 1905, 210; *ibid.*, 1914, 306.

呼声,例如取消长期贸易条约和最惠国条款,政府也从没有认真地考虑过做出这样的选择。

总之,帝国时期已经可以看到有组织的、强大的地主势力反对全球农业市场的现象。德国的情况说明,地主的保守势力如此强大,以至于人们无法忽视它,而且任何一个渴望获得保守势力支持的德国政府都必须向农业保护做出让步。尽管一些激进的地主表达了会威胁到现存国际贸易观念的想法,大多数的德国农民还是倾向于接受现存国际贸易结构与惯例之下的、温和的关税保护。

1914—1924年国内外的巨大混乱,使魏玛时代的德国农民处于根本上不同的经济与政治地位。即使是在1925年正常的经济得以恢复之前,农产品价格还是远远落后于工业产品价格的上涨。在20世纪20年代,全球农产品的剧增意味着,国际竞争将日益激烈,而且大宗商品价格将跌得更厉害。欧洲中立国(如丹麦和荷兰)的生产增长,给牛肉、猪肉、奶制品和蛋类产品以很大的价格压力,而这些产品对中小型的德国农业生产者是至关重要的。上百万的农家感到生产过剩带来的毁灭性后果。

同时,凡尔赛和约使德国丧失了15%的可耕地,这使得进口一些食品成为必需;而在新共和国,容克的政治权力和声誉的丧失使农民更难以在政治上保护自己。较大的地主利益集团在新的全国农业同盟(Reichs Land Bund—RLB)中重组,中小地主广泛参与了这个同盟,他们还参加了德国民族人民党(Deutsch Nationale Volks Partei— DNVP)。德国民族人民党常常能够控制农业部,但是,作为联合政府中的一员,该党在贸易政策上只能表达有限的声音。在上述不利的政治条件下,农业代表只好把自己的精力集中于解决直接的问题;即阻止工业和出口利益集团的贸易扩张政策,因为这将使得已经不堪一击的德国农业雪上加霜。通过空前地动员农民的政治力量,德国地主在上述几个方面的努力总体上是成功的。在一次次冗长难挨的官僚争吵中,他们阻止了1924年提议的关税,在接下来的一年他们阻止了与德国近邻——波兰、捷克斯洛伐克——签订贸易条约。通过这种方式,德国地主在20世纪20年代静悄悄地阻碍着德国重返世界市场。

在 20 世纪 20 年代的大部分时间里,德国农业利益集团在政治上非常的虚弱,他们无法胜过劳工、消费者和出口工业这些要求贸易的力量。地主也不够强大,他们无法在使德国全盘放弃贸易条约中得到任何利润,也不能像 1925 年德国农民联合会(Union of German Farmers' Associations)所要求的那样,"把国际贸易关系置于一个完全不同的基础之上。"① 同样地,历史上不那么激进的德国农业委员会(German Agricultural Council)说,"包括一般的最惠国条款在内的旧的贸易政策""对当前的形势和已经变化了的世界经济结构来说,已不合时宜",这种意见在农业部门之外也没有得到什么支持②。在日益增强的国际竞争和不断下降的农产品价格面前,德国地主连高水平的关税保护也无法获得,虽然他们认为这样的保护对德国农业而言是必须的。到 1927 年后期,不断下跌的全球价格和德国农场丧失抵押赎回权(farm foreclosures)的数量不断增加,在德国北部激起了大规模的农民抗议,在那里进口、关税和贸易盖过了农民的一系列要求。③ 到 1929 年,日益恶化的经济形势在乡下造成了广泛的不稳定。农民对全球市场的敌意被纳粹鼓动者所利用,他们解释说,现在的"制度"是如何"把我们自由的德国农民变成了世界股票交易的贫穷且受虐的奴隶。"④

在这种动荡的形势下,农业对全球发展的持久抗争不能再被忽视了。具有讽刺意味的是,把德国农业与世界市场分离的第一个决定性步骤是由赫尔曼·米勒(Hermann Mueller)的中左联合政府所采取的,这届政府中没有德国民族人民党(DNVP)的农业代表参与,也不是特别地依赖于农民

---

① Politisches Archiv des Auswaertigen Amtes [hereafter PAAA], Landwirtschaft 6, Bd. 1.
② PAAA, Landwirtschaft 6, Bd. 2.
③ See, e.g., J. Noakes and G. Pridham (eds.), *Nazism 1919—1945* (New York, 1983) vol. 1, 57—60.
④ NSDAP 代表 Wilhelm Kube 对奥尔登堡农民的演讲,参见 Noakes and Pridham 主编的,*Nazism*,(《纳粹主义》)vol. 1, 61. 关于这些情况可以参见 Shelly Baranowski 的文章"Convergence on the Right. Agrarian Elite Radicalism and Nazi Populism in Pomerania, 1928—1933,(《转向右翼,波美拉尼亚地主精英的激进主义和纳粹的民粹主义,1928—1933》)",载于 Larry Eugene Jones 和 James Retallack 编, *Between Reform, Reaction, and Resistance*(《在改革、反动与抗拒之间》)(Providence, RI, 1993), 407—432.

的选票。米勒的内阁做出了三个重要决定,这可以被看做是废除与欧洲的贸易条约体制并使德国农业与世界市场分离的开端。1929年夏,内阁同意与法国、瑞典和芬兰谈判,目的是要解除附加在粮食与奶制品上的德国关税。① 这是德国从支配欧洲与国际贸易长达一个世纪之久的最惠国贸易条约体系积极地退出的第一步。在第二个决定中,政府建立了针对小麦和黑麦的"浮动税则"(sliding tariffs),这使德国政府可以在不考虑世界市场价格的情况下,维持德国粮食的"目标价格"("target prices"),而这么做可以不经议会的同意。② 这个影响是很大的,即德国政府本身已开始公开认可,德国农业部门必须"独立于世界市场之外"。③ 第三,政府设立了"国家谷物办公室"("Reich Corn Office"),作为德国对粮食进口和出售的国家垄断。这显然是与传统的自由市场原则的决定性断裂,标志着在外贸领域国家控制的急剧扩张。④

在接下来的四年中,条约修订、市场撤除和国家控制——这些方面的进一步发展,坚定地使德国的外贸活动偏离了既存规则,而进入了革命性的新形态。在德国的带领下,从比利时到南斯拉夫,欧洲国家都取消了长期贸易条约和最惠国条款。

在1932年7月,巴本(Franz von Papen)领导的更为保守的德国政府签署了一项计划,公然在农业方面用进口配额制取代了用条约管理外贸的做法,这转变了德国的贸易活动。⑤ 此后不久,主要贸易国家——英国和法国——也在农业进口方面采取了配额制;而很多小国已经这么干了。到1932年末,国际贸易体制已经变成了无政府状态。随行的关税政策发展持续地把扩大了的楔子打入德国国内价格水平和世界市场价格水平之间。1930年,德国为大麦、燕麦、生猪、猪肉和豌豆确定了"目标价格"("target

---

① Akten der Reichskanzlei. *Kabinett Mueller II* [hereafter "*Akten Mueller*"], 656—660.
② Akten Mueller, 1250, 1265.
③ Akten Mueller, 658, note 6.
④ Reichsgesetzblatt, 1930, I, 87—90.
⑤ BA R43I/1086.

prices")；1931年奶制品和畜产品也确定了"目标价格"。柏林和纽约在小麦价格上的差价,1929年仅为5.5马克/吨,到1930年就成了82马克/吨,1931年为125马克,1932年是130马克。① 在这一方面,通过"德国农业部门与世界市场的分离"②,巴本政府开始把这些做法扩大到其他经济领域。政府的进口垄断也开始扩展。1933年,更多的外贸活动被纳入国家垄断之下:面包和饲用谷物,水果和蔬菜,奶制品,油和脂肪,蛋类。这些自农业部门开始的、革命性的新贸易措施——废除条约、使德国价格水平与世界市场脱离、对进口的日益增强的国家控制——使得纳粹政府很容易地把新的内容加入进来:1933年4月,纳粹政府就把工业原料如煤和工业制成品如化学制品加入到限制性进口的名单中。1934年8月这一进程达到了其逻辑上的终点:纳粹经济专家希尔马·沙赫特(Hjalmer Schacht)宣布"新计划",把德国的所有进口活动都置于国家控制之下。到此为止,德国贸易活动已经完全否定了80年前曾创建世界市场的自由贸易体制。

三

1929—1934年间的这些发展完成了甚至可能超出了长期以来德国地主所追求的目标。自19世纪80年代世界农业市场对德国农民产生消极影响以来,他们一直在寻求保护以免于全球性竞争。随着国外竞争对德国农民的破坏性压力的增加,地主对这些国外压力的反应日趋激进,在顶峰时,他们的要求就是德国应该基本上撤出世界市场。

如果全球化了的市场被看做是现代化进程的一部分,那么,德国地主在20世纪30年代早期成功地促使德国政府拒绝了全球化,这一事实就会更容易理解。这一时期,世界上或许没有一个国家比德国在坚定地拒绝全球化和现代化方面做得更成功。在德国,农业生产者的力量能够把自己特殊

---

① Manfred Nussbaum, *Wirtschaft und Staat* (East Berlin, 1978), 343.
② 1932年7月1日的内阁会议,BA R43I/1086.

的、对世界市场现代化要求的抗辩,附着于更大的反现代力量上——这一政治选择对于像美国或法国的地主而言,是根本不可能的事情。1914年之前,德国地主在传统的容克贵族那里获得了精神上的同情,而他们也正是通过帝国体制内畸形发展的容克贵族的权力,获得了经济上的安抚。在魏玛共和国时期,德国地主的要求演变成了日益明显的、强大的反现代情绪(在德国历史学界经常被认为是"反民主"力量)。1929年后,在其他的西方国家中,由于全球范围内农产品价格下跌造成了广大农村人口切实的和普遍的痛苦,德国农民的反全球化诉求在那里也被实体化。但是,在德国,当地主被吸收进日益强大的右翼力量(特别是纳粹)所发起的广泛而复杂的反现代进程中时,反全球化的诉求比在其他任何地方都引起了更强烈的共鸣。①1930—1934年间连续五届的德国政府(首脑分别是米勒、白鲁宁、巴本、施莱西尔和希特勒)都渐渐用威权主义方式解决德国的问题,其中反全球主义成为政府政策的一部分:首先是在农业贸易政策上,然后是在总贸易政策中,然后是在总体的经济政策中。最迟到1932年,在巴本内阁时,贸易与经济政策中的反全球主义成为更广泛意义上的反现代主义的一部分,那把德国推上了邪恶的道路。在这个意义上,从短期来看,经济全球化比人们所通常认为的更容易受到政治决策的影响,因而也更具可逆转性。在这些发现的基础上,至少可以这么认为,更广大的德国现代化进程本身也同样是脆弱的和可逆转的。

(作者 Mark Spaulding　联系地址:北京大学历史系　E-mail:spauldingr@uncw.edu　译者:昝涛　联系地址:北京大学历史系　邮政编码:100871)

---

① 关于这些复杂的事件,可以参看 Jeffrey Herf 的著作,*Reactionary Modernism: Technology, Culture, and Politics in Weimar and the Third Reich*(反动的现代主义:魏玛共和国与第三帝国的技术、文化和政治)(1984)。

资本主义世界体系与其空间的生产
——一个有"后现代"视角的现代化理论刍议

李家翘

一、引言

空间（space）研究确立成为社会科学的一个领域，受到广泛的关注，只是近十年的事。此前，在社会科学的学术探索中，空间只被视作为社会所发生事件的一个背景（backdrop）、"容器"（container）[Zukin，2002，345；Smith，1990，xv]，是一个定数（constant），不与社会中所发生的事件有着关系，按列斐伏尔的说法，空间只是社会政治关系中的一个"被动"的环节（passive locus）[Lefebvre，1991，11]。今日，关于空间的讨论日渐受到重视，其亦被视为社会科学发展的一个最前沿[Baldry，1999]。虽然有参与其中的在学术社群中只属于少数，严格而言仍未进入到主流当中，但空间的研究却大有可能在未来日子发展成为一个重要的范畴。在国际出版市场上，空间研究的学术著作一时洛阳纸贵，一印再印，列斐伏尔（Henri Lefebvre）的著作 *Production de l'espace*，其英文译本 *The Production of Space* 在 1991 年出版后，至 2001 年的十年间竟重印 16 次；索亚（Edward Soja）影响深远的著作 *Postmodern Geographies：The Reassertion of Space in Critical Social Theory*，在 1989 年出版后至 2001 年，亦都重印 7 次。柯岚格（Mike Crang）编辑的 *Thinking Space* 一书 2000 年首次出版，已分别在 2001 和 2002 年重印。除了出版界，大学院系的发展亦反映了空间研究对社会科学造成的冲击，其中美国著名的锡拉裘斯大学（Syracuse University）正在组建一个空间研究的跨学科项目、而加州大学洛杉矶分校的都市规划学系亦成为世界上后现代空间研究的重镇,被称为洛杉矶学派。

我在这里谈空间的研究,谈其发展及对社会科学带来的影响,目的是把社会科学界这个最前沿的发展引介到现代化研究的领域,初步探讨一下空间研究的向度被引入到现代化进程宏观史学研究中里去的可能性。因此,本文会较重理论部分的析述,实证与理论的整合方面,主要目的为建立一个分析史实的框架与维度,是提纲式的,以后再据之作进一步的求索。笔者一直受学政治学专业,对历史事实的掌握难免粗浅,为本文只为抛砖引玉,引起更多的、更充实的关于空间与资本主义现代化的讨论。紧接的部分我将介绍社会科学中空间研究的理论基础和核心,在该部分我亦将对在这文章中所述及的空间概念下一较清晰的操作性定义,有关以空间向度分析资本主义现代化进程的理论框架亦会在这部分提出。在第三部分我将简要地析述资本主义的"外向"性质,作为展开讨论的基础。第四、第五及第六部分会进入到较实质的分析,我将从城市化和世界空间体系的建立两个方面论析空间与资本主义发展过程中的相互关系,在这三部分中我将提出要了解现代化进程不能忽略其空间格局的生产的一面。第七部分是总结的部分,我将提出空间分析对现代化理论的重构所能提供的启发。

二、空间分析的原理

A. 空间研究的理论的构建——学科间夹缝中滋生出的研究领域

列斐伏尔、福柯(Michel Foucault)、哈维(David Harvey)[1989]、索亚等近年空间研究的启发者均认为空间并不是中立的存在(neutral givens),空间是政治的、是社会性的,因此研究者必要问题化(problematize)空间这一种社会存在。经过十多年的发展,空间研究在社会科学中渐渐地取得了一个合法(legitimate)、被认同的地位(Zukin,同上)。不单是问题化空间,列斐伏尔更提出要建立一套空间科学(science of space),他认为在当今有关空间的讨论——他举符号学（semiology）为例子——只能停留在叙述的（descriptive）层次，而少有能对空间作分析性（analytical）和理论性（theoretical）的理解；当今的空间的探讨只能产生出一些对于空间的论述（discourses），而不能建构出一套空间的知识（knowledge of space）。他指出，若然一个时代的空间有一套特定的编码（code），现有的符号学只能对这些编码做出较主观的诠释；相反，他主张要建构的空间科学，则理应可对这套编码的源起与其衰落提出较完整的、科学的解释［Lefebvre, 1991, 7］。空间科学能建构出的一个前提，是社会科学中已细被分割的学科间作一个重新的整合，建立一套新的跨学科（inter-discipline）［Finkenthal, 2001］。列斐伏尔指出细碎化的科学（fragmentary sciences）根本不足以对复杂的空间现象有一完整的理解。在学科之间的分工之下，每一学科都有其特定的研究范畴与方法［Lefebvre, 1996, 94; Gieryn, 1983, 783］，一些处于学科夹缝中的问题由于不落入任何一学科的范畴内，便不被当作为知识系统中的一环［Lefebvre, 1996, 94—96］。不错，空间是地理学的核心领域，然而，地理学本身在社会科学之中只能算是一个弱科，学界普遍认为它只着重对空间现象的叙述，而忽略理论建构的方面，因此不能被整合进一个较整体性的社会科学的理论体系中里去［Soja, 1989, 19, 37］。索亚等地理学者在 80 年代开始提出空间这概念的重要性，目的根本就是要把地理学建构成一个理论性较重的学科，继而能在社会科学的理论体系中占有一席位。把空间引进到社会科学中里去，即等于推地理学一把，把它推至一个能与其他社会科学学科对话的层次去。

学术史学者纪尔林（Thomas Gieryn）、贝彻尔（Tony Becher）等则指出每一个学科在建立后，都自然地会产生一套机制，以巩固其学科的领域，方法就是在学科的"边界"（boundary）下功夫，把其建构为一个外在的、对本学科而言属于不合法（illegitimate）的知识不能轻易成为该学科知识体系的构成部分，以确保该学科的学术社群是稳定的，而学者们的学术取向又是向该学科的核心集中的，他们称这为"不可被渗透的边界"（"impermeable boundary"）［Gieryn, 1983, 783; Becher, 1989, 37］。只要边界守得住，才能确保该学科是属于其拥有者，不为外人所占去［Shumway and Messer-Davidow, ibid, 209; see also Messer-Davidow et al, 1993］。当每一个学科都在做这样的"边界工事"（boundary-work），整个的学术领域便会被划分为大大小小的不同圈子，圈与圈之间界限森严，学科之间的交流和相互促进固然受到限制；而更重要的是，一些不落入任何的学术领域之中的问题与现象，便永远得不到处理、对其亦没有基本的认识［King, 1984, 444］。本文所提出的空间问题，就是属于这一类问题。

事实上，在福柯等后现代学者的眼中，学科的分工根本是一种很负面、并不利于知识探求的人工建构，他们称这为"学科的规范"（"disciplinarity" and "compartmentalization" of knowledge）。福柯指出学科这个概念，在英语词汇中为"discipline"，此一英语词汇亦同时可以解作为规范。把学科分了类，并划定及规范其范围与方法，一切不被视为一学科范畴之内的或与其核心研究方法相抵触的"学问"，都会被排拒于该学科之外。福柯认为，把学科分类（classification）并作规范，本来就是很具现代性的一种现象，现代社会的一个重要特点就是对所有的事物作分类与规范［Katz, 2000, 120］。针对于打破学科界线的研究，福柯提出了"谱系"（geneology）的研究法，亦即就着一个现象往后探究，为探索出今日现象的历史因由，不局限于一个学科的范畴之内，在研究的每一步都把资料与其发生的各种背景作联想和反思，直至理清权力之在人类社会中于不同的层次的运作模式与逻辑为止［Foucault, 1980b, 145; 1972; Katz, ibid, 120］。这种方法，是福柯对现有学科建构作反抗与寻求解脱的一种尝试［Seidman, 1994, 5］。福柯关于空间的研究，亦是以"谱系"作为方法上的基点的。福柯这方面的想法，后来在知识社会学（sociology of knowledge）的范畴中引起了很大的回响和热烈的讨论［例如见 Shumway and Messer-Davidow, 1991; Messer-Davidow et al, 1993］，但这方面与本文的主线偏离较远，在此不多做讨论了。

总之，在社会科学的学科分工之下，经济学学习的是稀有资源分配的问题，社会学则研究社会的结构、运作模式和规律，而我所在政治学领域，则是探究权力在正式的政府性机构和制度运作、与人在社会的行为与政府性机制权力运作之间的关连[Elazar,1999,875; see also Greenstein and Polsby,1975;亦请参阅 Farr and Seidelman et al,1993]。根据逸思顿(David Easton)的权威界定,政治学亦即是关于对社会上有价值的事物的权威性分配的问题(authoritative allocation of values)[Easton,1953; Blondel,1985]。空间,是地理学所探究的,但地理学却不入社会科学的主流。空间亦是建筑、规划等学科的核心课题,但这些只能算是专业的、实用性的领域,而不被当成独立的学术范畴,更不是社会科学知识的构成部分。列斐伏尔所倡议建立的空间科学,就是以规划学为中心而创建起的跨学科,不过,列斐伏尔所说的这种规划学,是结合很多不同学科建构起的,和一般意义上的规划学有所不同了[Lefebvre,1996,94—96]。

B. 空间理论的基础

列斐伏尔说空间并非中立的、"纯净"(pure)的,而是政治的(political)、意识形态的(ideological),并且是社会历史发展的产物,在其生产的过程中充满着矛盾[Lefebvre,1977],他的这理解是把空间面向带进社会科学研究的一个重要建基点。他指出空间的科学就是要以辩证的方法揭示出和分析空间在社会运作中的矛盾面,亦即是要重新揭示空间的辩证性(to resume dialectics)[ibid,343]。他提出的一条著名方程式:"〔社会〕空间是〔社会〕的产物"("(social) space is a (social) product")[Lefebvre,1991,26],是今日空间研究领域的重要格言。

一直以来,社会科学研究所侧重的是"时间"的面向(temporal dimension),空间面向则被长期忽视。针对这情况,福柯有一句常被引用的名言:"空间一直被视作为死亡的(dead)、固定的(fixed)、非辩证的(undialectical)和静止的(immobile);相反时间则是丰富的(richness)、富饶的(fecundity)、有活力(life)的和辩证的(dialectic)"[Foucault,1994]。所谓重"时间",简单地说,是只关注事件(event)与事件之间的联系,这种联系指涉的是事件之间逻辑上的因果关系,这种因果关系在线性的时间上定是因发生在先,果发生在后[Giddens,1993,xii]。空间面向(spatial dimension)的社会科学研究,其基本的设想,是事件与空间之间有着某种的关系;每一事件都与一特定的空间环境相互关系着。一个事件的发生,不必然由其他的事件引发,每一事件的发生都有其特有的逻辑和因由,引发它的因可以是其他的事件,亦可以是空间;同样的,一个事件发生,它继而引发出的后果也不一定是其他的事件,而可以是空间的后果[Soja, 1989, 1—25]。

英国的大社会学家吉登斯(Anthony Giddens)[如见1984],在尝试建构一套解释社会的"行动"(social action)的宏观社会理论时,亦强调每一社会事件的发生,都是由时间和空间两个面向的因素交织出的,换言之事件的发生乃由其他的事件和其所处的空间同时塑造出的[Giddens, 1984; Gregory, 1984]。福柯提出,我们所处的是一同时性(simultaneity)和并置性(juxtaposition)的时代[Foucault, 1986, 22],意思是我们所历经和所见的每一个社会现象和事件,可能都是很个别的,它与其所处空间相互的关系,可能远比与其他的事件的关系为密切。易言之,两种我们今日从时间的面向看来是有因果关系的事件,事实上它们的发生可能是并置的、同时的,彼此间不存在时间上的先后关系。福柯提出这点,主要是力图改变在社会科学的认识论(ontology)基础上时间与空间两种面向的极端不平衡的状态。可以说,近年在社会科学界中关于空间的讨论是在认识论、知识论的层次开展的。

索亚对立起"地理的"和"历史的"两个概念,指出社会科学长期只重历史的方面,而严重忽略地理的一方面,有严重的"历史主义"倾向(historicism)[Soja, 1989, 15]。"历史主义"的社会理论的假设,是由人所组成的社会是一独立的系统,会依循其本身的一套逻辑运作与向前发展,社会的发展与其所处的空间与环境并没有相关之处,亦即是说,无论所处何地,只要是人类所组成的社会,其内部总会有一股推动力,推着它向一个总方向发展前行,这是"结构主义"的一种理解。换言之,外在的环境因素完全被排拒于理论之外[Soja, 1989, 35]。马克思的社会理论是被视为最明显有着这种倾向的社会理论,认为所有社会皆依着原始阶段——封建阶段——资本主义阶段——社会主义阶段——共产主义阶段的轨迹前进[Soja, 1989,

32〕;现代化理论原初构建时亦假定了所有的人类社会都会向现代化的方向发展,社会间的分别只在于一些社会的发展速度较快,另一些则较慢,只要发展较快的社会出力推发展较慢的社会一把〔例如快的一方把其行之有效的制度直接"移植"至慢的一方〕,慢速的终于也会踏上发展的高速道。对于索亚而言,"历史主义"的理论假设只建基于时间和社会中的存在(social being)的面向;他指出,社会理论的构成不能只有时间,而没有空间的维度;时间、空间和社会的存在三者间在认识论上所占的比重要更为平衡。他进而指出,时间、空间和社会的存在三方面是足以解释所有社会现象的三个认识论的元素(ontological nexus)〔Soja,1989,23—25〕。索亚的这些主张,与吉登斯所倡议的社会乃由时间和空间构筑而成的一个说法似有一脉相通之处。

C. "社会政治—空间的辩证"

讨论到这里,我只是就着空间理论的基础方面作析述。上面我多次提到过空间是政治的、是社会的,但这应如何说起? 我们又应该如何把空间与社会政治之间的关系理论化的建构? 说空间是社会性的、是政治性的,我是综合了各种有关的文献而就以下三点而言的。

首先,空间是流(fluid)动(dynamic)的,它的每一个组成部分都是可变的(changeable)。正因为空间是流动可变的,它因而亦是可被塑造的。在社会科学的理解之中,空间是在历史的发展过程之中被政治、社会、经济等力量〔力量可以是个人、群体、阶级、国家等行动者,亦可能是某种的体制〕所塑造出的〔Zukin,2002,346〕。在社会的运动过程中,各种参与其中的力量,有意识地或是无意识地都在争取建立一套对自己最有利的空间格局,而空间就随着他们之间的力量对比的消长而变动着的。强者尝试建立自己所属意的空间,弱者则试图对之做出抗争,这样,空间便成为被各方力量争夺的客体(object)。在争逐的过程中,弱者虽然都有着一定的反抗能量与方式,然大致而言,空间格局所反映的是在争夺中占有优势的力量的利益。正因为空间是流动的,是被争夺的,它因此亦是充满着矛盾(contradictions）与张力（tensions），亦随时会被扭曲的［Lefebvre, 1991, 17, 145］。空间是在社会运动过程中被塑造出的，它因此是社会的后果/体现/产物（outcome/embodiment/product）［Soja, 1989, 129—131］。

次之，空间是社会中行使权力的中介媒体。列斐伏尔说过空间能限制人的活动，能赖以建构出一定的社会秩序［Lefebvre, 1991, 143］；福柯在较微观的层面更具体地指出了空间是用以对与其有接触的人作分配（distribute）、分类（classify）、分析（analyze）、然后把之作个别化（individualize）针对和监控（surveillance）的中介。作为行使权力的中介媒体，空间在空间分析的学理上可以理解为工具（tool）、"技术"（technique, technology）、装置（mechanism, apparatus）、器具（instrumentality）等。所谓的空间是权力行使的中介，较浅显易明的一个理解，是空间是把权威（authority）转化为能实质运作的一个条件（condition），当权者可据之以使他人就着其意向而行事，亦即对他人产生影响（influence）。从权力运作的角度理解，空间与制度、法律、强制力、知识、信仰等在本质上并没有分别。空间是权力运作的中介，能透过它产生出社会的后果，它因而亦是产生社会后果的中介/前提（medium/presupposition/producer）［Soja, ibid］。

第三，上面两点指出了空间同时具备了作为被产生的社会后果/产物与产生社会后果的中介/前提，因此空间与社会〔及社会当中的种种构成〕之间有着一种"辩证"式（dialectical）的关系，彼此间纠缠不清，并相互作用，相互推动并伴随着彼此的发展。索亚称这为"社会－空间的辩证关系"（"socio-spatial dialectic"）［Soja, 1989］，亦即空间是社会的产物，而同样的社会亦是空间的产物［Lefebvre, 1991］。

本文以下部分的分析，基本上会就着这三点所定下的，关于空间与社会/政治间的关系模式的基础认识而展开。近年发展出的空间研究，套用索亚的说法，是"第三空间"（Thirdspace）的研究，亦即是第三阶段的空间研究，它有别于之前的第一和第二阶段的空间研究（Firstspace, Secondspace）。"第一"和"第二空间"是较传统的空间研究，"第一"所作的是对具体可触摸的空间的描述性研究；"第二"所侧重探索的是精神上的（mental)、认知上的(cognitive)空间。而"第三"探究的则是有可触空间(tangible space)和不可触空间(intangible space)交织重叠而成的一种空间,是"游走于真实与想象空间"("journeys to real-and-imagined places")的一种研究,是多面向、多层次的空间研究。"第三空间"的一个重要论点,是社会力量对空间的争逐并不停留在可触空间的争夺方面,在不可触空间层次的竞逐也是同样的激烈[Soja, 1996, 10—11]。上面的三点,是空间理论的基本方向,然而要进一步论析"第三空间"的理论框架,我们还是要走入列斐伏尔"空间三角"(spatial triad)的一个抽象的理论框架中里去。

列斐伏尔是对当代空间研究影响最巨的一位理论家,就他的"〔社会〕空间是〔社会〕的产物"的方程式,列斐伏尔进一步提出了一个三个"瞬间"(moments)的社会政治过程(socio-political process)的理论框架,他称这为一个"空间三角"(spatial triad)的框架:"空间的象征"(representations of space)、"象征的空间"(representational space)、"空间行为"(spatial practices)[Lefebvre, 1991, 40]。

"空间的象征"是概念化的空间,是权力持有者及其下的各类专业及技术人员所构筑的空间,这一瞬间的空间往往带有某种象征权力持有者的符号(signs, representations)、编码(codifications)和"行语"(jargon)。"空间的象征"是一种"构想"(conceived)出的空间,它在任何的社会中都占有主导与垄断的地位,而且与该社会的阶级关系与权力关系模式紧密相关,是代表权力握有者利益的空间。这一瞬的空间在整个的空间的生产过程中亦产生着最大的作用,是权力拥有者最着意于经营的一种空间[Lefebvre, ibid, 38; Merrifield, 2000, 174]。资本主义城市中的中心商业区(Central Business District)和其中的高楼大厦就是这种空间的至为典型的表现,象征着资本主义体制的权力结构。而我在下面所谈到的资本主义城市的空间形式,主要也是就着这一瞬的空间而言的。

"象征的空间"是社会日常生活的"感知"(perceived)的空间,与一般的大众的生活密切关联的空间。大众对空间的"感知"乃是其与生俱来与及经由长期的社会化过程而建立的一套价值与符号系统而过滤出的。"象征的空间"是大众生活经验的领域(lived space),可能与权力持有者的"空间的象征"的一瞬空间是相悖的。大众往往从他们经验上和文化上的价值系统出发,对权力握有者的"空间的象征"进行"解读"(re-interpretation)与"重新占有"(re-appropriation)。例如资本主义城市中的中心商业区和其中的高楼大厦是资本主义的"空间的象征",但对于生活于城市周边的普通大众而言,那只是一个与他们生活毫无关系的古怪的构筑罢了。这里提一个有趣的例子:中环地区是香港的金融中心区,但到了假日它的一些重要街道和商业大楼的通道就会被数以万计的在港的菲律宾佣工所占,作为与乡里聚会和"度假"的地点。中环这一香港的重地,对于处在香港社会边缘的菲佣来讲,只是一个消闲点,不具有任何金钱与权力的象征意义。不过,列斐伏尔的理论亦特别地强调到,每一个权力持有者在构筑其"空间的象征"时,亦会着力〔方法有很多方面,资本主义就会一直灌输金钱是重要的一个概念〕以确保大众的"象征的空间"与其"空间的象征"保持一致,以确保其"空间的象征"不被挑战和曲解[Lefebvre, ibid, 38—39; Merrifield, ibid; Shields, 2000, 230]。

"空间行为"在空间生产过程中是与"象征的空间"紧密相连的一瞬,是空间被公众使用的一个层面。公众会根据其对空间的认识与"感知"而使用空间,是建构社会与城市日常生活真相的一瞬[Lefebvre, ibid, 39; Merrifield, ibid, 174—175; Shields, ibid]。"象征的空间"、"空间的象征"与"空间行为"三个"瞬间"在空间生产过程中不断地辩证地互动着,因而空间的生产是一个不断的、没有止息的过程,列斐伏尔称这三个"瞬间"是认识空间生产的"认识论上的支柱"。三个"瞬间"时时刻刻地与社会中的生产关系与权力关系联系着:"象征的空间"代表权力握有者的空间构建,而"空间的象征"与"空间行为"则较代表权力关系中力量较弱的一方,两种力量互动着,亦对空间争持着,列斐伏尔说空间的生产过程是充满着矛盾的,他的这个说法就是建基于这个"认识论的支柱"(epistemological pillar)上的。不过,列斐伏尔对"空间的象征"与"空间行为"这两瞬相对于"象征的空间"一瞬的力量对比是持悲观的态度的,他认为"象征的空间"在今日资本主义社会空间生产中越来越占主导,其他的两瞬则与"象征的空间"相一致,变成与"象征的空间"相抗衡的实质意义上的"异空间"(differential space)在资本主义体制中已不复存在［Merrifield, 2000, 175－176］。关于列斐伏尔的"空间三角"的概念,下面图一尝试做一表述:

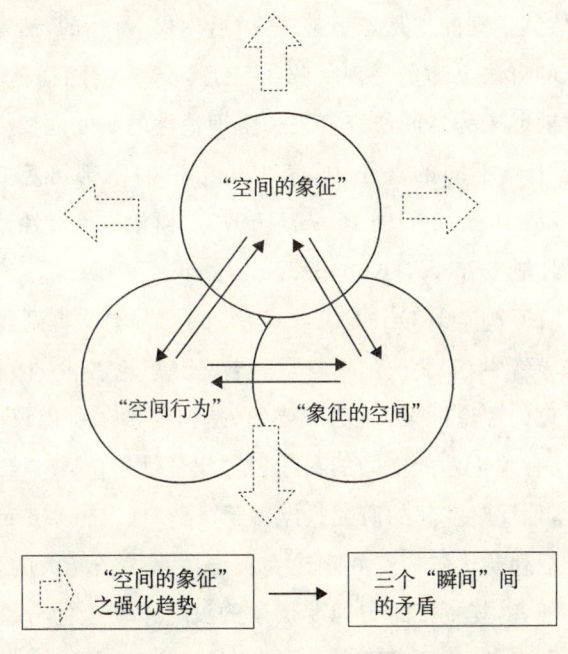

图一　空间生产的三个"瞬间"的相互关系

D. 空间研究的"现代性"与"后现代性"面向

到这里,我先就空间研究的理论属性再谈一谈。其一,空间的研究是在破取现代的学科分工系统而建立起的一个研究路向,在其知识体系的立足点而言,它是具有"后现代"的意味的,因为它要能成功地建构出,就必然意味着既有的、"现代的"一套学科分工系统要被打破与重构。其二,空间的研究是从后现代的角度出发,探讨权力及其在社会上运作的方式和体现。在较现代的社会科学学科框架下,探讨权力的运作时往往会把焦点放在一些制度性的、社会结构性的方面,主要还是一些不可触的社会组构物,例如政治学会着重看正式的政府架构与其行使权力的一面；社会学会倾向从较整体的社会结构看权力的关系。空间研究所提出的，是权力的运作充斥着人的每一个生活领域，空间这种可触的存在就是在日常生活里最能规范、控制人的一种手段和工具。这视角看，空间亦是明显具有"后现代"色彩的。

其三，纵然其学理的立足点上是深具"后现代"特性的，然空间研究的理论框架与研究的方法上却仍是现代味十足的领域。撇除福柯不说，事实是福柯在其去世前并未为空间研究订下一个理论性的研究框架〔其关于空间的论述分散见于其不同的著作中，其中最出色的一部可算是 *Discipline and Punish: The Birth of the Prison* [1979]，而他较针对性谈空间的文章则只有三，分别是 "Space, Knowledge, Power," [1994] "Questions on Geography," [1977] "Of Other Space" [1996]〕；本文提到过的其他当代空间研究的先导者中，列斐伏尔本身是一名马克思论者，一生的学术探求离不开马克思所订的理论框架，而更重要的，是列斐伏尔所倡议的，是建立一套有分析能力、有理论性的空间的科学，是"实证性"(positivist)的科学，上面我已提到过，他反对空间的研究只停留于"诠释性"(interpretive)的一个层次。索亚是把列斐伏尔的空间理论在英语体系发扬光大的领军人物，是列斐伏尔的追随者，其主张的与列斐伏尔的没有本质上的分别。哈维同样亦是新马克思主义者，他深具影响的一系列城市研究也全以马克思的分析方法与科学化的理论框架而开展的。正因如此，空间的研究不能如一般的理解一刀切地被定性为"后现代"的东西。事实上，当代的空间研究，在理论方向上是相当具有"现代性"的。

据我的理解，空间研究充其量只能算是一个介乎"现代"与"后现代"的领域。在研究方向上采取一个较后现代的视角，能开辟更多的更新的视觉，充实我们对世界的了解；而同时，落实研究方面则不离科学的客观性与严谨性，空间研究可算是取两方面之长的一个新的社会科学研究领域。

E. 空间的操作性定义

上一部分的理论框架是以下有关分析的起步点，是空间是社会的、政治的一个论点的基础所在。未进入进一步较实证性的讨论之前,我在这里先得对空间这个概念做一较清晰、针对本文应用的操作性定义。事实是,空间这概念至今未有一个一致性的、各学科皆能采用的定义,每学科都有不同的对于空间的理解,例如对于建筑学规划学所留意的是较微观层次的空间,通常是建筑物所构筑出的空间,最大一般也不超出一个城市的规模。对于地理学而言,空间则可能是较大的地域空间;对于人类学而言,空间则是与一个人类社群的生活密切相关的外在环境。就是列斐伏尔和福柯两当今空间研究的开拓者对空间也有全然不同的理解:福柯的论述所侧重的是微观层次的建筑空间;而列斐伏尔的目标却是要建构一个能通物理空间、社会空间与意识空间三个空间领域的"统合空间理论"(unitary theory of space)[Lefebvre, 1991, 11; Merrifield, 2000]。我认为,问题不在于要定义一个不同学科能通用的概念,重要的是所定义的要合于近年发展出的空间研究的传统与其理论的基础。

本文对空间的探究承袭于"第三空间"的传统。而本文所定义的空间,则有以下的四种特性:

1.*相对性的*(relative space),这是相对于"绝对的空间"(absolute space)而言的。"绝对的空间"所指涉的是没有任何物和事在其中的空洞(emptiness, void)。"相对的空间"(relative space),是指由外物(object)所筑构的空间,因为有那外在物的存在,空间才能形成,因此这种空间是相对于它的组构物而言的[Harvey, 1973, 13—14; Sayer, 1985, 51]。

2.*立于确切的地理位置上的*(geographical location),这里所谈的空间是立于一个特定的地理上的点或地方(spot, place)之上的,因是之故,每一个空间都是由地理的构造物所塑造出的,而有其地理上的独特性的(uniqueness)[Gieryn, 2000, 464]。地理位置会局限了空间的特质,以及在其中的人类行为的模式。地理的位置,可以是微层次的一个城市中的一个点,亦可以是较宏层次的一个城市、一个地区或一个国家。

3.*经验/现象上可见的*(empirically mappable),这是指空间是由物质所组构的空间,是可触的(tangible)。这类空间一般而言是透过改变由自然界所赋予的物质而建构成的[Lefebvre, 1991, 30—31, 70],它的空间形式是由"实体(mass)与空间〔这里所指的是"绝对的空间"〕的接触"而构筑出的[Bacon, 1976, 16]。

4. *社会的舞台*,这是空间与社会接触的一个特质。因为本文所探讨的是空间与社会间关系的一个课题,因此所谈及的空间是与社会有所关系、有所接触的空间,一切外与社会的空间,都不是本文所谈论的。作为社会存在的舞台,空间一方面是社会事件的发生点,但同时间它与所发生的事件有着紧密关联,是社会运作中的一个主体(subject)。这种对空间的理解,有别于把空间视作"背景"、"容器"的一种理解。作为社会存在的舞台,空间对于其建构者而言其用处都是清晰的,例如巴西政府建设其行政首都巴西利亚(Brazilia),对其所设定的功能是政府的行政方面的,而非社会生活方面的,这种设定与想法,维特鲁威(Vitruvius)称为"恰当地容社会于空间"的设想[Tschumi, 1996, 159]。然而,对该空间的使用者而言——就巴西利亚的个案而言是生活其中的政府公务员,对于空间的使用却有他们的想法与习惯。如巴西利亚的公务员在迁进该市后就把其中的一些街区"占有"(appropriate)成为他们具巴西文化特色的生活空间,从而改变了巴西利亚的空间格局[Holston, 1989]。

有着这四种特性的空间,可以是最微层次的,亦可能是宏层次的。福柯所言,空间的政治,不仅存在于微的建筑物的层次,也可以是宏观的"地理政治"(geopolitics)的层面。不过,不论所指的是大的还是小的空间,都有其疆界(boundary),把它与外在的分野开。但所谓疆界,却不必然是由围墙所构筑的,换言之,这里述及的空间虽有其界限,却不必然是封闭的、与外界隔绝的。下面我主要就着两种的空间形式展开套论:资本主义的城市空间与世界空间体系。城市空间是与乡郊空间区分开,而城市内部的格局是有其特殊性的,这不难理解;"世界体系"空间则是与未被资本主义开拓的空间有别的,其内部的布局亦有其合于资本主义运作逻辑的特殊性的。

下面的分析,我将提出资本主义式的现代化乃是伴随着资本主义式的空间格局而至的,不对资本主义式空间的特质及其产生与发展作深入的探讨,是无法对资本主义体制的快速发展和壮大有一个较充分的理解的。我会就下面的三个问题作一个回答说明:(1)资本主义式的生产如何催生出一套新的,属于它的空间格局? (2)这套空间格局如何促进资本主义的滋生以及助其壮大? (3)壮大了的资本主义如何进一步在世界范围内建立其空间体制,以进一步地向外扩展?

下面的两个部分我会从空间分析的角度,尝试释述:(1)城市体系的建立与资本主义空间的生产之间的关系;(2)资本主义世界空间体系的建立。在沃勒斯坦(Immanuel Wallerstein)的影响下,"现代世界体系"(modern world-system)一直是国际政治经济学所关注的一个研究课题;而城市的问题则是芝加哥大学社会学系在帕克(Robert Park)和沃思(Louis Wirth)等带领下开辟出的城市社会学(urban sociology)的核心领域[张钟汝等,2001]。两个领域在学科分工的体制下成为两个截然不同的课题,然而从空间分析的视角看,两个课题间却是存在有极大的共通性:"世界体系"化与城市化都是资本主义空间体系建构的进程。这里把两个进程融到一个分析的框架中去探讨,算是一种新的尝试与开拓。

"现代世界体系"的建立,最关键的一步是在非资本主义国开拓出能有利于投放剩余产品与资本、与组织生产力的"点",继而以"点"做带动,重整非资本主义国国内的空间秩序与格局,以利于资本主义的生产方式。城市化,是"点"的发展,城市本是最能适应资本主义式生产的一种空间形式,而现代城市与中古城镇的不同之处,又在于其内部的空间格局乃依资本主义经济的运作逻辑而建立起,更有利于生产。事实上,城市化就是资本主义所生产的世界空间体系中的一个核心构成部分;没有城市这一种资本主义式空间,资本主义的"世界体系"能否建构出是成疑问的。

三、资本主义的内部失衡与其"空间的调适"

A. 资本主义的内部失衡

资本主义是必然要向非资本主义的地区作空间上的侵占,在世界上不断地开拓资本主义的空间,才能解决其本身发展上所可能出现的困局。所谓的困局,简单言之,是其内部的运动出现失衡〔失衡或可称为矛盾,"contradiction",这里我认为用失衡在字义上会较恰当〕。我们知道,生产(production)和消费(consumption)是资本积累(capital accumulation)过程中的两大支柱,两者缺一不可,并且相辅相成。只有生产—消费—生产—消费的循环不断地延续,资本才可以一直地积累下去。单有生产而没有市场上的消费作回馈,生产不能持续;没有了生产,就谈不上消费,资本的积累亦根本不可能。然而,这种的失衡却会周期性地在资本主义体系中出现,使资本主义长期地处于崩解的边缘。

B. 资本主义的内部失衡与其"空间的调适"(spatial fix)

哈维对马克思(Karl Marx)的理论作过重新解读,他并提出在马克思的理论中潜藏着一套空间理论解释资本主义能持续有效发展的因素,哈维称这为"空间调适论"("Spatial Fix Theory")。简而言之,"空间调适论"是指透过在非资本主义地区的资本主义空间的生产,从而吸收掉因资本主义内部失衡而引起的冲击波,起着稳定资本主义母系统运作的作用[Harvey,1981,1],"空间的调节",哈维后来进一步明确指出,就是资本主义的"地理政治"策略("geopolitics of capitalism")[Harvey,1985]。哈维指出在马克思的理解之中,资本积累的过程同时就是一个资本主义对外作空间扩张的过程,没有了这个空间扩张的一环,资本主义的内部失衡终于就会导致其全面的崩溃,它亦不可能成为一个历久不衰、垄断性的经济体系[Harvey,2000,23;1981,6]。

在世界版图内作资本主义空间的生产,其所含的意义有三:首先是指实质上的势力延展,以武力逼使别国开放经商口岸、以商品打开与别国的经贸关系是其中的手段。其次是重组空间的格局,资本主义国首先以在非资本主义国沿海所开拓的经商口岸作为与其本国作商业联系的点,以利其与该国作长期性的、常规性的商业接触。而当该些点逐步地发展起来,该国内部的空间格局也随而发生变化,我们认识最深的,莫过如19世纪末香港、上海、广州等沿海经商口岸相对于北京的兴起;亦有学者指出了东方新城市的兴起、及其所处的位置与资本主义及随之而至的殖民主义之间的相互关系[如夏铸九,1988;Funo,2000]。这些新兴的城市内的空间也依资本主义运作上的需要作布置的准则,而成为具初期资本主义都城面貌的城市,这些城市同时又渐成为资本主义国对非资本主义国作更深入空间改造的桥头堡。第三,是维持资本主义母系统与其子系统间的"不平衡发展"("uneven geographical development")关系,子系统的发展不能追上母系统,不然子系统就失去了其辅助母系统的价值,而成为母系统的直接竞争者了[Harvey,2000,23;1981,6]。

根据哈维所提出的马克思的"空间调节论",资本主义本质上就有着向外作空间占领的倾向,不然其必然不能解除因内部失衡而引致的危机,而最终步向消亡。据哈维的分析,向外作空间生产,对资本主义体系而言其诱因至少有四:一为拓展海外市场,投放过剩的产品;二为投放过剩的资本;三为开发更多的劳动力,以保证生产成本处于较低水平;四为开发更多的原材料。下面分别对这四点作析述。

1. 拓展外在市场以投放过剩的产品

产品过剩是资本主义面对的其中一种失衡情况,是生产与消费间的失衡状态。产品不能为市场所吸收,换言之资本不能及时回流,下一轮的生产亦因而不能展开,生产—消费—生产的循环被卡住,资本的积累亦因此不能继续,整体经济陷入困局,时间长了会导致经济的崩溃。向外出口剩余的产品,是走出这困局的一个方向。但哈维指出,马克思注意到非资本主义的国度未必就愿意融入资本主义的体系当中,这时候,资本主义就会依傍着帝国主义、殖民主义等,以武力为其后盾向外扩张,在这情况下,资本主义制度和其生产关系就被直接移植到别国中去[Harvey,1981,7;1982,432—434]。这方面的讨论一直很多,在此不赘。

2. 拓展外在市场以输出过剩的资本

剩余的资本无法再投进到生产—消费—生产的循环中,资本的积累就不能达到最大的效益。解决这一问题的最有效方法,是把剩余的资本向外投放，在较"落后"的地区建立起生产力。这样一方面可消化掉资本主义母系统所不能吸收的资本，另方面，在资本主义子系统中新建立起的生产力，往往会带来更大的利润，把整个资本主义世界的资本积累能力推高。不过哈维指出，马克思亦意识到资本不能过度地输出到子系统中去，因为这样会加快子系统的成熟速度，进而会成为母系统的竞争者，对母系统构成不利。这亦是上面我提到过资本主义母系统要致力维持其与子系统之间"不均衡发展"状态的原因所在。只有两个是处于不同发展程度的系统，它们之间才能够互补不足，这对于母系统而言是最有利的 [Harvey, 1981, 7－8; 1982, 434－436]。这是我们一直所理解的国际分工运作上的背后考虑。

3. 开拓新的劳动力以降低生产的成本

有效控制生产的成本是资本积累能得以增加的一个前提。而在资本主义发展初期的工业化年代，生产的一个最主要成本是劳动力的开支，所以有效压抑工人的工资便变得非常重要了。要压抑工资，最直接的方法，是确保劳工的供应量大于对其的需求，用今日的话说，就是要维持有一定数量的失业、待业人口。这种所谓的"潜在"的劳动力（latent labor），在工业化和城市化已发展到相当水平的地区里，会逐步地减少，直至变成劳动力求过于供，推高工人工资的水平。在这情况下，开拓新的劳动力资源便有其迫切性了。外在的市场除了能吸收资本主义运作上产生出的剩余产品和资本外，亦为其提供更多的"潜在"劳动力，促进其资本的积累 [Harvey, 1981, 6; 1982, 436－438]。不过要把劳工吸进资本主义的生产当中，前提是他们所处的经济体中的劳动力供应大于需求。一旦这种供求的失衡有所调整，资本主义能组织到的"潜在"劳动力的数目亦会随而下降。

4. 开拓新的资源以降低生产的成本

这同样亦是为生产源源地引进物资，与及控制成本，使资本积累有效而不止息而作的。随着资本主义的发展，资本主义的始发点的资源开始出现短缺，供求原理下价格往上提是无可避免的；一些资源的短缺甚至直接影响到了生产的进行。而资本主义运作上的一个通则是不断开拓新的产品，推陈出新，以吸引更多的消费者。这些都是驱使资本主义往外扩展的推动力。

这里我要再说明一点，是所谓的"外"，是一个相对性的概念。在资本主义的初生阶段，正如我在下面会较清楚地说明，其发展是集中在城市的，这时期，"外"所指的是相对于城市的乡郊，这期间，广大的亚洲、非洲地区甚至是与资本主义的发展没有关系的。到了资本主义发展较成熟的时期，整片的西欧地域都被资本主义所"征服"，这时，所谓的"外"是指外于西欧的地带，如亚洲、非洲等地。

四、资本主义与城市——相互促进的发展

列斐伏尔说，马克思的理论并未有解释到资本主义的"原始积累"（primitive accumulation）如何开展的一个问题，由此角度看马克思的理论是不完整的[Lefebvre, 1991, 262]。他为这个问题提出了一个空间角度的解答。他指出原始的资本积累之所以可行，是因为从12世纪而始在西欧的法国、英国、荷兰及意大利等地出现了一种"积累的空间"（space of accumulation）。这种世俗的积累的空间最初的背后推动力是一套新的符号（Logos）、新的宇宙观（Cosmos）。而所带动起的，是一套新的社会运作模式：人与人之间的契约关系（contractual relationship）取代了传统的一套习惯（customs）与及对这习惯的坚持（customary exactions）[Lefebvre, 1991, 263]。契约的关系模式是资本主义商品交易的基础，它同时亦为雇佣式的劳动生产方式立下了根基，使大规模的生产成为可能。最重要的，是这种"积累的空间"是发源于城市的。

列斐伏尔对这个资本主义发展的关键时期及其发动点——资本主义的城市之间的关系作了较深刻的描述。他指出这时期城市渐渐地有了相对于乡郊的特殊性。这种特殊性的构建最初是在社会经济领域发展起的：城市有了其"理性"的基础，是"计算"与"交易"上的理性（rationality of calculation and exchange）；渐渐地，当商品交易的体制逐步在城市中成形，城市周边的农民对城市的依赖亦有所增强，城市成为了他们农产品投放的地方，城中的商人与农民建立起了较稳定的关系，亦同时成为农民的保护者与其剩

余劳动力（surplus labor）的占有者。这时,商人取得了相对于封建领主的权力与地位,封建领主的绝对权威受到了一定程度的磨蚀。就在这一资本主义的萌芽时期,城市也就有了其特殊性——有了其本身内在的意义与存在的目的（inherent meaning and goal）,成为了一个"统合的个体"（unified entity）、主体（subject）,而不再只是服务乡郊的客体（object）。列斐伏尔认为,严格意义上的欧洲城市的发展史,是始于这一时期的［Lefebvre, 1991, 268－271］。

从这时期起,城市亦开始了其"统辖"整片的乡郊地区的发展步伐,渐渐地成为了广大乡郊地域上的中心点。城市固然是消费的中心,资金源源涌入;而在其发展的过程中其生产力亦一直在强化,在这生产－消费－生产的循环带动下,更多的社会资源被卷入,城市吸取社会资源的能力亦逐步地提高,积累的资本日见雄厚。与此同时,城市的内部空间格局发生了本质性的转化,其中较表面的一个表现,是市场（marketplace）的空间在城市中的重要性大大地提升,这种新的发展,带来了一种新的建筑形式——市场大楼（market hall）。市场大楼一方面为交易提供一个较好的、遮蔽的空间,另方面亦方便了市场的监管者监察市场的运作。这种建筑物占据城市的中心,与教堂争逐着对城市空间的"垄断"（domination）,渐渐地,教堂在城市中的象征性地位被市场大楼取代。随着城市空间格局的转化,商人阶级的"空间的象征"亦逐步地构筑起［Lefebvre, 1991, 265］。

一个更深刻的转变是,当市场在城市中的重要性提高,而市场所讲求的是进出的自由（freedom of access）,为配合市场的这种特性,城市的空间亦因此要向四方八面开放,随之而来的,是通往乡郊地区的道路网的开辟。自此,中古城市的封闭式格局开始被打破。列斐伏尔称这为"垄断性的空间"（dominant/dominated space）。"垄断性的空间",简单而言,是透过科技等方面的创新而把一套新形式的空间加诸到既有的空间系统（pre-existing space）之中,以改变其格局。道路系统固然是"垄断性的空间"的其中一例,其他的例子则还包括军事上的建筑物、城堡以及农业上的灌溉系统等［Lefebvre, 1991, 164－165; 2003, 90］。道路系统的开发在资本主义城市逐步取得其对乡郊的支配性地位的一个进程中发挥了至为重要的作用,透过道路系统的完善,广大的乡郊地带渐渐地被纳为城市的腹地,其资源、劳动力、消费力甚至是资本等亦源源输送到城市,成为被城市的资本积累过程支配(dominated)以致剥削(exploited)的客体。换言之,道路网是城市这一"点"所以能控制、带动乡郊这"片"进入资本主义生产体系的工具(instrumentality of production)[Lefebvre, ibid]。列斐伏尔在谈及资本主义的空间格局时,最常提及到的就是道路交通的网络[Lefebvre, 2003]。道路系统所指的可以是海洋河流的航道、陆上道路以及较后期发展出的运河[Lefebvre, 1991, 266]。当然,海洋航道就是资本主义向世界其他地方扩散的最重要的空间配置了;而陆路、内河航道则在较早期资本主义体系在西欧地区壮大发挥了至关重要的作用。就此,列斐伏尔特别强调,金钱与商品所带来的,不单是一种"文化",而是一套的空间格局[Lefebvre, 1991, 265]。

城市与资本主义一直在相辅相成地发展着。上面的一点论述,是依如下的逻辑开展的:1)商人在城市中"落户",并生成了一种"计算"与"交易"的理性,城市成为商品交易之地,初级资本类积累开始发展;2)城市的资本家阶级初步取得了其对乡郊地区的支配权;3)随着生产力的发展,资本家相对于旧封建领主的权位亦获得加强,他们继而改造城市的空间,使之成为配合资本主义生产的空间。

从公元11、12世纪而始,至19世纪,西欧地区的资本主义及其城市得到了迅猛的发展。在这期间,更出现了两个加速资本主义体制——城市化"滚动"式发展的外助力,使滚动的动力得以加强,这两个外助力分别是:1)发生于资本主义国之间的战争;与及更重要的2)现代国家体系(modern state system)的确立。

资本主义国之间所发生的战争,如"百年战争"(The Hundred Years War)、"三十年战争"(The Thirty Years War)、法王路易十四向荷兰和神圣罗马帝国发动的战争等,给资本主义带来了大规模资本投入的机会。而这些资本的大多数投进到以城市为中心的资本主义生产体系当中,起着促进城市进一步发展的作用。这样,城市便能有更强大的力量把资源吸进并集中其中,其所统驭的腹地亦得以扩大。资本积累与城市的发展因而在这循环中能得强化 [Lefebvre,1991,275—278]。

现代国家体系是以城市为基础所建立起的。随着封建贵族、地主阶级的没落,资产阶级的冒升,国家这种"上层结构"所捍卫的,是资产阶级。威斯特伐利亚和约(Treaty of Westphalia)签订,代表了现代国家体系的正式确立。现代国家体系的核心内容是绝对的"主权"(sovereignty),每一主权国对其所领的疆域(territory)内的一切行使"绝对性"的(absolute)、"排外性"(exclusive)的主权。这亦意味着疆域内的一切资源,包括劳动力、天然资源等都为国家所调度;资源的掌控因而变得更集中。国家既是城市里的资产阶级的代表,其与调配国内资源的时候,往往亦会向资产阶级及城市倾斜,这样,资本主义及城市的发展亦得到了助力,向前迈进 [Lefebvre,1991,278—282;2003]。〔国家在列斐伏尔关于空间的讨论中是占有一个非常重要的位置的。在他的论析中,现代国家作为资产阶级的利益维护者,在支配、改造资本主义社会的空间格局方面是发挥着最为直接的作用的 [2003]。在他一篇由布仑纳(Neil Brenner)等所翻译发表的文章中 [2003],甚至予人一种感觉他所谈及的是"生产方式"(mode of production)——国家机器——空间三者间的互动关系。〕

在 12 世纪以后逐渐发展出的一批后巴洛克(post—Baroque)大城市,例如伦敦、巴黎、荷兰的阿姆斯特丹(Amsterdam)与及比利时的安特韦普(Antwerp),原是封建王廷的所在,主要是作为政治中心而建立起的,及后却渐被商人及工业资本"入侵",16 世纪后,资产阶级在其中取得了垄断地位,同时现代国家又是以这些大城为中心建立起来的,这些城市遂成为推动资本主义发展的最大动力所在。

而在 19 世纪时涌现的一批大型的现代城市不少是在荒废地上崛起的,英国的曼彻斯特(Manchester)与美国的芝加哥是这类城市中的佼佼者。这些城市完全就是依着资本主义资本积累的需要而构筑起的。与此同时,较早冒起的一批资本主义大城,其内部的空间格局亦在这时期内经历了快速的重构,渐渐地,它们作为政治中心的一面被其作为经济中心的一面赶上[Katznelson,1992,12—14]。资本主义与城市空间的相互作用下,加上两个外力的介入,至19世纪,资本主义及城市体制在西欧以及北美确立起了其垄断性。

五、资本主义空间的生产与现代世界城市体系的建立

上面约略论及到城市与资本主义两者的相互关系,在这部分,我会更具体更细致地析述城市这一种存在,我主要想要提出的论点是:现代城市是最有利于资本主义发展的一种空间形式,现代城市是随着资本主义在全球逐步取得垄断性地位而被建立起的。因此,资本主义的全球化史同时亦是现代城市这种具有时代特殊性的空间全球性的(global urbanization)生产史。从这角度看,城市化就是全球性资本主义空间格局生产过程中的重要格局[Walton,1976;Ross and Telkamp,1984;King,1983;Friedmann and Wolff,1982]。城市是资本主义的空间,列斐伏尔就在一次访谈中说,古巴的卡斯特罗(Fidel Castro)在其领导的社会主义革命成功后毁掉哈瓦那市(Havana),因为该大城市象征着"腐败"、"官僚"与"帝国主义";他又认为新中国成立后着力发展中小城市,亦是出于同样的考虑[Lefebvre,1987,30—31]。

城市在马克思理论中不被当成是具有独特性的,城市只不过是:1)是西欧从封建主义阶段过渡到资本主义阶段的历史进程中的一值得关注的问题,但其重要性却只局限于这一独特的历史阶段而已;2)是资本主义体制发展的环境条件,而非动因[Katznelson,1992,1—42;Saunder,1984,12—13,引自包亚明,2003,4]。哈维亦理解到城市问题不被马克思理论所关注的一个事实,然他尝试替马克思辩护:1)马克思建构的是宏观的社会理论,因此无可避免要将一些"地理"的和"历史"的具体独特情况(specificities)略去;2)马克思理论是从一整块一整块的地理区域去理解生产分

工(division of labor)的问题,城市因而被融进到这些地理区域里去理解; 3)城市运作过程中的一些面向容易会被视作为整体社会"基础结构"(infrastructure)的"合理的空间配置"(rational spatial organization),因而着眼点是"基础结构"的问题,而非城市的问题;城市这种空间形式在这视角下被视为正常的[Harvey, 1978, 114—115; 1987, 370—374]。

哈维继而指出马克思虽然在其宏观与抽象的社会理论中就一些社会现实中的具体情况落墨,但他关于资本主义生产与资本积累理论的"方法概念"(conception of method)乃是可以用于城市问题的分析上作为理论的参照[Harvey (Social Justice), 1973, 286],用他的话说,马克思的理论框架用于理解具体而微的社会现象方面是有其"可行性"的(viability)[Harvey, 1978, 115; 1987, 370—375]。哈维进一步提出要把更多的"空间上的"、"地方性的"和"具体的"情况纳进到马克思的抽象的历史唯物辩证理论中去,他并认为这是以实证方法确立(empirical confirmation)或否定(deconfirmation)马克思理论的必须工作,若然马克思的理论能经得起经验上的验证,其尖锐性与深度必能提高[Harvey, 1987, 367, 370, 376]。而事实上,哈维本人、列斐伏尔,与及索亚等当代空间研究的领军人物,本就是新马克思学派(neo-Marxist)的城市论者。

A. 城市化与生产力及消费力的建立

上面已提到过,生产与消费是资本积累过程中的两个最核心内容,而城市在资本主义体系中所发挥的作用主要亦是这两方面,这新的城市研究的关注点[King, 1984, 436]。列斐伏尔说过,城市本就是特别有利于生产与消费的空间形式[Lefebvre, 1996, 138]。城市是整个资本主义体系中生产力与消费力最为集中的点,用较理论的说法,是资本的积累过程能在城市空间之中"集中化"(concentration)和"剧化"(intensification);这种资本积累过程的集中和剧烈的操作,继而会带动整体的〔包括城市和非城市的〕资本积累过程得以强化[Katznelson, 1992, 7—8]。所谓的城市化,说穿了,就是消费力与生产力向城市集中的过程[有关城市化的论述参看林玲,

1995]。城市的生产力与消费力的建立是以滚雪球形式进行着的,正如马克思就曾这样说过:"城市越大,搬到里面来就越有利,因为这里有铁路、有运河、有公路;可以挑选的熟练工人越来越多……这里有顾客云集的市场和交易所,这里跟原料市场和成品销售市场有直接的联系,这就决定了大工厂城市惊人迅速地成长。"[马克思恩格斯全集,第二卷,301]有关解释城市化过程的论说很多,这里就不再赘述了。简言之,城市是带动资本主义发展的点。

B. 城市的空间格局与生产力与消费力的强化

城市的空间格局和资本主义式的生产与消费有着紧密的关系。撒除地方文化因素所可能对城市格局的影响〔文化的因素亦是研究"建筑环境"的一个重要切入点,不过这里先把之视为一个"不变值"[文化因素的讨论参见 Rapoport, 1969; Rapoport et al, 1976]〕,现代城市在空间格局上至少是有着两个最主要的特质:1) 空间的分化 (differentiation, dispersion):城市空间被分割为不同的功能区域,如生产区、金融区、居住区、休闲区等[Massey, 1979; Katznelson, 1992, 12—13];2) 道路交通网络特别被重视,这里所指的道路有两种,一是为城内的交通而配置的道路系统,另一乃是为对外沟通而设的道路,"外"可以是指城市的腹地,也可以是其他的城市、地区。这两种的空间格局,其逻辑是紧跟着资本主义社会的运作模式的,是为其生产与消费效劳的。"外"当然亦可以是指国外,不过今日所见的资本主义大城市主要都建在沿海地区,道路网对于与国外城市的联系方面所发挥的作用是不及海运线的。沿海的城市是世界性空间格局能形成的一个重要动因,这方面我将留在本文的下一节中去析述。这里先谈谈城内空间的一方面:

1. 空间的分化

这种资本主义式的空间重组在其发展的最初期至少是涉及三个相互有关和互相重叠的历史过程的。首先是家庭不再是生产的点,工作点逐渐从家庭中分离出去,前资本主义时期所行的作坊式的生产方式渐消减;其次,市镇或城市中一整片的地区被划做工业生产区或居住区,空间的分化逐渐成形;第三,空间的分化变得更细碎,城市被划分为更多的小区,而每一区都有其在城市内部分工上要承担的功能[Katznelson,1992,14]。

空间的分化,首先使得生产能更为集中,产生规模经济(economies of scale),能配合工业化初期尤为突出的劳动密集式生产;而工人的集中亦有利他们培养一种进取精神与竞争的心理,继而提高生产力。其次,空间的分化更有利基础建设的配置,能因应每一区域的不同情况而作基建设施的投放,例如工业区、港口区需要更多的铁路、商业区对通讯设备的要求更高等,进而令城市作为一个整体能产生更大的经济效益。第三,空间能建构出消费的模式,例如消费区域的集中更能利于商品的流散,促进消费力的提升;工人每天从其居住区到生产区工作,花于交通上的开支是城市中消费的一种,这是透过空间吸取"剩余价值"(surplus value)的方法。第四,分割、分化的空间更能有利于国家机器维持城市里的秩序,进而确保在其中的资本不受滋扰,这是透过空间管理社会秩序的方法。第五,空间的分化、分割与及分类,是土地能作为商品在市场上出售的一个重要前提。这里不得不提的是,在城市空间的分化过程中,价格机制是产生着重要的作用的。资本主义体制下,土地往往成为商品之一,在价格机制上越有竞争力的,便越能争取到有利的区域立足。中心商业区便是这机制运作下的产物,是资本主义城市的一个重要特征。空间的分化除了是资本主义体制发展的一个自然趋势外,政府在当中亦发挥了一个积极的作用,透过城市规划的机制,把城市的区域分工做得更精细,更配合经济发展的需求[见如李芸,2002]。

这里我引申再多谈一点。我们常会用"阶级"这个概念,这里我要提出一点,就是严格意义的阶级和阶级意识,是要在现代城市的特有空间格局中才能形成。这涉及三个相互关系的原因:1)劳动力集中的生产模式;2)现代城市把劳动者的工作地和居住地分开;3)价格机制把人在空间上作分类。首先,工住地分开使得工人有了对工余时间作自我分配的自由,而他们在日常工作和生活中所能接触的基本上都是与自己处在同一社会阶层的人,这使得一种共通的阶级文化能得生成。其次,在资本主义社会中,房屋往往会从生活中分离出去,而成为市场上的商品之一,这是资本主义最大化利益的一个结构性结果 [Ball, 1983, 139—141]。住屋成为商品的结果是,一个人能在居住在城市中的什么位置上、居住条件如何等都由其经济能力所决定。在价格体制下,经济能力相若的,亦即是处在同样阶级中的人,往往会被分配到类近的居住区里去。比如说中产阶层为改善本身的居住环境,会迁出市区搬进郊区居住 [King, 1984];留在市区残破区的会是经济能力不足的低下阶层;而高收入的阶层就能占着市区的豪宅地段。这样的分配机制会把阶级上相同的人聚合到一起,有助阶级的"邻舍文化"(neighborhood culture) 的形成,亦能把力量聚合 [Katznelson, 1992, 15]。第三,在工作地和居住地分开的一个历史过程中,居住区〔特别是劳动者的居住区〕的形式却变得越来越齐等划一,这使得在居住区中滋生出的阶级意识能成为一个较普遍的情况 [Katznelson, 1992, 14—15]。在新马克思论者的眼中,资本主义城市是有其独特性的,而阶级的形成与城市中的空间格局是有着紧密关系的。当然,有时城市上的道路网及其他的建设恰恰就会把群众间联系的纽带切断,进而破坏了整体阶级意识的形成,这算是一个别论 [Gould, 1995;Scott, 1998]。

2. 四通八达的道路网

四通八达的道路网是生产和消费得以开展的前提,这指涉到两方面:一是生产上所需的劳动力、原料、能源等能及时到位,使整个生产的流程畅通无阻;二是生产出的产品能及时送到市场上,作为商品出售。这是资本积累循环在城市空间中的一个具体表现。四通八达的道路网,是确保资本主义城市把相互分工的各个区域整合为一个整体的重要条件。换言之,它是城市的区域分工能产生经济效果的前提所在,亦即是城市作为一个整体能产生生产力与消费力的重要因素。生产—消费—生产的循环能在城市的空间里得以加快,即意味着资本的积累能更有效,因此道路网的设计、道路桥梁等基本建设的投资是资本主义城市中政府重点抓的一个项目。马克思理想中的社会是由一个一个每个由 15,000 名工人组成的小城镇结合而成的,这种小城内部能自给自足,自成一体。对这种理想中的社会主义空间而言,道路配置就不必然是城市建设的头等大事了〔Lefebvre, 1987, 31; 2003, 93〕。

城内的道路交通网对于资本主义城市内部的建设固然是重要,然而在城市与其周边腹地或其他的城市之间的交通道路配套,对于资本主义体系整体的空间的建立的重要性可能就更大了。下一部分我将提到,资本主义的世界空间体系的三个特点/秩序——同质的(homogeneous)、断裂的(fractured)、阶层的(hierarchized)——其赖以维持的工具中很重要的一个,就是这一种在国际层次上的交通道路网。

C. 剩余资本的投放与城市建筑环境(built environment)的建立

上面两方面的讨论一直未有触及到城市中的建筑物及其"建筑环境"的生产的方面,这里就这方面谈一谈。在他的一些著作之中,哈维的一个尝试就是用马克思的资本主义生产与资本积累理论的"方法概念"套用于城市"建筑环境"(built environment)的生产过程上面。依循资本主义生产与资本积累理论的逻辑,哈维提出城市"建筑环境"的构建可以从五个方面做出解读:

1. 是解决过度积累问题的一种方法

这是资本主义体制中常会出现的资本过度积累的一个暂时性有效的方法。资本过度积累,亦即意味着过剩的资本无处投放,造成资源的浪费。把过剩的资本投放于城市建设上面,是把资本由"原始资本流程"(primary capital circuit)导向至"次级资本流程"(secondary capital circuit)的一种手段〔"第三级资本流程"指的是资本向科教、文化、社会福利事业的投入〕,亦即是把资本投放到另一个"生产领域"(sphere of production)去。哈维这一论点是从财务安排(financial)的角度,而非"实用价值"(use-value)的角度去理解城市建筑空间的生产,他并引 18 世纪同时在伦敦出现的资本过剩现象与城市建设热作为例子论证他的这一论点〔Harvey, 1978, 106—107, 113, 121〕。

2. 体现了资本主义的市场与政府在发挥其导向资本的功能

哈维指出,在一般情况下,资本家即使是面对着资本过剩的问题,亦不会轻易地把资本投资于建设上面的,因为建设通常涉及较为巨大的投资,而且回报期也长,不能产生直接的利润,因此资本家宁可其资本闲置着,也不愿把之从"原始资本流程"投放到"次级资本流程"中里去,这一方面导致"原始资本流程"中资本持续过剩,另一方面"次级资本流程"又没有足够的资本投入。这时候,资本主义体系中的市场和政府便需要发挥作用,一方面两套机制要聚合大笔的资金作建设的投资,另一方面要确保这种长回报期的投资能得落实。这情况下,政府与市场便作为把资本由"原始资本流程"转移到"次级资本流程"的中介了[Harvey,1978,107]。

3. 其空间形式是资本家利益的体现

因为城市中的"建筑环境"主要是由资本家投资建设的,因此其形式必然体现着资本家的利益的。其中最明显的,是把工人的居住地与工作地分开,这最有利于密集式的生产;另外资本主义城市亦特别注重道路的建设,这一方面方便工人由居住地流至工作点,从而不妨碍生产;另一方面亦便捷了商品的流通,进而加快资本的流动[Harvey,1978,115]。由此角度看,资产阶级的意识形态是充斥在城市规划的过程当中的[Lawrence and Low,1990,486—489];而阶级关系亦是透过城市规划与其所作的空间配置而建构出的[Harvey,1973,1985]。

4. 会促使资本主义体系中出现失衡

把资本投进城市的建设里,一方面固然可以解决资本过剩的问题,但另一方面却同时会埋下窒碍下一步资本积累的"空间障碍"。这是因为"建筑环境"是一种较耐久的固定资本,不易变更其用途,它更是固定地立于一地,不能移动,因此其规划往往是因应某时某地的生产力而作的。当社会上的生产力有所提高,但建筑物的作为生产上的一种配置却局限了生产力的提升,把生产力"冻结"在一个高度上,窒碍资本的积累。当生产上对于较能支持更高生产力的建筑有更大的需求时,旧的建筑便会被推倒,代之以新的[Harvey,1978,122—124]。

资本主义体制中的这种失衡,充满着吊诡性(paradoxical),一方面"建筑环境"能让资本家投入其过剩的资本,它同时又是生产性的资本之一,资本家按自己生产的需要而营造出城市的"建筑环境";然另一方面,这些"建筑环境"却又是最有可能"冻结"生产力、影响资本积累的一种资本投入,时时滋扰着对资本积累的过程。这样看,"建筑环境"就变成了资本主义体制中"过去"的力量限制"今日"的发展的一个中介。当一个社会的生产力仍能往上提升的时候,旧的不合时宜的建筑终会被新的替代,不然整个的"建筑环境"就会凝固着,而它能发放的就只是昨日的光华了[Harvey, 1978, 124]。

5. 是为工人阶级提供的一种福利

在资本由一个转至另一个资本流程的过程中,可能会为工人阶级带来好处。最直接的体现,是把资本投放至为工人提供住房、改善他们生活环境的方面。工人的生活和工作环境改善了,阶级之间的矛盾可以得以缓和,这有利于生产。不过不得不提的是,资本家所以愿意为工人的福祉作投资,往往是由阶级斗争,工人向资本家直接施压引起的[Harvey, 1978, 129; 1977]。

六、资本主义世界空间体系与"现代世界体系"的建立

A. 资本主义"现代世界体系"是如何编织出的?

沃勒斯坦从国际政治经济史的视角出发,提出了资本主义生产方式与"世界体系"的起源与确立之间的相关性的一套理论[1998, 1999, 2000]。今日从空间分析的角度看,沃勒斯坦于20世纪70年代提出的理论确是有其洞察性。虽然在其"现代世界体系"一书中没有特别就城市化的方面作针对性论述的篇幅,但对沃勒斯坦的"现代世界体系"的理论巨著,我们还是要一读再读,这对于我们理解资本主义向世界扩散及其空间体系的生产必能有所启发。不过,在沃勒斯坦的理论中显然就没有重点回答到一个关键的问题:资本主义是以何种手段向外扩散的?资本主义是如何巩固其"世界体

系"的？从空间分析的角度看，资本主义的扩散，是有其空间上的形式的。上一个部分我尝试论析城市这种空间格局在资本主义发展过程中的作用，资本家在建立资本主义体系中的第一个关键"战略"，就是争夺对城市的控制，与及对其空间配置的主导权。而及后资本主义对外的扩张之中，也是以城市作为其桥头堡，编织其资本积累的系统的，这涉及的是资本主义扩张的"地缘政治"的策略。

在沃勒斯坦的承袭于马克思主义的理论中，现代国家机器作为资产阶级的"上层结构"在协助资本主义的向外侵占的一方面是受到高度重视的，现代国家机器能否成功被建立起、而它又能否扶助国内的资产阶级，以及成功的整合国内的各种力量，是该资本主义社会是否强大的关键因素，亦对于它在"现代世界体系"中能占什么位置〔核心、半边缘或边缘〕起着决定性的作用。然而，要理解为何资本主义的世界体系为何能得以维持，单看资本主义经济体系和现代国家体系的两个因素却是不足够的。首先，资本主义作为一个经济体系与及一种"生产方式"，没有国家机器的支持与及把其力量聚合，是不可能有强大的力量向外扩展的，对这沃勒斯坦是清楚知道的；然而进而沃勒斯坦似乎是假定了一点，就是现代国家作为资本主义的"冲锋队"，其用以协助资本主义向外扩张的一定是强制力及背后的强大武装。在上面较早的讨论中已提及过了，当代空间研究的一个最重要的理论基础，是空间是权力运作的中介，是权威透过之以使人屈服的手段。武力的使用往往是成本最高，而又费时失事的一种行使权力的手段。不到最后和最紧要关头，武力手段是不会轻易被使出的。而事实上，在沃勒斯坦理论中所讨论的那个时代，最强大的国家也没有遣兵出外而有必胜的把握的。问题是，在一般的情况下，资本主义是怎样维持其广大"辖区"中的秩序的？除了武力，国家机器会用何种手段协助现代世界体系的建立？对这两个问题我的看法是：一种有利的全球性的空间格局，是资本主义世界体系能得建立与维持的重要前提；而国家机器是清楚知道这点的。要理解现代世界体系的确立，我们当从资本主义体系、现代国家以及资本主义的空间体系三个因素间的互相关系上去作探讨。若然城市这种空间形式在资本主义初生乃至壮大的时期发挥着极重要的作用,那在资本主义作全球性扩展的时候,这个世界性的空间格局就是使资本主义能向外蔓延的一个重要前提。

B. 资本主义世界空间体系的特征

如果说与资本主义世界体系平行的还有一个资本主义世界空间体系,那这个空间体系又有着什么特质,它与资本主义世界体系之间又有什么相关之处?这里我初步列出三点:

1. *同质的*(homogeneous)。在资本主义世界体系下,在其所能散布之地基本上都是按同样的规律运作的,换言之,按列斐伏尔的话说,地方与地方之间是有"共同性"的(equivalent)、可"交易"的(exchangeable)、"互换"的(interchangeable)[Lefebvre, 2003, 87]。在这意义上,每一个空间因而亦是按同样的原则、同样的规律而作配置的,例如所有资本主义体系下的城市,不论是处于核心 — 半边缘 — 边缘中的哪一层,都同样着重城内和对外的交通网络建设;它们的空间亦是按同样的原则、在同样的机制下〔最重要的莫如价格的机制〕作使用上的分化、分化等等。其实,遍布世界每一角落的资本主义大城市本身就是空间同构型的一个最显见的例子。

2. *断裂的*(fractured)。在同质的同时空间是断裂的,是分化的。上面已述过城市内部的空间上的分化、分工,这是断裂的空间在一个较微层次上的断裂。在更微观的层次,作为商品的土地也是分割小块的(lots and parcels),每一块的控制权都归属于不同的人[Lefebvre, 2003, 87]。在国家疆域之内,国家机器为协调生产与消费,亦同样地着意于将其分为一个一个的小区域,每一个都有其要承担的功能。而在较世界性范围内,断裂的空间就体现在区域上的分工,这就是沃勒斯坦所说的世界体系的分工,这里不多述了,不过总的来说,空间的断裂几乎是存在于每一个层次的,大至国际层面,小至一个建筑,都有同样的情况。空间断裂的同时亦着重它们相互间的联结,因此随之而来的是空间之间的交通网络配置,这方面我会再述。

3. *层级的*(hierarchized)。上面说过资本主义向外扩张的同时,亦极有意识地维持着新发展的子系统与母系统之间在发展上的差距,这就是所谓的维持着一个"不平等的发展"状态,只有这样,资本主义的世界性分工系统才能完善,母系统才能从中获得最大的益处。沃勒斯坦世界体系理论里所述及的核心 — 半边缘 — 边缘的概念,基本上就是指这种的层级上的分工。易言之,资本主义的世界空间体系是一个层层相扣,由上而下编织出的空间体系。

C. 资本主义世界空间格局的维持

这更关系到资本主义体制及现代国家体制的"地缘政治"策略的一方面了。在有上面所说的三个特质的资本主义世界空间体系得以确立之前,这种"地缘政治"的策略就显得尤为重要了。当然,在世界空间体系建构完成的时候,每一个地方在整个的分工体系中都有了其位置,亦都按照资本主义的逻辑与规律运作,被完全地纳入到世界性的生产 — 消费的过程中去而不能挣脱出框框的所限,这时候"地缘政治"的空间策略就相对而言显得不太重要了。所谓的空间策略,我是就如下两方面谈的:

1. 以"点"作为生产整"片"资本主义空间的根据

今日世界上多数的大城市都处在沿海位置,我们对这习以为常,不感奇怪。但这里我要指出,这并不是偶然出现的一个现象。沿海大城的建立,正就是资本主义生产其全球空间格局的极重要一步。说穿了,沿海大城本来就是资本主义世界体系下被生产出的通商口岸。上面第四、第五个部分我已论析过资本主义城市与资本主义体系的冒起与壮大之间的密切关系,这里我想提出的是,资本主义在扩展其势力范围时,亦是照样地把其这一经验"拷贝",再用诸于其他的地方。具体而言,其策略是建立一个一个的"点",再以这些"点"连结起它们背后的"片"。当这些点逐渐地被建构出,其本身的生产力与消费力随而提高,这时它们便有了更大的力量把在"片"中的资源吸进其中,一直地滚动下去,整个的"片"亦会被卷进其控制的范围,渐渐地完全成为其腹地,整个"片"的剩余价值亦会为其所占有。

这些"点"在建构之初就已经非常的着重交通道路网的配置,一方面连结起该些"点"与资本主义的母系统,使之成为下属于该母系统的子系统;另一方面,连结起"点"与"片",使"点"的力量能深入到"片"之中,继而"点"与"片"相结合,成为一个较整体性的子系统。要指出的是,当一资本主义国家在海外建立其"点"的同时,亦会作大规模的资本投入,这些资本往往就是"点"开展其城市化进程的原动力,就是这些资本导致城市化,再由城市化带动整个的资本主义体制的建立。

这种"点"与世界上其他的城市再连结起,组成世界性的城市系统,而在城市系统中,城市也是因其在世界性的分工中的位置而分成不同的层级,不同层级的城市有不同的功能要承担。就按沃勒斯坦的核心－半边缘－边缘三层的分类,核心城市就是指资本主义母系统中的一些特大城市,这些城市有着连接世界各地的交通网,是资本主义母系统控制广大地域中的子系统的"心脏",维持整个其统辖的资本主义系统的资本积累的循环。半边缘的城市是维持一个较大地区资本主义体系运作,作为边缘城市与核心城市联系的中介点。边缘的城市就只统驭一片的腹地,直接地把腹地纳入资本主义的资本积累体系之中。不同的"点"被赋予在分工上不同的功能时,据之以建立起的"片",其在世界体系中的分工也就能明确了。不得不提的是母系统在组建一个"点"时,是按照其在规划上的分工而作资本的投放,较高层级的"点"〔主要是指半边缘的一种〕,能得的资本投入,而其制度上的建构亦更为完善。该些"点"亦往往是军队的主要驻地,是母系统透过以控制其海外势力范围的重心。就这样,透过构筑出整个系统的"点",资本主义及现代国家便能建成整个的资本主义世界空间体系,乃至于整个的"现代世界体系"。

2. 世界性交通网络的建构

对于列斐伏尔而言,交通道路网是资本主义式空间中最突出的一种空间特征,是资本家控制资本、商品、原材料的"流转"(flow)与"囤积"(stock)的手段[Lefebvre, 2003, 85]。若上面说的是"点"和"面",那交通网就算是"线"了。这些网络,在不同的层次都同样地得到重视,上面我谈及资本主义城市的空间格局时已把这方面特别地作过析述。这里我要提出的是,在城市的层次、与及国际的层次中的交通道路网络,都是因应资本主义运作上的一大特质——空间上的分工——而作配置建设的,简言之,交通网是整合起分工上不同的空间,使它们连结成一整个系统的"大动脉"。不同层次的交通网,终于会连接成一个整体的交通网,把不同的地区连在一起,在整个的世界体系之中。要指出的是,这些交通网已不能被分拆、分解成一个一个细系统,它们纠结而成为一个大的交通系统,这不难理解,小的乡郊道路把分割的、由不同人拥有的几块小土地连接起,继而到市镇,再到城市,而在城市中又被城市中通往世界的交通网连接到世界的其他地方去。

资本主义的力量能改造、生产空间,在资本主义入侵前,交通系统并不是我们今日所见的这种形式的。小系统因应其本身需要而构建道路,道路的建设一般而言是为本地的需要,与外界的连接点不多,道路是由下而上地建筑起的〔当然也有例外,中央集权的大帝国都会以其首都为中心构建起"国道"系统,为其统治服务,但这些"国道"对地方的穿透性总是有限的〕。然在资本主义下,道路交通网却是由上而下,有外而内卷进的,因而每一个最小的地方,其交通网最终都会把其连接到整个世界的体系中去。

这里我要说明的,是资本主义往外扩张势力时的"地缘政治"策略主要在两点,一为构建城市,实行以"点"带"片";另一则是道路交通网的建立,把所有的"点"与"片"最终都联结到整个的资本主义体系去。没有这些空间体系的配合,资本主义世界体系能否出现可能是有疑问的。这里可见,资本主义首先生产其空间,为其扩张服务,而当空间体系完善后,又能进一步地强化资本主义体系中的分工,进而利及其资本的积累。

七、结论、余论

资本主义的发展是有其空间的逻辑的。这是本文的主旨所在。要了解历史的发展,我们不能忽略空间的一面。历史生产出空间,空间同时亦生产出历史,两者纠结在一起,相互促进(mutually constitutive),在历史发展的长河中滚进、挺进。当一个力量没有能力再生产其空间时,往往就意味该力量到了其被历史洪流淹没的时候了。资本主义所以在这几百年中能势如破竹的卷进整个的世界,是因为它有能力、亦有意识生产其空间。资本主义的空间是资本主义发展、壮大的印记,同是它能长驱挺进的前提所在。随资本主义世界体系而来到的,是资本主义的世界空间体系、资本主义世界城市体系、世界交通网络体系;而随资本主义空间来的、继而壮大的,是资本主义体系。现代国家体系当然是资本主义体系与资本主义空间体系之间的一个重要"介入因素"(intervening factor)。因此,要知道历史,我们就不能不知道空间。

当然,历史中的空间是在变的,列斐伏尔说它充满"矛盾"、"张力",是历史发展上被争逐的客体。因此空间无可能是容易的随一股力量的确立而铺天盖地而至的。在一股力量尝试生产其空间时,同时亦会面对着另一股力量在空间上的抵抗、反抗的。整篇文章我都是以一个简化了的图像去论析资本主义的空间生产过程的,这是为突出主线为前提下所作的艰难抉择。这里我稍就反资本主义空间的一方面力量作补充。上面介绍列斐伏尔的"空间三角"理论时我已提到过,空间生产的过程中有三个的"瞬间",它们分别是"空间的象征"、"象征的空间"和"空间行为"。上面关于资本主义空间的生产的析述,我主要都是就"空间的象征"一瞬而开展的,所表现出的似乎是资本主义在空间的生产中是无往不利的、势如破竹的。这里我得指出,图像当不是这么简单的。列斐伏尔理论框架上的"象征的空间"和"空间行为"两瞬,所侧重的就是社会上对权力握有者建构的"垄断性"的"空间的象征"一瞬作反抗的一个面向的。事实上,列斐伏尔的理论中,反抗(resistance)这一个概念是常被突显出的,与反抗概念有关的其他概念有"重新占有"(re-appropriation)、"矛盾的空间"(contradictory space)、"异空间"(differential space)。"矛盾的空间"是与"垄断性"空间抗争的空间,而"异空间"则是在空间争逐中能成功击退"垄断性"空间进侵,保住它在本质上不同于"垄断性"空间的空间。

列斐伏尔亦有在其论析中谈及这种的抗争,特别是资产阶级势力最初试图在城市中确立其垄断地位时,便曾遭到旧有宗教力量、封建地主阶级的连手抵抗,易言之是他们的"象征的空间"和"空间行为"在对抗着资产阶级试图建立的"空间的象征"。最终他们当然是被击溃。在资本主义向世界其他地方输出时,它当然亦遇到过不少地方上的反抗。最后,在现代国家机器及其背后的先进科技力量支持下,这些抗争当然亦被逐一的击倒。终于的结果是资本主义的"空间的象征"完全的占了上风,并逐步的同化了"象征的空间"和"空间行为",变成三个"瞬间"之间基本上没有差异,变得一体化了。这代表着的是资本主义"垄断性"空间世界范围内完全的被确立起。

作为一名新马克思论者,列斐伏尔在感情上是痛恨资本主义的,一直想着如何才能把之击溃,因此在其理论中特别的强调反抗等概念。然在理性的一面,列斐伏尔却清楚知道资本主义的垄断地位已成,要把之推倒接近不可能。列斐伏尔在其空间理论正式提出前,是"日常生活政治"(everyday life politics)学派的一个代表人物,强调人在日常生活中抵抗外在宰制的能力,强调人的"身体"(body)对外在空间的重新创造(re-invention)、重新占有(re-appropriation)的能力。我想,要较完整地理解当代的空间研究,再把之套进到现代化的研究中里去,我们还要从列斐伏尔及其他论者的"日常生活政治"理论、与及"身体政治学"(body politics)的范畴作切入、作进一步的理解 [Lefebvre, 2002, 1991a; Harvey, 1998, 2000; Douglas, 1971; De Certeau, 1984; Highmore, 2002; Bennett and Watson, 2002]。篇幅所限,本文不能对此作探讨了。空间、"日常生活政治"理论可能是重构、充实现代化理论未来的一个重点。

参考书目

Bacon, Edmund N. (1976) *Design of Cities* (New York: Penguin Books)

Baldry, Chris (1999) "Space-The Final Frontier," *Sociology*, 33: 3: 535—553

Ball, M. (1983) *Housing Policy and Economic Power: The Political Economy of Owner Occupation* (Andovers, Hants: Mathuen)

Becher, Tony (1989) *Academic Tribes and Territories: Intellectual Enquiry and the Cultures of Discipline* (Milton Keynes, England: Society for Research into Higher Education / Open University Press)

Bennett, Tony and Diane Watson (2002) *Understanding Everyday Life* (Oxford: Blackwell)

Blondel, J. (1985) "Political Science," in Adam Kuper and Jessica Kuper eds. *The Social Science Encyclopedia* (London & New York: Routledge), pp. 615—618

Crang, Mike and Nigel Thrift (eds.) (2000) *Thinking Space* (London and New York: Routledge)

De Certeau, Michel (1984) *The Practice of Everyday Life* (Berkeley: University of California Press)

Douglas, Jack D. (1971) *Understanding Everyday Life: Towards the Reconstruction of Sociological Knowledge* (London: Routledge & Kegan Paul)

Easton, David (1953) *Political System: An Inquiry into the State of Political Science* (New York: Knopf)

Elazar, Daniel J. (1999) "Political Science, Geography, and the Spatial Dimension of Politics," *Political Geography*, 18: 875—886

Farr, James and Raymond Seidelman (eds.) (1993) *Discipline and History: Political Science in the United States* (Ann Arbor: University of Michigan Press)

Finkenthal, Michael (2001) *Interdisciplinarity: Toward the Definition of a Meta Desicipline?* (New York: Peter Lang)

Foucault, Michel (1972) *The Archaeology of Knowledge & the Discourse on Language* trans. A. M. Sheridan Smith (New York: Pantheon Books)

Foucault, Michel (1977) "Questions on Geography," in Colin Gordon ed. *Power / Knowledge: Selected Interviews and Other Writings 1972—1977* (New York: Pantheon Books), pp. 63 — 77

Foucault, Michel (1977a) "The Eye of Power," in Colin Gordon ed. *Power / Knowledge: Selected Interviews and Other Writings 1972—1977* (New York: Pantheon Books), pp. 146—165

Foucault, Michel (1977b) "Power and Strategies," in Colin Gordon ed. *Power / Knowledge: Selected Interviews and Other Writings 1972—1977* (New York: Pantheon Books), pp. 134—145

Foucault, Michel (1979) *Discipline and Punish: The Birth of the Prison* trans. Alan Sheridan (New York: Vintage Books)

Foucault, Michel (1986) "Of Other Spaces," *Diacritics*, spring 1986, pp. 22—27

Foucault, Michel (1994) "Space, Knowledge, and Power," in James D. Faubion ed. *Power*, trans. Robert Hurley (New York: The New Press), pp. 349—364

Friedmann J. and Wolff G. (1982) "World Cities Formation: An Agenda for Research and Action," *International Journal of Urban and Regional Research*, 6: 309—344

Funo, Shuji (2000) "Modern World System and the Formation of Colonial Cities," Paper for International Symposium on the Urban and Architectural Histories under Colonial Rule in Asia (Taibei: the Institute of Taiwan History Preparatory Office and the Program for Southeast Asian Studies, Academia Sinica)

Giddens, Anthony (1984) *The Constitution of Society: Outline of the Theory of Structuration* (Berkeley: University of California Press)

Giddens, Anthony (1993) "Preface," in Benno Werlen, *Society, Action and Space: An Alternative Human Geography* (London and New York: Routledge), pp. xii—xv

Gieryn, Thomas (1983) "Boundary-Work and the Demarcation of Science from Non-Science: Strains and Interests in Professional Ideologies of

Scientists," *American Sociological Review*, 48: 8: 781—795

Gieryn, Thomas F. (2000) "A Space for Place in Sociology," *Annual Review of Sociology* 26: 463—496

Gould, Roger V. (1995) *Insurgent Identities: Class, Community and Protest in Paris from 1848 to the Commune* (Chicago: University of Chicago Press)

Gregory, Derek (1984) "Space, Time, and Politics in Social Theory: An Interview with Anthony Giddens," *Environment and Planning D: Society and Space*, 2: 123—132

Harvey, David (1973) *Social Justice and the City* (London: Edward Arnold)

Harvey, David (1977) "Labor, Capital and Class Struggle Around the Built Environment in Advanced Capitalist Societies," *Politics and Society*, 6: 265—295

Harvey, David (1978) "The Urban Process under Capitalism: A Framework for Analysis," *International Journal of Urban and Regional Research*, 2: 101—131

Harvey, David (1981) "The Spatial Fix: Hegel, Von Thunen and Marx," *Antipode*, 13: 1—12

Harvey, David (1982) *The Limits to Capital* (Oxford: Blackwell)

Harvey, David (1985) "Geopolitics of Capitalism," in Derek Gregory and John Urry eds. *Social Relations and Spatial Structures* (Basingstoke, England: Macmillan)

Harvey, David (1985a) *Studies in the History and Theory of Capitalist Urbanization* (Oxford: Blackwell)

Harvey, David (1987) "Reconsidering Social Theory," *Environment and Planning D: Society and Space*, 5: 367—376

Harvey, David (1990) *The Condition of Postmodernity: An Enquiry into the Origins of Cultural Change* (Oxford: Blackwell)

Harvey, David (1998) "The Body as an Accumulation Strategy," *Environment and Planning D: Society and Space*, 16: 401—421

Harvey, David (2000) *Spaces of Hope* (Berkeley: University of California Press)

Highmore, Ben (2002) *Everyday Life and Cultural Theory: An Introduction* (London: Routledge)

Holston, James (1989) *The Modernist City: An Anthropological Critique of Brasilia* (Chicago: The University of Chicago Press)

Katz, Stephen (2000) "Michel Foucault," in Anthony Elliott and Bryan S. Turner eds. *Profiles in Contemporary Social Theory* (London: SAGE), pp. 117—127

Katznelson, Ira (1992) *Marxism and the City* (Oxford: Clarendon Press)

King, A. D. (1983) "The World Economy in Everywhere: Urban History and the World System," in *The Urban History Yearbook* (Leicester: Leicester University Press), pp. 7—18

King, A. D. (1984) "The Social Production of Building Form: Theory and Research," *Environment and Planning: Society and Space*, 2: 429—446

Lawrence, Denise L. and Setha M. Low (1990) "The Built Environment and Spatial Form," *Annual Review of Anthropology*, 19: 453—505

Lefebvre, Henri (1977) "Reflections on the Politics of Space," Richard Peet ed. *Radical Geography: Alternative Viewpoints on Contemporary Social Issues* (London: Menthuen), pp. 339—352

Lefebvre, Henri (1987) "An Interview with Henri Lefebvre," *Environment and Planning D: Society and Space*, 5: 27—38

Lefebvre, Henri (1991) *The Production of Space* trans. Donald Nicholson-Smith (Oxford: Blackwell)

Lefebvre, Henri (1991a) *Critique of Everyday Life* Vol. 1, trans. John Moore (London: Verso)

Lefebvre, Henri (1996) *Writings on Cities* (Oxford: Blackwell)

Lefebvre, Henri (2002) *Everyday Life in the Modern World*, Sixth Edition (New Brunswick, New Jersey: Transaction Publishers)

Lefebvre, Henri (2003) "Space and the State," in Neil Brenner, Bob Jessop, Martin Jones and Gordon MacLeod ed. *State/Space: A Reader* (Malden, MA: Blackwell) pp. 84—100

Massey, Doreen (1979) "In What Sense a Regional Problem," *Regional Studies*, 13: 233—243

Merrifield, Andy (2000) "Henri Lefebvre: A Socialist in Space," in Mike Crang and Nigel Thrift eds. *Thinking Space* (London and New York: Routledge)

Messer-Davidow, Ellen, David R. Shumway and David J. Sylvan (eds.) (1993) *Knowledges: Historical and Critical Studies in Disciplinarity* (Charlottesville: The University Press of Virginia)

Polsby, Nelson W. and Fred I. Greenstein (eds.) (1975) *Handbook of Political Science* (Reading, Mass: Addison Wesley)

Rapoport, A (1969) *House Form and Culture* (Englewood Cliffs, N.J.: Prentice-Hall)

Rapoport, A (ed.) (1976) *The Mutual Interaction of People and Their Built Environment: A Cross Cultural Perspective* (The Hague: Mouton)

Ross, R. and Telkamp G. (eds.) (1984) *Colonial Cities* (Leiden: University of Leiden Press)

Sayer, Andrew (1985) "The Difference that Space Makes," in Derek Gregory and John Urry eds. *Social Relations and Spatial Structures* (Basingstoke, England: Macmillan) pp. 49—66

Scott, James C. (1998) *Seeing Like a State: How Certain Schemes to Improve the Human Condition Have Failed* (New Haven: Yale University Press)

Seidman, Steven (1994) *Contested Knowledge: Social Theory in the Postmodern Era* (Malden, MA: Blackwell)

Shields, Rob (2000) "Henri Lefebvre," in Anthony Elliott and Bryan S. Turner eds. *Profiles in Contemporary Social Theory* (London: SAGE), pp. 226—237

Shumway, David R. and Ellen Messer-Davidow (1991) "Disciplinarity: An Introduction," *Poetics Today*, 12: 2 (Summer): 201—225

Smith, Neil (1990) *Uneven Development: Nature, Capital and the Production of Space*, second edition (New York: Basil Blackwell)

Soja, Edward W. (1996) *Thirdspace: Journeys to Los Angeles and Other Real-and-Imagined Places* (Cambridge, Mass.: Blackwell)

Soja, Edward W. (1989) *Postmodern Geographies: The Reassertion of Space in Critical Social Theory* (London: Verso)

Tschumi, Bernard (1996) "Architecture and Limits II," in Kate Nesbitt (ed.) *Theorizing A New Agenda for Architecture: An Anthology of Architectural Theory 1965—1995* (New York: Princeton Architectural Press), pp. 158—161

Walton, J. (1976) "Political Economy of World Urban Systems: Directions for Comparative Research," in J. Walton and L. Massotti eds. *The City in Comparative Perspective* (London: SAGE), pp. 310—313

Zukin, Sharon (2002) "What's Space Got to Do With It?" *City and Community*, 1: 4: 345—347

包亚明编:《现代性与空间的生产》,上海教育出版社 2003 年版。

李芸:《都市规划与都市发展》,东南大学出版社 2002 年版。

《马克思恩格斯全集》,第二卷,人民出版社1961年版。

伊曼纽尔·沃勒斯坦:《现代世界体系》〔第一至三卷〕,高等教育出版社2003年版。

夏铸九:"空间演变中之依赖与发展",载《台湾社会科学季刊》,1988年第一期,第263—379页。

张钟汝等编著:《城市社会学》,上海大学出版社2001年版。

(作者联系方式:香港新界 香港中文大学政治与行政学系 E-mail:kklee@cuhk.edu.hk)

20世纪美国科技治国思想述论

杨 辰 起

一、引言

深入探讨当今发达工业社会中科技对政治的影响是现代化研究的一项重要课题。从科技治国(technocracy)的角度,亦即从经济技术进步对社会政治的结构和决策产生直接而深刻影响这一角度来透视发达工业社会发展的趋向,已开始成为政治研究领域的新主题。这里所说的结构性影响,表现为众多的技术官员和专家在制度上获得了相当程度的独立性,并发挥着日益关键的作用;对决策的影响,则反映在政策制度过程所包含的浓厚的技术色彩。社会学家丹尼尔·贝尔在70年代初曾断言:"在未来的社会里,不论人们如何定义,科学家、专业人员、技术人员和技术官员将会在社会的政治生活中起到主导作用。"① 美国学者弗兰克·费希尔认为,后工业社会的政治基本上可以理解为科技治国方式由管理实践层次向国家层次延伸的过程。②

这里需要对"科技治国"一词做一点语义上的辨析。该词的英文"technocracy"是由"techno"(技术)和"cracy"(政治、政体)两部分合成,意为按科技原则进行统治(的政体),或由科技人员进行统治(的政体),国内也有"技

---

① 丹尼尔·贝尔:《后工业社会的来临——对社会预测的一项探索》,中译本,商务印书馆1984年版,第91页。

② Frank Fischer, *Technocracy and the Politics of Expertise*, Sage Publications, Inc., 1990, p. 14.

术官僚政治"、"技术统治"等译法。由 technocracy 引申出的"technocrat"一词则是指科技治国论者,也指政府中的技术官员。在不太严格的意义上,technocrat 有时也用来指企业中的技术专家,含义相当于"technician"。我们应把技术官员和技术专家区别开来,"当权的技术官员,不管他使用多少知识,仍然只是政客的一种,而不是技术人员。"[1]

按照费希尔的定义,科技治国就是指"受过技术训练的专家在居支配地位的政治、经济制度中依靠他们的专业知识和地位来进行统治的政治体系"。他所指的专业知识属应用科学,特别是指工程学、应用数学、计算机科学、经济学以及与管理和政治有关的社会科学(即管理学和政策学)。这些学科中的专业知识与推动现代"决策技术"发展的知识和技能特别相关。[2]那么,应从何处着手来认识政治发展中呈现出来的这一征候呢?我认为,厘清历史上科技治国思想发展演变的脉络,剖析不同时期科技治国思想的不同特点和侧重是重要的第一步。理由之一,科技治国思想在现代西方文明史上有着丰富的内容,其源头可以追溯到 17 世纪科学革命时期。[3] 工业革命以来出现的科技治国思想虽不同程度地染有空想和谬误的质素,却也或多或少地预见到了工业社会的某些政治特点[4],检验其中的合理成分将有助于我们认识工业化国家的现实政治。理由之二,科技治国思想始终围绕着 20 世纪的一个重要主题,即科学技术与现代社会的关系问题。这是一个令世人困惑不已却又无法回避的问题。因此,研究科技治国思想还能加深

---

[1] 丹尼尔·贝尔:《后工业社会的来临》,第 91 页。

[2] Frank Fischer, *Technocracy and the Politics of Experties*, pp. 17—18.

[3] 这种思想最早应溯源至英国哲学家弗朗西斯·培根(1561—1626)。培根在他晚年一部未完成的著作中设想了一个由科学家、技术人员、理论家和实验工作者领导的国家——本色列岛。这个国家的领导组织被称为"所罗门之宫",其目的是"探讨事物的本原和它们运行的秘密,并扩大人类的知识领域,以使一切理想的实现成为可能"。所罗门之宫的代表享有特殊的荣誉,仿佛是最高权力的化身。参见《新大西岛》,中译本,商务印书馆 1959 年版。

[4] 19 世纪法国空想社会主义者昂利·圣西门(1760—1825)是"科技治国之父"。圣西门在鼓吹工业主义的同时,认为在欧洲建立安宁而稳定的秩序的最好办法在于把管理权置于统治权之上。所谓最高管理能力是指艺术家的才能、学者(科学家)的才能和实业家的才能。因此他主张建立一个由实业家、科学家和艺术家组成的最高权力机构。见《圣西门选集》第 2 卷,商务印书馆 1979 年版。

我们对这个问题的思考。

本文的主旨,是对美国历史上进步主义时代、大萧条和新政期间、二战以后这三个时期中出现的科技治国思想及其现实背景加以阐述和评论,提示这些思想同工业化进程和经济技术进步之间的内在联系,为深入认识当代美国社会中的技术挂帅倾向做一初步的探讨。

二、进步主义时代:从克罗利到维布伦

1900 年,著名进步主义人士罗伯特·拉福莱特(Robert M. La Follete,1855—1925)当选为美国中部威斯康星州州长。新任伊始,拉福莱特迅即掀起了一场公共行政改革运动,把威斯康星变成了当时科技治国的典范。1892 年威斯康星大学就设立了新的经济、政治和历史学学院,直接为州政府培养行政和内务管员。拉福莱特把州政府和威斯康星大学有效地结合在一起,使专家教授开始登上政府管理的舞台。1901 年他指示由该校毕业的政治学家查尔斯·麦卡锡(Charles McCarthy)组建一个"立法参考服务处"(Legislature Reference Service),向州议员提供信息资源,推荐专家咨询。他又组织了一个周六午餐俱乐部,同大学教授们一起商讨州的各种事务。该州的税收、工业、铁路的改革措施的制定与推行都有大批专家参与其事。在州事务中活跃的大学人员主要是科技人员,包括工程师、地质学家、科学家、各种各样的农业专家。当时新闻界惊呼威斯康星大学是"一所统治着一州的大学"。[①] 建立专家智囊团的做法正是源于拉福莱特。他领导威斯康星改革运动的思想体系被时人称为"威斯康星观念"(the Wisconsin idea)。

显著的例子还有 1912 年纽约推广的科学管理市政改革。很清楚,专家政治的试验场主要不是在华盛顿,而是在州的首府。但即便是在联邦政府

---

① Richard Hofstadter, *Anti-intellectualism in American Life*, Alfred A. Knopf, Inc., New York, 1963, p. 202.

一级,特别是在西奥多·罗斯福和伍德罗·威尔逊时代,专家的作用也在迅速增强。战争尤其促成了科技人员与政府的密切联系。一战期间,军事情报局、化学武器局、战时工业局到处充斥着大学教员。1919年9月,威尔逊宠信的助手爱德华·豪斯(Edward House)上校组织大批学者组成了一个"咨询团"(the Inquiry)。咨询团的专家人数达150多位,有历史学家、地理学家、统计学家、民族学家、经济学家、政治学家,加上助手和参谋,共有数百人。咨询团一直保密到停战,之后更名为"美国和平谈判委员会情报处",其成员在巴黎和谈中发挥了不小的作用。伊利诺伊州的参议员劳伦斯·谢尔曼(Lawrence Sherman)把威尔逊政府讥为"教授和知识分子统治的政府"。[1]

此前,美国历史上也曾有学问高深者任职于政府部门的事例。历史学家理查德·霍夫斯塔德认为区别在于,这一次知识不是作为社会地位的点缀品,而是作为动员和指导国家进行变革的力量来发挥作用的。由于知识的这种功效,才使得"进步主义时代社会批判和行政组织的变化没有回落到海斯和加菲尔德时代保守的内政服务上,而是向前展望到了新政福利国家和富兰克林·罗斯福的智囊团。"[2]

一些科技专家和学者被带到了改革运动中。行政改革的目标之一就是革除由工业寡头和党派势力控制政治所带来的种种弊端。这一目标与当时的进步主义思想家克罗利、李普曼等人的观点言论遥相呼应。赫伯特·克罗利(Herbert Croly,1869—1930)先在1910年出版了《美国生活的希望》,后又在1915年出版了《进步主义民主政治》,引起很大轰动。他坚决主张将行政系统交由掌握科学知识和科学方法的专家来掌管,并使之与政党组织分离。

克罗利认为,专家行政官员(expert administrator)的权威,"如果存在

---

[1] Richard Hofstadter, *Anti-intellectualism in American Life*, p. 212.
[2] *Ibid.*, p. 198.

的话,基本上是属于科学性的"。① 但他并不像后来的科技治国论者那样抱有科学至上主义的观点,相反,他认为作为工具手段的科学必须处于民主政治的指导下才能全面提高个人和社会的福利。

行政改革的另一个目标是在行政事物管理中引入那些在企业里行之有效的科学管理和规划方法,借以提高政府工作效率。克罗利为此写道:

"……私人企业运作中的科学管理人员同公共事业运作中的一般行政人员在功能上有一定的类似之处。这种并行事实上是相当紧密的。公私业务的成功运行越来越成为一种专家管理的事情,这需要使用类似的方法,并会遇到类似的解决方案。两者都会同处于科学方法和社会责任之间。……任何公共行政中的改善都会对私人企业产生影响,私人产业中科学管理的任何成功都将激发长任期的行政官员获取相应的显著成果。"②

事实上,正是 19 世纪末在私人企业中掀起的科学管理运动为当时和后来的技术治国思想提供了最为有说服力的理论和事实依据。从内战结束到 20 世纪初,以铁路公司为先导的大企业的兴起造成了劳资之间的进一步分离,工业中管理阶层得到明显发展。"在这一时期,管理开始从一种日常应急的方式转变为更全面、更长期的方式。"③工程师出身的弗雷里克·泰罗(Frederick K. Taylor,1856—1915)在长期的工厂生产实践中逐步摸索出一套旨在提高生产效率和控制生产过程的管理方法,并在美国工商企业中不遗余力地加以推行。泰罗后来被尊称为"科学管理之父"。1911 年泰罗著《科学管理原理》一书,提出了研究、定额、计划、控制、合作五项管理的基本原理,从而确证了最好的管理是一门以明确的规律、法则和原理为基础的真正的科学。管理被确立为一门科学,实质上反映了机械化和电气化的生产条件要求人们发展更高水平的生产组织能力并建立更为合理的生产协作关系。更具有吸引力的是,泰罗还断言"同样的原理可以同等有效地应用于

---

① Herbert Croly, *Progressive Democracy*, The Macmillan Company, New York, 1915, p. 313.
② *Ibid.*, p. 399.
③ 克劳德·小乔治:《管理思想史》,商务印书馆 1985 年版,第 105 页。

各种社会活动——家政管理、农场管理、大大小小的商业管理、教会组织、慈善机构、大学以及政府部门的管理,等等。"①科学管理运动不但勾画出一个把整个社会似乎都能纳入其中的适用范围,而且还强调新的管理阶层应以职业技术人员为核心。这无形中鼓励了一部分工程师去承担更多更大的社会责任。科技治国论者索尔斯坦·维布伦(Thorstein Veblen,1857—1929)就深受科学管理运动的影响。

维布伦是制度经济学派的创始人,因猛烈抨击美国资本主义经济制度而成为著名的"异端经济学家"。他也是进步主义时期极有影响的思想家。维布伦先后写了《有闲阶级论》(1899)、《商业企业论》(1904)等著作来阐述商业与工业之间的不同,认为前者的寄生性与后者的创造性是不相容的。1919年,他在《日暮》(Dial)杂志发表了一系列文章,极力呼吁工业工程师组织起来推翻现行经济体系,建立一个由"技术专家苏维埃"(Soviet of Technicians)统治的社会。这些文章汇集成册出版于1921年,定名为《工程师与价格体系》。

维布伦说,资本主义经济的运行机制是建立在价格体系之上的。这一体系的正常运转需要在生产中"有意识地降低工作效率",也就是有目的地"消极怠工"。换句话说,经济的维持需要习惯地借助于工业生产的延迟和阻碍,以及对产出的限制来使价格保持在适当获利的水平上,并以此预防商业萧条。② 控制工业企业的金融寡头、商人作为非生产人员,对生产过程本身并不感兴趣。随着生产日趋专门化和标准化,他们同生产过程更加疏离。这些不事生产的人越来越通过限制产生而不是通过降低生产成本来维持获利价格。与此同时,真正有"资格"指导工业体系运行的专家、技术人员和工程师却受制于他们,这就更加造成了生产管理的混乱和资源浪费。只要按照管理商业的办法来管理工业并服务于商业目的,一些主要的浪费就无法避免:a)原材料、设备及人力的闲置;b)推销成本占生产成本的比例越来越

---

① 弗雷德里克·泰罗:《科学管理原理》,上海科学技术出版社1982年版,第3页。
② Thorstein Veblen, *The Engineers and the Price System*, B. W. Huebsch, Inc., New York, 1921, p. 7.

高;c)多余的过剩生产;d)大量的错位、重复、怠工等。① "几乎是一个公开的秘密,如果生产专家能够便宜行事,他们可以将现有的工业产出提高若干倍,不同的估计可达 3 倍到 12 倍。提高产量和改善服务的障碍就在于商业。"②

任何一种"消极怠工"都会使平衡、复杂、相互依赖的工业体系陷于崩溃。工业技术的机械化状态无法再容忍无能的既得利益者继续控制生产。

另一方面,这种机械化状态又把工业专家、熟练的技术人员,即生产工程师(production engineers)拥到了系统控制工业体系的前台:

"专家、技术人员、工程师组成了工业体系中不可或缺的总参谋部,没有他们直接、不间断的指导与匡正,工业体系将无法运转。社会的物质福利与这一工业体系的正常运转有无限密切的联系,从而也就与能独立胜任管理这一体系的工程师的完全控制有密切的联系"。③

维布伦坚信,是工业生产和技术的实质决定了掌握知识和经验的技术人员对于工业生产运行的至关重要性,决定了技术专家理应获得对各种资源的支配权。他写道:

"现代工业是机械化的、专业化的、标准化的、大规模批量生产的,一些必要的工作条件必须满足。这些条件都带有技术特征,随着工业技术的进步,其要求也愈加苛刻。机械技术是非人格和情感无涉的,它的基础和驱动力是大宗的技术知识,是高度非人格化和非商业特征的,与物质科学紧密相连。技术管理的任何缺陷和障碍、非技术考虑的任何干预都会导致均衡整体不成比例的倒退,并给人们带来前所未有的贫穷负担。"④

对于维布伦来说,问题就是把全国工业管理的权限和责任从代表既得利益的金融家手里转到确保工业体系正常运转的技术人员手里。这一体系是现代文明社会的物质基础。

---

① Thorstein Veblen, *The Engineers and the Price System*, p. 108.
② Ibid., p. 70.
③ Ibid., p. 69.
④ Ibid., p. 131.

维布伦认为在美国爆发一场"工业性质的"(不同于18世纪的军事或政治性质的)革命,推翻现行的、已经失去了立足点的生产、分配制度,其客观条件业已成熟。

维布伦设想的革命的爆发是一个水到渠成的自然过程。"朝向新的工业生产和分配体系的转变无需动用武力和招摇的旗帜,除非旧秩序的捍卫者认为那样更适宜。这种变化是简单而平淡的,尽管在细节上需要很多复杂的调整。""只要工程师们聚集到一起进行共同的协商,制定出计划并剥夺'不在所有权',这一转变就算完成了。最显著而简单的方式是谨慎地降低效率,即让全国的技术人员进行总罢工,这便足以使全国的工业体系瘫痪。"①由此革命的目的便达到了。

三、大萧条与新政时代:从斯科特到伯纳姆

1919—1920年间,维布伦在纽约新社会研究学院任教的时候,曾和一位激进的青年工程师霍华德·斯科特(Howard Scott)共同筹办了一个名叫"技术联盟"(Technical Alliance)的组织,作为"技术专家苏维埃"控制社会计划的一部分。当时这个"苏维埃"只不过以"论工程师的社会功能"为名目在学院里搞了一系列的研讨会而已。维布伦预言的"工业性翻转"(industrial overturn)并未发生,但他所大张挞伐的资本主义经济制度不久就陷入了空前的灾难之中。1929年席卷整个资本主义世界的经济危机重创了美国经济。斯科特激进的科技治国论也因此由鲜为人知而声名鹊起了。

把斯科特和维布伦分别归入两个历史时期,似乎有点牵强。因为不但他们之间关系密切,在思想和行动上相互影响,而且斯科特的思想也基本上成形于20年代初期。但是,的确是经济危机之后的大萧条为斯科特等科技治国论者提供了显露头角的机会。"在短期内,科技治国政治引起的兴奋与

---

① Thorstein Veblen, *The Engineers and the Price System*, p. 155, p. 166.

吸引力超过了社会主义、共产主义、法西斯主义的各种经济规划"。①

斯科特曾经是一家小化工企业的业主。后来企业破产,他于1918年来到纽约,结识了维布伦。维布伦有关技术与社会之间关系的思想深深影响了斯科特,而斯科特又在其框架下加以发挥并具体化。他认为生产制度在社会中是第一位的,商业和政治是第二位的文化形式。他提议建立一种与技术理性相一致的工业组织。1919年他在《技术联盟倡议书》中写道:"工程学是一门规划、利用自然资源与人类劳动来满足人的需要的科学";"解决工业问题主要靠工程学方案。"他排除了政治方案,因为政治受"随意的个人观点"所支配,而商业和金融则是建立在"货币与信贷"之上。劳工组织也无法解决工业问题,因为它也带有政治倾向。斯科特吁求所有"科学家、建筑师、教师、医生、卫生专家、林业专家、管理者、会计、统计人员等"都来加入技术联盟,作为通向最终工业理性化的第一步。② 尽管技术联盟规模不大,但其委员会仍网罗了很多有威望的技术人员。斯科特自任该组织的"主任工程师"(Chief Engineer)。

斯科特是科技治国思想的"实行者"。为了实现维布伦"备忘录"中的计划,技术联盟开展了一场工业调查。调查的独特之处是实施斯科特的"能量价值理论",即采用马力而不是通常的劳动力或货币成本为单位来估算生产与浪费。斯科特反对在调查研究结束之前采取任何行动或同情任何意识形态。然而,由于资金短缺,加之斯科特缺乏管理和组织方面的才能,联盟的活动很快就难以为继了。

1920年秋,世界产业工人联盟(IWW)聘请斯科特为该工会组织的工业研究部主任,为其进行有关罢工成功可能性的调查。他写了一系列的文章来表述激进的社会工程学思想及一些实证研究。他依旧认为,社会中真正起作用的是生产方式,而政治则纯粹是人为的。"政治变化或革命不管有多大,都无法改变基本的生活水准,除非基本的技术发生了变化。"他排斥任

---

① William E. Akin, *Technocracy and the American Dream: The Technocrat Movement*, 1900—1941, University of California Press, 1977, p. xii.

② William E. Akin, *Prospectus for the Technical Alliance*, p. 34.

何政治行动,希望建立"由具有管理和操作知识(通过训练或经验)的人组成的工业组织",并同一系列的功能部门来取代过时的政治组织。这些部门不能像基尔特社会主义主张的那样组建在单项的工业行业之上,因为科学的行政管理要求考虑到各独立行业之间的相互关联。各部门的基本分工应按照"工业序列"来进行,如运输、交通、农业、制造等。在每个序列中,工人们按照诸如体力的、文字的、监督的、技术的服务功能组织起来。整个体系构成一个自我管理的等级制功能单位。①

斯科特进一步发挥说,能量将取代价格成为生产和分配的基本量度。从科学的而非政治的角度来看,工业社会主要关注的是以电、钢为形式的能量(材料)的生产和使用,以及其他产品和服务。机器耗电、耗人力的量都能用科学术语精确测量。科学的尺度不仅会把工人的工资确立在总体生产水平上,而且可以确定资源配置问题。在对工业浪费进行了大量调查之后,斯科特要求广泛实施科学管理和中央规划以制止浪费。他还要求劳工与工程师进行合作以提高产量,认为只有大规模的社会重建才能充分发挥工程师的作用从而结束浪费。②

对于斯科特的主张和呼吁,正在享受着普遍繁荣的美国人似乎充耳不闻,或者无动于衷。1921 年 5 月,许多执委因财务管理问题同斯科特发生争执,纷纷辞职而去。联盟的活动便画上了句号。斯科特也从公众中销声匿迹了。直到 1932—1933 年风靡全国的技术专家运动才让斯科特成为名噪一时的风云人物。

先是 1932 年 8 月,在哥伦比亚大学新成立的科技治国委员会(the Committee on Technocracy)上,斯科特被任命为北美能量调查工程的主任。③ 科技

---

① William E. Akin, *Political Schemes in Industry*, pp. 41—42.
② William E. Akin, *Technocracy and the American Dream: The Technocrat Movement, 1900—1941*, pp. 42—43.
③ "Technocracy"这个词最初由加利福尼亚的工程师威廉·史密斯(William Smith)1919 年创造,后为斯科特采用。当这个词通过斯科特在全国普遍推广时,史密斯却摒弃了它。史密斯认为,斯科特对该词的用法把技术和专制融为一体,就是:"不对任何人负责的技术人员的统治";而他的原意是"人民通过他们的公仆即科学家和技术人员来进行有效的统治"。详见《后工业社会的来临》,第 386 页。

治国委员会是该校工业工程系主任沃尔特·劳滕施特劳赫（Walter Rautenstrauch）组织一批科学家和工程师为监督这场工业调查而成立的。劳滕施特劳赫是科学管理组织"泰罗协会"和"新机器"的成员，也是一位积极倡导科学管理的工程学教授。他一直相信，实现工业与社会之间的和谐需要理性的管理主义者取代有谋利动机的人控制生产过程，而且早就主张调查全国工业设备作为重建工业的第一步。委员会同意斯科特使用自己的方法来调查1830—1930年间，3,000项工、农业产品产量的增长情况，用能耗、产量、增长率、单位产品所耗人力和马力、总马力、总雇员数及生产工程等指标来发展出一种"科学的社会分析理论"（scientific theory of social analysis）。"这个调查得出空前大胆的结论，使世界注意力集中在它们上面有六个月之久。"[①]

科技治国委员会针对大萧条提出的观点主要有三个方面：1）人类可获取的能量决定其活动范围，只有当技术改变了能量转换的数量时，才会发生有意义的社会变化，因此只存在着人均能量转换及人均能耗这两个历史变量。北美现在的能源和资源如果合理使用，只须现存的一部分劳力即可使经济得到安全保障；2）作为科学与工程学产物的新技术具有带来丰裕与灾难的双重潜能。经济危机的原因在于现代工业技术与经济构架之间，即维布伦所说的价格体系之间的矛盾；3）过时的商业机构与生产的资本主义管理使机器失去控制，在没有发生结构变化的情况下，横冲直撞的工业机器将把自己撕成碎片。技术性失业的增长就是技术与现存制度不相容的明证。[②]

委员会的结论一经公布，立刻在全国引起强烈反响。各地的科技治国论拥护者群起响应，纷纷提出大胆的设想。芝加哥成立了科技治国党（Technocratic Party），要推举斯科特为独裁者；报纸编辑拉尔夫·查普林（Ralph Chaplin）呼吁实行总罢工推翻资本主义，建立科技治国政治。在热

[①] 德怀特·L.杜蒙德：《现代美国，1896—1946年》，中译本，商务印书馆1984年版，第497页。该书译者将"technocracy"译作了"技术主义"。

[②] William E. Akin, *Technocracy and the American Dream: The Technocrat Movement, 1900—1941*, chapter 4.

情最高的加利福尼亚，倡议者要求在 1936 年选举一位技术专家做总统，以便获得一个"科技治国的新世界。"① 各地的自发群体和个人不断要求科技治国委员会予以指导。委员会不得不专设一个部门来处理此类咨询和公关问题。迫于公众和新闻界的压力，斯科特和劳滕施特劳赫又为科技治国方案做出了更为细致的阐释。

作为回应，斯科特写作《技术使价格体系瓦解》一文，提出了以能量价值理论为依据的分配计划。他主张用"能量券"来取代货币，从而瓦解现行价格体系。他指出，技术人员和工程师拥有管理技术社会的才能。由于他们的决策只具有功能和工程学性质，因此公众不必担心此种控制。工程师不会像政客那样有非理性的考虑，为迷信、偏见、阶级意识所蛊惑。他们无意获取赞助，没有竞选债务，因而也不易腐败。他们只会在事实的基础上行事。②

然而，此文即出便招致了尖锐的批评。美国工程学理事会质疑斯科特的工程师资格，指责科技治国论者以非职业的调查活动、不实的数据得出不可靠的结论。科技治国委员会也分裂成以斯科特为首的职业工程师一派和以劳滕施特劳赫为首的工程学教授一派。后者虽然承认工程师对制定社会规划能助一臂之力，但坚决反对用科学彻底取代政治，坚决反对政治独裁和工程师统治政府。接下来，1933 年 1 月，斯科特发表了一次不适当的广播演说，又损害了自己的威望。于是劳滕斯特劳赫正式断绝了工业工程系与科技治国委员会的关系，并辞却了委员会的职务。

但是，公众依然沉浸在兴奋之中，一场技术专家运动正在中西部、加州及加拿大西部沸腾起来。旧金山成立了"加利福尼亚科技治国同盟"（the Technocratic League of California）和"科技治国合作社"（Cooperative Technocratic Society）。在洛杉矶，1933 年初至少有 6 个组织和 4 个期刊为之鼓噪。康萨斯、西雅图成立了大型的研究团体，中西部几乎每个城市都有

---

① William E. Akin, *Technocracy and the American Dream: The Technocrat Movement, 1900—1941*, p. 4, p. 83.

② William E. Akin, *Technocracy Smashes the Price System*, p. 89.

一个科技治国组织。其中最有声势的有三家：芝加哥的全美技术协会(the All American Technological Society)、丹佛的美国科技治国同盟(the AmericanTechnocratic League)、洛杉矶的美国科技治国理事会(the American Council of Technocracy)。原来哥伦比亚大学的科技治国委员会分化之后，其中的公关部门被哈罗德·洛勃(Harold Loeb)改组成大陆科技治国委员会(the Continental Committee on Technocracy)。洛勃早年毕业于普林斯顿大学，受过较多的人文熏陶，曾经做过文学编辑。他服膺经济合理化的观念，但认为社会目标必须服从道德价值的判断。他反对用科学术语来认识生活中的一切，反对把社会中的一切都置于科学控制之下，更反对斯科特的"能量转换"。这个委员会致力于吸收和团结自发和独立的科技治国团体，到1933年5月，号称拥有70多个地方组织的125万名成员。委员会获得了巨额的赞助，开始实施一项针对美国生产潜能的调查，洛勃做总指导。1935年他们正式提出了《全国潜在生产能力》的报告，基本结论是，通过调整现行的工业结构可使物质丰裕得到保证；即便不采用科技治国方式，也能使美国获得很高的生活水准。于是委员会更名为"大陆丰裕经济委员会"(the Continental Committee for an Economy of Abundance)。不到一年，这个组织也终结了。①

再说斯科特。他和他的支持者被排挤出大陆科技治国委员会后，在1933年3月成立了"科技治国社"(Technocracy, Inc.)。一位空气动力工程师威廉·奈特(William Knight)负责组织工作，他引入了准军事组织的方式。斯科特穿上了专门设计的科技治国制服：双排扣外套，灰衬衫，蓝领带，翻领上有个徽章。科技治国拥护者在公共场合都要向他致敬。6月，在芝加哥的一次全国性集会上，芝加哥团体为了壮大声势，让持激进观点的斯科特做了讲演。结果却加重了斯科特与洛勃派的内讧，并使很多支持者脱离了斯科特的组织。两年后，各种科技治国组织也大都烟消云散了。

科技治国社的成员也剩得寥寥无几。1933—1936年间，斯科特等人又

---

① William E. Akin, *Technocracy and the American Dream: The Technocrat Movement, 1900—1941*, Chapter 7.

在其对现代科学与现代社会实质的假定之上草拟了一幅科技治国蓝图。他认为现在的代议制政府是一场闹剧和骗局,应当取消各种政治组织和传统的精英文化;未来的"科技国"(Technate)应是包括美国、加拿大、墨西哥和中美洲的整个大陆,并按照生产需要划分成不同功能的序列;整个社会体系将是一个服从"大陆管理委员会"领导的等级组织,任何有关人类平等、民主、政治经济学的概念都无助于大陆技术管理的设计。① 科技治国社这个组织一直存在到今天。可是早在30年代中期,它的影响在新政运动的光照之下就显得黯然失色了。

斯科特自下而上的运动盛极而衰的同时,科技治国却以一种迥然不同的实践形式出现在富兰克林·罗斯福的新政中,最突出的方面是智囊团的崛起。接近罗斯福并在他的同意下做出重大决策的,不是内阁而是他的智囊团。以雷蒙德·莫利(Raymond Moley)、雷克斯福德·特格韦尔(Rexford G. Tugwell)、小阿道夫·伯尔(Adolph A. Berle, Jr.)为代表,数以百计的智囊人物充塞着联邦机构。"大学教授们把内阁成员变成了部门领导、主任职员。对于平常的行政事务都去找内阁成员,对于有关政策和高度政治才智的事情,你得同教授们商议……教授个人本身并没有太大权力,中央决策不依靠他们。但他们的确向那些运用权力的人施加了广泛和重要的影响,因为现在设定问题的范围、勾勒经济与社会问题的轮廓已成为专家们的特权。"②

更有甚者,"罗斯福亲自拉拢大量知识分子,特别是教授到政府服务,并使用他们为他制定改革和复兴的计划。"③在新政机构中,如国家复兴管理局、工程振兴局、田纳西流域管理局;在各种总统委员会中,如社会保障委员会、农业保障委员会、行政部门改组委员会、自然资源委员会等等,到处都有专家学者的身影。科技治国方式通过新政,通过联邦政府的官僚机构充分

---

① William E. Akin, *Technocracy and the American Dream: The Technocrat Movement*, 1900—1941, Chapter 8.
② Richard Hofstadter, *Anti-intelectualism in Amercian life*, pp. 216—217.
③ 阿瑟·林克、威廉·卡顿:《1900年以来的美国史》(中册),中译本,中国社会科学出版社1983年版,第107页。

凸现出来。

第二次世界大战是美国以科技治国方式来规划发展的里程碑,同时也再次证明了战争和科技治国政治的推进器。战争的紧急状态把成千上万各个学科的科学家动员起来以服务于政府的战争目标。科学家以国防专家的身份在战争期间地位隆起,与发展核武器有关的专家尤其如此。战争带来了对经济干预的扩大,带来了协调军事和生产、收集数据进行预测的各种机构。这些机构有战争动员局、价格管理局、战时生产委员会、科学研究与发展局等。这一切都使得美国社会处于一种"全面规划"的状态之中。

然而,早在美国卷入这场大战的前夜,已经有人迫不及待地宣布科技治国在美国的"胜利"了。詹姆斯·伯纳姆(James Burhnam)在1941年出版的《管理革命》一书中论证说,美国正在朝向一个由管理专家统治的"管理型社会"(managerial society)过渡。

伯纳姆早年在普林斯顿大学和剑桥大学受教育,后执教于纽约大学华盛顿广场学院哲学系。他的管理革命理论基本观点是:当今资本主义社会的经济、社会、政治、文化制度正以不同寻常的速度向管理型社会的相应制度过渡,这一过渡的实质是管理群体或阶级正在获得社会支配地位,并上升为统治阶级。这一趋势是世界范围的,尽管不同的国家发展程度有所不同。[①]

伯纳姆称自己的研究是客观的,对所认定的事实并不做价值上的判断。"在这本书里,我不关心书中提到的事实的'好'与'坏'、正义与非正义、称心如意或不称心如意。我只关注建立在我们掌握的证据基础上的理论是真实的还是错误的。"[②]他先归纳了资本主义社会各方面的特征,排斥了资本主义永久论和无产阶级社会主义革命学说,认为管理型社会的到来是不可避免的。这是因为,确立社会统治的前提一是控制生产工具,二是获得分配中的优惠待遇;管理者实施对生产手段的控制、获取产品分配中的优厚地位,

---

① James Burnham, *The Managerial Revolution: What is Happening in the World*, The John Day Company, Inc., New York, 1941; pp. 71—72.

② *Ibid.*, p. 8.

不是靠直接获得个人财产权的方式,而是以间接控制国家、控制国家掌握的生产工具的方式。由于这种方式,国家无形中变成了管理者的"财产"。[①]

那么谁又是管理者呢?伯纳姆说,管理者就是平常所称的"生产经理、管理职员、负责人、经营工程师、技术监督人员,或政府的行政官员、专员、署长等等。"一句话,管理者是指当代社会中那些在技术方面早已对生产过程进行管理的人,不管其法律地位和财产地位是个人的、法人的抑或是政府的。对生产过程的指导和协调是一项高度专门化的任务,需要通晓各种自然科学(或心理学和社会科学,因为人至少不属于生产手段)和工程学。但这项任务本身还不等同于科学和工程学工作。(维布伦等人就犯了这个错误。)伯纳姆认为,工程师和科学家只不过是具有高度技术的工人,同那种以熟练的技术做出精密仪器或操作精巧机器的工人在本质上没有差别。只有管理者才具备指导、经营、管理、组织生产过程的能力。[②]

随着生产技术的变化,管理的功能愈加突出、复杂和专门化,对于整个生产过程也愈加重要。于是,体现这种功能的人就变成了社会中独立的群体或阶级;同时,那些在分工还不太明显的时期实施这类功能的资本家逐渐从管理中退出。因此,功能的区别变成了体现这种功能的人的区别。[③]"管理者的地位、作用及功能不依赖于资本主义的财产关系和经济关系。他们依赖于现代生产过程中的技术实质。"[④]

政治上通向管理型社会的迹象表现在政治权力正由立法机构向行政机构滑落。伯纳姆说,工业管理者和政府管理者非常相似。管理者的社会地位在行政机构中已得到巩固,资产阶级和大众都无法在其中有效地发挥作用。[⑤]但是伯纳姆总不能回避管理者与国家官员的关系问题。对于这一点,他有些含糊其辞,只是笼统地说两者融合在一起了。如果非要有所区别

---

① James Burnham, *The Managerial Revolution: What is Happening in the World*, p. 72.
② *Ibid.*, p. 80.
③ *Ibid.*, p. 82.
④ *Ibid.*, p. 91.
⑤ *Ibid.*, p.150.

和取舍的话,"那么是管理者而非官员才是新统治阶级的领导部分。"①在下面一段论述中,伯纳姆点明了科技治国论与管理型社会的关系:

"科技治国论是美国管理型意识形态的一个变种……事实上,科技治国论未能获得长久的响应可以部分归因于它用一种过于平淡和公开的方式来表述管理型社会的前景。尽管它未能区分工程师与管理者(不是所有的工程师都是管理者——很多只是雇来的帮手——并且不是所有的管理者都是工程师),但科技治国论者描绘的未来是非常明显的管理型社会,而且其中的技术专家或技术官员就是管理型社会的统治阶级。这个理论作为意识形态还装扮得不够。它的失败还在于拒绝对权力的问题给予足够的重视。……然而未来美国本土发展了的管理型意识形态无疑要吸取科技治国论的宣传,因为总的来说,它适合这个国家所需要的宣传。"②

最后,伯纳姆得出结论:美国的新政就是从资本主义社会向管理型社会转变过程的一个过渡阶段。③

四、战后:从加尔布雷思到贝尔

约翰·肯尼思·加尔布雷思(John Kenneth Galbraith, 1908—)1967年出版了一部研究美国大企业经济的重要著作《新工业国》。该书指出,由于规模经营和市场垄断的需要,美国和其他工业社会一样,经济活动正日益集中于数目很少的若干大企业里。大企业和小业主所有的企业之间的区别不只是程度上的,而且还包含在组织、行为及动机等方面。他把前者称为"成熟的公司"(mature corporation),其经济活动范围是"计划体系"(planning system),这些企业通过规划、宣传(广告)等手段能决定生产和消费而不受制于市场权威;相应地,由经营者个人控制的企业被称为"企业家公司"(entrepreneurial corporation),其经济活动范围是"市场体系"(market sys-

---

① James Burnham, *The Managerial Revolution: What is Happening in the World*, p. 157.
② Ibid., p. 202.
③ Ibid., p. 257.

tem)。后者由于规模小、经营方式简单而不得不屈从于市场的摆布。加尔布雷思关注的是前者。他也赞同伯纳姆"管理革命论"的许多观点,认为企业中的权力转移和企业经济对政府依赖的加强都是不可忽略的事实。①

稍具不同的是,加尔布雷思认为权力脱离资本所有者后转向的不是狭隘的管理者群体,而是一个庞大的、向决策者提供专业知识、信息和经验的群体,是企业的指导智能和大脑。加尔布雷思把"所有参与群体决策的人,或由这些人形成的组织中的人"称为"技术结构阶层"(technostructure),具体指的是技术人员、工程师、销售主管、科学家、设计者和其他专家。

加尔布雷思深信,权力总是与那些最难获致、最难取代的要素结合在一起。历史上,权力曾长期属于土地的所有者。由于地理大发现和技术进步,资本扩张的机会增多了,农业在总生产中的份额减少,土地的重要性开始让位于资本。资本可以购买土地和劳力,而控制了土地和劳力却不一定能获得资本。因此企业的权力转到了资本上,社会特权和国家权威亦相应转换。在以大企业为主体的现代经济体系中②,资本由于其供应的确定性和较容易获得,因而也就不算是稀缺资源了。由于技术和规划的发展,专业才能及对这种才能的组织就成为工业企业最为急切的需求。公司无法从内部全面地罗致这种才能,所以仅仅占有资本还不能保证可以获得这种急需才智并加以组织。因而,"工业企业正发生新的权力转移,这次是从资本转向有组织的才智。还可以期望,这种转移将反映在社会权力的运用上。"③有这样一系列的事实证明过去 50 年中发生的、现在仍在进行的转移:企业股票所有者权力的丧失,成功的企业管理者坚不可摧的地位,银行家魅力的消失

---

① 加尔布雷思认为《管理革命》是一部有助于人们认识现代公司实质的重要著作,它的贡献没有得到应有的承认是因为作者是一个保守主义者,而经济学上的变革通常是由自由主义者来领导;贝尔则把该书的思想称作是一种已成为笑柄的华而不实的理论,其分析和概念都很薄弱;管理思想史学者克劳德·小乔治则把这部著作视为管理思想成熟阶段的标志。见 John Kenneth Galbraith, *The New Industrial State*, Fourth Edition. Houghton Mifflin Company, Boston, 1985, p. 116;《后工业社会的来临》,第 106 页;《管理思想史》,第 49 页。

② 这里加尔布雷思的专用名词是"planning system",即"计划体系"。

③ Tohn Kenneth Galbraith, *The New Industrial State*, p. 59.

(与 J. P. 摩根或安德鲁·梅隆时代相比),对工业才智的搜求,教育和教育工作者的特权,等等。总之权力转移到了一种新的生产要素,即拥有多种技术、知识、经验和其他才智的人的联合体——技术结构阶层那里。

从经济发展的现实中看,技术结构阶层的支配地位正体现了科学技术的至关重要性。技术不但需要专门的人才和专门才能,还要求协调专家组织的任务也专门化。技术的影响及相关变化降低了市场提供劳力与设备的可靠性,预先规划就变得不可或缺。现代企业组织最典型的决策是通过各种委员会及其会议进行的。这种决策是群体的、而非个人的产物。每个群体都由掌握或接近与特定决策相关的信息的人组成,其中还包括能够抽取、测定这些信息并得出结论的人。"正是如此,才使现代企业的运转成为可能,在另一场合下,使现代政府的运行成为可能。"如果一个决定需要汇合一个群体所拥有的各种知识,这个决定就不太可能被某个个人所推翻。他必须得到另外一些专家的判断,这样权力又回到了组织那里。群体决定,除非作用于另一个群体,一般是绝对的。因此,有效的决策权力深深植根于技术、规划和其他专门人才之中。①

权力向技术结构阶层的转移,与美国社会学家塔尔科特·帕森斯所论的现代社会向"科层化的工业主义"过渡不谋而合。帕森斯认为,出现于 20 世纪中期美国的科层主义组织,几乎完全与较高层的世系财产控制者分离,同时又成功地与民主科层政治组织整合起来。"(在美国)欧洲式的古老的地主贵族并不是被豪富家族——工业世系贵族所代替,而是被实业管理人员、政治领导和行政领导,以及各种专业群体组成的职业精英所代替。"②只不过,帕森斯是从结构分化的角度强调了工业和社会管理的职业化与科层化,而加尔布雷思则突出了技术的作用。

尽管加尔布雷思是科技治国政治的拥护者,但他同时也发现了技术结构阶层统治社会所潜藏的隐患。技术结构阶层往往忽略与之关系不那么密

---

① John Kenneth Galbraith, *The New Industrial State*, pp. 68—71.
② 塔尔科特·帕森斯:《现代社会的结构与过程》,中译本,光明日报出版社 1985 年版,第 94 页。

切的公共服务事业,而审美目标的确立又超出了他们的能力所及,并与其经济目标时有冲突。因此,他认为"振兴那些计划系统没有发起的公共服务业,确立生活的审美层面,扩大收入与闲适之间的选择,使教育获得解放——都需要打破计划系统对社会目标的垄断。"[1]他在《新工业国》第四版(1985)的序言中承认自己在50、60年代未能"预测到技术结构阶层在规划中所屈从的、新的外在不确定性。"他说:

"以前我把技术结构阶层描绘成具有相对强大竞争力的工具,能够融会并使用专门知识和才能,超过任何个人;我把它描绘成一个完成现代企业复杂任务的基本组织。它现在还是,但已不是一个能确保质量的组织。像其他组织一样,它也要服从自我巩固和平庸。这些趋势随着企业和行业的老化而日益严重。"[2]

加尔布雷思把监督和制衡技术结构阶层的责任托付给了"教育与科学阶层"(the Educational and Scientific Estate)。这是一个潜在的权力源泉,可以影响人们的就业选择,但最大的影响还是来自其迅速扩大的规模,来自其与技术革新和社会革新的密切关系。教育与科学阶层不再依附私人资助,而技术结构阶层却越来越依靠它为其输送受过训练的人力。经济学家和自然科学家广泛地调整自身以适应计划系统的需求,而人文学、某些社会科学却不受技术结构阶层的影响。[3]加尔布雷思希望"教育与科学阶层随着权力的加强,将鼓励和实施更为严格的审美标准"。"审美层面的要求比生产的要求复杂得多,应成为进步社会的一项标志。"[4]为了监督计划体系和确保必要的多元主义,必须把教育尤其是高等教育置于战略地位,并保证有充足的教育资源来支持审美和思想学科。而且,"现代社会的未来依赖于普遍的知识分子群体尤其是教育与科学阶层愿意理性地、有效地担负起政

---

[1] John Kenneth Galbraith, *The New Industrial State*, p. 392.
[2] *Ibid.*, p. xxx.
[3] *Ibid.*, p. 25.
[4] *Ibid.*, p. 364

治行动与领导的责任。"①

丹尼尔·贝尔(Daniel Bell,1919—)关于科学治国问题的论述应当引起学术界的足够重视。与以往的科技治国论者不同,贝尔认为科学技术的发展虽然改变了政治的内容,但却不能取代政治。相反,后工业社会将包含比以往更多的政治。贝尔提出的后工业社会五大基本内容至少有三项与科技治国思想有直接关系,它们是:专业和技术人员取代企业主在社会经济中获得支配地位,其中的科学家和工程师构成了后工业社会的关键集团;知识本身的性质发生了变化,对于组织决策和指导变革上有决定意义的理论知识(与经验知识相比)开始居于中心地位;新的智能技术蓬勃兴起,并广泛应用于各种决策之中。②

从社会分层的角度,贝尔是这样来认识和肯定科技治国的含义的:"如果说过去百年间处于统治地位的人物一直是企业家、商人和工业经理人员,那么,'新的人物'就是掌握新的智力技术的科学家、数学家、经济学家和工程师。"③这是一个以知识而不是以财产为基础的群体。就其内聚力、一致性以及后工业社会的性质而论,它并没有成为一个争夺共同的经济利益和政治权力的阶级;但就其地位(社会尊重与承认,可能还有收入)而言,它则可能处于新社会的最高层。科技治国的思想观点绝不只是个技术问题:

"这种思想强调用逻辑的、实践的、解决问题的、有效的、有条理和有纪律的方法来处理客观事物,它依靠计算、精确、衡量以及系统概念,从这些方面来看,它是和传统的、习惯的那种宗教方式、美学方式和直观方式相当对立的一种世界观。"④

科技治国政治的内涵还包括:

"与经济成长及其平衡有关的关键性决策将由政府做出,但是,它们的

---

① John Kenneth Galbraith, *The New Industrial State*, p. 393.
② 另外两个方面是产品生产经济向服务性经济转变和对未来技术发展的规划。参见上引书导论部分。
③ 丹尼尔·贝尔:《后工业社会的来临》,第380页。
④ 同上,第386页。

基础则是由政府主持的研究与发展、成本－效能和成本－效益分析；鉴于决策及其结果之间的复杂联系性质，制定决策的技术性将不断增加，人才开发以及扩大教育与智力机构将成为社会首先考虑的问题；不仅最好的天资，而且最终还有全部声望和地位都将以知识界和科学界为基础。"①

技术精英的兴起并获得政治影响的根源在于：

"知识和计划——军事计划、经济计划、社会计划——已经成为现代社会中一切有组织行动的基本必需。这种掌握了新的决策技术（系统分析、线性规划、程序预算）的新的技术官员精英，对于制定和分析决策——这是进行政治判断的基础，即使还不是行使权力的基础——现在已经是必不可少了。"②

但是，贝尔并不认为技术能够超越政治，而是认为政治秩序仍是后工业社会的支配体系。后工业社会的问题到头来并不是技术问题而是政治问题。"对比圣西门这样的希望学者统治的早期科技治国论者的梦想，人们看到政治决策乃是社会的主要决策，知识对于权力来说在实质上仍是一个从属因素。"③ "……无论技术社会进程如何，重大的社会转折点都表现为政治的形式。最终掌握权力的不是科技治国论者，而是政治家。"④

因此，从这个意义上，贝尔是个"反科技治国论者"。他觉察到科技治国方式的巨大危机在于把理性当作一种职能、一种手段，而不是作为"理性"本身。在圣西门的理想中，社会将由治人转为管物；但在科技治国现实的演变中，从泰罗的科学管理运动起，物就开始支配人了。自此，除了经济、技术的目标而外，已没有别的目的。圣西门认为工业精神和军事精神之间存在着尖锐的对立，后者不是通过技术、节俭和投资而是通过劫掠来获取财富。然而，现代政府之所以接受计划和科技治国方式主要是由于战争而不是因为和平。从某种意义上讲，军事技术已经成为社会结构的一个决定因素。"理

---

① 丹尼尔·贝尔：《后工业社会的来临》，第381页。
② 同上，第401页，译文参照原文略作改动。
③ 同上，第54页。
④ 同上，第399页。根据语境，这里的"科技治国论者"似应译作"技术官员"。

性作为一种手段,作为有效分配资源的一套技术,已经被人曲解得超出其创始人所认识的范围;理性作为一种目的,又遇到了来自政治、利益政治和感情政治方面的争吵。"①显而易见,技术理性的信奉者已陷入了难以自拔的两难困境中。归根到底,价值判断仍是问题的实质所在,也是科学技术和科技治国方式无法超越的限度所在。

科技治国理论日益受到批判并陷入死胡同,现实中的科技治国倾向却愈演愈烈。官僚机构的膨胀及其权力的扩张就是战后美国科技治国发展势头的一个方面。政府干预经济生活、推行福利政策,不是插手经济的某一领域,而是扩张到社会生活的方方面面。技术行政官僚垄断了设计实际政策方案所需的技术专长。政治学家加布里埃尔·A.阿尔蒙德认为,高级文官集团日益增长的重要性原因之一在于现代政府日益增长的技术性。"美国——所存在的高级文官机构是由专家组成的(诸如军官、外交官、医学专家、科学家和工程师)——他们的影响力在于支持他们各自专业和政府部门的价值观念和利益"。大致说来,这些高级文官们的权力是以他们任职时间长、阅历深和在某些政府工作领域中的技术知识为基础的。②

社会日趋科层化的同时,决策与科学技术的关系也日益密切。计算机技术、人工智能技术、软件工程技术和管理科学、系统科学融为一体,形成了决策支持系统。贝尔在比较早期和新近的社会科学成就时指出,前者主要是理论性的、定性的,后者主要是数学和统计方法的革新,或者是由定量分析推导出来的分析,诸如信息论或经济学中的增长模式。随着计算机的引入,社会科学正在变成像自然科学一样的"硬"科学。③ 他在总结战后社会科学的一般趋势中写道:

"第二次世界大战后25年间,从1945年起,各门社会科学看来正在提

---

① 丹尼尔·贝尔:《后工业社会的来临》,第406页。
② 加布里埃尔·A.阿尔蒙德、小G.宾厄姆·鲍威尔:《比较政治学:体系、过程和政策》,中译本,上海译文出版社1987年版,第319、320页。
③ 丹尼尔·贝尔:《当代西方社会科学》,中译本,社会科学文献出版社1988年版,第2页。

出一整套的各种综合性范型,这些范型不仅将为整理人类各种知识提出连贯的理论格式,它们还将领先新的研究技术和采用过去大都种只应用于自然科学的数学及计量方法,为社会政策和计划提供可靠的指导。这方面主要的例子是经济学。"①

贝尔接着说,其他社会科学也有类似的发展希望。尽管这些指望大都落空,但却不能不对社会政治产生广泛的影响。1960—1965年国防部长罗伯特·麦克纳马拉引入程序计划预算系统来估算不同武器系统的价值,使美国军队的后勤发生了革命性变化。麦克纳马拉时代的国防部成为科技治国方式在部门中的典范。约翰逊政府时期,与政策分析研究相关的社会科学家遍布政府各个部门,约翰逊称引入规划技术是一场决策革命。② 尼克松当选总统后,社会科学并未从政治中消失,只是传统的解决社会问题、制定公共计划等政治分析研究被新的政策评估研究所取代。在里根时代,用以比较多种政策选择的预测性技术——成本—收益分析又代替了评估研究,供应学派成了"里根经济学"。相应地,经济学家、科学家在政治决策中扮演了不可忽略的角色。③

决策技术在发展,提供政策选择、影响决策的机构——思想库也在发展。战后的思想库无论就规模、功能和影响方面,都远非新政时代的智囊团可比。据不完全统计,80年代中期,美国的政治咨询机构(包括官方、半官方、民间的,营业性、非营业性的)数目达5,000左右,主要的也有几百个。著名的如兰德公司、赫德森研究所、美国企业公共政策研究所、布鲁金斯学会、对外关系委员会,等等。④ 这些机构在美国的社会生活尤其是政治生活

---

① 丹尼尔·贝尔:《当代西方社会科学》,第63页。
② 参见 Fischer,第152、153页。受"伟大社会"计划的推动,联邦机构中与应用及政策相关的社会研究开支由1965年的3.25亿美元增加到1975年的10亿美元。整个60年代,社会科学家增加了163%,高于任何一个主要的职业群体的增长。
③ 经济学家和科学家在政府决策中扮演的角色可分别参见 Joseph A. Pechman, *Making Economic Policy*: *The Role of the Economist* 和 Harvey M. Sapolsky, *Science Policy*,载《政策与政策制定》,主编:Fred I. Greenstein and Nelson W. Polsby;编译:台北幼狮文化事业公司1983年版。
④ 参见吴天佑、傅曦编著的《美国重要思想库》,时事出版社1982年版。

中发挥着重要的研究、宣传、沟通、协调作用,为政府培训、储备、输送治理和决策人才。他们的研究和幕后活动大多是独立的,往往能左右政府的政策,而不是相反。例如,传统基金会 2/3 的政策建议为里根政府首次采纳。诚如费希尔所论:"专家可能不做最后的决定,但他们作为联结精英决策者与政策导向群体的枢纽,便形成了一种间接的、但却明显的权力模式。"①

然而,依据以上种种事实是否能足以推断出美国已处于技术专家或技术官员的统治之下了呢? 回答应是否定的。科层结构的顶层本身不可能是科层化的。美国政治本质上还是利益集团的政治,技术官员或技术专家并未形成一个统治阶层。技术的发展终究无法摆脱自身在社会政治生活中的局限性。毕竟,"没有能够做出适应于各个系统的决定的专家,特别是那些有关价值观的权威性分析及激烈竞争行业的聚合。也没有哪种源自科学技术或宗教思想的专为知识可以作为全面、综合及合法的决策基础。"②政治角逐场上的政治家也并非一定要有技术背景。托马斯·戴伊论道:"政治家的大多数是竞选上台的官员,在领导企业方面经验不多或根本没有经验,大多数是毕生致力于谋求公职的人。他们是取得选票的专家,是同公众联系、塑造形象、讨价还价、解决分歧、建立联盟的能手。"③显然,政治家同技术官员是大异其趣的。

五、结 语

以上,我们检视了自进步主义运动至二战以来美国历史上具有代表性的科技治国思想。纵览演变历程,大致可以归纳出如下几点:

---

① Frank Fischer, *Technocracy and the Politics of Expertise*, p. 159, p. 171.
② Erik P. Hoffmann and Robbin F. Laird, *Technocratic Socialism: The Soviet Union in the Advanced Industrial Era*, Duke University Press, Darham, 1985, p. 189.
③ 托马斯·戴伊:《谁掌管美国——卡特年代》(第二版),中译本,世界知识出版社 1980 年版,第 70 页。

(1)科技治国思想中的"科技"和"治国者"两个概念虽时有不同的界说，但其核心则是固定不变的。最初的"科技"指的是自然科学、工程技术。渐渐地，这个概念的内涵中增添了管理技术、信息技术和智能技术。一些应用型的社会科学，如管理学和政策学也相继被归入。相应地，"治国者"由克罗利的行政专家到维布伦的工程师和技术人员，到斯科特的技术专家，到伯纳姆又蜕变成管理者，最后在加尔布雷思那里演化成技术结构阶层。科学技术在发展，"科技治国"概念也在丰富。科技治国政治变成了"专业知识政治"(politics of expertise)。但是，"治国者"和专业知识的主体仍逃不脱技术官员(或技术专家)和科学技术知识的范畴。

(2)从克罗利到贝尔，科技治国论者概无例外地体认"现代工业社会的技术本质"是导致科技治国政治的根本原因。换句话，技术官员或技术专家进行统治的合法性源泉来自工业体系的复杂性和掌握技术进行规划的必要性。不是别的，正是科学技术的发展把他们结合到权力结构之中。科技治国论者又几乎一致把他们的理论建立在对当时经济变化趋势的理解认识上。大企业的兴起，科学管理运动，新技术的应用，经济危机，财产所有权与经营管理权的分离，政府对经济的调整和干预，等等，这些经济变化态势和不同的发展阶段构成了科技治国论者进行现实分析的基础。

(3)科技治国论者对科学技术本身的认识经历了一个发展过程，渐由简单化和孤立的观点走向全面和反省的观点。维布伦、斯科特都是技术决定论者，认为机器、技术和掌握技术的工程师是生产的决定因素。对科学技术的完全依赖和盲目推崇驱使他们把克服社会危机的希望全都寄托在技术和技术人员的专制统治上。加尔布雷思也认为科学技术是独立的生产要素，但他强调了教育和科学阶层在制衡技术结构阶层中的独特作用。贝尔认为后工业社会根源于科学对生产方法不可抗拒的影响，但他觉察到了科学与权力结合起来应付社会和政治问题时科学自身所发生变化，那就是科学已成为经济利益的组成部分和权力的附属品，科学的精神气质也无时无刻不受到侵蚀。① 科学技术推动经济、社会发展的巨大的积极作用,以及给人类的生产和生活方式带来的革命性变化,这已为发达国家的现代化历程所充分证实,在今天已无人怀疑了。问题的另一面,是应当正视科学技术解决社会政治问题的限度。如要坚持技术定论的态度,忽略科学理性与社会理性之间出现的罅隙,企图完全用技术手段来拯治因过度发展、滥用技术所带来的诸如资源枯竭、环境恶化、高科技失控以及道德、人文价值失落等社会病症,则无异于抱薪救火、势必为祸愈烈。科技治国论者对科技认识的历史过程给我们的启示是:没有科学理性的社会理性是空洞的,没有社会理性的科学理性则是盲目的。

如果我们不把科技治国思想看成是西方发达社会中出现的一种完备的政治经济学理论,而是把它当作一个透视社会政治问题的角度;不把科技治国政治视作一种既有的政治类型,而把它理解为一个现实存在的发展趋向,那么,用科技治国的观点来讨论工业社会的政治经济现象的确能够窥探出其他的视角所无法或不易看清的景象。科技治国思想正是工业化进程和经济技术进步在人们思想观念中的反映。人们从理论到实践给予科技治国政治以批判和反省,则是因为现实中企图用科学技术解决社会政治问题的尝试遭到了失败。

(作者联系地址:北京大学世界现代化进程研究中心　邮政编码: 100871)

---

① 库马对贝尔提出了这样的批评:"(后工业思想)坚信技术与行政的首要地位、忽略政治的自主要求,它不问技术官员群体的私人利益和政治意识形态是什么,却把它挑出视作新出现的精英;这一群体被当作新秩序中立的和冷漠的个人。更具体的是,后工业社会论者把政府和产业中的科学家数量的增加等同于科学对政府和产业影响的增加……只要国家内部和国家之间还有政治,并为不同利益群体争夺权利而斗争,那么我们就要说,后三十年同前三十年极为相似。" Krishan Kumar, *The Rise of Modern Society: Aspects of the Social and Political Development of the West*, Basil Blackwell Ltd., 1988. p. 83.

论转轨经济学的"华盛顿共识"与"后华盛顿共识"

王曙光

引　　言

转轨经济学(transition economics)是在 20 世纪 80 年代末期随着计划经济国家向市场经济体制的历史性过渡而出现的一门旨在研究这些国家的制度变迁特征、过渡路径选择以及经济过渡绩效的经济学分支,是将新古典经济学、新制度经济学、发展经济学、演化经济学以及比较经济制度学等经济学科的成果加以综合而应用到转轨问题研究的一种尝试。转轨经济学的历史尽管仅仅十几年,但其文献数量的迅猛增长已经为该学科在经济学主流内赢得了巩固的学术地位。20 世纪人类进行了两项伟大的社会实验,其一是始于 20 世纪 20 年代的席卷全球的社会主义实验,其二是始于 20 世纪 80 年代的转轨实验,从社会制度变迁和制度设计的角度而言,第二项实验的艰难程度比第一项也许更甚。在转轨经济学内部,关于制度变迁路径和经济绩效的争论比在任何一个经济学领域都更激烈和缺乏共识,以中国为代表的渐进的转轨路径和以俄罗斯为代表的激进的转轨路径成为学术界关注的焦点。坚持渐进战略的学者说:"要生小孩,你必须经过十月怀胎",而赞成激进转轨模式的人则说:"你不能分两步跨过一个大鸿沟"[①],隐喻是形象而有力的武器,可是这个武器不解决任何实际问题。在计划经济国家转

---

① J. 斯蒂格利茨:"中外经济体制转轨比较",载《经济学动态》,2001 年第 5 期,第 43—46 页。

轨初期，来自西方的经济学家们基于传统的新古典经济学理论为这些国家开了药方，希望按照一种理想模式大规模地、迅速地、全面地建立起一套西方式的游戏规则体系，从而带动这些国家市场机制的完善和经济的繁荣。根据新古典教科书所达成的迅速私有化、市场化、自由化战略被称为经济转轨的"华盛顿共识"（Washington Consensus）①，这种观点曾经在经济转轨的早期占据绝对优势，俄罗斯和东欧国家大部分按照这样的策略对经济制度和经济体系进行了大规模的私有化、市场化和自由化改革。这种改革模式有时又被称为"休克疗法"或者"震荡疗法"（shock therapy），这是一种以理想化的完美理念为引导的、基本原则性的、彻底的制度变迁模式，这种模式与法国革命中的雅各宾主义（激进共和主义）以及俄国革命中的布尔什维克主义（激进共产主义）在方法论和哲学根源上有极相似的地方。对这种经济制度变迁的模式，以哈耶克为代表的奥地利学派以及熊彼得、波普等学者都有过深刻的批判，但是这些犀利的批判因为没有融入主流经济学而未受到人们的足够关注。斯蒂格利茨认为，转轨中的休克疗法的深层根源是冷战遗留下来的"道德热情"和对冷战"胜利"的陶醉，他们试图一劳永逸地建立起一个"新的、干净的、纯粹的私人所有制市场经济"，这种思想是雅各宾式和布尔什维克式的狂风骤雨式的社会变革模式的翻版②。与改革的西方顾问所承诺的"即将到来的俄罗斯经济的繁荣"相对比的，是俄罗斯（以及东

---

① "华盛顿共识"是对于转轨路径的笼统的说法，根据威廉姆斯的描述，"华盛顿共识"包含十个方面的内容（具体内容见后文）。参见：John Williamson, "What Washington Means by Policy Reform", in John Williamson (edited), *Latin American Adjustment: How Much has Happened?* Washington, D.C.: Institute for International Economics, 1990; John Williamson, "Why Did Output Fall in Eastern Europe", In L. Somogyi (edited), *The Political Economy of the Transition Process in Eastern Europe*, Aldershot: Edward Elgar, 1993; John Williamson, "Democracy and the Washington Consensus", *World Development* 21, 1993.

② Joseph E. Stiglitz, "Wither Reform? Ten Years of the Transition", Paper Prepared for the Annual Bank Conference on Development Economics, Washington D.C.: World Bank, April 28—30, 1999.

欧大部分转轨国家)经济绩效和经济规模的严重下降①。

经济转轨的十年实践:制度主义观点

中央计划经济向市场经济的转轨堪称20世纪90年代最引人注目的经济事件,经过将近10年的转轨过程,大部分传统计划国家的经济运行机制和资源配置方式已经基本摒弃高度计划化与全面政府干预,可以说,真正意义上的中央计划经济已经不复存在。但是在经历大规模制度变迁的近30个原中央计划经济②中,由于政治经济背景和制度变迁路径选择的差异,各国市场化转型的程度并不相同。一些中东欧国家(CEE)和波罗的海国家市场化转型比较迅速和彻底,可望在不久的将来加入欧盟(European Union),而包括俄罗斯在内的独立国家联合体(CIS)的转轨前景尚不明朗,在经济体制方面还存在着混合体制(hybrid system)的若干特征,即在资源配置的市场化和私人部门迅速成长的同时,在经济运行方面还遗留着中央计划的某些痕迹。根据国际货币基金组织的观点,经济转轨包含以下要素(IMF,

---

① 根据斯蒂格利茨提供的数据,从1989年到1999年这10年中,俄罗斯和中东欧国家中只有3个国家实现了经济的正增长,大部分国家是负增长,俄罗斯的收入水平下降了40%以上,克罗地亚等国实际下降了60%以上。假设这些国家以东欧发展最快的波兰的3.3%的速度增长,那么它们需要很长时间才能恢复1989年的水平,其中乌克兰需要25年。1989年到1999年,中国的GDP增长了近一倍,而俄罗斯则减少了近一半,刚开始时,俄罗斯的GDP是中国的两倍以上,而期末时却比中国小了1/3。同时俄罗斯的资本外流和经济不平等都加剧了。参见第166页注释①。

② 根据IMF(2000)的分类,转轨经济可以划分为:
(一)东欧和前苏联的转轨经济:
   (1)中东欧国家(Central and Eastern European Economies,CEE) Albania,Bulgaria,Croatia,Czech Republic,FYR Macedonia,Hungary,Poland,Romania,Slovak Republic,Slovenia
   (2)波罗的海国家(Baltics) Estonia,Latvia,Lithuania
   (3)独立国家联合体(Commonwealth of Independent States,CIS) Armenia,Azerbaijan,Belarus,Georgia,Kazakhstan,Kyrgyz Republic,Moldova,Russia,Tajikistan,Turkmenistan,Ukraine,Uzbekistan
(二)亚洲的转轨经济:
   Cambodia,China,Laos,Vietnam
参见:IMF,"Transition Economies:An IMF Perspective on Progress and Prospects",*An IMF Issues Brief*,November 3,2000.

2000):(1)自由化(liberalization):允许大部分价格由自由市场决定,降低那些使得本国与全球市场经济价格结构相隔离的贸易壁垒;(2)宏观经济稳定(macroeconomic stabilization):将通货膨胀控制在一定范围之内,避免在自由化之后爆发恶性通货膨胀,缓解过度需求局面,严格控制政府预算规模,控制货币和信贷的增长,强调货币和财政政策纪律,维持国际收支的可持续性和基本平衡;(3)重构和私有化(restructuring and privatization):创造强有力的金融部门,改革企业制度,逐步将企业所有权转移到私人手中;(4)法律和制度改革(legal and institutional reforms):重新定位政府在经济中的作用,建立市场经济法律规则,引入适当竞争政策。国际货币基金组织认为,在经济转轨的四个要素中,自由化和宏观经济稳定可以以较快的速度实施,小规模企业的私有化也可以在较短的时间内实现,但是大型企业的私有化和法律制度改革则应该在经济转轨过程的稍晚阶段进行,并应花费较长时间。从制度主义的观点来看,向市场经济转轨应该是一个包含不同层面经济行为的长期过程,在这个过程中,新的制度安排(institutional arrangement)是成功转型的关键要素。市场经济不仅要求政府管制的自由化和产权的私有化,而且要求足够的制度架构来支撑市场经济的正常运行。从这个意义上来说,经济转轨就必须以一种渐进的方式来进行,因为制度建设(institutional building)是一个长期的渐进过程,新的组织的创建、新的法律规则的制定以及不同经济主体的行为变迁,都需要花费较长的时间。Kolodko(2000)从这种制度主义观点出发,得出与国际货币基金相似的结论,即一般而言,只有自由化和稳定化政策可以以一种较为激进的方式来进行,但是即使如此,也并不表明这是一个理所当然的结论,是否以激进方式推进自由化和稳定化取决于金融稳定的程度和一定的政治环境[1]。

新古典经济学的信条认为,只要将产权从政府手中转移到私人手中,实

---

[1] Grzegorz W. Kolodko, *Post-Communist Transition*: *The Thorny Road*, University of Rochester Press, 2000, p. 57.

现产权的私有化,同时资源配置方式由政府中央计划转向自由市场配置,就可以促进国民储蓄和资本形成,提高资源配置的效率,从而实现经济的可持续增长,而以激进方式实现产权的私有化和资源配置的市场化,则可以最大限度地降低制度变迁的成本。公共部门私有化进程是学界争议的焦点,激进派和渐进派都提出自己的政策主张和理论依据[①]。迅速私有化的支持者呼吁彻底取消国家所有权,主张将国有资产一次性分配给公民,赋予公民以购买国有企业的权利;而另一派则主张采取较为渐进的方式,逐步地改革国有企业,使国有企业逐渐转变为经济中的新兴部门,他们更加强调实现企业的"硬预算约束"(hard budget constraints),这样盈利性较差的企业就会被淘汰,经营较好的企业则会吸引较多投资者。在东欧和独联体国家中,匈牙利采取了较为渐进的私有化方式,其改革绩效证明对于企业的真正重构非常有益,而大部分国家则采取了迅猛的私有化模式。例如在捷克共和国,在迅速私有化初期,国有资产被转让给千百万普通公民,而后这些资产又被接受者出售,最后集中在投资基金手中。但是在整个私有化过程中,这些采取激进私有化模式的国家并未实现真正的企业重构(restructuring of enterprises),究其原因,一是由于投资基金缺乏足够资本从事大规模企业重构,二是因为投资基金被国有银行所控制,而国有银行又难以实施硬预算约束。捷克共和国在20世纪90年代末期经济增长表现欠佳,其原因部分应归于企业改革的滞后。在俄罗斯,迅速私有化的经济绩效似乎更糟。在1992—1994年的大规模私有化运动中,15000个企业的所有权被转移到私人手中,但是与预期的结果相反,内部私有化并没有实现国有企业的自我重构。决策者本来希望二级交易将引入外部所有权(outside ownership),而且希望在对剩余的国有企业进行的第二波私有化中将使用透明的方法。但是所有这些愿望都未能实现。内部所有者在放弃控制权方面非常审慎,工人们则担心在外部所有权控制的情况下企业会采取降低成本的方法,而企业经理

---

① Janos Kornai, "Making the Transition to Private Ownership", *Finance and Development*, September, 2000.

则发现,要使企业得以生存,与其通过外部所有者的参与而提高竞争绩效,不如游说政府获得补贴来得容易。因此在第二拨私有化运动中,并没有实现透明化,而且系统性地将外国投资者和银行排除在外,而与政府密切相关的集团则获得巨大收益。总体来说,基本采取大规模迅速私有化改革模式的东欧和包括俄罗斯在内的独联体国家在 10 年转轨过程中的经济绩效与预期相差甚远,10 年的私有化改革使大部分转轨国家出现了经济动荡和经济滑坡,并未实现预期中的经济可持续发展。从统计数据可以看出,除波兰以外,几乎所有东欧和独联体转轨国家在近 10 年的转轨之后国内生产总值仍未超过 1989 年的水平,有相当数量国家的 1997 年的国内生产总值仅相当于 1989 年的国内生产总值的一半左右,而从 1990—1997 年的年均国内生产总值增长率来看,只有波兰实现了正增长,其他国家则基本处于负增长状态,经济衰退十分严重。东欧和独联体国家经济转轨的实践表明,虽然私有化从纯粹经济学理论上并没有原则性错误,但是现实中的私有化进程有赖于许多制度条件的支撑,这些制度条件包括企业实现硬预算约束,建立良好的市场竞争机制,改善公司治理的激励和约束机制,建立有效而完善的法律体系和产权结构体系,以及在大规模私有化过程中对政府功能的重新定位[1]。

经济转轨的"华盛顿共识"和"后华盛顿共识"

"华盛顿共识"曾经是拉丁美洲发展中国家、东欧和前苏联转轨经济国家在经济转型初期一致接受的政策模式,这种共识认为迅速的贸易与金融自由化以及经济私有化措施的有机结合,将克服不发达国家和转轨国家的

---

[1] 这方面的文献可以参阅:*World Economic Outlook*, Box 3.4, "Privatization in Transition Economies", September, 2000; Frydman, Gray, Hessel and Rapaczynski, "When does Privatization work? The Impact of Private Ownership on Corporate Performance in the Transition Economies", *The Quarterly Journal of Economics*, November, 1999, pp. 1153 – 1191; John Nellis, "Time to Rethink Privatization in Transition Economies", *IFC Discussion Paper*, No. 38, 1999.

经济停滞状态并将引发经济的持续增长。Williamson(1990)[①]曾经将所谓"华盛顿共识"归结为10个要素,这10个要素得到有影响的国际金融组织、政治团体以及专业经济学者的一致认同,大致包括:(1)财政纪律。预算赤字应该被严格控制,以至于国家不必用征收通货膨胀税的方式来弥补财政赤字;(2)公共支出优先性的转变。支出应该从那些政治敏感领域撤出,重新配置到那些经济收益较高且潜在地有助于改善收入分配的领域;(3)税收改革。税收改革包括扩大税基和降低边际税率,其目的是增强激励,在不降低可实现的经济繁荣程度的前提下提高收入水平的平等性;(4)金融自由化。金融自由化的最终目标是利率由市场来决定,但是实践表明,在市场缺乏信心的情况下,市场决定的利率往往可能过高,以至于对生产性企业和政府的财务偿还能力产生威胁;(5)汇率。各国需要统一的(至少是以贸易交易为目的)汇率体系,汇率应该维持在有足够竞争力的水平之上,以此刺激非传统部门的迅速增长,并保证这些出口部门在将来维持竞争能力;(6)贸易自由化。数量性贸易限制应该被迅速取消,而代之以关税,同时关税应该逐渐降低,直到统一的低关税水平10%(或至多达到20%);(7)外国直接投资。阻碍外国公司进入本国市场的各种壁垒应该被取消,外国公司和本国公司应该被允许在同等条件下进行竞争;(8)私有化。国有企业部门应该实现私有化;(9)放松管制。政府应该取消那些阻碍新企业进入或限制竞争的各种管制措施,并保证所有管制措施都应该以安全性、环境保护和金融机构的审慎监管为标准进行重新审视;(10)产权。法律体系应该在不导致过高成本的前提下提供安全有效的产权保护,并应该在非正式部门提供同样的产权保护。这10个方面的"华盛顿共识"强调财政纪律和公共部门资源配置方式的改革,主张金融部门和贸易部门的自由化,主张对汇率、利率和外国投资放松政府管制,并强调国有企业的私有化和保护私人产权,其要旨仍在于自由化、私有化和市场化,是一种典型的经济自由主义共识。

---

① John Williamson, "What Washington Means by Policy Reform", In John Williamson, ed., *Latin America Adjustment: How Much has Happened?* Washington, D.C.: Institute for International Economics, 1990.

20世纪90年代前期,拉丁美洲发展中国家、东欧以及前苏联转轨国家基本按照"华盛顿共识"进行了广泛的经济改革和经济转轨,其中包括金融和贸易的自由化以及国有企业的大规模私有化运动。经济学家以这些成败参半的改革与转轨实践来重新审视"华盛顿共识",发现了原有共识的许多未尽完善之处,因此在"华盛顿共识"的基础上又增添了新的10条内容①:(1)除其他方式外,通过维持财政纪律来提高储蓄水平;(2)将公共支出转化为方向明确的社会支出;(3)除其他方式之外,通过引进经济上敏感的土地税来改革税收体系;(4)加强银行的监管;(5)维持竞争性汇率,使得汇率在保持浮动的同时作为名义锚发挥作用;(6)实施区域内贸易自由化;(7)除其他方式外,通过私有化和放松管制(包括劳动力市场)来建立竞争性市场经济体系;(8)为所有经济主体明确界定产权;(9)建立关键性的制度,诸如独立的中央银行,强大的预算部门,独立而廉洁的司法部门,以及担负生产性使命的企业代理人制度;(10)提高教育支出,将教育支出倾斜到初级和中等教育。新的10条共识与原有的"华盛顿共识"相比较,在基本原则和政策趋向上并没有明显区别,但是新的共识正确地强调了制度建设在经济改革和经济转轨中的重要性,注意到了建立关键性的组织和制度以及提高制度质量在整个制度变迁过程中的巨大作用。综合新旧共识,我们发现"华盛顿共识"仍然未能关注转轨经济的独特制度特征,未能揭示经济转轨过程中的路径选择和路径依赖特征,对经济转轨国家的指导作用是非常有限的。

早期"华盛顿共识"实际上针对的是已经建立市场经济体系但其市场经济体系仍存在严重扭曲的发展中国家,而不是针对市场经济体系完全缺失的转轨经济国家。著名经济学家斯蒂格利茨就指出,在20世纪80年代末期和90年代早期在美国财政部、国际货币基金组织、世界银行以及其他拥有一定影响力的思想库之间所达成的所谓"华盛顿共识",是一种被20世纪80年代拉丁美洲发展中国家的经验所误导的理念,正因为如此,其他面临

---

① John Williamson, "The Washington Consensus Revisited", In Louis Emmerij, ed., *Economic and Social Development into the 21th Century*, Washington, D.C.: Inter-American Development Bank, 1997, p. 58.

着完全不同经济使命和挑战的国家从来没有从这种共识中获得令人满意的答案。"华盛顿共识"告诉这些转轨经济国家只要将大规模国有企业私有化并维持相应的金融指标和宏观经济指标,经济增长就会启动而且不断持续下去。这种建立在新古典经济学信条基础之上的过于乐观主义的共识,在整个转轨过程中遭到越来越多的否定和抨击。斯蒂格利茨甚至置疑所谓"华盛顿共识"是否真正存在,事实上,不管在学术界、国际金融组织以及各国决策者中间,这样的"共识"并非是一种实际存在,这些教条体系并没有统一的标准的定义,而且即使赞成这些教条的不同实践者也往往以各自的理解强调其中某一个侧面或重点,因此尽管某些学者将这些教条体系归纳为所谓"华盛顿共识",但是对这些政策合宜性的共识从来就不曾存在过[1]。

"华盛顿共识"的失误部分应该归结为新古典经济学对于经济转轨过程中制度建设的重要性的忽视,在缺失重要的组织和制度的情形下,即使经济基本指标保持良好状态,经济转轨也难以顺利推进;制度和组织的演进是较为缓慢的一种制度变迁,但是在"真实世界"中,制度和组织对于经济绩效的影响至为深远,而新古典经济学恰恰忽视了"真实世界"中制度和组织的重要性。著名经济学家诺思对此发表评论说:"西方新古典经济学理论缺乏对制度的分析,因此在对经济绩效的源泉进行分析的时候往往不得要领。毫不夸张地说,尽管新古典经济学花费很大力气研究有效的要素和产品市场的运作,但是很少有经济学家理解那些对市场创造非常重要的制度要求(institutional requirement),因为他们仅仅想当然地认为这些制度本来已经存在。为了维持经济增长,为使有效的要素和产品市场的运作成为可能,就必须建立一系列的政治和经济制度,这些制度可以提供低成本的交易以及值得信

---

[1] 参见:Joseph E. Stiglitz, "More Instruments and Broader Goals: Moving Toward the Post-Washington Consensus", *WIDER Annual Lectures* 2, Helsinki: United Nations University World Institute of Development Economics Research, January, 1998; Joseph E. Stiglitz, "Economic Science, Economic Policy and Economic Advice", Conference Paper, Annual Bank Conference on Development Economics on Knowledge for Development, Washington, D. C.: The World Bank, April 20 and 21, 1998; UNDP (United Nations Development Program). *Human Development Report 1996*, New York: Oxford University Press, 1996.

任的承诺,从而使得市场可以有效运作。"①前苏联和东欧转轨经济国家在改革过程中出现大规模经济滑坡和经济动荡的原因之一是,在旧有的传统计划经济体制和相应的组织制度被废除之后,新的适应于市场经济的组织制度却难以在短时期内迅速建立,因而大规模的经济与金融的自由化以及狂风暴雨式的私有化运动是在一种"制度真空"(institutional vacuum)的状态下运作,因而不可避免地造成经济主体的行为紊乱和预期紊乱,从而导致整个经济发生严重衰退。Kolodko(2000)在总结"华盛顿共识"缺陷的时候,提出该共识所忽视的8个要素②:(1)转轨经济缺乏自由市场经济所必需的组织架构;(2)转轨经济中金融中介较弱,难以有效配置私人资产;(3)转轨经济在私有化之前缺乏对国有企业的商业化;(4)转轨经济中企业管理不善导致管理者难以在放松管制的经济中实施有效的公司治理;(5)转轨经济中缺乏竞争政策有效实施所必需的制度设施;(6)转轨经济的法律框架和司法体系不完善,不能有效实施税收征管和企业合同;(7)地方政府效率低下,难以承担和处理地区发展所面临的挑战;(8)转轨经济国家缺乏非政府组织(nongovernmental organizations, NGOS)来支持新兴市场经济和市民社会发挥功能。在存在严重制度缺失的情况下,转轨国家的制度变迁难以达到新古典经济学教条所预期的各种目标。经济转轨的制度主义观点强调在市场化、自由化和私有化过程中重视制度和组织的建设,重视转轨国家在不同社会历史环境和文化背景下形成的特殊路径依赖特征,对转轨国家的制度变迁具有重要的指导意义。

"华盛顿共识"和"后华盛顿共识"在转轨经济学中的意义

"华盛顿共识"对于经济转轨的认识未能超出新古典教科书的想像力,

---

① Douglass C. North, "The Contribution of New Institutional Economics to an Understanding of the Transition Problem", *WIDER Annual Lectures* 1, Helsinki: United Nations University World Institute for Development Economics Research, March, 1997.

② Grzegorz W. Kolodko, *Post-Communist Transition: The Thorny Road*, University of Rochester Press, 2000, p.65.

它对于经济转轨的复杂过程和约束条件缺乏足够的研究[①]。在"华盛顿共识"中忽视了信息在经济转轨中的制约作用,信息的连续性使得保持原有组织结构的稳定性成为必要。"华盛顿共识"忽视了制度变迁所必须经历的"过程",把制度变迁看成是瞬间的彻底的转变[②],而实际上,制度变迁是一个累积性的、适应性的过程,是一个不断试错和不断学习的过程。"华盛顿共识"忽视了经济转轨中制度的重要性,实际上,在经济转轨中,价格的自由化和产权的私有化只是一部分,宪政规则和游戏规则(即广义上的制度)的大规模改变才是经济转轨最重要的部分,而宪政规则和游戏规则的改变以及人们对于规则变化的适应与认同都需要时间[③]。"华盛顿共识"还忽视了经济转轨中当旧有的经济秩序和政治秩序被打破而新的秩序尚未建立的时候,可能大量出现寻租行为和机会主义行为,这些行为构成对于政治程序的大规模破坏并导致民众对未来的秩序重建缺乏信心。"华盛顿共识"对于经济转轨中的"路径依赖"问题缺乏深刻的认识,试图瞬间彻底切断与旧有制度和秩序的联系的做法是乌托邦式的理想主义,制度变迁中路径依赖的存在提醒我们采取更现实的成本更小的变迁路径。"华盛顿共识"低估了经济转轨中文化和意识形态的作用,不同的文化传统和意识形态可能导致和要求完全不同的变迁路径,增强对于经济转轨中文化差异性和路径多元性的

[①] 参见:Dewatripont, M. & G. Roland, "Transition as a Process of Large Scale Institution Change", D. Kreps & K. Wallis edited, *Advances in Economics and Econometrics:Theory and Applications*, Cambridge University Press, 1996. 有关综述还可以参照:G. Roland. Politics, *Markets and Firms:Transition & Economics*, Cambridge, MA, 2000. 以及 J. McMillan, "Markets in Transition", in D. Kreps & K. Wallis edited:*Advances in Economics and Econometrics:Theory and Applications*, Cambridge University Press, 1996.

[②] 代表人物萨克斯著有《波兰跳跃到市场经济》,这个隐喻性极强的书名是"华盛顿共识"忽视"过程"的最好象征。参见:J. Ssachs, *Poland's Jump to the Market Economy*, Cambridge, MA:MIT Press, 1993.

[③] Kolodko 认为,从计划经济向市场经济的转轨是一个长期的包含多种维度的经济行为的过程,新的制度安排是成功的转轨的核心特征,市场经济不但需要自由市场与私有产权,同时还要有足够的制度。从这个角度来说,制度转轨就必定是一个渐进的过程,因为制度建设是建立在新型组织、新的法律框架以及经济主体的经济行为的改变之上的。参见:Grzegorz W. Kolodko, *Post-Communist Transition:The Thorny Road*, Chapter 2, University of Rochester Press, 2000.

认识,是转轨经济学的重要的反思之一。对于信息问题的重视、对于过程的认识的加深、对于宪政规则和游戏规则的认识、对于制度安排和社会秩序以及政府管理功能的重新定位、对于转轨期机会主义和腐败的认识、对于路径依赖的认识以及对于文化传统和意识形态的认识,是近来转轨经济学获得的重要成果,在这些方面,转轨经济学从新制度经济学那里吸取了不少思想资源①。这些思想,可以称之为"后华盛顿共识②"(post-Washington Consensus)。"后华盛顿共识"为发展中国家和转轨国家金融自由化的路径选择和次序设计提供了丰富的启示。

至此,我们似乎可以对关于经济转轨的所谓"华盛顿共识"进行某种总结性的评价。"华盛顿共识"是一种新自由主义的政策框架,强调财政纪律和货币纪律,主张金融和贸易的自由化以及国有部门的私有化,这些包含着强烈的经济自由主义的价值倾向的政策主张,在20世纪80年代以来曾经普遍被发展中国家和转轨经济国家奉为经济发展和经济转轨的圭臬。同时,"华盛顿共识"的基本理念已经成为受雇于国际货币基金或世界银行的巨大经济学家群体心目中的"正统经济学"(orthodox economics),换言之,只有美国式的学术价值理念和经济政策倾向才代表着正统的主流的经济学知识,而那些在理论和政策上反对或漠视"华盛顿共识"的人则被视为蒙昧愚钝③。"华盛顿共识"是对20世纪50、60年代发展理念和发展实践的反动,50、60年代所推崇和实行的进口替代政策、经济发展的全面长期计划、对战略性产业的政府所有和政府控制、对劳动力市场的严格管制、对储蓄和投资流动的国家控制等发展战略和政策,在80年代之后被普遍放弃,而"苏

---

① 参见:D. North:"The Contribution of the New Institutional Economics to an Understanding of the Transition Problem", *WIDER Annual Lectures*, March, 1997. Yeager 在著作中强调了经济转轨中制度建设和秩序的重要性,参见:Timothy J. Yeager, *Institutions, Transition Economics and Economic Development*, Westview Press, 1999.

② 参见:Joseph E. Stiglitz, "More Instruments and Broader Goals: Moving toward the Post-Washington Consensus", *WIDER Annual Lectures* 2. Helsinki: United Nations University World Institute for Development Economics Research, January, 1998.

③ Ben Fine, *Development Policy in the Twenty-first Century: Beyond the Post-Washington Consensus*, London & New York: Routledge Ltd, 2001.

联和东欧社会主义发展模式的崩溃,似乎表明资本主义和自由市场获得了彻底胜利,华盛顿无可争议地成为全球政治、经济和理念的核心"(Ben Fine,2001)。但是20世纪90年代传统计划国家激进式经济转轨的经济绩效以及频繁发生在发展中国家、新兴市场经济国家和转轨经济国家的全球性金融危机,使得学术界和决策者对"华盛顿共识"的神圣性和合理性产生了怀疑。90年代后期,由于信息理论和交易成本理论以及制度分析的新发展,经济学家逐渐建立了新的替代"华盛顿共识"的分析框架,现在即使是新古典经济学家也普遍接受这样的理念,即尽管市场仍然是导致资源配置最大化和社会福利最大化的最有效社会机制,但是市场参与者之间的信息不对称、信息不完美以及不可避免的交易成本极大地限制了市场效率并导致严重的市场失败,对信息不对称、交易成本、外部性、市场失败以及制度安排的重要性的认识已经成为主流经济学理论的重要观念,而这些理念在"华盛顿共识"中是没有地位的。

结论:"后华盛顿共识"与转轨经济学的自身"转型"

经济发展和经济转轨以及包含在其中的金融自由化进程,本质是一个复杂的制度变迁过程,是一场深刻的社会转型(social transformation),而不仅仅是一个以宏观经济变量来衡量的技术性增长问题。最近的转轨经济学文献和经济转轨实践表明,对于信息不对称和市场失败问题的考察、对于制度变迁的"过程"的重新认识、对于经济发展和经济转轨中建立宪政规则和市场法治规则重要性的认识、对于市场经济中关键性制度安排和社会秩序的重新估价、对于国家和政府在经济发展和经济转轨中的角色和功能的重新定位、对于计划经济向市场经济转轨时期大规模机会主义和寻租行为的认识、对于制度变迁的路径依赖以及对于文化传统和意识形态在制度变迁路径选择中的作用的认识,是信息经济学、制度经济学和转轨经济学对现代经济理论的重要贡献,这些理念深化了经济学家对经济发展和经济转轨支撑要素的理解,深化了对于市场机制和政府功能的理解,对传统的新古典经济学正统理念形成了极有价值的重构。"华盛顿共识"向"后华盛顿共识"的演进,表明着转轨经济学自身正在发生着另一场具有深远意义的深刻"转型"。

(作者联系地址:北京大学经济学院　邮政编码:100871　电子信箱:shuguang@pku.edu.cn)

小康及现代化社会指标体系评价方法

朱庆芳

一、社会指标的意义和作用

社会指标是反映各种社会经济现象状况的,是衡量和监测社会发展的一把尺子,是一种量化工具,每个指标反映一定数量的社会现象,由于社会经济指标有几千个。我们根据研究的目的,从众多指标中选择有代表性的重要指标,组成指标体系,用科学的计算方法算出综合指数和类指数,从各个侧面进行分析、评价其发展趋势和发现各种社会问题,就称它为指标体系。

按指标的功能分,它有描述、解释、评价、监测、预测的功能,一般指标体系都能做到描述和评价的功能,要做到监测功能就需从指标体系中发现问题,并根据问题提出对策和建议,难度较大些,预测功能是指根据目前情况对今后长期目标进行预测,如小康、现代化目标等。

按指标的类别分,可分为综合类和专题类,如全国和地区的现代化指标,它包括了国民经济各部门的综合情况,就属综合指标体系,如属于一个部门的或某一专题性质的就称之为部门或专题指标体系,如社会保障、教育、卫生、人口等指标体系。再分细部门可直至一个企业,分地区可分至市县乡镇村,都可根据需要建立指标体系,也可根据研究的课题建立相关的指标体系,如我承担了老龄化课题,便建立了老龄化指标体系。

按指标的性质分,可分为客观指标和主观指标,前者是指由统计部门统计的客观数据的统计指标,主观指标是指通过问卷调查得到的调查数据,在香港和国外往往把调查数据称之为社会指标,也有把两者结合起来运用的如瑞士洛桑国际发展学院主办的竞争力指标体系。在撰写指标体系的分析报告时,也需用主观调查资料,就能把问题分析透彻、生动。

指标体系的建立是根据不同研究目的来确定的,其作用是为各级管理部门和决策者提供制定政策和完善各种决策提供科学依据,因此不仅仅是对社会发展现象进行描述、排序先后,更重要的是要发现矛盾和问题,并提出对策和建议,使各项改革顺利进行,经济和社会能协调发展。社会指标体系也可通过媒体发表,可使人民群众全面了解经济社会发展情况。

二、建立社会指标体系的原则

要反映人的全面发展。即以人为主体,反映人的物质、精神生活,人的素质提高状况,也要反映人的潜能发挥程度,在过去建立的各项综合指标体系中,以人口和劳动力计算的指标占了绝大部分。

要从国情出发。多反映改革开放中出现的问题、反映经济社会是否协调发展、反映物质和精神文明的相互关系、反映小康和现代化过程中出现的问题等等,更好地为制定社会发展政策和宏观管理服务。

三、介绍几种国际上有代表性的指标体系

早在 20 世纪 60 年代,首先从美国兴起了社会指标,到 80 年代,已有 80 多个国家建立,现在就更多了,在国际竞争中,各国的社会指标体系也是根据形势发展的需要而建立的,"二战"以来,各国在工业化过程中曾把经济增长作为核心,实践证明,片面追求经济增长而忽视社会发展,出现了一系列的社会问题,产生了不协调,反过来制约了经济的发展,使人们深刻地认识到:"增长不等于发展,富裕不等于文明进步",为寻求协调发展之路,各国和国际组织纷纷建立一种能反映协调发展的社会指标体系,据了解有代表性的指标体系有:

人文发展指数。它是联合国开发计划署专家经过六年研究而提出的成果。从 1990 年起,每年出版一次。该指数用平均预期寿命、成人识字率和实际人均 GDP 三个指标合成为一个复合指数,中国在 170 多个国家中居 111 位。

世界竞争力。这是世界经济论坛和瑞士洛桑国际发展学院建立的,从 1980 年起开始,1986 年形成较完整的国际竞争力指标体系,由四大要素五个子要素 300 多个指标综合而成,其中客观指标约 205 个,主观指标 116 个,两者相结合的指标体系。中国在 80 多个国家中从 1995 年的 39 位已上升至 2002 年的 33 位。

国家财富新标准。是世界银行根据可持续发展的模式,用人力资源、自然资源、生产资本和社会资本四方面综合计算出人均国家财富量,1995 年公布的 192 个国家平均为 8.6 万美元,中国只有 6600 美元,居 162 位。居首位的澳大利亚达 83.5 万美元。

社会进步指数。这是美国社会学家埃斯特斯的研究成果,用 44 个指标组成,在 124 个国家排序中,中国居 77 位。

以上是各种综合指标体系,还有各种部门和专题类指标体系,如生活质量指数、痛苦指数等,不一一列举。国际社会指标的评估均反映了人的发展,社会的全面发展和可持续发展,评价方法比较科学,是值得我们借鉴的。

四、我国社会指标的应用和发展

我国社会指标的研究始于 20 世纪 80 年代,改革开放后,发展战略由过去注重经济发展逐步转变到经济社会的全面发展,计划统计部门均成立了社会司,由于社会经济的发展和决策的需要,各部门和各地区开始研究和引进社会指标的理论和方法,在 1983 年科委下达了社会指标的研究项目,但当时大家对此课题很生疏,社科院社会学所成立不久,无人敢接,后来由上海社科院承担,但从研究成果来看,仅仅提出了指标体系的框架,并没有进入实质性的评价。1984年,美国社会学家埃斯特斯来中国,并发表了进步指数,中国被评为77位,受到了中央领导的接见和重视,因为过去中国人均GDP及其他经济、教育等指标中国均在百位后,而进步指数上升到70多位,是一大进步。但后来当我们看到详细的资料后,看到美国被评在罗马尼亚和匈牙利后面居26位,原苏联居58位,感到不够准确,这样就激发了我们试评的决心,我与财贸学院的老教授一起,首次用综合评分法对1990年世界百万人口以上120个国家的社会发展水平进行了评估,评价结果是中国居70位,美国居第6位,各国的位次相对比较合理,而且从16个指标的国际比较中,能看出我国与各国的进步和差距,发表后受到了中央领导和社会各界的好评,并在人民日报上全文发表,使我们看到了社会指标评价的意义和作用,大大鼓舞了课题组搞好社会指标的决心和信心。

在1987年,中国社会科学院社会学所承担了国家重点课题"社会指标研究",在成立后的十多年中,课题组除了继续进行国际评价外,主要是对国内开展了一系列社会指标体系的综合评价,包括对全国各省市区社会发展水平的综合评价,对地级以上城市的综合评价,对小康和现代化实现程度的综合评价,还评出了小康县和小康城市,除各种综合评价每年评一次外,还有各种专题评价,如社会保障、老龄化指标体系、经济与社会协调度的指标体系等,我们还进行了四次万名职工的问卷调查,根据客观指标评价和主观指标相结合做出的评价分析报告,不仅有地区排序,更重要的是通过各类指数和指标的分析,从比较中发现问题,提出了对策建议,有十余篇分析报告,曾受到中央和省市领导的批示和重视。

我们在开展指标评价的同时,还重视了社会指标的推广和应用的普及工作,如主办了三期研讨培训班,把评价结果编成研究资料,免费印发到省县市,还制作了社会指标评价方法的录像带,出版了社会指标专著八本,还受到各地政府、大专院校的邀请去讲学,接待各地来访,无偿提供资料和咨询,受到了各地好评,这些工作,使社会指标得到了推广和应用。

现在,社会指标已得到较广泛的应用,已逐步深入到各部门、各地区直至基层,它对社会经济的发展起到了促进作用。据不完全了解,国家计委、国家统计局、公安部、体委、教育部、水利部等都建立了指标体系,部分地区也都根据需要建立了各种指标体系。自党中央提出全面建设小康社会以来,有些地区已建立了小康社会指标体系,经济较发达地区已建立了现代化指标体系,竞争力指标体系等,有的部门还建立了社会稳定预警指标体系和就业预警指标体系等,目前,无论是指标体系的深度和广度都比过去有所提高。

为适应当前形势的需要,我们已建立了小康社会和现代化指标体系,它是综合性的专题指标体系,现着重向大家介绍这一指标体系的建立原则和评价方法。由于我国存在城乡差距较大的二元结构,除了要建立全国或某一地区的综合指标体系外,还必须分别城市和农村建立指标体系。现将已建立的全国、城市和农村三套指标体系的指标及小康及现代化目标及实现程度列表如下,供参考:

表1 2001年全国全面实现小康社会指标体系和实现程度

指标	权重	小康社会目标（2010年）	2001年已实现目标值	实现目标 %	指标内涵
综合指数	100			68.7	
一、社会结构指数	20			78.8	
1.第三产业从业人员占总计比重	5	35%	27.7	79.1	产业结构社会化
2.城镇人口占总人口比重	5	45%	37.7	83.8	城市化
3.非农增加值占GDP的比重	4	90%	84.7	94.1	产业结构非农化
4.出口额占GDP的比重	3	30%	23.0	76.7	对外依存度
5.教育经费占GDP的比重（预算内）	3	4.0%	2.3	57.5	政府智力投入
二、经济与科教发展指数	25			61.5	
6.人均GDP	6	(1542美元)12800元	7543	58.9	综合经济社会产出率
7.人均社会固定资产投资额	4	5340元	2928	54.8	投入水平
8.工业企业总资产贡献率	3	13%	8.9	68.5	工业投入产出率
9.城镇实际失业率（逆指标）	3	4.0%	4.8	83.3	城镇就业状况
10.研究与发展经费(R&D)占GDP比重	3	1.3%	1.0	76.9	知识创新投入
11.人均教育经费（预算内）	3	300元	165	55.0	知识化
12.每万人口专利受理量	3	3.5件	1.3	37.1	发明创造能力
三、人口素质	20			72.0	
13.人口自然增长率（逆指标）	4	5.6‰	6.95	80.6	人口控制和自然承载力
14.每万职工拥有专业技术人员	4	4500人	2829	62.9	知识化、科技化
15.每万人口在校大学生人数	2	130人	56	43.1	知识化
16.大专以上文化程度人口占6岁以上人口比重	3	7人	3.8	54.3	知识化
17.每万人口医生数	4	20人	16.5	82.5	医疗资源占有
18.平均预期寿命	3	73岁	70	95.9	生活质量高质化
四、生活质量和环保	20			62.8	
19.恩格尔系数(城乡平均)逆指标	4	33%	44.2	74.7	消费结构现代化
20.人均生活用电量	4	320千瓦小时	139.5	43.6	家电现代化

续表

指标	权重	小康社会目标	2001年已实现	实现目标%	指标内涵
21.每百户拥有电话	3	30部	14.1	47.0	信息化
22.每百户拥有电脑(城镇)	2	30部	13.3	44.3	信息化
23.工业三废处理率	4	85%	76.1	89.5	环保水平
24.农村饮用自来水人口占农村人口比重	3	85%	55.1	64.8	农村环保水平
五、法制及治安	15			71.0	
25.每万人口刑事案件立案率(逆指标)	4	22件	35.1	62.7	治安与法制化
26.每万人口治安案件发生率	3	20件	38.2	52.4	治安与法制化
27.每万人口拥有律师数	4	1.1人	0.96	87.3	法制化
28.每10万人交通事故死亡人数	4	6.4人	8.3	77.1	交通秩序

资料来源:2002年中国统计年鉴及向有关部门收集

注:5、11项指标为2000年数字,18项为1997年数字。综合指数和类指数是用加权综合指数法计算的,逆指标是以目标数除实现数而得(以下各表同)。

表2 农村全面建设小康社会指标体系和实现程度

指标	权重	小康社会目标(2010年)	2001年已实现	实现目标%	指标内涵
综合指数	100			67.7	
一、社会结构和生产条件	30			65.9	
1.城镇人口占总人口的比重 (%)	4	45	37.7(36.2)	83.8(80.4)	城镇化
2.非农劳动力占农村劳动力的比重(%)	4	45	32.7	72.7	非农化
3.乡镇企业从业人员占农村劳动力比重(%)	3	50	27.1	54.3	非农化
4.非农增加值占GDP比重 (%)	3	95	84.8	89.3	非农增加值比例
5.每一农村劳动力拥有农业机械总动力(千瓦)	4	2.0	1.14	57.2	农村现代化、机械化
6.每一农村劳动力的农村用电量(千瓦小时)	4	1000	541	54.1	农村电气化
7.每一农村人口生产性固定资产原值(元)	4	10000	4884	48.8	农村现代化
8.有效灌溉面积占耕地面积比重 (%)	4	60	41.7	69.5	水利现代化
二、经济效益	20			67.4	
9.每公顷耕地农业增加值 (元)	4	15000	11122	74.1	耕地产出率
10.每一农村劳动力农业增加值 (元)	4	6000	4000	66.7	农业劳动生产率
11.每一农村人口固定资产投资额 (元)	4	1200	772	64.3	投入水平
12.每百元农民纯收入的费用(逆指标)(元)	4	25	36.6	68.3	产出投入率
13.每一乡镇企业从业人员提供的利税 (元)	4	10000	6350	63.5	乡镇企业效益
三、人口素质	20			66.6	
14.人口自然增长率(逆指标)(全国)(‰)	5	5.0	6.95(9.3)	72.0	人口控制、自然承载力
15.农村6岁以上人口中初中以上程度比重(%)	5	60	43.1	71.8	知识化
16.每百名农村劳力中文盲半文盲 (人)	3	5.0	7.69	65.0	文化素质
17.每万农村劳动力中拥有农技专业人员(人)	4	40	23.7	59.2	科技化
18.每万农村劳力培训的实用技术人次(人次)	3	1500	910	60.6	科技化
四、生活质量	30			70.3	
19.农民人均纯收入 (元)	5	3830	2366	61.8	收入水平
20.农民人均生活消费支出 (元)	4	2840	1741	61.3	消费水平
21.农民人均住房面积 (平方米)	4	32	25.7	80.3	住房水平
22.农民恩格尔系数(逆指标) (%)	3	38	47.7	79.6	消费结构中食品比重
23.农民每百户拥有住宅电话 (部)	3	50	34.1	68.0	信息化
24.农民每百户拥有彩色电视机 (部)	3	80	54.4	68.0	信息化
25.饮用自来水人口占农村人口比重 (%)	3	85	55.1	64.8	环保、生活质量
26.每万人口医生数(全国) (人)	3	20	16.5(11.7)	82.5	卫生资源占有

| 27.每村有乡村医生、卫生员 | (人) | | 2 | | 2.5 | 1.82 | 72.8 | |

资料来源:2002年中国统计年鉴、农业统计年鉴、农民住户调查年鉴、乡镇企业统计年鉴等。

注:1.本表小康目标是按近几年速度确定的,仅供参考,各地可按本地区十年规划制定出切合实际的目标。
  2.第14、26项因分地区无农村数,故用全国平均数,括号内为农村数,第1项括号内为2000年人口普查数。
  3.第7、12、15、16、19—24项均为农调队农村住户抽样调查资料。
  4.第18项为2002年科普年鉴中的数字。26、27为卫生部统计提要中的数字。
  5.第12、14、16、22项是逆指标,以目标数除实现数倒算而得。

表3 2000年57个市现代化指标体系和实现程度

指标	单位	现代化指标值（第一发展阶段）	权重	2000年实现标准值	实现程度%	现代化内涵
综合指数			100		65.4	
一、经济发展			23		65.6	
1.人均GDP	元	5000美元 41500	8	2703美元 22437	1	综合经济高效化
2.人均地方财政收入	元	3000	5	1842	61.4	资金集中程度
3.工业企业总资产贡献率	%	10以上	4	8.5	0	工业高效化
4.人均固定资产投资额	元	12000	4	6708	55.9	投资规模
5.人均实际利用外资	美元	200	4	175	87.5	外向型水平
二、社会发展			25		62.7	
6.非农人口占总人口比重	%	90以上	5	71.9	79.9	城市化
7.第三产业从业人员比重	%	65以上	5	47	72.3	社会化现代化
8.人口自然增长率(逆指标)	‰	2以下	4	5.48	36.5	人口控制水平
9.每万职工拥有专业技术人员	人	4500	5	2756	61.2	知识化、科技水平
10.人均教育经费	元	500	3	252	50.4	教育投入水平
11.每万人口在校大学生	人	400	3	273	68.3	知识化
三、生活质量			31		62.3	
12.城镇居民人均可支配收入	元	14000	4	8110	57.9	收入水平
13.恩格尔系数(逆指标)	%	30以下	4	40	75.0	生活高质化
14.人均住房使用面积	平米	24	4	14.9	62.1	住房现代化水平
15.人均生活用电量	千瓦时	700	4	462	66.0	生活现代化水平
16.每百户拥有电话	台	60以上	3	32.1	53.5	信息化水平
17.每百户拥有电脑	台	50以上	3	14	28.0	信息化水平
18.每万人口医生数	人	60以上	3	36	60.0	医疗资源水平
19.平均预期寿命	岁	76以上	3	73.8	97.1	生活质量高质化
20.人均储蓄余额	元	30000	3	17135	57.1	结余水平
四、基础设施及环保			31		73.2	
21.人均生活用水量	吨	120	4	91	75.8	基础设施水平
22.人均道路面积	平米	10	4	5.3	53.0	基础设施水平
23.绿化覆盖率	%	50	4	32.0	64.0	环保水平
24.空气综合污染指数(逆指标)		2.5以下	5	3.1	80.6	环保水平
25.工业废水排放达标率	%	98	4	89.0	90.8	环保水平

注:1.本表及以下各表的数据主要根据中国统计出版社出版的《2001年中国城市统计年鉴》中的市区口径整理,部分数据是各城市经济学会上报数,有摘自各省市统计年鉴,对部分缺报数进行了估算。
  2.57市的选取的原则是:非农业人口在百万以上、省会市、沿海开放市和计划单列市。
  3.计算方法是用综合加权指数法,逆指标是分子分母倒算而得。

以上三套指标体系是全国性的,关于分省市区、分各子系统、分指标的排序和分析,请参考《中国小康社会》一书,从各地区而言,可根据本地区具体情况对所属市县做出同样的评价和分析。

五、小康和现代化指标体系和目标确定的原则

首先要说明小康和现代化的关系。

在党的十六次大会上,江泽民提出了第三步战略目标的"新三步"走的具体部署,要在2020年全面建设小康社会,加快推进社会主义现代化建设的新阶段,2010年是新三步的第一步,这是承上启下的阶段,也是现代化建设的新起点。因此,可把小康目标设定在2010年。

小康社会和现代化是动态的发展过程,它的基本内涵是以科技进步为先导,促进经济社会的协调发展,不断提高人口素质和生活质量,走向共同富裕的道路,现代化是从传统的农业社会向工业社会发展,并逐步进入知识化社会的转变过程。小康是现代化的前奏和基础,从城市看,大部分地区的发展水平已实现了小康目标向现代化发展,从地区来看,东部大部分地区也已实现了小康正在向现代化迈进,中西部大多地区还处于小康社会的发展阶段,所以小康和现代化是互相交叉的动态发展过程。

指标体系确定的原则就是根据小康社会和现代化的内涵,参考了英格尔斯提出的十个现代化指标,并根据我国具体情况增加了社会发展、知识化和科技创新、生活质量和环保、法制等28个指标组成指标体系,共分五个子系统。它能全面反映小康社会和现代化建设的各个方面,突出反映了以人为本的全面发展,也反映了更高水平的小康社会,使经济更加发展、民主更加健全、科教更加进步、文化更加繁荣、社会更加和谐、人民生活更加殷实。

五个子系统的主要内容是:

1. 社会结构。它的优化是小康和现代化的前提条件,也是经济和社会协调发展的基础,由五个指标组成,反映了产业结构社会化、城市化、非农化、对外依存度和政府对智力的投入。

2. 经济与科技发展。由七个指标组成,前三个是反映经济效益和投入产出水平,是实现小康的物质基础,城镇失业率是反映劳动力的需求状况,后三个指标是反映科技教育和创新能力的。

3. 人口素质。它的高低对实现小康起着决定作用,由六个指标组成,反映了知识化和科技水平,人口自然增长率是逆指标,越低越反映人口控制得好,预期寿命是反映人口素质和生活质量的综合指标。

4. 生活质量和环保。这是实现小康的重要目标和条件,由消费结构,家电普及和信息现代化、环保等六个指标组成,实际上第三个子系统中人均医生和平均寿命也是生活质量指标。

5. 法制与治安。它是为保证实现小康保持社会稳定的前提条件,四个指标是反映治安的,都是逆指标,新增了每万人口律师数,是反映法制化的。

以上五个子系统是互相促进和互相制约的关系,通过各类指标指数的比较,就能反映是否协调。这套指标体系既可作历年比较,也可作地区比较。

表二是农村小康指标体系,是根据农村小康社会的特点选择了由四个子系统 27 个指标组成的社会指标体系,表三是反映城市特点的城市小康和现代化指标体系,为四个子系统 25 个指标,这两套均因受资料限制缺法制和治安的子系统。

各地区各部门应根据各自特点建立本地区本部门的小康社会指标体系。

为加强指标体系的科学性和实用性,广泛征求了三十多位专家的意见,确定了指标体系和权重。2001 年的统计数据主要是根据《2002 年中国统计年鉴》和向各部委收集的。

2010 年的发展目标是参考了近五年的发展速度和中等发达国家的水平测算出来的。

由于我国地区经济发展极不平衡,所定目标对于发达地区可能偏低,而对中西部地区可能偏高,但只有用同一目标来衡量,才能有可比性,才能从比较中看到本地区的进步和差距,了解本地区处于哪个发展阶段,在综合评价中居于前列的地区已基本实现了小康目标,就可以向率先实现现代化的目标迈进,居后的地区应针对薄弱环节采取有力措施迎头赶上,为全面实现小康目标而努力。

六、如何使指标体系能符合实际、达到准确、全面

据我们多年的实践,要抓好以下几个环节和注意的问题:

1. 指标体系如何确定。指标有几千个,要根据研究的目的选择重要的、有代表性的指标组成指标体系。可采用经验选择和专家咨询相结合的方法确定,先根据小康和现代化内涵列出了包括三十多个指标的指标集,打印成征求意见稿,征求了有关专家的意见,根据意见的集中程度,删去了未选中的指标,并根据确定的指标,参考选票的多少,确定了每个指标的权重。由于是广泛征求了专家的意见,就减少了指标的主观性,增强了指标的客观性和具有科学性。

2. 小康和现代化第一发展阶段目标如何确定?这是难度较大的环节,最好是根据本地区十年规划,因为它是经过计划部门精确测算的,可信度和准确度较高,但不可能每个指标都有规划,没有的指标可根据近五年的速度推算,一般信息化指标的增长速度较快,如电脑、电话普及率、生活用电量等,没有把握的应与有关主管部门共同商定。总之,目标既不能定得太高,也不能过低,要留有余地、实事求是。

3. 指标体系要有可行性。每一个指标都要有资料来源,大多都能从统计部门的现有统计资料中取得,有的可从各主管部门取得,对于一些统计计算方法尚有争议的指标可暂不列入,对较重要的指标,如缺所需年份或缺资料,可用相近年份代替或加以估算,如人均生活用电量和平均预期寿命等。

4. 指标要有可比性。有两种含义,一是指指标本身的可比性,无论是年度之间的动态比较或地区之间的比较,都要用同一口径的指标,尤其是动态比较,价值指标如国内生产总值、城乡居民收入必须用可比价格,在地区之

间比较时必须用相对数,如人均、劳均、比重、百分比等,在市之间比较时,要考虑到包括范围,一般用市区口径才有可比性,在进行国际比较时,尤其要注重每一指标的口径、范围是否可比,对不可比的指标要进行调整;另一可比性是指在进行地区比较时,所列指标一定要齐全,缺一不可,如收集不到,用估算方法补齐,否则评价就会失真。

5. 用科学的方法进行综合评价。因每个指标单位不同,不能相加得出综合概念,只有换算成指数或分数才能相加,常用的有两种方法:一种是加权综合指数法,适用于小康和现代化目标实现程度的评价,或一个地区历年之间的动态比较,即用实现数除以目标数乘权重得出每个指标的指数,或报告期除以基期乘权重得每个指标的指数,相加便得子系统指数,各子系统相加得总指数,逆指标(指失业率、犯罪率等)则用目标数除以实现数;另一种是综合评分法,适用于某年国家间、地区间的综合评价,即对每个指标值分成十个档次,将每个地区每个指标对号入座得分后乘权重,求出每个指标得分,各指标分相加便得出该地区的各子系统分和总分。对计算的结果要进行逻辑审查,如不合理之处要反复核对,找出原因或进行调整。

6. 对评价结果写出分析报告。首先对评价结果进行比较,如是地区比较,要进行排序、哪些居前、哪些居后,还要对各子系统和各主要指标间进行比较,从比较中既要肯定成绩,也要发现问题和薄弱环节,最后提出对策建议。为弥补客观指标的不足,最好能与主观指标(问卷调查)相结合,使分析报告更能符合实际。

总之,搞任何指标体系都要掌握好以上几个环节,我的体会是,确定指标体系和权重、进行计算和写分析报告花的时间约占全部工作量的 20% 左右,难度最大的环节是收集资料,要到各部门收集,要将指标收集齐全、搞准,要逻辑审核,则要花很多时间,约占全部工时的 80%—90%。

当前全国各地都掀起了全面建设小康社会和现代化的热潮,各级领导和决策部门亟须了解本地区建设小康社会和基本实现现代化的情况和存在问题,如果我们能及时提出实现小康的综合评价分析报告,对本地区在全国的位次、本地区市县的排序,提出薄弱环节和对策建议,一定会受到决策部门的重视和应用。而且能使全国和各地区人民群众全面了解实现小康和现代化的进程。

(作者联系地址:中国社会科学院社会学所　邮政编码:100732)

成都市现代化进程及现状评估

成都市经济信息中心课题组

一、成都市现代化进程

成都市的现代化进程经历了一个十分漫长的过程(按照历史发展过程,可以将其划分为三个阶段),但是由于数据取得方面受到一定的制约,因此,对不同的阶段将采用不同的评估方法。

成都具有 4000 多年辉煌灿烂的城市文明发展史,以成都为中心的长江上游地区是中华文明的发源地之一。成都城市从秦灭蜀国以后经历了 2000 余年,到 19 世纪末 20 世纪初开始发生了质的变化,即从农业文明时代的传统城市向工业文明的现代城市转化,这一转化揭开了成都市城市现代化的序幕。

(一)从 19 世纪末到 20 世纪中叶成都市现代化发展——起步阶段

19 世纪中叶到 20 世纪中叶是成都城市早期现代化的启动和初步发展时期。这一时期大致可以划分为以下四个阶段:(1)从 1901 年到 1914 年,是成都城市早期现代化的启动阶段;(2)1915 年到 1935 年,是成都城市早期现代化的艰难发展阶段;(3)1936 年到 1941 年,是成都城市早期现代化初步发展阶段;(4)1942 年到 1949 年,是成都城市早期现代化发展相对滞后和衰退阶段。

因此,清末民初成都城市的早期现代化一经启动,就表现出一种生气与活力。但是由于清王朝覆灭后,民国年初四川陷入军阀混战之中,使成都城市早期现代化受阻,特别使工业化进程变得十分缓慢。但这一阶段,成都城市的政治行政体制却出现了较为显著的现代化变革,文化教育也得到一定程度的发展。

(二)20 世纪中叶到 20 世纪末成都市现代化进程——初步发展和快速发展阶段

从 1949 年到 1999 年的 50 年间,成都市的现代化进程走过了一段曲折、漫长的道路,大体可以分为两个比较典型的发展阶段,即初步发展阶段(1949 年到 1978 年)和快速发展阶段(1978 年到 1999 年)。

1. 社会经济现代化进程

(1)人均 GDP 的发展变化

——1949 年,全市的人均 GDP 仅为 77 元,在经过近 30 年的发展后,到 1978 年,全市人均 GDP 也只有 449 元,这段时期,全市的社会经济发展速度十分缓慢。

——1978 年后,成都市的社会经济快速发展,1985 年,全市人均 GDP 首次突破 1000 元,到 1990 年,全市人均 GDP 达 2123 元,1997 年,全市人均 GDP 超过 10000 元,到 1999 年,全市人均 GDP 达 11897 元,约为 1433 美元。

(注:按照 1∶8.3 的汇率)

图 1　历年人均国内生产总值(元)

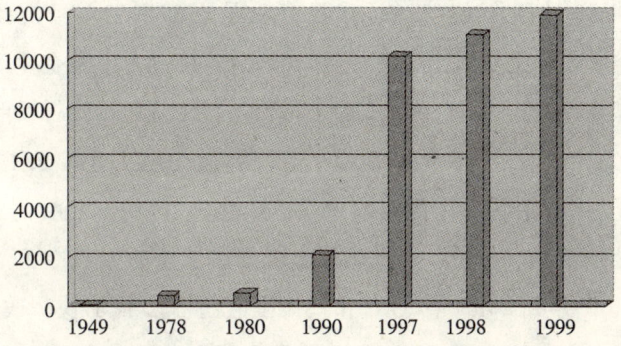

(2)工业化进程

经过 50 年的工业化建设,成都已经从一个贫穷落后的消费城市发展成为中国西南地区重要的工业重镇,为全省乃至全国国民经济的发展做出了应有的贡献。

——1949 年,从门类看,全市仅有一些以手工作业为主的作坊、半机械化生产的小规模纺织厂、发电厂、汽车修配厂、农副产品加工厂、砖瓦厂;从总量上看,1949年全市的工业总产值仅9733万元,绝大部分工业日用品都由外地提供;从结构上看,1949年的国内生产总值中工业仅占9.7%,当时的成都是一个工业生产低下的落后城市。

在1953年到1957年间,在全国采取优先发展重工业的工业化道路时,成都的工业化进程开始了。

"一五"时期,成都市的工业门类和产品从无到有,到1957年,全市有工业企业1331户,实现工业总产值3.76亿元,其中重工业占27.3%,轻工业占72.7%,按照可比价格计算,工业增加值比1953年增长了68%,其中,重工业增长了1.27倍,轻工业增长了55%。

从1958年到1965年,成都市的工业化进程经历了曲折发展的阶段。工业建设的大跃进,给成都工业发展以深刻的教训,也使成都在工业化道路上遭受的第一次挫折。虽然这一时期工业经济也有某种程度发展,但是,工业的大跃进发展,也为成都工业带来了诸多问题,主要表现在:原材料供应困难、产品质量低、维修配套能力差、工业建设战线过长、造成浪费等。

1966年到1977年的"三线"建设带动了成都市工业经济的发展。到1977年,全市有乡及乡以上工业企业4010户,其中大中型企业81户,实现工业总产值34.8亿元,其中重工业占55%,轻工业占45%,按照可比价格计算,工业总产值比1966年增长了1.55倍,其中重工业增长了1.5倍,轻工业增长了1.26倍。在产值构成中,机电、化工、轻纺、冶金、食品行业产值占全部工业产值的86.6%,初步显示出成都市工业的生产特征。

——1978年到1999年,成都市的工业化进程步伐加快。改革开放后,成都市的工业经济发展拨乱反正,尤其是在邓小平同志南巡讲话后,成都市的工业经济进入了持续快速发展区间。

1999年,全市实现工业总产值1321亿元,其中,重工业,是1978年的30.7倍,其中,重工业占45.6%,轻工业占54.4%;食品烟草、医药、机械汽车、电子信息四大支柱产业总产值共占全市工业总产值的比重为38.8%,工业增加值占国内生产总值的比重为37.06%,其比重是整个一产业比重的 3.56 倍。从 1978 年到 1999 年的工业经济平均发展速度为 117.4%。

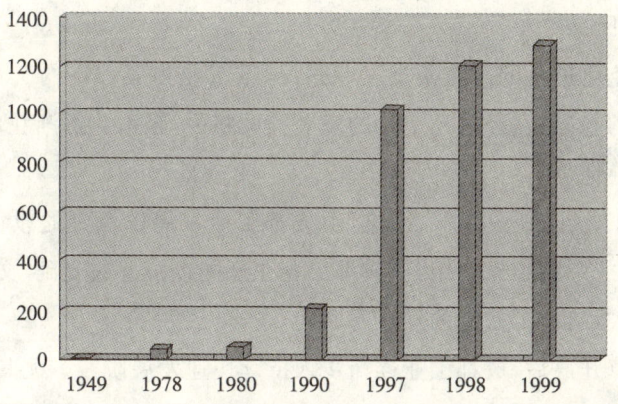

图 2 历年工业总产值(亿元)

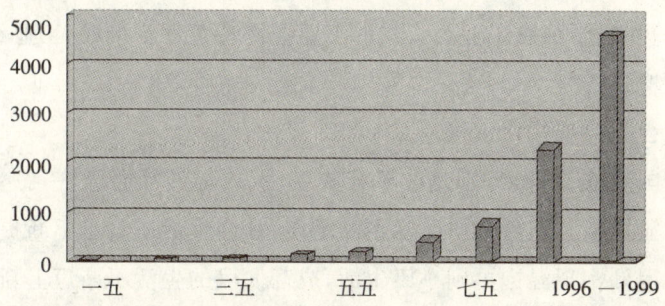

图 3 各计划时期工业总产值(亿元)

(3)1949—1999 年,社会经济现代化进程主要特点:

①从工业化的进程来看,大致经过了以下几个阶段:国民经济恢复时期(1949—1952)、工业化起步时期(1953—1957)、工业建设跃进发展时期(1858—1965)、"三线建设"带动工业经济发展时期(1966—1977)、工业生产拨乱反正加快发展时期(1978—1988)、工业经济持续快速发展时期(1989—1999)。

②1949 年到 1978 年,整个社会经济发展进程十分缓慢。改革开放后,尤其是 90 年代以来,社会经济的发展进入了一个提速阶段。

③从这一时期的国民经济总量的构成来看,工业经济占据了绝对的主导地位,因此,国内生产总值的增长与工业经济的增长呈现出相同的趋势。

工业化是这一时期社会经济现代化发展的主要方面。这一时期是一个从农业社会向工业社会、从农业经济向工业经济转变的过程,具有明显的经典现代化的特征。

④工业化进程的起点是重工业建设,重工业为成都市的工业化进程打下了良好的基础,在经过几十年的发展和调整后,轻工业逐渐在成都工业中占据了主导地位。

⑤在工业化进程中,"大跃进"给成都工业发展以深刻的教训,"三线建设"起到了一定的积极作用,使成都工业在全国经济普遍受到"文化大革命"影响的时候,出现了特定的发展局面。

⑥改革开放后,成都工业逐渐步入持续快速发展阶段。尤其是20世纪90年代以后,随着市场经济体制的确立,工业经济逐渐由规模型向效益型转变,高新产业的发展和利用高新技术改造传统产业的步伐加快,以食品、医药、机械和电子信息工业为支柱的工业经济特色逐步形成,工业经济的竞争力逐渐增强。

2. 社会生活现代化进程

新中国成立以来,特别是改革开放以后,成都的社会经济飞速发展,综合实力明显增强。随着物质财富不断增多,社会生活质量也不断提高,由解放初的贫困到实现温饱再到小康生活,成都人民的生活不断迈上新的台阶,社会生活的现代化进程主要表现在:

(1)收入水平提高

——1949年到1952年,随着中国进入国民经济三年恢复期,成都市城乡市场开始复苏,城乡人民开始过上舒心的日子。到1957年,成都市城市居民家庭人均年可支配收入为224.4元,与1951年相比,增长1.79倍,年均递增18.65%。与此同时,农村居民生活同样改善,1957年与1949年相比,农民人均纯收入年均递增8.7%。

1958年到1976年,由于"大跃进"和"文化大革命"的影响,成都市的经济在时起时伏中艰难前进,人民生活则出现倒退、徘徊。1958年到1978年,城市居民人均可支配收入年递增仅为1.05%。

——改革开放后,随着全国经济建设形势的好转,成都市的社会生活现代化建设步伐不断加快,城市的生活质量稳步提高。

社会生活现代化进程首先体现在城乡人民的收入水平上。1978年到1999年,城市居民人均年可支配收入由340元提高到7098.01元,增长19.88倍,年平均递增15.57%,而1957年至1978年的年均递增率仅为2.0%;1999年,农民人均纯收入为2783元,与1978年相比,增长18.88倍,年均递增15.30%,而1965年至1978年的13年间只增长了20.7%,年均递增1.5%。

城乡人民收入的变化不仅体现在收入的绝对额的增加上,而且收入结构也发生了很大的变化。农民从事二、三产业获得的收入已占到纯收入的1/4强,而城市居民的收入中的其他收入,如金融性收入增势猛,从存款、股票、债券等获得的收入逐步增长。

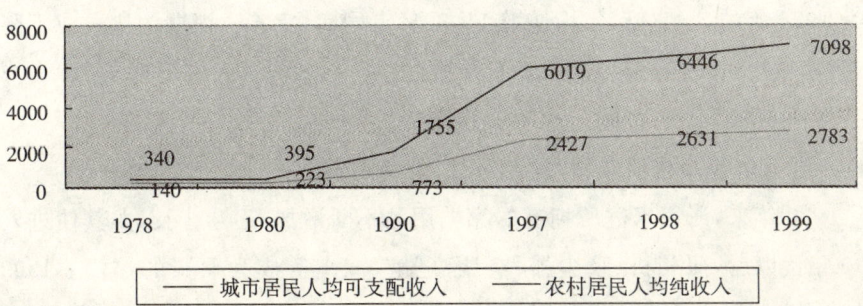

图4 城乡居民收入(元)

(2)消费市场活跃

随着商品经济的不断发展,城乡商品交易活动日益活跃,尤其是社会主义市场经济体制的逐步建立,使城乡人民的生活消费品市场日渐丰富,消费领域不断扩展,消费结构发生了极大的变化。

①食品消费数量由升到降,质量不断提高。

——1949年以来,随着人们逐渐解决温饱问题的过程,成都市的居民消费恩格尔系数在经历了一个上升区间,1978年,成都市的城市居民恩格尔系数为57.60%,农村居民的恩格尔系数为68.51%。

——1978年以后,这一系数呈现逐步下降的趋势,到1999年,成都市的城市居民恩格尔系数为43.88％,比1978年下降了13.72个百分点,年平均下降0.65个百分点,农村居民的恩格尔系数也由1978年的68.51％下降到1999年的53.61％,共下降14.9个百分点,年平均下降0.71个百分点。

与此同时,城乡居民的食品消费已经由量的增长转向对质的追求,营养、保健、方便型及消遣型的小食品等成为了城市居民的重要消费对象,农村居民对副食的消费比重也逐渐提高,而对主食的消费比重则逐年降低,食品类消费结构得到改善。

②服装消费变化较大,支出比重下降。

20年来,成都市人民的穿着款式变化加快、流行周期缩短、服装的季节性、场合化特征明显。1999年,城市居民人均衣着消费达617.75元,为1978年的11倍,年均递增12.56％,农村居民人均衣着支出为130.64元,为1978年的8.47倍,年均递增11.30％。同时,穿着占消费的比重成下降趋势,城市居民的比重从17.1下降到10.65％,农村居民的比重从13.19％下降到6.33％。

③家电等高档消费品,从无到有、由少到多。

20年来,居民家庭所拥有的家电用品不断增加,逐渐普及,尤其使进入90年代以后,照相机、吸尘器、空调、电脑、汽车等成为购买的热门。1999年,城市居民人均家庭设备用品支出为471.9元,为1978年的19.44倍,农民人均购买家庭设备用品支出为117.33元,为1978年的12.54倍。

④家用通讯消费猛增,电话等现代通讯设备进入千家万户,信息化水平逐年提高。

20年来,特别是20世纪90年代,成都市的邮政通讯业务量每年以近5成的速度递增,电话已经进入普通居民家庭。到1999年,全市程控交换机容量已达222.86万门,电话用户122.16万户。同时,电脑、互联网等也迅速进入居民家庭。

⑤金融性投入增多,结余货币持续上升。

随着收入的增加,城乡居民储蓄存款持续增加,1999年末,城乡居民储蓄存款余额达747.97亿元,为1980年的174.76倍,年均递增31.27%。80年代中期以来,城乡居民已经由相当部分资金投向储蓄存款以外的金融投资上,如购买国库券、股票、集资券等有价证券。

图5 1978年城市居民生活消费支出构成(%)

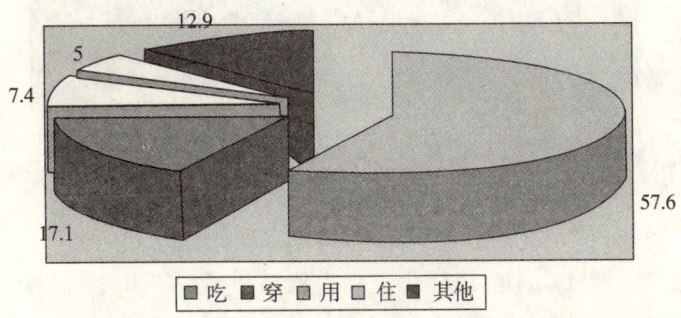

图6 1999年城市居民生活消费支出构成(%)

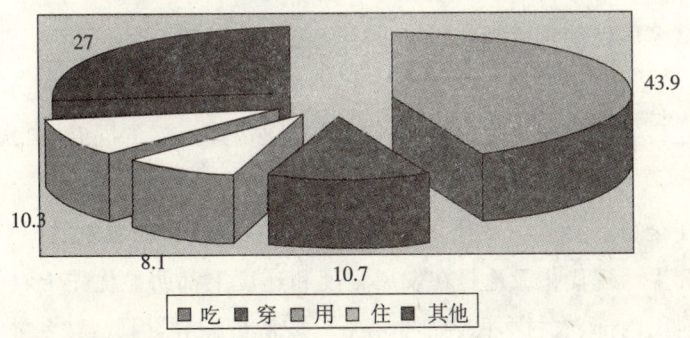

图7 1978年农村居民生活消费支出构成(%)

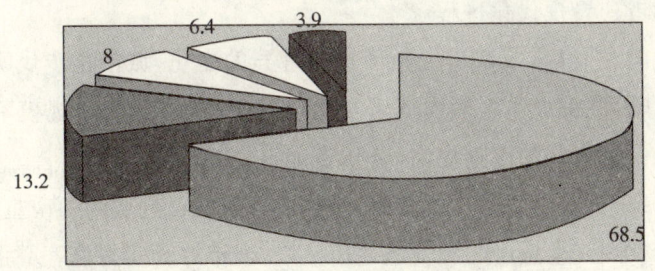

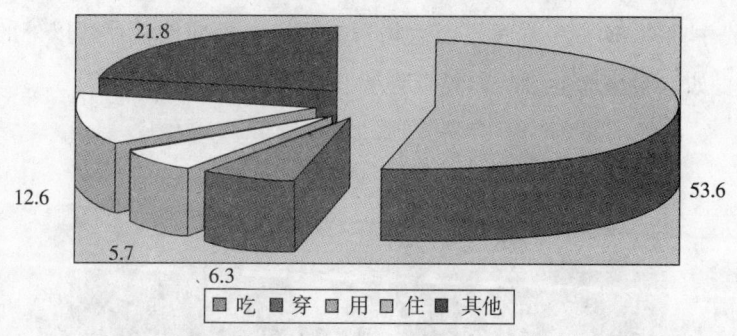

图8　1999年农村居民生活消费支出构成(%)

(3)1949—1999年社会生活现代化进程主要特点：

①这一时期社会生活现代化进程大致经历了以下几个阶段：人民生活稳定改善时期(1949—1957)、人民生活困难及水平波动徘徊时期(1958—1978)、人民生活显著提高时期(1979—1999)。

②城乡居民的生活都经历了一个从温饱向小康，再向现代化发展的过程。

③社会生活的现代化进程在一次现代化快速发展的同时，二次现代化开始起步。

④在全市社会生活现代化推进的过程中，仍然存在着发展不平衡。城市的社会生活现代化无论是在发展程度和速度上都明显优先于农村，而且在城市居民内部、农村居民内部也存在一定程度差异，因此，城乡之间、居民之间的生活水平都存在差距。

3. 城市建设现代化进程

新中国成立后，成都市发生了日新月异的变化，城市化步伐明显加快。"一五"期间，成都成为全国内地重点建设的工业城市，城市规模不断扩大，城镇人口占总人口的比重提高，公用事业和基础设施逐步改善。特别是改革开放以来，更获得了前所未有的发展，成都现在已经成为西南重要的科技中心、商贸中心、金融中心和交通通信枢纽，城市综合实力显著增强，城乡差别逐步缩小，城市的吸引力、辐射力加大，城市化的进程有了质的飞跃。到1999年，全市共含8区(含高新区)、4市、8县、333个乡镇，总面积12390平方公里。1999年末全市总人口1003.56万人,是1949年末的2倍(1949年末为501.32),其中:市区人口为330.29万人,占总人口比重为32.91%,市区人口占总人口的比重比1949年末高10.47个百分点(1949年末为22.44%)。

成都市的城市建设现代化与经济现代化同样经历了比较曲折的发展进程。

(1)城市发展

——1949年,成都市分为14个区,总面积29.9平方公里,城区面积18平方公里。1976年,全市总面积增加到3861.03平方公里,城区面积40.20平方公里。

——1983年,全市总面积12390平方公里,市区建成面积192平方公里,较新中国建立前的18平方公里,增加了9.7倍。

(2)小城镇发展

改革开放后,成都市的小城镇如雨后春笋般涌现。1994年,成都市把小城镇建设列入了议事日程,着手构建以中心城市为核心,卫星城、小城市为依托,小城镇为基点的城镇体系,加快小城镇和农村各项基础设施建设。小城镇建设以经济增长为动力,加速了社会结构、经济结构、人口结构等的分化重组,加强了镇区基础设施建设,促进了区域城市化发展。

(3)城镇人口比重变化

新中国成立前,成都经济发展落后,城镇人口增长缓慢,城市化进程并不明显。建国以来,成都的城镇人口的增长与经济协调发展,出现了快速增长的势头,尤其是改革开放20年来,人口城市化比重明显提高。

——1950年,全市城镇人口占总人口的比重为19%,第一个五年计划完成后,即达到23%,平均每年递增3.8%。1960年以后,受客观因素影响,城镇人占总人口的比重出现了上下波动变化。1976年,全市非农业人口增加到170.64万,人口城镇化比重下降到21%。

——改革开放后,随着经济体制的改革,给城市带来了发展的机遇和动力,全市的城镇人口比重逐年上升,1989年达27%,1999年末的全市市区人口达 330.29 万人，占全市总人口的比重为 32.91%。

图 9　年末总人口（万人）

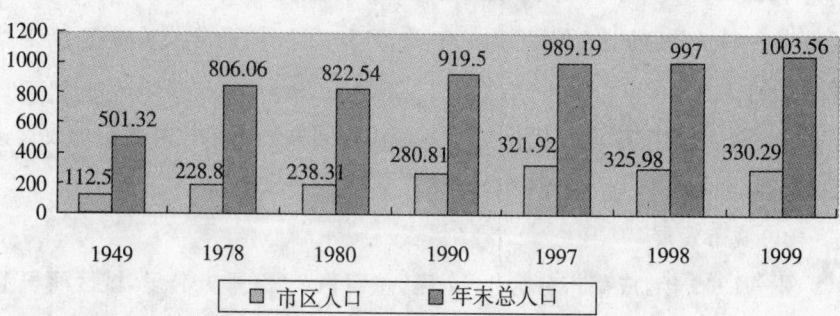

(4) 城市公益事业发展

——1949 年，全市仅有高等学校 11 所，在校学生 6763 人；普通中学 36 所，在校学生 1.96 万人；普通小学 184 所，在校学生 6.27 万人，到 1999 年末，全市共有高等学校 21 所，在校学生 10.94 万人，较 1949 年增加了 15.17 倍；普通中学 552 所，在校学生 42.18 万人，较 1949 年增加了 20.52 倍；普通小学 2601 所，在校学生 78.58 万人，较 1949 年增加了 11.53 倍。

——1949 年，全市仅有医疗机构 21 个，城乡医药卫生条件非常落后。经过 50 年，成都市已经建立了一个包括各级各类卫生机构、各种专业卫生人员组成的遍布城乡的医疗预防、保健体系。1999 年，全市拥有医疗卫生机构 1478 个，较 1949 年增加了 69.38 倍，平均每万人拥有卫生技术人员 55 人。

(5) 城市基础设施建设和城市面貌改善

——解放前，成都的市政基础设施建设十分落后。城市铺装道路总长 86.1 公里，铺装道路面积 68.9 万平方米，水厂日供水能力仅 0.6 万吨，不能满足城市生活用水，更谈不上使用天然气，城市人均居住面积仅为 3.69 平方米。

——50 年来，尤其是改革开放后的 20 年，成都市市政基础设施建设成效显著，城市居民的居住条件极大改善。截至 1999 年，全市铺装道路总长度为922公里,相当于1949年的10.71倍,铺装道路面积为1338万平方米,相当于1949年的19.42倍。全市自来水日供水能力达到152万吨,相当于1949年的253倍,全市城区天然气供气总量14.00亿立方米,城市人均居住面积10.9平方米,相当于1949年的2.95倍。

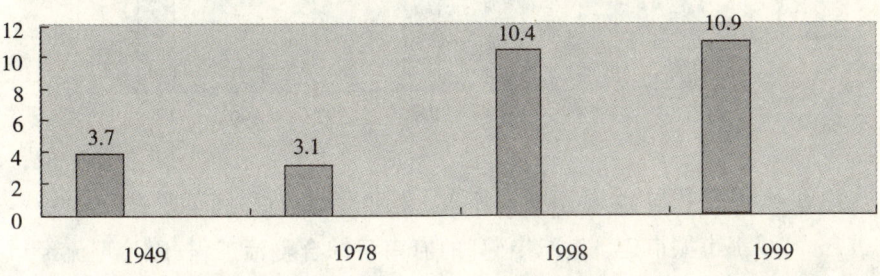

图10 城市居民人均居住面积(平方米)

50年来,成都市的城市面貌发生了巨大的变化。

——城市园林绿化由小到大,由零散到普及,从一般到提高。1961年,成都市的城市绿化粗具规模。但是,在10年动乱期间,城市园林绿化遭受巨大损失,园林绿化与城市建设极不协调。70年代末,城市绿化覆盖率仅为10.2%,人均公共绿地面积仅为1.02平方米。

——改革开放后,随着现代化城市的建设发展,成都市的城市园林建设取得了很大成绩。到1999年,成都城区绿化覆盖率为30.10%,城市人均公共绿地面积为3.5平方米,城市生活环境极大改善。

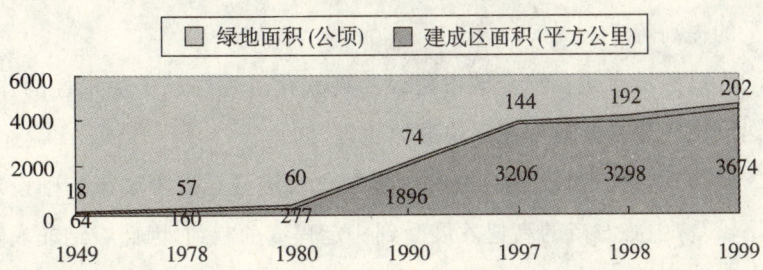

图11 建成区面积与绿地面积

图 12 公共绿地面积(公顷)

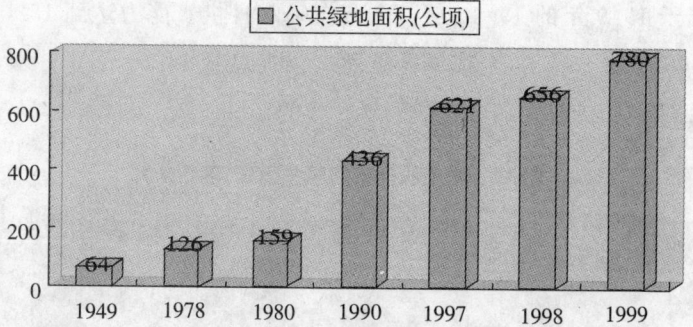

进入 90 年代后,成都市切实加大了城市建设力度,城市面貌极大改观。被誉为"成都市城市建设世纪丰碑"的府南河综合整治工程,以治理流经市区 29 公里长的河流为龙头,带动了整个城市基础设施建设、城市小区建设、城市环境建设、城市生态建设、滨河绿化等,使城市建设迈上了一个新的台阶;全长 28.327 公里、道路幅宽 40 米、双向四车道、有五座造型各异、功能齐全的互通式立交桥和两座跨河桥镶嵌其间的二环路全面竣工,以及"五路一桥"工程建设的启动,极大地改善了城市道路交通条件,提高了城市综合服务功能;完成了面积达 5 万平方米的天府广场改造工程,而今,天府广场就像一颗晶莹剔透的明珠镶嵌在蓉城的市中心。

(6)1949—1999 年城市建设现代化进程主要特点:

①城市建设的现代化进程主要体现在以下几个方面:城市发展与小城镇建设、城镇人口比重变化和乡村城镇化生活、城市公益事业发展和基础设施水平的提高等。

②人口的城市化在整个城市建设的现代化进程中起了决定性的作用。城市建设现代化主要是依托于小城镇建设。

③城市现代化建设的起点较低、进展比较缓慢。由于城市基础设施的基础比较差,中心城市的高速发展受到一定程度的制约,因此吸纳非农业产业和农业人口的能力有限,影响了城市现代化的建设进程。

④城市化进程滞后于工业化进程。从 1949 年到 1999 年,成都市的工

业总产值从 9733 万元发展到 1321 亿元,平均发展速度为 115.1%,GDP 中工业的比重从 9.7% 发展到 37.1%,平均发展速度为 106.94%;而同期的城市化水平由 22.44% 发展到 32.91%,平均发展速度为 101.93%,低于工业经济发展速度。

(三)新世纪初成都市现代化进程——全面推进阶段

从新世纪开始,成都市进入了全面建设小康社会、加快推进和全面发展现代化的新的历史阶段。

在这一时期,国家开始实施西部大开发发展战略,为成都市的跨越式发展提供了良好的机遇。

成都市按照抓住西部大开发机遇,实现追赶型、跨越市发展总体思路,提出了 21 世纪前 10 年成都市加快发展的总体目标:构建西部战略高地,基本实现现代化。为实现这一总体目标,"十五"期间要加快进程,奠定相应的基础,即:国内生产总值年均增长 10% 以上,2005 年人均国内生产总值达到 2500 美元,2010 年达到 4000 美元;2005 年第一、二、三产业增加值比例调整为 7:45.5:47.5,2010 年达到 5:45:50,高新技术产业增加值占国内生产总值的比重达到 15% 以上;调整优化城乡经济结构,2005 年城市化水平达到 38% 以上,2010 年达到 45%;城镇居民人均可支配收入年均增长 8%,农民人均可支配收入年均增长 6%,2005 年加权平均恩格尔系数降到 46%,2010 年降到 43%。

1. 新世纪初成都市城市现代化主要情况(见下表)

表 1 2000 年成都市现代化情况

编号	指标名称	标准	权重%	实际值	实现程度
1	人均 GDP	5000 美元	10	1569	3.1
2	第三产业增加值占 GDP 的比重	60%	10	45.7%	7.6
社会经济现代化实现程度					53.5
3	城市化水平	60%	10	33.14%	5.52
4	城市人均居住面积	20 平方米	10	11.6 平方米	5.8
5	城市人均公共绿地面积	10 平方米	10	2.7 平方米	2.7
城市建设现代化实现程度					46.73
6	R&D 占 GDP 的比重	1%	10	1.67%	10

续表

7	城市人均可支配收入	24000/年	10	7649	3.19
8	恩格尔系数	30%	10	46.97%	6.39
9	信息化指数	150	10	76.27	5.08
10	平均预期寿命	75岁	10	73.94	9.86
社会生活现代化实现程度					69.04
现代化总体实现程度					59.2416

表2 2001年成都市现代化的实现程度

编号	指标名称	标准	权重%	实际值	实现程度
1	人均GDP	5000美元	10	1768	3.54
2	第三产业增加值占GDP的比重	60%	10	45.9%	7.65
社会经济现代化实现程度					55.95
3	城市化水平	60%	10	34.79%	5.80
4	城市人均居住面积	20平方米	10	12平方米	6
5	城市人均公共绿地面积	10平方米	10	2.8平方米	2.8
城市建设现代化实现程度					48.67
6	R&D占GDP的比重	1%	10	1.71%	10
7	城市人均可支配收入	24000/年	10	8128	3.39
8	恩格尔系数	30%	10	45.03%	6.66
9	信息化指数	150	10	80.65	5.38
10	平均预期寿命	75岁	10	73.94	9.86
社会生活现代化实现程度					70.58
现代化总体实现程度					61.08

注：汇率为1∶8.3。

关于指标的说明：

a. 指标选取的办法：根据全面性与代表性、特殊性与可比性、现实性与前瞻性、可行性与可操作性的原则，并结合成都市的实际情况，从中外现代化研究中建立的各种各样指标体系中选取了10个最有代表性的指标，从社会经济现代化、社会生活现代化、城市建设现代化三个方面，对成都市新世纪初(即2000年和2001年)的城市现代化现状做定量分析。

b. 在所选择的10项指标中，1、2为经济现代化评价指标；3、4、5为城市现代化评价指标;6、7、8、9、10 为社会生活现代化评价指标;其中,"信息化指数"和"R&D 费用占 GDP 的比重"是主要体现第二次现代化的指标。

c. 因为所选择的是在众多指标中最有代表性指标,而且各个指标都具有不同程度的相关性,因此,每个指标的权重均为 10%。

d. 指标来源:各项指标主要来源于《成都统计年鉴 2001》和《成都统计年鉴 2002》以及相关的其他资料。

2. 新世纪初,成都市区(市)县现代化状况(见表 3)

表 3　2001 年成都市区市县现代化主要指标情况

项目 区市县	人均 GDP (美元)	GDP 的 产业构成	城(市)镇化 水平(%)	农村居民人均可支配收入 (元)
全市	1768	9:45:41	34.7	3110.88
锦江区	3219	1:25:74	87	3652.77
青羊区	3017	0.5:27:72.5	90	3621.90
金牛区	2903	1:35:64	83	3682.19
武侯区	2143	1:45:54	77	3664.80
成华区	2619	2:56:42	81	3586.99
龙泉驿区	1432	18:36:46	30	3155.19
青白江区	1404	10:57:33	23	2904.68
温江县	1654	12:54:34	28	3219.11
郫县	1777	12:62:26	20	3243.85
双流县	1574	11:52:37	18	3242.34
新都县	1515	13:55:32	24	3083.65
都江堰市	1252	16:39:46	27	3055.30
金堂县	882	21:39:39	12	2763.98
蒲江县	1035	22:44:33	14	2763.98
新津县	1260	16:48:37	19	3026.11
邛崃市	1220	16:44:40	13	2849.14
彭州市	798	26:26:47	16	3011.23
大邑县	1253	15:43:42	15	3001.37
崇州市	1317	15:46:39	14	3042.61

3. 新世纪初,成都市现代化进程的主要特点:

(1) 经典现代化程度明显提高,第二次现代化加速发展。

(2) 在工业化发展方面,以信息化带动工业化,以工业化促进信息化的新型工业化道路初见端倪,工业化的质量得到改善。

(3) 信息化已经广泛进入社会生活的方方面面,电脑、移动电话、网络等现代信息技术对人们的社会生活产生了极大的影响。

(4) 在城市建设的现代化方面,一是城市化的步伐明显加快。2001年的城市化水平比2000年提高了1.65个百分点,发展速度为104.98,高于在此之前的历年平均速度。二是城市基础设施建设力度加大,城市生态环境逐步得到改善。

二、成都市现代化进程评价

从以上关于成都市现代化进程的四个阶段的分别叙述中,我们可以看出,从19世纪末到21世纪初,成都市现代化进程的总体特征是:

(一) 具有明显的阶段性 成都市的现代化经历了一个多世纪,具有很明显的阶段特征。从19世纪中叶到20世纪中叶,是成都市现代化的起步阶段;从解放到改革开放初,是成都市一次现代化的初步发展阶段;从改革开放到20世纪末是成都市一次现代化的快速发展阶段;从21世纪初开始,成都市进入了全面现代化的发展阶段。

(二) 两次现代化同步推进 从成都市现代化的进程中,我们可以看出,成都市的现代化不同于发达国家的现代化。发达国家的城市,如纽约、伦敦等,是在进入了工业化高级阶段后,才开始第二次现代化的发展,而成都市却是在没有完成工业化,甚至工业化水平还很低的情况下,同时又拉开了信息化的序幕,2001年,成都市的工业增加值占GDP的比重为36.3%,而同期的信息化指数为80.65%,因此,成都市的现代化是工业化和信息化、工业经济和知识经济同时推进。

(三) 发展进程加快,但总体水平较低 从成都市现代化进程的不同发展阶段中,可以看出,从 1978 年,中国实行改革开放后,尤其是 20 世纪 90 年代,开始建立市场经济体制后,成都市的现代化进程步伐显著加快,发展速度明显提高。但是,从总体上看,成都市 2000 年的现代化实现程度为 59.24%,2001 年的实现程度为 61.08%,仍然处于一种较低水平的发展阶段。

(四)城市发展滞后于工业经济发展 从构成成都市现代化的三个方面,即社会经济现代化、社会生活现代化和城市建设现代化看,成都市现代化序幕是从当时社会从农业文明时代的传统城市向工业文明的现代城市转化而揭开的,而且随着现代化进程发展,社会经济的发展,尤其是工业经济的发展不论是在发展速度上还是在发展总水平上,都领先于城市建设的现代化,工业化水平高于城市化水平,社会经济的现代化实现程度高于城市建设的现代化程度。2000 和 2001 年末,成都市的 GDP 中工业的比重分别为 36.9% 和 36.3%,而同期的城市化水平分别为 33.14% 和 33.49%,均低于工业经济水平。

(五)现代化的发展不均衡 2000 年的社会经济现代化、社会生活现代化和城市建设现代化的实现程度分别为 53.5%、69.04% 和 46.73%,2001 年的实现程度分别为 55.95%、70.58% 和 48.6%。

从三个大方面看,成都市现代化三大方面发展不均衡。除社会生活的现代化实现程度高于现代化总体实现程度外,社会经济和城市建设的现代化实现程度均低于总体实现程度,2000 年和 2001 年的社会生活现代化实现程度分别比城市建设现代化程度高出 22.16 和 21.98 个百分点。

从区(市)县的现代化情况看,由于自然条件、经济基础、区位条件等因素的影响,发展水平存在一定差距。中心城市的五个城区,现代化水平普遍高于全市平均水平,近郊区(县)由于接受中心城区的辐射能力较强,因此,现代化水平高于距离中心城区相对较远的区(市)县。

从构成评价体系的各项指标的实现情况看,第三产业增加值占 GDP 的比重、R&D 费用占 GDP 的比重、恩格尔系数、平均预期寿命等指标的实现程度相对较高,而人均 GDP、城市人均可支配收入、城市人均公共绿地面积等指标的实现程度相对较低,在一定程度上制约了成都市城市现代化进程的整体推进。

三、成都市现代化现状评估

通过对成都市2000年和2001年现代化的定量分析,我们可以看出,成都市目前虽然已经开始全面建设现代化,但是,部分指标的实现程度距离现代化的标准还存在较大的差距。

——人均GDP:照2010年成都市人均GDP达到4000美元的既定目标,则2002～2010年的GDP年均增长速度要达到9.49%,照此速度,则成都市要在2013年才能达到5000美元的现代化标准。

——城市化水平:要在2010年城市化水平达到45%,则在2002—2010年间,每年的城市化水平要提高1.13个百分点,照此发展速度,成都市要在2024年才能达到60%的现代化标准。

——城市人均公共绿地面积:但从数据看,这是现代化评价中实现程度最不理想的一个指标。这主要是因为过去相当长时期对城市环境不够重视,片面强调经济建设,片面强调工业经济量的增加,忽视了环境建设,城市建设方面的欠账比较多。但自2002年以来,这方面的发展速度已经明显加快,城区内的绿化和环境整治工作成效显著,城市环境明显改善。而且随着人们生活水平的提高,对环境的重视程度也将逐步提高,尤其是工业经济发展方面已经开始实施的新型工业化战略,将对今后一段时期的城市现代化建设起到有力的推动作用。

——城市人均可支配收入:从这一指标是实现程度来看,成都市的城市人均收入水平偏低。从新世纪头两年的增长情况看,分别为7.76%和6.26%。如果按照既定的6%的增长速度,那么成都市要在2020年才能达到现代化的标准。

从以上指标的测算看,成都市要达到现代化的标准,必须在原有的发展速度基础上,进一步加快步伐,而且,还应该注意社会经济、城市建设、社会生活各方面的协调发展。

如果我们以 2010 年基本实现现代化为奋斗目标,以 2001 年实现情况为基础,则成都市在 2002—2010 年的发展速度为:

表 4 2002—2010 年成都市经济发展速度测算

编号	指标名称	标准	2001 年实际值	2002—2010 年平均增长速度
1	人均 GDP(美元)	5000	1768	12.24%
2	第三产业增加值占 GDP 的比重(%)	60	45.9	提高 1.56 个百分点
3	城市化水平(%)	60	34.79	提高 2.80 个百分点
4	城市人均居住面积(平方米/人)	20	12	5.84%
5	城市人均公共绿地面积(平方米/人)	10	2.8	15.19%
6	R&D 占 GDP 的比重(%)	1	1.71	
7	城市人均可支配收入(元/年)	24000	8128	12.78%
8	恩格尔系数(%)	30	45.03	下降 1.67 个百分点
9	信息化指数	150	80.65	7.14%
10	平均预期寿命(岁)	75	73.94	延长 0.12 岁

(课题组成员:阎星、王军、陈国阶、李霞、王吉泉、姚南;执笔:李霞)

铁饭碗之后:扩大中国安全网*

沙 琳

1. 序言

与许多东南亚国家不同,中国没有受到近几年突发危机或经济大振荡的严重影响,相反,在20世纪90年代末亚洲金融危机期间,中国保持了汇率稳定,从而加强了人们把中国视为该地区经济稳定力量的看法。70年代末以来,经过20年的解放和改革,中国实现了普遍共享的高速增长,在脱贫和保持社会稳定方面取得了显著的成就,人们公认中国是从计划经济转向市场经济的模范。这些成就,或许可以这样来看,在很大程度上,是因为它的制度机制可以使许多人在改革开始时享受到增长的好处,并能为一些最弱势的社会群体提供基本的社会保障。

因此,中国对社会安全和"安全网"的关心,不是出自减轻短期震动引起的社会冲击这一需要,而是为了在经济社会变化的渐进过程中解决新出现的或因此而加重的、并表现为新形式的弱势性。从封闭的中央计划经济向动态的逐渐开放的市场体制的这一转变,与一些国家相比是平稳的,但是也构成了对30年中央计划体制赖以存在的政治的、经济的和社会的结构与制度的挑战。许多人享有新的经济机会和较高的收入,而人口中的某些群体现在却面临着新形式的风险和弱势性,尤其是他们被排除在拥有福利制度的城市就业之外。同时,还有许多人被增长和市场的发展边缘化了,处于持续的绝对贫困之中。

---

* 感谢 Naila Kabeer, Gaqj Stiwannarat and Andrew Watson 对本文的写作做了有价值的讨论和评论。

本文旨在评估现行的福利需求,以及在中国眼下改革中为满足贫困者和弱势群体的需要而遵循的政策途径及其所遭遇的挑战。本文在做出评估时将探讨新形式的风险、弱势性和被排斥在改革过程之外的情况,探讨政府对这一过程的反映,不同群体的(变化的)需要,他们怎样通过社会提供福利的形式获得满足;以及在这些变化的环境中人民借以满足其福利需要的应对策略和资源。

本文先就中国目前的贫困状况和弱势性提出一个简要的一般看法,指出哪些群体被市场转变边缘化了或受到负面影响,哪些人的收入和生活状况最易受到损害;接着讨论中国正式的社会安全福利体制,以及在这一领域进行的改革。与本区域(东南亚)许多国家仅有有限的社会保障体制的情况不同,中国在过去的半个世纪中发展了制度化的社会保障机制。现行政府面临的部分挑战是改革和消除某些结构,因而也就减少了对一些人的义务,同时又新添了和扩大了对其他人的义务。更广泛的活动和干预为扶助持续的贫困者和弱势者提供了部分的"社会安全网"。它包括针对个人和家庭的非正式支持体系,不断扩大活动范围的中介机构、社区和慈善组织,以及社会投资在卫生和教育方面的作用等。本文在结论中将评估目前状况和供求水平,确认进一步研究和开发的领域。

2. 贫困、不安全感和安全网的需求

2.1 农村的贫困和弱势性

按照中国的统计,中国的贫困人口已从 1978 年改革之初的 2.5 亿(或 30%)急剧地下降到 1998 年的 4200 万(4.6%),每年 9% 的高速增长率有助于实现这些成就。加上低人口增长(每年不到 1.4%),人均国内生产总值几乎增加了 4 倍(Khan,1999),但是,增长过程随时间和地区的不同而不同。最快的增长和脱贫发生在 80 年代初至 80 年代末,增长率在达到 14%

的顶峰之后,至 1998 年,又下降为不到 8%。① 农村贫困人口的下降是缓慢的,不甚理想,部分原因在于不平等的地域增长模式,绝对贫困人口集中在内地各省,他们还没有进入市场,并且被发展过程边缘化了。结果加快了不平等性,这尤其表现在地区不平等方面。

在个人和家庭方面,贫困主要与个人的劳动能力和其他生产性资源相联系。大多数长期贫困人口都位于资源贫乏、基础设施不足和远离市场的内地。农村贫困者还有一些相关的贫困因素,包括低下的教育技能水平,糟糕的健康状况,劳动和土地缺乏经常性的生产资金注入等。能够挣到贫困线之上收入的家庭,由于可预防人文贫困,如疾病和文盲等,很容易返贫。甚至以前由集体机构提供的基础教育和卫生服务因市场化也抬高了门坎儿,现在反过来影响了提高贫困者能力的收入,对因克服收入性贫困而形成的收益形成了侵蚀性的威胁。例如,越来越多的迹象表明,健康状况低下已成为弱势人口贫困的主因,因为卫生开支太昂贵,或者由于失去工作而导致了疾病。实际上,问题不在于贫困的非收入性方面(指享有的社会福利——译者注)的稳定减少,而在于改革过程中明显的各种不断恶化的指标以及使用卫生、教育等基本人文发展资源的明显下降。家庭贫困进一步加剧了现行社会文化准则导致的不平等,家庭成员之间不平等的资源分配强化了其他形式的不平等。尤为显著的是贫困地区失衡的性别出生比率(低女婴和高意向生育),抛弃女婴和不断增长的就学性别差异。

中国政府的贫困地区扶贫政策定位在家庭一级,以提高他们的生产能力为主要目标,其目的在于增进经济活跃和生产力。大多数贫困者可以得到各种措施的帮助,这些措施便于他们取得生产性资产(如小额贷款),或者增加其现有资金的生产力(例如通过基础设施的改善),但是无助于因年老体弱、健康不佳或残疾而不能劳动者以及缺乏生产性资源者,这些群体,尤其是老人和残疾者,需依赖家庭社会或国家直接的转移支付。

---

① 参见 World Bank 1997, 2000 and UNDP2000 的最近数据和关于中国贫困和不平等的研究。

除一度作为扶贫政策重点的"传统"贫困地区外,新形式的贫困和弱势性来自转轨环境——这是由改革而不是由不改革造成的(Cook and White, 1998)。在农村地区,非集体化,市场自由化和卫生教育服务的实际私有化侵害了集体安全网。对市场的高度依赖使集体安全网必须面向市场和价格的变化,尤其在农产品方面。许多人担心这种趋势将随着走向全球经济的整合而加重。一些著作对加入WTO可能意义做了初步研究,认为从事某些农作物(如大豆)的农民不可能具有全球竞争性,他们的选择机会甚微——或者转向其他作物,回到更基本的以耕作为生的方式,或者脱离农业。[1] 许多人已经因基础设施的建设和开发项目而重新安置,他们常常失去有助于其生存战略的社会关系。与贫困相关的新社会问题日益扩大成为环境污染、吸毒和艾滋病等,这些新形式的弱势性反映了这样一个现实,贫困不再集中在特定的地理区域,或容易分辨和确认的人口群体,这就需要采取更广泛的更灵活的干预政策来保护贫困弱势群体。

3. 劳动市场的重建和城市不安全

改革初期,传统贫困几乎完全是农村现象。对许多城市居民来说,经济安全是由他们所在单位保障的。但是后来,劳动市场的调整和国有企业的改造落后于其他经济成分的变化(TVEs)。造成这种情况的原因是,20世纪80年代政府推迟了更困难的国有企业改革,使农村乡镇企业获得了迅速发展。20世纪90年代初以来,不安全——尤其对城市工人来说,但也包括离开农村的民工和流动的打工者——主要来自失去工作和(国有企业工人的)基本福利因国有企业改造而受到的侵害。乡镇集体工业部门增长放慢,进一步限制了消化失业者的能力,新劳动力的进入和流动工人导致了新类别"弱势"人口的出现。这些人有劳动能力,但是找不到工作。他们以前一直在政府救助和社会帮助的范围内。大批失业者的出现是一个严重的城市

---

[1] 访谈:Zhang Xiaoshan。

问题,这就需要我们认真反思一下社会安全和社会帮助的正确机制。

失业下岗工人的数据表明了城市不安全的趋势和程度。正式登记的城市失业工人从1993年的420万上升到1998年的570万人,增长36%。正式失业者只占全部失业者的一小部分;下岗工人和流动工人抬高了总量,尽管统计数字是可变的。1998年,登记的失业下岗工人估计达到1400万人。Hu(Hu,1999)认为,1998年正式城市失业者、下岗工人和城市流动民工中失业者三部分估计数加总,使失业者数量约在1540万至1640万之间,而实际失业率则达到7.9%—8.5%。城市不安全的增加是普遍的,但是受失业影响最严重的地区是东北重工业基地和贫困的内地省份,如甘肃、陕西和贵州。

工作不安全的增加使人们越来越关心城市贫困问题。但是,我们缺乏关于城市贫困的性质和范围的系统数据。[①] 失业和城市贫困可能是相互联系的,直接联系还不好说,按五等分组的收入水平表明,低收入的城市居民中的不安全增加了。根据城市价格和生活水平调查资料,37.5%的城市家庭在1996年经历了收入下降,而在最低五等收入最低一等中,54%的家庭经历了收入下降,而在最高一等中,只有3.8%的家庭经历了收入下降,1997年,60%的最低收入家庭经历了收入下降,而最高收入家庭只有20%经历了收入下降(SSB and MOLSS,1997,1998)。同样,Khan(1999)发现,1988年和1995年之间不仅城市贫困者的数量增加了,而且城市贫困者平均收入不足也增加了40%,他们的实际生活水平下降了。1997年以来,由于增长减缓和失业上升,这些趋势也更加恶化了。还需说明,地区贫困和城市贫困之间是互相关联的。城市贫困者不成比例地分布在贫困地区的城市中,在这里,人均收入水平比城市居民平均收入低30%,而80%的城市贫困者生活在这些地区,在福利机构由本地筹集资金的情况下,这种分布意味着社会提供福利或安全网。

与劳动市场的变化相联系,80年代开始了更大的人口流动和急剧发展

---

① 关于城市贫困更详尽的研究,见Cook 1999a。

的移民潮。这一运动对制度结构提出了挑战,不同的水平服务是以居民和就业为基础的。这还造成了进入城区的大量移民,他们基本上被排除在许多社会服务和社会支持之外,如保健、住宅和子女教育等。同时,城市原有国有部门雇员的流动性,他们对不断变化的经济环境的反应能力,以及寻找其他就业岗位的能力仍然受到社会安全福利不可携带的限制,扩大社会保护的选择机会,尤其在中国城市中,必须从现存的僵硬性和急剧的变化两个方面来考虑,这两个方面决定了中国就业体制的特点。

3.1 人口结构的变化

其他重要力量与经济改革过程所形成的互动形成了转轨的社会后果,这需要我们予以关注。中国正处在人口结构剧烈变动的时期,人口的迅速老龄化和只生一个孩子的政策结合在一起,引起了赡养照顾潜在的老龄弱势群体这一长期问题,中国决策者近来非常关心这一问题。人口老龄化受长期趋势的驱动,这与前改革时代减少婴幼儿死亡率、提高平均寿命的健康成果有关,也是中国计划生育体制的更直接的结果。在人口的年龄结构中,60岁以上的人现在占10%,预计2025年这一比例将达到12.5%(Zhan,1999)。目前只有25%的老年人拥有养老金,而大部分老年人,尤其在农村地区,则由他们的家庭供养。养老负担的承受力,发展最快群体高龄老人(85岁以上)的医疗费用的上升,落在年轻一代身上的赡养老人费用的增长,受到越来越多的关心(Xiong,1999)。①

但是,重要的是,应从更广泛的人口趋势中观察老龄化问题。例如,Hussain 指出,"……绝对期和相对期老龄数量的增多……不仅是人口转变的后果……雇用不断增长的劳动力在以后 20 年或 10 年内仍然是最大的问题。"(Hussain,1999:6-8)依赖比例合并了儿童依赖和老人依赖,看护费用——无论赡养老人还是照料教育儿童——怎样在家庭、社会和政府之间分担,社会安全体制在其中所起的作用,是一个重要的问题。目前,优先考

---

① 这还推动了新政治力量的崛起,Shang xiaoyuan 将其称作"老龄化政治"。

虑的问题是怎样通过社会安全体制的改革建立更有力量的养老医疗体制，其关注重点仍然停留在哪些权利能够得到满足，老年人的基本安全网能够覆盖到什么范围，有些人的权利因企业改革而受到侵害，一些费用负担（尤其是医疗保健）被转移到了个人和家庭身上。同时，官方正在酝酿反对年轻一代的"道德下滑"，因为他们没有履行照顾老年人的责任，其结果是在城市家庭中形成了新的不确定性和压力，人们被迫更加依赖自己的日益不安全的财力。

3.2 贫困、依赖和弱势性

上述经济和人口的压力以不同方式影响了不同的群体，如移民、老年人、农业生产者和城市工人等，在这里，我们可能区分出三大"短缺"范畴（尽管有重叠），这些范畴是通过不同的政策响应而表达出来的。

• 贫困一般用来说明长期的或绝对的农村贫困者，他们是政府生产性扶贫项目的主要目标，尽管不断出现的新的转轨性贫困正在受到关注。

• 依赖一般被用于描述缺乏劳动能力的人，如儿童、老年人和残疾人。在缺乏家庭支持的情况下，这些人是民政系统的传统救济对象，被视为国家赡养的合法接受人。

• 弱势性不易定义，作为贫困状态的一部分（Kabeer，2003），也可以用来描述为数众多的可能因生活受到冲击而被迫跌入贫困的"近于贫困者"。性别、种族差别和年龄等代表弱势性的标志与其他范畴的特点是交叉和互动的。某些群体因他们的家庭或抚养人谋生艰难尤可被视为弱势的。这些人可能包括慢性病人或残疾人、女孩、孤儿和弃婴（主要是残疾婴儿或女婴）。弱势性也许能通过考查产生不安全的过程而获得最好的理解（Devereux，1999），这些过程可能是渐进的——安全、权利和资源（人文、环境等）长期受损，市场环境的变化（例如影响到失业者和丧失以前养老金的老年人和失去医疗服务的残疾人），经济危机、自然灾害和只影响个人或全家的遗传病等单独或同时引起的突然冲击等。在中国环境中，渐进的转轨过程对一些群体造成了不安全感，使他们不能应对突然冲击。事后转移支付对解决根本问题无济于事,应当事先创造减少风险和弱势性的条件,并在收入和消费方面附之以应对冲击的支持措施。

4. 满足需求:变化的供给系统

4.1 术语和概念

safety nets(安全网)一词被广泛地用于指称享有社会支持或帮助的最低权利的公共规则,其通常做法是维持直接消费。中国不常用这个词,但在文字上可译为社会安全网。我们通常用它来指称基本社会保护的政府规则,并特指社会安全和保险主干体系之外的人们的救济(Tang,1998;Zhu,1999)。但是撇开这一特殊用法不谈,发展文献围绕安全网的一些争论反映了目前中国关于社会福利规则的研究。

安全网是20世纪80年代以来发展文献共同讨论的问题,90年代又作为世界银行新贫困议程的第三项(the third prong)与强化密集增长与基本社会服务条款(intensive—intensive growth and basic social service provision)并列(World Bank,1990)。安全网受到关注,很大程度上因为人们已经意识到,调整和动员计划正在把难以承受的费用强加在某些人口群体上,同时,没有提供相应的补偿机制保护弱势者。因此,安全网被等同于一系列的干预:创造短期工作机会,公共工程基本服务项目的投资,社会救助,对弱势群体实行转移支付以应付震荡和普遍利益的变化(补贴和卫生教育的广泛投入),以及各种指标措施(Cook and Devereux,1999)。项目类型及其目标的演变也有迹可循:需求引导的社会资金,①被集中用于提高生产能力和开发目标(不是用于纯粹的救济),以及世界银行最近所强调的重点,即把社

---

① 社会资金以社区投入的方式支持了本地的积极性;这些资金是受需求驱动的,采取了与本地分享利益的形式,具有分散化的特点,提供了不同于政府转移机制的另一种有效的选择(Narayan and Ebbe,1997)。但是在拉美,评估这类资金的成效,需要持谨慎态度(e.g. Tendler,1998;Stewart and van der Geest,1995)。

会风险管理作为社会保护的新措施。①

上述安全网项目具有局限性,他们通常被用来吸收权利崩溃(如失业)造成的冲击;进行救济而不是开发;支持短期消费而不是减少长期贫困或弱势;治标不治本。这些局限存在于中国和亚洲的其他地区。② 在这里,人们主要关心从危机的短期事后反应转向建立社会保护的事先承受机制和稳定机制,将其纳入更广泛的经济过程之中。亚洲开发银行采用了一个更广泛的概念,"社会保护"。它包括指标安全网项目,但是强调设计更完整的"配套政策项目,以促进有效的劳动市场,保护个人抵御谋生风险……为个人提供市场机制失灵时的支持平台"(ADB,2000)。③ 这一方式所体现出来的措施,是增进性的(改善实际收入和能力)和保护性的(试图避免剥夺,或减少风险),并且是更狭义的保护或补偿措施,这应成为安全网干预的重点(Kabeer,2003)。

"安全网"一词,除用于描述特定的干预之外,还用于描述贫困家庭赖以应对逆境的一系列非正式机制和支持体制。泰国发展研究所在一项关于亚洲危机社会后果的研究中指出"一般来说,亚洲国家没有发展'西方式的'社会安全网。通常情况是实行有限的强制补偿"……因此,这些亚洲国家的弱势群体往往主要依赖于家庭和社区提供的非正式的传统安全网。因此,问题在于这些传统安全网怎样才能运行良好,在经济社会条件不断恶化和家庭资源不断下降的情况下,它们将受到怎样的侵害。(TDRI,1999:10)非正式机制与公共项目之间的关系涉及更多的问题,有些问题,如公共转移支付"排挤"私人的程度,为该文献所关注。这些问题将在以下章节中论述。

安全网是中国政策话语的组织部分。就这一点而言,安全网通常被描述为正式福利体制的延伸。改革的总体方向是扩大社会保险体制的覆盖

---

① 社会风险管理被定义为"公共措施,旨在帮助个人、家庭和社区管理收入风险,减少弱势性,改进消费的平稳性,以分享利益的方法提高公正性,推动经济发展"(Holzmann and Jorgensen, 1999:3)。还可参见 Siegel and Alwang,1999。

② 见 Suwannarat and Kabeer 的论文。

③ 关于社会保护方式及其概念更综合的评论,参见 Norton et al.(2000)

面,并附之以一种试验性的、没有捐赠者的社会帮助项目。作为政府政策的一项职能,社会保护和安全网可以视为计划经济的遗产,在结构上包含在更广泛的经济政策之中,但是政府正在把许多以前由它承担的福利职能返还给社会和家庭。许多亚洲国家正在试图采取新的保护措施,而中国则同时面对双重任务,既要缩减已有的福利规则,又要把一些利益扩大到以前被排除在外的人身上。从这种观点来看,旧福利体制的遗产是有益的,起到了一种先驱作用,有助于探讨改革和扩展体制时所面临的挑战,有利于实现安全和满足基本需要。

4.2 改革前的遗产

中国正式的福利体制是从50年代发展起来的,在一定程度上支持了国家在为它的人口提供基本福利方面所取得的成功,极大地改善了社会发展的各种指标,如提高了人民的文化水平和平均寿命。改革前的福利体制与经济组织是一体化的,表现为收入分配的平均主义,生产分配的集体组织,并与救济机构的体制相结合,保证了多数人口最低的经济社会需求。因此,社会福利是经济政策和经济计划的内在部分,不是分离的多余部分。许多现行的社会福利和救助项目都是改革前体制的遗产。

改革前体制尽管提供了一定程度的社会保护,但是也把一些形式的排外制度化了,在不同权利的人口群体之间划出了一条明确的界限,尤其在农村居民和城市居民之间、国有部门和其他部门之间。这一体制的主要特征是,城市工人(及官员)可以享受安全的"铁饭碗",而其余居民——没有工作单位的少数城市居民和大多数农村居民——只能享受可怜的社会救助。这一界限已被转轨部分地侵蚀了,但是仍然排斥着一些群体的权利。因而,改革社会安全体制和扩大安全网,当务之急是必须考虑肢解已有结构的(财政的和政治的)代价,重新分配相对优势群体的利益。

1949年后中国城市福利体制的建立是以劳动非商品化为前提的,它为城市居民提供了全面终身就业的保证。国有单位的好处包括教育、医疗、住房和养老,这些好处有助于新的共产党国家在50年代赢得政治支持和政权稳定。从1951年到1966年，中国建立了有关国有企业雇员社会安全的基本法律框架，它覆盖了疾病、伤残、生育、养老，以及劳动部、工会和企业提供的其他好处。从1966年"文革"开始，几乎4000万政府和企业雇员被纳入这一社会安全体制之中。但是在后来的10年中，劳动部和工会的工作中断了，社会安全项目成为企业的责任，改革开放以来，企业的社会安全职能逐渐向外转移了——近几年这一过程正在加速进行，因为大量而全面的单位福利保障越来越被证明是不可靠的。表1反映了我们对城市福利体制和负有财政福利责任的主要机构的总看法，这涉及下一节所叙述的目前改革的情况。

在国有单位保证的安全之外，福利规则总是有限的，可以分作两个基本部分——适用于特定群体的定期社会福利和适用于困难家庭的临时社会救济。50年代最初建立的规则适用于缺乏工作能力的人，如孤儿、老年人和缺少家庭、收入或其他资源的残疾人（所谓"三无"），按照民政系统的规则，这些人在理论上应达到当地平均生活水平。[①] 在当地被定为贫困户和特贫户的家庭可以不定期地获得现金或实物的帮助。属于这一类的农村和城市居民都可以获得社会救助。在城市地区，它曾是一种只覆盖极少数没有工作单位的人的残留体制，对于农村居民来说，它曾经是，现在仍然是来自国家的主要救助资源，此外还有农村集体经济提供的基础医疗和基础教育，以及预防医疗和公共医疗的干预——这些项目对改善农村福利和安全起到了关键作用。

总之，这一时期建立了为现行体制打下基础的社会保障的良好框架（见表2）。它包括社会保险、社会福利、社会救济和"社会优抚"。"社会优抚"提供的好处针对为国家做出贡献的特殊群体，如战争时期的老兵、革命烈士家庭。还有一种组织完善的救灾体制。这些单独的项目针对特定的受益人群体，涉及不同类型的偶然事项，以不同的机制运作，可以由不同机构来执行，它们与反贫困干预明显不同，虽然受惠人可能常常是同一人。

---

① 1995年修订了救助"五保户"的条款。

4.3 社会安全规则的改革

70年代末以来的改革过程具有多种意义,对城乡居民的福利和安全产生了不同的影响。80年代初期公社体制的瓦解使农民迅速地适应初级市场经济以及医疗教育等社会产品的市场化。相比之下,城市的铁饭碗在很大程度上却明智地保存下来了,80年代只在劳动分配及相关的利益方面搞了些零碎改革。但是最近,政府对这一体制进行了深化改革,这次改革又是以相对忽略农村福利部分为代价的。

最近发起的改造正式社会安全体制和扩大基本安全网及社会救助项目的行动,是由两个因素共同推动的。一是人口基本生活水平的承诺,二是承认社会发展与经济发展的关系,也许更重要的是承认社会稳定以及政权合法性最终依赖于纠正转轨造成的负面社会后果,90年代末特别强调了对社会稳定的关心,这促使1999年9月中央政府表示要在50周年国庆之前大幅度地提高工资、养老金和救助水平。

4.4 城市改革——"完善"体制

1997年,政府部门的改革受到新的关注,同时出台了大规模的企业改造项目。但是,更有效的参与全球竞争的企业体制正在引起巨大的转轨剧变,相当多的人丧失了就业及相关的福利供给(包括养老金、住户、医疗和教育)。公开失业的急剧上升和迁徙性流动劳动力的不断增长所引起的社会稳定问题,意味着必然尽快从根本上改造社会安全规则。因此,90年代中期以来中国集中了各方面的力量试图把企业的社会责任转移到社会保险机构和社会方面,在一些情况下还转移到政府方面。

改革的目标是建立综合社会安全体制和解决转轨成本,其重点领域包括:

- 发展与企业相分离的失业保险体制;
- 提供劳务市场服务,培训和支援失业工人和下岗工人;
- 医疗部门的改革和医疗保险体制的建立;

- 发展养老基金体制；以及
- 最低生活保障的救济体制。

城市安全的框架在过去几年中已经出现了，正处在发展过程中，现在它包括三个层次，但是预计将来会减为两个：

- 社会保险安排——包括养老、医疗和失业。80年代中期开始了养老改革的先行试点，其目标是分离企业的经济职能和社会职能，把养老责任转移到"社会"或社会保险方面，这一过程被称作"社会化"，即由雇主、雇员共同承担，建立统筹和个人账户。① 社会保险项目还覆盖了工伤生育领域。这些项目是由中国劳动和社会保障部管理的。

- 救助下岗工人——包括基本生活补助，养老医疗支付和失业保险基金，其资金来源，原则上由中央政府、企业和社会保险基金共同承担，企业的再就业服务中心负责实施。但是在实践中，实际受益的符合条件的工人数量似乎太少，尽管缺乏可靠的统计数据，救助下岗工人被视为企业改造最关键时期的过渡措施，以后几年将逐步停止执行。那时，下岗工人将成为失业者（即切断他们与自己单位的联系），开始接受失业金（如果合乎条件的话），或者救济。这一转变过程还有一个重要目标，就是发展劳务市场，进行职业培训和就业帮助，实施再就业。中国劳动和社会保障部主管这些工作，但是其他相关政府部门也承担就业任务。②

- 家庭经济状况调查——新体制的第三个层次是家庭经济状况调查的

---

① 养老医疗体制的改革是政府优先考虑的问题，搞了许多模式和试点。但是这些项目的资金和管理仍成问题。养老金从基本的现付现收制（PAYG）到基金积累制（funded scheme）的转变成本很高，而在医疗方面运用保险机制却不会给医疗体制的供给方造成什么大麻烦（PAYG, pay-as-you-go，指用当代的劳动者缴纳的养老费支付退休劳动者的养老待遇的制度安排，当年提取，当年支付完毕，不做任何积累，是劳动者代际间收入转移和实现收入再分配。而基金积累制则是指一个养老金计划的参加者，通过他和他的雇主在其工作期间的缴费，把一部分劳动收入交给一个集中的可用于投资的基金，等参加者退休以后，该基金再以投资所得的回报向他兑现当初的养老金承诺，是劳动者工作期间的部分收入转移到退休期间使用的制度安排。在这种机制下，保险金的给付取决于保险基金的积累和投资收入。——译者）。

② 第二层次后来在2000年逐步停止执行了，因为下岗工人根据不同的情况归入了失业保险或家庭经济保障。

社会帮助(无需受益人缴款),它为人均收入低于当地规定的最低生活保障线的家庭提供了基本生活补助。这项工作于 1993 年开始在上海试点,1996 年开始在全国城市推广,现在政府已明确表示要把它推广到农村。资金主要来自地方政府预算,贫困地区和企业改造艰难的东北工业地区可以从中央政府获得一些转移支付。市民生存安全的有关规定于 1999 年 10 月 1 日开始生效。尽管规则要求所有城市和城镇都要执行最低生活线,[①]但是执行起来问题不少,从官方数据中可以看出,1999 年只有 281 万城市居民从政府手里拿到了生存补助,总共 19.69 亿元人民币。

许多官员和研究者认为,现行再就业办法和最低生活保障项目体现了中国政府对城市不安全和贫困增长的最重要的短期回应。[②] 尤其是,基本生活补助的"最终安全网"被公认为是向最弱势的城市居民提供更大安全的重要的第一步。与更慷慨的行政性综合社会保障项目不同,它还被看做具有向农村地区扩大的潜在功能。目前正在进行多种形式的试点,因此这些项目在申请条件、受益人的评估方式和资金来源方面存在很大差别。[③] 一般认为阻止项目扩大和增效的原因是缺少资金,但是 Tang 等人在最近对一些城市试点经验所做的研究中认为,组织和管理问题是最大的问题。他们强调了项目实施所引起的管理和目标等一系列问题。他们根据上海、武汉、天津的调查认为最初规定的生活标准太低;[④]补助类型的多样化(现金、实物和凭证等)增加了不必要的复杂性;覆盖面尽管原则上普遍适用于特定收入之下的所有人员,但是实际上受限制;没有包括应当合格的群体。受益渠道的增加与再就业相联系,获取补助的条件是"工作"[⑤],其目的在于减少依赖(这种担心似乎来自铁饭碗的遗产),推动一定程度的受益人自行设定

---

① 中国民政部救灾救济司司长李本公的报告(《中国日报》2000 年 4 月 4 日)。报告确认一些地区因资金不足,不能向所有合格的申请者提供补助。
② 访谈:Ding Yuanzhu, Yang Tuan, Tang Jun。
③ 见 Tang et al. (2000) and Yang and Cook(2000)的详述和评估。
④ 1999 年 9 月前提高了 30%。这是基于政治的考虑,没有依据生活水平的分析,因此可能提高太快,阻碍了(由于地方财政预算的约束)受益人数量的扩大。
⑤ 原文为 workfare,相对于 welfare(生活福利),指干活才能拿到福利。

目标。Tang等人还认为培训不足使官员们无法处理体制的复杂性,不能满足补助对象的需要。符合补助条件的人声称他们很难获取相关信息,云南省的一项研究报告指出,在大城市之外的许多人不知道生活补助和他们的权利(Peng,1999)。

尽管目前的改革项目存在初期的问题,但是似乎应当对此持乐观态度,它有可能发展成为有效的安全网,形成其他救助项目得以发展的基础。理想的办法是把目前的收入消费帮助扩大到教育医疗福利领域。① 中国正在研究把这一体制扩大到农村的可能性,地方资源将是主要障碍。现在,少数城市还把长期移民工人包括在这一体制之内,但是一般移民群体仍被排斥在城市居民的许多福利之外,如住房、子女入学等。

4.5 农村人口的福利和安全网

农村人口很大程度不受上述正式福利体制改革的影响,多数改革没有扩大到农村。优先考虑城市地区也许反映了历史惯性、强大的政治现实、企业改革的紧迫,以及土地可以为农村人口提供基本安全网的固有观念。决策者经常以这种方式提到土地,拿它与国有企业单位的"铁饭碗"相对照。尽管这两种体制提供的保护程度存在很大差别,但是拥有土地的权利提供了一个忽略为农村人口和城市民工建立其他安全网的理由。

对于大多数农村人口来说,土地仍然是基本权利,它和劳动结合在一起,仍然是农民赖以生存的主要资源。甚至在离开土地就业和移民已成为重要收入来源的地方,维持与土地的纽带——这种纽带通常是由留在田间劳动的家庭成员维系的——对于许多农村户口的非农劳动者来说,仍然是基本的消费保障。在国家和集体摆脱许多福利职能的情况下,虽然土地仍然是重要的最低安全网,但是,土地保障的局限性却需要充分认识。在土地稀缺的地区,土地再分配很少发生,当家庭规模随时间推移而发生变化而分

---

① 访谈:Yang Tuan。

配日益呈现不平等状况时,一些家庭无法再通过土地谋生。① 在其他一些地方,农产品价格下降而税负和集体提留又没有同等下调,使农业生产日益无利可获,这一状况还可能由于更大的自由化而更加恶化,在许多农村地区,由于农村企业的发展放缓,而城市失业又迫使民工回到农村,那么,这些地区吸收额外剩余劳力的能力便会受到限制。

表2大致反映了社会救助的主要项目,其主要责任在民政系统,这些干预比较零碎,其规模和范围有限,在资金上依赖当地集体(乡镇)企业或家庭摊派(见 Cook,1999b),本地筹集的资金用于救助贫困户,支持教育医疗,供养残疾家庭和孤寡老人,甚至还可以用来建立养老之类的保险事业,政府和集体组织提供的农村福利只限于农村人口的 2.4%,在城市地区则有 90% 的覆盖率。农村福利范围只限于最低的救助水平,是出于这样一种假定:生活保障的主要资源可以自给。

财政的分散和有赖地方资源,意味着基本服务的水平和质量在地域上极不平均。一些地区的地方政府建立了支持和补贴地方福利的创新机制,他们经常使用来自乡镇企业的利润,或者允许福利机构搞经营以增加政府收入。现在,农村富裕地区搞了一系列社会安全项目,包括最低生活保障(如上述),医疗预付制度和养老金等。相比之下,贫困地区的政府却没有发展企业的机会,筹集额外资金的能力有限,除非向已经很穷的家庭征收,或者向上级政府和境外机构要钱(Cook,1999b)。由于缺乏不同地区和不同级别政府之间的再分配机制,市场过程导致的不平等将进一步加剧,因此基本的社会投入受了威胁。

由中央政府和省政府提供部分资金的干预是独立的,属于官方扶贫或减贫项目,这些项目往往具有地域限制,强调生产力的提高,并且被定位在县或乡镇一级,而不是家庭——尽管这种情况近几年正在发生改变。这类项目由国务院下设的扶贫办公室负责,完全与民政部的福利救济项目相分离。特定的干预包括贴息贷款和农业投入、培训、小额贷款和以工代赈项

---

① 笔者的研究:《湖北和贵州》,Hubei and Guizhou,1998。

目。① 这些项目虽然不属于中国社会安全体制的考虑范围,但是仍然具有明显的"促进福利"功能,在一些场合,它们类似于"生产性的"或增进的安全网,但是,许多项目受到了严厉的批评,因为资金没有落在农户一级(小额贷款除外),并且特贫村和特贫户的资金被转移了(Huang,1999)。因此,这些项目虽然在原则上为经济发展提供了更好的环境,但是他们没有必要帮助贫困户参与或享有经济发展的好处,而且,这些项目似乎不考虑预期受益人的需求和选择。最近关于跨部门扶贫项目的一项研究指出,参与者明确选择教育工程作为扶贫工作的关键;然而政府却把教育作为次优项目,他们更强调直接的生产性活动。

也许正因为农村地区很大程度上被排除在正式的社会安全结构之外,又因为无法废除以前确立的体制,所以创新试点更容易出现在保险领域。这些试点一般是由政府领导的,尤其是由民政部领导的,包括养老和农产品试点,以及按照以前的合作医疗体制重建医疗预付体制。引入养老金和老龄保险的试验计划在民政部指导下于 90 年代开始铺开,从 1998 年起这项工作又被移交给了新成立的劳动和社会保障部。早在 1986 年,国务院就决定开展农村社会安全试点,优先考虑发达地区的农村养老。1991 年 1 月,民政部根据已有的经验在许多县开展了试点,下发了《农村养老制度的大纲》。资金来自个人缴款或集体资金。1997 年年底,2008 个县建立这项制度,覆盖了 8280 万人(占农村人口的 9.6%),积累资金超过 140 亿元。至 1997 年,55.79 万名农村老年人开始收到养老金,当年支付总额达 3.15 亿元(MOCA,cited by Zhang,1998)。养老制度,同农作物、灾害和医疗预付等其他农村保险制度一样,在发达地区相对运行较好,尤其在一些地区,支付直接来自集体资金而不会成为农民的直接负担。在最贫困地区,支付能力可能是一个问题。更经常出现的问题之一是支付意愿:贫困地区的农民常不理解保险事业的性质,不信任实施机构,无论是政府还是人民保险公

---

① 这里不详述有关这些项目的研究和评估,但可以参看 Zhu and Jiang(1995,1996)以工代赈的著作,以及 Zhang and Rozelle(1999)关于小额贷款的著作。

司。①

4.6 发生的问题

许多问题来自社会福利供给机构和人员的上述评论。这里只做概述,第七节再做进一步的研究。

政府的兴趣是"完善"社会安全体制,把社会安全作为平衡国有企业改革的工具,维持社会稳定,减少国家成本。降低安全标准要经过协商,少数人现在才包括在标准之内,这么做的目的是把安全范围扩大到基层,尤其是城市基层,但也要逐渐地扩大到农村人口的基层。在这方面,中央政府和地方政府面对着资金约束和资源需求的竞争,由此产生了选择筹资机制和把其他"社会"力量引入福利供给服务的动机。

在资源受限制的环境中,与所有的社会福利干预一样,定位问题——以及在已定位的干预和普遍干预之间的协商——产生了。与此相关的问题是再分配和公正:资源是否应该重新分配到最需要的地区,或者地方政府是否应该依靠自身资源实行福利水平与自己经济发展程度的协调。目前,后一种主张占上风。毫无疑问,被经济改革边缘化的人(农村人口和非劳动力人口)同样被排除在社会安全范围之外,看来政府正在研究如何把安全范围扩大到农村,这么做也许很大程度是为了应对高额收费、摊派以及农产品价格太低引起的农村动荡的加剧,这些问题还可能随着自由化的深入和进入WTO而进一步恶化,至少对某些生产者来说是这样。② 但是,中央财政还没有把解决这些问题的项目列入预算。

从不同群体中可以确定各种需求,但是政府的政策分析者或研究机构的学者很少从贫困者和弱势者需求的角度提出福利供给问题。他们主要关注供给的体制和机制,常常无视体制和机制怎样同更广泛的生存战略和预期受益人的约束相联系。最近关于城市救济新项目的研究以及对减贫干预

---

① 笔者的田野调查(1998,2000),以及与北京全国医疗经济研究所研究人员的讨论。
② 访谈:Zhang Xiaoshan,Ding Yuanzhu。

和农村保险项目的评估,都存在这样的问题。深入理解贫困户的生存战略以及他们处理危机或适应经济转轨所依赖的机制,可以为设计能够满足贫困者需求的安全网和社会保障项目提供有利的基础。

4.7 非正式的信息安全网和社会保护

尽管中国政府在福利供给方面发挥了重要作用,但是覆盖面是不平衡的,安全网还不完整。相反,多数农村贫困者,民工和许多新的失业者依赖于他们自己的资源、网络和战略应对危机。关于非正式的安全网以及不同人口群体中非正式社会支持体制效果和适应力的研究十分有限。但是最近的著作有,馈赠及个人关系的人类学研究,借贷方式、互助组织和应对失业等经济震荡战略的经济学和社会学研究。[1]

研究和随机调查表明了社会支持网络的持久作用,Feuchtwang 在关于农村家庭社会支持安排的研究中强调了这种支持的作用,认为"只要整个地区不匮乏,那么对于拥有一个好的网络的家庭来说,贫困通常是临时性的。而没有这种网络的家庭,即使不那么贫困,如果得不到政府资金和政策的帮助,他们也会处在绝望之中"。(Feuchtwang,1995:157) 在城市地区,下岗工人显然首先依赖家庭、朋友或同学的支持。但是,正如一位受访者所说,具有良好关系的人不会失业,或者很容易找到另一份工作。社会网络最弱的人很容易失业。许多研究发现,直系家庭和大家庭、朋友尤其老校友、邻居,在经济事务或其他困难方面提供了不同类型的帮助。在农村地区,从这种网络中获得借款是支持医疗费和学费的主要资源。这种网络还有助于在本地尤其在移民群体中找到工作,并且有助于多次换工或提供实际帮助。家庭为减少风险、平衡收入或消费(包括收入来源和工作门路的多样化)而进行的活动,已被视为缺乏正式或非正式保险机制时的有助于"自我保险"的重要机制(Morduch and Sicular,1999)。此外,在一些地区,非正式的贷

---

[1] 参见 Yan(1994)关于馈赠的研究,Feuchtwang(1995)关于社会支持网络的研究,Xiang(n.d.),关于民工社会网络的研究。

款储蓄组织、丧葬社团和其他互助组织为储蓄、保险或消费平衡提供了更经常的机制。

毫无疑问,在富裕地区,由于市场发达,人们越来越依靠正式机构进行贷款、储蓄和保险,尽管富人也利用社会网络进行婚庆和建房。在贫困地区和贫困人口中,支持主要来自近亲近邻。这种非正式网络对付许多特殊冲击非常有效,但是不可能应对各种危机的联合冲击,因为这种冲击会同时影响多名网络成员。如果主要作物价格的下降,个别企业大批裁员或发生了自然灾害,那就要经受调整和转变的风险。这类冲击是否会导致社会资本和网络的长期恶化,而更多的弱势个人和家庭,当他们承受的压力加大时,是否被迫依赖自己的资源,在明确回答这些问题之前必须做进一步的研究。Feuchtwang还指出,"在能够动用网络资源的社会交换中丧失报答能力而产生的囊中羞涩,已成为贫困者的陷阱。只有某些其他信用……才能使一个家庭摆脱贫困,重建渠道,重新进入社会交换,从而逃离陷阱。"(Feuchtwang,1995:158)

许多著作表明,由于风险性质的变化,非正式机制的适应性可能弱化。中国对城市单位体制的改造和崩溃引起的冲击做了报道,这些报道说明了这一情况。由于社会结构和单位体制的崩溃,家庭及其社会网络承受的压力显然越来越大。一些文献常常提到从四合院到高层建筑的住房变化,认为这种变化加剧了老年人的隔绝(但是还没有看到关于这一情况的经验性研究),失业的心理压力显然提高了离婚率或家庭解体的比例,造成了新的弱势群体,如单身母亲。住房等其他福利政策还没有适应这些变化,这些个人或群体受到社会歧视,他们的需求没有被决策者认识到。[①]

不同类型的应对机制会形成不同的结果。有一些短期措施不会造成持续危险,而另一些短期措施则可能影响家庭的长期发展和适应性,如降低营养标准(尤其是儿童的营养标准),儿童辍学,或从事更高风险和社会危害活动(卖淫、犯罪)。这两种战略可以划清界限,最好把后者当作失败,采取这

---

① 访谈:中国女子学院的 Li Hongtao and Qi Xiaoyu。

种战略的人等于侵害或瓦解他们未来的生活资源(Devereux,1999)。

非正式的安全网、应对战略或保险机制不能离开更广泛的制度和公共政策环境来观察。例如,只生一个孩子的政策对家庭赡养老年家庭成员的能力造成了冲击;医疗服务的市场化与贫困户应对巨额医疗开支和慢性病的能力下降是矛盾的;基础教育的让步使适应性下降的贫困家庭失去了经济机会等。而且正如 Morduch(1999)所说,非正式保险机制本身,对于家庭进行自我保险和应对风险来说,可能成本太高效率太低;在许多场合,政府支持的正式机制,或由政府提供政策环境的市场或非政府供给可能更有效率。公共政策具有"挤出"效应(正式政策生效后便取代非正式的行为),关心贫困者生活保障的决策者不应提出这个问题,他们不应当通过政策来提高非正式机制的效率和适应性,而应当使它们的作用最少化,而不是瓦解它们。

一般来说,非正式网络为弱势者提供了更急迫的安全体制,但是它可能是一个排斥最弱势群体的体制,并且可能在最需要时效率低下。家庭内部的弱势性也可能存在,相对弱势的家庭成员(没有劳动能力),如年幼者、女性、病人等造成了家庭的成本。有关这些群体资源、网络和战略的资料不多,他们处在现行安全网之外,如民工或临时工、艾滋病人及其看护、单身母亲等,可能具有特殊的紧急需要。因此,我们必须更系统地研究和评估非正式安全网,家庭怎样应对危机,更一般的家庭消费、储蓄和保险行为,以便探讨适宜的支持机制或安全网干预,或能够代表这些群体利益的合作组织。①

4.8 政府和家庭之间:中间层次的社会保障

在正式的政府福利体制和具有非正式支持网络的家庭之间,存在着许多不同的活动者和组织,他们以各种方式向弱势群体提供帮助和保护。过去 10 年,出现了大批非政府的、非营利的慈善组织,他们或多或少与政府有

---

① Park(1999)也指出了这个问题,他写到:"中国小额资金项目在贫困地区的信用、储蓄和保险等家庭需求方面没有提供经验证据。"(p. 9)

联系,在社会福利的供给融资方面,在社会服务和安全网方面扮演着一个角色,或有这么做的潜力。此外,社区一级的地方政府也正在搞一些正式福利体制之外的又与政府紧密联系的创新活动。在这个中间领域,地方政府,社区和非政府组织的排列,提出了一个重要问题,即非政府机构在福利供给的筹资和交付方面的作用,相关问题还有治理、参与、责任等。这些将在下面讨论。

4.9 建设社区——地方政府和社区福利[①]

中国的地方政府具有不同于中央政府的活动空间,在自己的事务方面具有很大的自主权[②],在最基层,农村(选举出来的)村民委员会、城市的居民委员会[③],以及城镇街道的办事处正在适应公社的解散和工作单位不断变化的结构和角色,尤其在城市,最近的创制,对于安全网的设计定位和需要拉动的发展以及共同确认社会需要,具有积极意义。

工作单位作为城市社会组织主要单元的衰落,导致了将其职能转移到居民委员会的创制设计。就传统来说,只有城市居民身份而没有工作单位的人,是由居民委员会负责的。由于同工作单位疏远甚至断绝联系的人的数量增长,居民委员会的责任在范围上相应扩大了。80年代末在民政部指导下进行了试点,以社区福利和社区服务的方式帮助传统的救济对象和"三无人员",以及下岗工人和失业者。这项工作是整个福利社会化过程的组成部分。[④] 这些试点扩大到了非福利供给领域,这是因为服务部门不发达,同时也因为福利供给需要另外筹集资源。现在试点强调的是社区建设,结果

---

① "社区建设"和社区服务的研究来自与几个人的访谈,包括 Ding Yuanzhu, Yang Tuan, Lu Yiyi, Zhu Yang;还来自对上海、南京和杭州若干"社区"试点工程的访问。还可参见 Choate (1998)。

② 这种情况通常被描述为"分权化"(decentralized),但是"分散"(decentrated)一词可能更合适。(Tendler,1998)。

③ 居民委员会过去是间接选举的,现在一些城市正在直接选举居民委员会,例如北京已宣布从2000年6月开始直接选举(AFP,24 May,2000)。

④ 劳动和社会保障部与民政部对"社会化"一词的使用略有不同。前者的用法主要是指使企业摆脱社会保险职能,而后者用来指在更广泛的"社会"组织中造成福利供给资源。

在一定程度上混淆社区的社会经济活动和福利目标之间的界限。为了应付日益增长的下岗工人,创造就业机会现已成为采取这种活动方式的主要动机。

在本文中,社区具有行政和区划的含义,它通常由一个或联合两个或两个以上的居委会构成,因此,社区处在居委会和街道办事处之间。在社区这一级,新的或扩大的行政职能包括:(在地方民政局指导下)执行福利救济项目,提供相应服务,如社区内的和家庭的帮助,法律咨询,医疗服务,建立社区文化活动中心,组织义务劳动和维护环境卫生等。在早期阶段,社区服务由民政局负责,而现在则由许多社区一级的相关机构协调地发挥着更广泛的职能,如医疗、教育、文化、体育和公共安全等,同时,社区还通过改善人事、设备和资源提供更有效的服务。

人们最初的想法是让社区在社会服务和福利供给这两个不同的领域都能发挥作用,但是一些研究者发现这样的社区服务概念有问题,它混淆了市场和福利活动的界限。发展社区服务是为了解决不发达市场条件下服务不足的问题,但是这么做使社区脱离了更重要的社会福利或社会支持职能,研究者的另一个担心涉及"社区"的资源基础。与农村一样,由于街道办事处和居委会正常收入不足,许多街道办开办了集体企业搞创收,用创收收入支持有效行政,在许多地方,发展社区服务是为了创收,而不是为了创造福利,同农村地区一样,这种做法导致了所能提供的社区服务的性质和质量的广泛差别。因此,如果没有充分的财政再分配,富裕地区的试点成功是无法复制到贫困地区的。

尽管存在这些不足,社会保障和安全网试点的意义仍值得重视。首先,"社区"提供了需求引导的创业场所和创业结构,可以通过筹集社会资金来满足更多的社会需求。在访谈中,社区官员强调他们提供的服务受需求驱动,选举居委会,无论直接的还是间接的,都体现了更多的责任。[1] 强调社会稳定和秩序,强调中国党政结构的性质,不可避免地限制了真正的参与,

---

[1] 访谈:Hangzhou and Nanjing(杭州和南京),April 2000.

但是"社区"可以提供更大的参与空间和责任性。① 其次,这些过程有助于加强社会资本和社区支持,吸引了志愿者和地方资源,可能提供一种环境,使保险或信用项目等社会保障的新形式得以发展。社区结构还可以强加地方政府对贫困者或弱势者的识别能力,以便更好地确定救济或社会帮助目标。最后,社区可以提供一种空间,使政府和非政府或非营利组织能够更好地相互信任,在社会服务和社会保障方面进行更好的合作。

4.10 非政府组织②

在中国,非政府组织或非营利组织的作用正在急剧上升,③但是它们的规模仍然较小,活动范围受限。政府和许多非政府组织(无论经济取向的还是福利取向的)之间的差别常常含糊不清。这些组织作为资金筹集者,同时,相对于正式体制之外的弱势者来说,它们作为福利服务和安全网供给者的作用日益增强,真正独立的非政府组织的地位通常是不可靠的,他们同政府的关系非常复杂。最成功的保持了与政府关系的最大组织,实际上都是半官方的。这类组织,如"希望工程"和"中华慈善总会"(这两家基本上由政府领导),成功地动员了资源,为进一步扩大职能提供了空间。政府希望这种成功的筹资方式能够推广。在社区一级,上述政府创制有助于为更加独立的非政府活动创造更大的空间。

中国的群众组织和其他新型的慈善组织、非政府组织和志愿者组织在扶贫和福利相关活动中日益发挥着显著作用。例如,中华全国总工会为失业的城市工人开办了再培训项目,为处境艰难的工人提供了"送温暖"的救济工程。拥有广泛地方网络的中华全国妇女联合会在减少女性贫困者方面发挥了重要作用,他们支援下岗工人,实施培训和再就业项目建立帮助女性

---

① 但是应该指出,居委会的职能之一是监督可疑活动或违反规则的现象,如计划生育,以及常常被扣上"间谍"帽子的活动 (Gong, 2000; AFP, May 24th 2000)。
② 本节同 Nick Young, Ding Yuanzhu and Lu Yiyi 讨论过。
③ 参见 Young and Woo(2000); Raab(1997)。《中国简讯》(Chinabrief)定期报道非政府组织的活动。市民社会的文献也在增长,但是这里不准备讨论,除非它们与社会保障和安全网有关。

生产者的经济作物生产基地,提供信贷和农业投入要素。一些扶贫贷款是通过残疾人联合会实施的,为残疾人提供了各种形式的支持,包括资金援助、求职咨询和培训,以及医疗帮助。

现在仍然缺乏真正的社区领导的和群众性的创制活动,但是这些活动正在显露。例如,许多地方化的非政府组织开办了小型工程,如单身母亲和家庭暴力受害者电话热线,民工或下岗妇女支援中心或信息中心,这些创制有助于为特定群体提供实际帮助。由于依赖特定的财政资源(通常是国外资金)或名人以及特殊的个人关系,这些活动经常受到牵制,并且往往关注特定地区的一个单一问题,没有推广的潜力。尽管如此,这些活动对揭示因某种原因而被政府官员或社会普遍忽视的问题发挥了关键作用。

人们在评估非政府/非营利组织的发展潜力时越来越注意这些组织在社会保障领域的作用,至于这些组织如何发展,他们与政府是什么关系等问题,目前还在讨论之中。从政府立场看,这类组织的主要好处是开辟资源,他们可以进行慈善活动,搞募捐,从国际开发的社会组织中获得帮助等。利用这些资金提供的服务可以补充或填补正式体制的漏洞,非政府组织能够动员志愿者参与活动。这使越来越多的小型企业加入了建立老人之家等非营利活动。尽管这些活动很有意义,但是政府认为非政府/非营利组织仅仅是额外资源的一个来源,这种观点无法发挥这一部门的特有优势来强加它的灵活性和创新。例如,民政部认为政府应该提供一种模式(如福利之家),制定一套非政府/非营利组织可以普遍采用的标准,来扩大覆盖面。

就非政府/非营利组织本身而言,研究者认为无法评估它们的目标、工作和效果。目前,许多支持和资金都流向大型的综合程度高的组织,这些组织通常与政府有着紧密的联系,如"中华慈善总会"。这些组织怎样才能对地方需求和短缺做出响应以及怎样才能有效地利用资源,还是一个问题。较小规模的地方和社区的创制对实际需要可以做出更灵活的反应。为了发掘政府的和非正式的安全网的潜力,应该更好地研究这类组织目前做些什么,阻碍他们实现目标的因素是什么。这类组织本身需要一个更稳定的环境和更明确的政策指导,以此作为与政府建立紧密合作的基础。

5. 以社会投资实施社会保障:卫生和教育的案例

本节主要论述安全网的发展潜力以及社会投资对社会保障的关系。中国扶贫干预常常集中在生产性活动上;而医疗、教育等人文资源的投资则很少被视为扶贫项目的核心要素。从普遍的免费的体制进入服务基本私有化的体制后,享受医疗和教育以及高品质服务都要取决于支付能力。人们对人文资源投资下降的现象极为关切,这可能要付出长期的经济代价和社会代价。服务的供给、资金和质量,同个人、家庭的不安全感之间存在密切关系,这种关系表现在两个方面:一是生病和高昂的医疗开支被视为贫困的主因,而教育不足又限制了就业机会;二是儿童辍学和前述的治病防病都是针对其他经济困难的应对措施。

5.1 医疗

在卫生领域,许多家庭和个人的资源不足以应对重病的袭击。生病是贫困的主因,尤其在贫困地区。因病可以失去工作,或造成巨额医疗开支。在城市地区,卫生保健(加上失去养老金)成为下岗工人关切的主要问题,它还被当作解释国内需求下降的一个理由,因为家庭要限制消费,以防旦夕祸福。拥有固定和不可靠养老金的老年人也非常关切医疗开支。有效的保险体制,预付机制和补贴是任何基本社会保障的必要部分。目前,没有纳入医疗保险的人,如果家庭非常困难,可以从民政部门得到临时的最低支持。另外,在一些城市,中华慈善总会之类的组织可能提供有限的帮助。但是这些救济或施舍不能摆脱医疗问题引起的不安全。

除个人承担高额医疗费用引起的困难之外,还有许多问题来自医疗干预的公共福利性质。因追求创收而不愿承担没有多少酬劳的预防工作,从而导致公共医疗服务的下降,这意味着传染病的传播和微营养素不足,将给贫困地区的生活生产带来长期影响①。服务的私有化使最紧迫的需求不再是事先减少风险,而日益成为事后的应付。相反,通过防病减少健康风险以及通过某种社会保险体制资助基本医疗供给的创制具有重要意义,使家庭能够有力地应对其他不测风云。

新的创制正在实施,包括改革城市医疗保险体制,恢复和扩大农村社区医疗体制,解决后者问题,尤其需要引入保险项目,把它作为潜在的安全网机制。② 目前存在的问题不是群众支付不起保险费,而是不愿支付,因为他们对赔付制度和保险体制的结构缺乏信任。有些项目仅赔付一般家庭都能自行解决的小额医疗开支,不能赔付住院治疗。覆盖巨额开支的项目所需要的缴费水平可能超出贫困者的支付能力,而富裕社区的成员则没有兴趣参与。与(上述)其他农村保险项目一样,拥有集体资源的富裕地区通常都具有运作良好的体制。研究者还需要评估这些体制在贫困地区是否可行和持久,在什么层次上应当实行共享,以及如何理解针对特定人口群体的体制。③

5.2 教育

发展文献关注安全网,是把它当作一种传统机制来解决社会的调节费用,它假定这种调节将提高效率,推动增长和实现普遍受益。但是从市场自由化中获利的能力又以劳动者能否在日益竞争和开放的经济中抓住新的机会为前提,这种能力要求人口具有较高的教育水平,能够灵活地更换工作,接受再培训和适应不断变化的市场需求。但是,人口的贫困群体和边缘化群体甚至连接受基础教育也越来越成问题,尤其在民族界限和性别界限方面,弱势化和受排斥的问题一直在恶化。

---

① 抗药性肺结核因患者享受不起充分治疗而得到传播。这是一个被经常引用的案例。
② 政府进行了一系列农村保险体制的试点,包括农作物保险、农村养老金和社区医疗体制。一般来说,拥有较强集体企业的地区最容易获得成功,因为这些企业可以经常向试点项目提供补贴。
③ 世界银行卫生第八个项目下的全国卫生经济学研究所正在这一领域承担一些工作。参见Wilkes(2000)关于某贫困村执行项目的实例。

家庭是注重教育的,教育开支在家庭预算占据的份额很高。① 尽管家庭愿意为教育付费,但是由此产生的费用,包括学费、校服费、书本材料费以及其他各种活动经费,使儿童辍学成为短期内急剧削减家庭开支迅速而有效的途径,这也是对付其他经济冲击的一种自然反应。从官方数据中很难估计失学现状,官方数据只反映入学人数,但是来自贫困地区的调查证据表明失学比例是相当高的,尤其是女生。困难家庭可以从本地民政部门获得一些救济。这通常只包括(部分或全部)实际学费,不包括常常很高的附加收费和开支。半官方机构、非政府机构和慈善组织也提供了一些支持,最著名有"希望工程"(由共产主义青年团管理),它筹集到16亿人民币,资助了7000多所小学,使两百多万失学儿童返校。

与基础医疗一样,中国还提出了一种理论,它强调教育对发展的作用,把教育说成是关键的经济投资,是广义社会保障的组成部分,当把教育视为"消费"时,教育部门在压缩开支或危机时期通常是第一个被削减经费的部门。这种长期投资不足的代价很少被提及。人文资本投资不足导致了面对未来冲击的弱势性,瓦解了家庭应对风险的能力。当围绕安全网的话语重点从救济领域移向发展领域,从危机反应移向管理和降低风险时,应当重新研究社会部门投资作为事先降低风险和社会保障机制的作用。

6. 中国社会保障面临的挑战

中国以往对社会安全和安全网的研究,一方面发现了贫困和弱势群体的需要,另一方面看到了各种活动者,正式项目和非正式活动,共同造成了一个不完善的相对来说不协调的网络,而人们试图在这样的网络中满足他们的经济和社会需要。人民生活的复杂性增加了能够满足不同需要的干预的设计难度,尤其是农村居民需要依赖多种经济活动和收入来源。尽管如此,以往的研究仍然是有价值的,它揭示了更可靠的安全网和社会保障机制

---

① 家庭调查表明教育开支在家庭收入中占10%到20%。

在中国的发展。

6.1 程度对范围

按照政府的观点,社会保障的基本框架现在已经到位,下一步的目标是"完成和完善"体制和扩大覆盖面。而体制外的多数人则认为扩大覆盖面是不切实际的。人们公认,向城市工人提供的福利难以维持,对扩大覆盖面构成了障碍。在决策者和研究者之间似乎正在形成这样的共识,高水平的权利必须降低或撤销(如降低养老金或推迟退休年龄),以便扩大更基本供给的覆盖面。人们普遍认为向社会保险体制之外的弱势个人或家庭(通过特定的无需缴费的救济或安全网项目)提供基本保障是重要的。例如一些城市和农村地区迅速扩大了最低生活保障项目的覆盖面。但是政府关注的重点和政府资源的重点仍然是针对特定目标的福利项目,如养老、医疗的社会保险和失业津贴,以及城市地区的项目,要求关注农村福利的声音相对较弱。少数研究者正在呼吁把资源用于基本社会保障,甚至呼吁"社会发展"应当与环境保护一起成为发展的基本支柱,[①]这体现了现行做法的重要逆转,政府将留在社会保障领域发挥越来越大的作用,而个人则通过市场获得保险和服务。

扩大体制所采取的策略目标是实施最低程度的普遍的非缴费的保障项目,这有严格的资格限制,必须符合收入水平(需经家庭情况调查)和工作福利(workfare)的条件。设计该项目是为了补充其他社会安全方案,它在正式体制之外通过各种非政府组织的特别救济提供了一个更基本的安全网。家庭情况调查体制常常引起权衡和问题——合格受益者的确认,目标错误和管理费用,以及参与项目常有的耻辱,中国村委会和居委会一级的制度结构可能提供较好的目标机制。更紧迫的问题也许是这一级资金的使用能否满足已认定的需要。相关问题(尤其在资源有限的条件下)是资源分散以及运用附加合格标准的可能性,包括政治的考虑和个人关系,或以其他政策为

---

① 例如 Ding Yuanzhu 的观点(访谈)。

标准,如反对计划生育政策,可能被排除在福利享受之外。

6.2 救济对发展

发展家调或准确确定福利目标说明人们对短期补偿性社会帮助和救济的重视。尤其在农村,这种方式不如"开发性"活动、提供生产能力(如小额贷款)和"社会投资"(如医疗和教育)有效。本文主张应当更关注能明显带来积极外部性和高额社会(和个人)回报的直接生产投资。中国近来的研究把医疗和教育视为重大问题,认为医疗和教育是造成贫困者不安全感的原因和贫困的催化剂。他们认为在这一领域的投资是合理的事先措施,可提高安全,使人们更好地处理其他经济困难。同样重要的是,要看到那些不能从生产性干预或人文社会资本投资中得到福利的人。补充性支持机制——逼过转移支付或私人看护——对于依赖家人生活的人来说是必要的,而有助于家庭或个人度过危机时期或生活冲击的补偿性机制对于中国这类正在经历调整和转轨的国家来说也是重要的。

6.3 国家,市场,社会——联盟抑或对手?

许多国家的安全网很大程度上由捐赠人或外部机构提供的,政府的能力是有限的。中国有所不同,它具有相当强大的政府能力,可以领导社会保障措施的实施贯彻。政府摆脱许多从前的社会安全职能以及在服务供给和筹资方面更大程度上依赖市场和"社会",正在改变着不同活动者和社会群体的开支和利益,重新分配着福利物资与服务的筹资、生产和交付的责任。

市场依赖的道路同高安全高福利的目标之间存在矛盾。市场解放可以带来净收益,但是收益和成本的分配是不平等的。结果取决于最初的禀赋——物质的、人文的和社会的;这些禀赋又依赖同市场相联系的程度,尤其在农村贫困地区,市场是不完善、不完全的,贫困者经常进入不了市场。这些地区出现的保险机制不能有效地帮助贫困者得到稳定的收入和稳定的消费和稳定地应对偶然灾害。因此,需要通过创造或完善制度,重新分配禀赋,提高天生弱势无助群体的资产,使他们能够参与市场自由化并从中获得好处。这就需要强调事先干预而不是把目标放在事后安全网和补偿机制上。尽管这两者对于保障最贫困和最弱势者都是必要的,但是遗留的、已确定好目标的补偿措施的"正统性"应当受到挑战,政府应当通过而不是抛弃补充措施在经济过程和经济结构中发挥更大社会保障作用。

在保险和信贷市场领域,政府可以通过市场制度的强化来提高弱势群体的安全。上面已经谈了一些有意义的案例,如政府推动医疗、养老和农作物的非正式保险机制。除面临一些困难外,这些试验还值得去探讨和评估,可以同其他国家的实验进行比较。在贫困地区,信贷市场常常是不发达的。中国采用了其他国家的一些经验(特别是GB小额贷款模式),但是做了一些修改,向城市地区扩大以及从信贷到更广泛的金融服务发展(储蓄甚至保险)的潜力,值得考虑。

除了市场,中国在福利供给方面还有加强政府和各种非政府组织联合的开放空间。需要通过合作和补充来发展这些关系,并在特定的活动领域建立和利用不同类型组织的比较优势。在这一过程中,本地区其他国家的积极经验,他们的更充满活力和创新的非政府组织,可以为中国提供有益的借鉴。

6.4 谁为安全付费?

甚至发展最低限度的政府资助安全网也存在严重的资源约束。在中国现行财政分散化的体制下,可以预计未来将增加地方预算在福利基金中的份额,这将导致贫困标准、贫困范围和福利水平多样化的加重。税收筹资责任的分散化和转移在一些地区威胁着社会救助和服务供给,加重了财源不足的最贫困地区的负担。地方政府试图解决这一资源短缺的办法,是从社会汲取额外资源——通过国有企业、慈善活动、社会捐赠、抽彩活动和其他筹资活动,以及在生产和服务方面利用其他组织(非政府组织和非营利组织)和志愿者。更需要指出的是——这已超出了本文的探讨范围——财政体制的不规范,尤其是农村地区税收体制的递减性质[1]。中央财政在某些

---

[1] 见 UNDP(1999)and Wang(1997)对政府财政能力的详细叙述。

方面承诺再分配是必要的。

此外,非正式供给的"成本"需要考虑。家庭、社区和国家之间怎样分担成本?在家庭之中,个人之间,谁承担着什么成本,无论财政成本还是时间成本或其他成本?例如,不断变动的人口结构,人口老龄化,在失业时期某些人口对社会支持网络更大程度的依赖,体现了从国家到社会之间,不同社会群体甚至不同家庭成员之间的成本再分配。无论中国还是其他国家,人们没有试图分析现行安全网供给这些层面的成本和收益。

一些研究者认为整个体制与现行安全网安排之间的协调问题导致了地方政府在设计执行安全网项目方面的差别(Zhu,2000)。这就提出一个重要问题,来自中央的具有高度协调性的全国统一的体制与允许地方独创的更灵活的体制需要公平交易,但是这样也会引起社会支持的不同类型和水平。有些福利可能来自在地方一级发挥福利职能的一系列机构之间的更大协调。除民政部(它负责救济和其他社会救助支持事项的分配)外,这些机构还包括国家教育委员会和卫生部,以及城市地区负责贫困工人福利的劳动和社会保障部。另外还有群众组织和上述慈善、非政府的和志愿者机构。

6.5 谁做决定?

需要的认定和表达以及为满足这些需要的相关项目的设计,经常存在自上而下服务供给系统与地方条件和需要的脱节。这些问题在论述安全网的其他地方已经讨论过了,那里指出需求引导的社会资金的试点其目标是允许社区自行选择,参与项目设计和解决问题。上面描述的社区创制可以为中国扩大满足地方需要的责任提供基础。但是,这些活动得以进行的原因在于社会动员和社会控制力量的强大,不在于真正的参与。吸收别处社会资金的经验和中国的参与式经验,都应加强使地方需要和安排能够得到表达的机制。

参与机制可以改善治理和责任。在行政和财政分散的环境下,强大的责任机制和相对无权的"呼声"有助于减少谋生环境的不确定因素,包括腐败的负面影响和为农村贫困者带来沉重负担的摊派、收费等;也有助于形成更适合他们需要的政策。治理是权利的基础,许多补偿机制和减贫项目同社会保障项目的主要差别,是后者具有法律的强制性,而前者常常缺乏法律根据。后者更适合通过有保障的预算过程获得资金。对印度马哈拉施特拉邦《就业保障计划》的研究认为,这一安全网计划的成功很大程度上在于从法律上界定了可以运作的"权利"(Moore and Joshi,1999)。同样,在中国,中央政府的规制明确了一些救助项目的权利,包括"五保户"和社会优待项目。在理论上,当人民的权利受到侵犯时,这一法律基础赋予人民以维权的资源,为了有效地实施权利,当权利不被接受时,那就必须加强权利、投诉、控告的信息渠道。

6.6 安全网和开发:研究与政策问题

中国决策者和研究者在调整和转轨环境下没有使用其他国家通行的安全网术语。相反,中国首先关心的是发展适合的持续的长期的社会安全和社会保障项目。其他一些亚洲国家也有类似的关注,他们不把安全网狭隘地视为一种后危机反应或转轨机制,并常常对此持批判态度(Suwannarat, this volume)。比较不同的重点和环境,可以提供一种地区性的对话机会,选择不同的目标和机制来发展社会保障,加强贫困者和弱势者依赖的非正式安全网,本文还认为必须加强社会保障机制和干预的发展性而不是救济性;必须了解利用资源的制度结构和约束,这些资源决定了弱势群体谋生的安全;必须强调对社会人文资源的投资(包括医疗、教育),光凭不能获得这些资源。总之,我们认为研究、规划和政策对话是一个重要的问题。

一种大的行动项目可以包括学者、活动者和政府的论坛,其他相关的表达地区性社会安全保障以及安全网措施的相关机构,这些形式可以推动同国际机构(尤其需要关注从华盛顿到亚洲开发银行出台的新办法)就地区需求、重点和观点展开的对话。发展这种对话的起点可以是考察所选的现行创制,客观地理解这些创制在不同环境中是怎样运作的,为什么这样运作。还需要指出,安全网干预的潜在领域包括两个,这常常需要分开来说。一是围绕经济资产不安全和谋生而产生的问题,二是与治理和市民社会相关的问题。下面将论述这些研究领域和能够用于中国或某一地区的政策相关活动。

7. 资产和谋生安全

安全网和社会保障活动的目标是提高谋生安全,减少风险,使家庭能够更好地处理冲击。达到这些目标需要更清楚地理解贫困和弱势家庭依赖什么样的资产和资源保护自己,避免和应对不同环境下的冲击,并从冲击下恢复过来。这些类型包括,例如,物质资源,经济资源,自然资源,人文资源,社会资源和制度资源。① 开发一种能够更好分析家庭谋生策略的适当框架,有助于设计安全网和社会安全机制,使之能够更紧密地联系贫困和弱势群体的需求和约束。

· 人文和社会资本证据表明　人文和社会资本对家庭具有重要意义,可以保护他们免于冲击,使他们能够对应经济冲击并从中恢复过来。教育程度、技能水平和个人关系的好坏,有助于求职找工作,还可成为获得财政和其他资源的手段。但是决策者如何对待教育和医疗的社会投资,还需要经验的证实和理论的说明。在这一领域,可以以一个地区或一个国家为范围进行研究并提出政策建议。

与家庭谋生、资源,尤其是他们的社会资本相联系的,是非正式安全网的性质和弹性。这些安全网在多大程度上受到转轨或危机环境的损害?他们有多大作用,能否获得政府的支持?家庭对困难事件的反应和对策是否破坏了这些社会网络的长期弹性?这些研究对于设计安全网具有重要意义。

跨地区研究的一般特点是强调劳动市场和就业。就业对于一些群体变得越来越不稳定,而就业安全及其利益的取得日益受到经济开放程度的威

---

① 农村的谋生方式在环境许可的条件下已经发展起来了,它是能够在这一条件下发展的。参见 Scoones,1998。

胁。在中国,农村居民和民工没有安全保证,而"非正式经济"可能发展成为不受保护的部门而被排除在现行正式福利体制之外。中国需要从本地区其他国家学习更多的经验来解决他们更多的城市劳动力没有受保护的问题。应当探讨本地区经验交流与合作的方式,以扩大工人的保护范围,为达此目的需要采取适当的劳动登记措施。

上面已经谈到,人口的许多部分(包括临时工,民工和移民工)仍然被排除在社会安全和保险项目之外。发展小额贷款可以为探讨非正式的以群体或社区为基础的保险机制提供基础。小额贷款可以建立在现行非正式互助保险和互助组织的基础上,可以从现行小额贷款干预和现行农村保险项目中汲取经验,并且与他们并行发展。

• 不断变化的人口结构　不断变化的亚洲人口结构和人口老龄化,是一种跨地区的新挑战。可以充分比较不同国家的反应和对策,形成整个地区的经验。

• 弱势的性质　弱势的性质,以及被视为弱势的群体,是随经济和社会的变化而变化的。一些群体由于被主流制度边缘化了,又由于他们的禀赋和能力不足,仍将在风险和不确定因素面前表现为弱势。不同国家和文化环境有不同的弱势群体。安全网的一般创制不能用于详细分析对这些群体的干预,但是可以考察其弱势为什么没有被确认那些群体,为什么他们在有的国家以某种方式受到了污蔑,而在另一个国家却能得到处理(如寡妇、性服务者、艾滋病人和单身母亲)。汲取其他国家的经验可以观察不同环境中的需求观念和关于弱势的观念。

8. 治理和参与

• 安全网　安全网供给通常被视为与经济安全、资产保护和直接消费有关,本文所做的地区研究强调社会保障的一般机制,强调医疗和教育的社会投资。这个问题涉及国家、市场和社会之间的一系列问题,以及三者在减少风险提高安全性方面的各自作用,因而与治理和公共政策有密切关系。

• 社区服务　中国社区服务的经验提供了一个观察领域,可以与其他地方的经验进行比较。虽然中国官方把社区服务视为对需求的反应,但是这种反应基本上自上而下的,而非政府组织则被派去承担个别任务。泰国等国家的经验是需求引导社会资金或社区改造的创制,这种经验可以用来比较分析不同机制,更有效认识地方层次的需要和参与性决策。

• 分权　本地区共同关心的问题是更大程度的分权。虽然这些国家的分权存在极大的差别,但是它们都假定分权,改善治理,更大的责任性和透明度,减少腐败,最终达到更好的社会效果,是有联系的。这些联系在多大程度上得到经验的支持,什么样的干预可能提高良性的联系,是否需要更细致地考察分权的社会保障,并不清楚。我们应当先考察一下分权的效果。

• 非政府组织　非政府组织的作用以及他们与政府的联系,在中国仍然是一个敏感的问题,但是中国强调社会服务,可以使我们做进一步的研究。考察其他国家非政府组织在转移支持、筹资、社会安全网设计、呼吁弱势群体和边缘化群体中的作用,可以为中国提供具有积极意义的模式,扩大非政府组织在福利领域的作用和活动空间。

以上问题表明了地区活动的可能领域,中国在这些领域的创新以及存在的问题。通过经验比较可以改善和发展这些创新。

9. 境内活动和伙伴

中国不断成长的学者队伍关注把社会发展和社会保障提交政府改革的议程。以下几大类的活动机制正在取得相应的效果:

• 研究;
• 强化研究能力,制度能力以及政策分析;
• 政策建议以及影响决策过程;
• 试点以及评估现行政策创新;
• 支持非政府组织的活动,研究福利领域的非政府组织和非营利组织。

不断扩大的各种组织,包括政府的、学术界的和非政府的组织,目前正从事与社会福利有关的活动和研究,研究能力正在成长,这需要得到支持和重视。在政府内部,各级机构都承诺通过转轨来解决由此产生的问题,尤其承诺要从以单位为基础的福利保障转向以社会保险为基础、以救济和社会保障为补充的体制。学者和研究团体提供了一个讲坛,用于争论、分析和批判政府及非政府组织实施的各种方式和试验。本文提到的一些重要机构和走访过的人员中,清华大学非政府组织中心、中国社会科学院社会学所、北京大学社会学系、新成立的北京师范大学公共政策和社会发展研究所的研究者为发展这一领域的对策研究打下了坚实的基础。下一步的工作是确认其他非政府部门的活动者和合作者。

在国际合作层面,中国有许多从事社会福利和社会发展项目的机构。[①] 许多高层干预支持政府减贫和社会保障改革活动获得了许多高层干预,如世界银行对扶贫办公室地区减贫项目的参与;联合国开发计划署在贫困地区实施的小额贷款项目;养老医疗保险的社会安全改革和再就业培训项目的工作(World Bank,UNDP,ADB)。没有多少创制明确地从事狭义补偿性干预的安全网,但是存在许多小型和地方扶贫工程(受到国际非政府组织的支持),可以把这些工作视为正在建立生产性的或福利取向的安全网。需要重新关注减贫,关注治理与贫困的关系,加强各国际机构之间的联系,把发展亚洲地区的社会保障同摆脱目前全球化过程中出现的危机结合起来。在这些方面,利用高层兴趣和关注来发展这些问题的地区对话,是大有可为的。

表1 城市社会安全体系

部门	社会或职业保险	社会救济	社会福利服务	优抚	社区互助
民政部	特种养老金与医疗金	灾害与贫困救济,最低生活标准救济项目	敬老院、残疾人福利院等;福利工厂;社区服务;福利彩票	退伍军人优待;残疾人优待;等	捐赠;邻里或单位互助

---

① 见 and Chinabrief 关于非政府组织和机构活动的材料。

续表

劳动和社会保障部	失业保险；养老金；职工医疗及相关福利	雇工与下岗工人困难补助	企业福利；再就业培训项目；劳务市场设施	—	—
人事部	公务员养老保险	公务员困难补助	公务员福利	老干部的安置	—
卫生部	医疗保险；公务员医疗服务	—	—	—	—
财政部	社会保险管理；退休金税费减免	对社会救助的财政安排；福利工厂税费减免	城镇居民补助；福利与社区服务税费减免	特别待遇基金	—
（党的）组织部	老干部养老保险和健康互利	公务员困难救助	公务员福利	老干部的安置	—
中华全国总工会	—	企业职工困难补助	对企业福利与工会福利单位的管理	—	职工互助金
商业性保险公司	集体企业与外资企业职工养老保险	—	—	—	—
公共慈善组织（非政府组织）	—	通过捐赠、志愿者或国家财政提供援助	通过捐赠、志愿者或国家财政提供援助	—	志愿者行动与捐助
企业	退休金；医疗保险；疾病与工伤保险；产假等	职工、家属和下岗人员补助	集体福利设施	—	—

表2　农村社会安全项目

项目	干预	资金来源
社会救助	● 以现金或实物支付贫困户 ● 对自然灾害的受害者以物质帮助	● 集体公益金 ● 民政预算，"社会"，捐赠
社会福利	● 对老人、残疾人和孤儿的制度性照料 ● 为残疾人提供就业服务的福利工厂	● 集体公益金 ● 自筹资金 ● 地方政府补贴

续表

社会保险	● 养老计划 ● 社区医疗保险计划 ● 防灾保险 ● 乡镇企业雇员保险 ● 国家雇员保险	● 个人缴款 ● 集体公益金 ● 雇主提供 ● 政府预算
社会优抚	● 对战争老兵、伤残军人、军属、复员退伍军人等的特别支付	民政系统和集体公益金
医疗保障	● 医疗服务 ● 预防服务（免疫和妇幼保健） ● 免疫和妇幼保健保险计划 ● 免费医疗	● 卫生部/预算划拨 ● 医疗收费 ● 集体公益金
其他	● 互助储蓄/信用社 ● 最低生活保障 ● 其他幼托、敬老活动等	● 个人缴款 ● 国家预算和集体公益金 ● 集体基金

引用文献：

胡鞍钢:"跨入新世纪的最大调整：中国进入高就业时期"，《中国国情分析研究报告》，中国社会科学院－清华大学，1999。

唐钧 等:《城市扶贫问题与最低生活保障制度研究报告》，提交"城市贫困问题研讨会"的报告，北京:2000 年 3 月。

Choate, A., 1998. Restructuring the Neighborhood. *Chinabrief*, vol. I (3) (November).

Cook, S., 1999a. Urban poverty: from iron rice bowl to safety net. *Chinabrief*, vol. II(4) (November).

Cook, S., 1999b. Creating wealth and welfare: Entrepreneurship and the development state in rural China. *IDS Bulletin*, 30(4)(October).

Cook, S. and Devereux, S., 1999. Does social policy meet social needs. Paper prepared for conference on *Revisioning Social Policy for the 21st century*, IDS, Sussex(October).

Cook, S. and White, G., 1998. The Changing Pattern of Poverty in China: Issues for Research and Policy. *Working Paper*, No. 67, IDS, Brighton.

Devereux, S., 1999. Making Less Last Longer: Informal Safety Nets in Malawi. *IDS Discussion Paper 373*, IDS, Brighton.

Feuchtwang, S., 1995. Social support arrangements among households in rich and poor villages: Some preliminary results of an enquiry, in R. Krieg and M. Schadler, eds. *Social Security in the People's republic of China*, Hamburg.

Gong, S., 2000. The pension area and the Chinese context. Sheffield University(draft).

Holzmann, Robert and Steen Jorgensen, 1999. Social Protection as Social Risk Management: Conceptual Underpinnings for the Social Protection Sector Strategy Paper. Social Protection, Human Development Network, World Bank.

Huang, X., 1999. Ground level bureaucrats as a source of intensification of rural poverty in China. *Journal of International Development*, II, 637—648.

Hussain, A., 1999. *Social welfare in China in the context of three transitions*. London: London School of Economics.

Kabeer, N., 2003. Safety nets and safety ropes, in Sarah Cook et al. *Social Protection in Asia*. New Delhi: Har-Anand Publications Pvt Ltd.

Khan, A. R., 1999. Poverty in China in the period of globalization: new evidence on trend and pattern. *Discussion paper 22*, International Labor Organization, Geneva.

Moore, M. and Joshi, A., 1999. Between Cant and Corporatism: Creating an enabling Political Environment for the Poor, *IDS Bulletin*, vol. 30 (4).

Morduch, J. ,1999. Between the State and the Market: Can informal insurance patch the safety net? *The World Bank Research Observer*, Vol. 14 (2):187—207(August).

Morduch, J. and Sicular T,1999. Risk and Insurance in Transition: Perspectives from zouping County, China in Aoki M. and Hayami, Y. ,eds. *Market and community in Economic Development*. New York: Oxford University Press.

Narayan, D. and Ebbe, K. ,1997. Design of social funds: participation, demand orientation, and local organizational capacity. World Bank, Discussion Paper 375.

Norton, A. et al. ,2000. Social protection concepts and approaches-implications for policy and practice in international development. Dept. for International Development London(Draft):London.

Park, A. ,1999. Banking for the Poor. *Chinabrief*, vol. II(2), May.

Peng, D. ,1999. Study finds urban poor unware of entitlements. *Chinabrief*, vol. II(4), December.

Raab, M. ,1997. Non-governmental social development groups in China. Study prepard for the Ford Foundation, Beijing.

Scoones, I. , 1998. Sustainable livelihoods: a framework for analysis. *Working Paper*, No. 72, IDS Brighton.

Siegel, Paul B. and Jeffrey Alwang, 1999. An Asset-based Approach to Social Risk Management: A conceptual Framework. *SP Discussion Paper*, No. 9926, World Bank (October).

SSB and MOLSS, 1997, 1998. *China Labor Statistical Yearbook*, China Statistical Publishing house.

Stewart, F. and van der Geest, W. ,1995. Adjustment and Social Funds: Political Panacea or Effective Poverty Reduction, *Employment Papers 2*, International Labor Office, Geneva.

Suwannarat, G., 2000. Safety nets in Asia: addressing exclusion, challenging orthodoxy, Study for Ford Foundation.

Tang, J., 1998. the Final safety net: Framework of minimum livelihood security for urban residents. *Social Science in China*, 1:117—128.

TDRI, 1999. *Social Impacts of the Asian Economic Crisis in Thailand, Indonesia, Malaysia and the Philippines.* Thailand Development Research Institute, March 1999.

Tendler, J., 1998. The Rise of Social Funds: What are they a model of? MIT, Cambridge, MA(Draft).

UNDP, 1999. *China Human Development Report: Transition and the State.* China Financial and Economic Publishing House.

Wilkes, A., 2000. The Function of participation in a village based health pre-payment scheme: What can participation actually do? *IDS Bulletin*, 31—36. (January).

World Bank, 1990. *World Development Report 1990: Poverty*, Washington DC: Oxford University Press.

Xiang, B., n.d., Mimeo. "Zhejiang village" in Beijing: Creating a visible non-state space through migration and marketized traditional networks.

Xiong, Y., 1999. Social policy for the elderly in the context of aging in China: Issues and challenges for social work education. *International Journal of Welfare for the Aged*, Vol. 1: 107—122(September).

Young, N. and Woo, A., 2000. *An introduction to the non-profit sector in China*, Charities Aid Foundation.

Zhan, J., 1999. China grows older. *Chinabrief*, vol II(2)(May).

Zhang, X., 1998. Who will take care of the rural elderly and sick people? The current situation of social security reform in rural china. CASS(unprocessed).

Zhang, L. and Rozelle, S. , 1999. Assessing the impact of poverty alleviation through micro-credit programs: a case study of Yilong county, Sichuan Province (Draft).

Zhu, L. and Jiang, Z. , 1995. "yigong-daizhen" in China: intensive-intensive public works in poor areas", *Development Policy Review*, 13(4)349 —370(December).

Zhu, L. and Jiang, Z. , 1996. *Public works and poverty alleviation in rural China*. New York: Nova Science Publishers, Inc.

Zhu, L. , 1999. Safety net and poverty alleviation programs in the economic transition of China, Paper presented at the international conference on *Economies in Transition at the turn of the Century*, Macau Institute of European studies.

(作者:Ms. Sarah Cook   E-mail:c/o y. zhang@fordfound. org 译者:罗燕明   联系地址:北京地安门西大街旌勇里胡同8号   当代中国研究所   邮政编码:100009)

乡镇体制改革研讨会观点综述

吴理财

2月27日—29日,由香港乐施会资助,由教育部人文社会科学重点研究基地华中师范大学中国农村问题研究中心主办的"乡镇体制改革研讨会"在湖北武汉市举行。这次会议对乡镇政府的去留(地位、性质和职能),乡镇内部权力结构的重组和优化,乡镇选举方式的改革和创新,乡镇财政问题,乡镇"七站八所"的改革及农村社会中介组织的培育和发展,县乡村整体关系的调适,以及村民自治、农村税费改革背景下农村基层民主政治建设、发展和乡村民主治理等问题展开了热烈而深入的研讨,其主要观点综述如下:

一、乡镇政府何去何从:地位和性质

随着农村经济体制改革,我国农村基层政权组织形式实行了"政社分开"、建立乡政府和逐步推行村民自治的重大变革,从而形成了以"乡政村治"为主要特色的农村基层治理格局。诚如张厚安(华中师范大学中国农村问题研究中心教授)所指出,这一治理格局在当时的历史条件下,对于加强乡镇政权建设,维护农民权益具有重要的积极意义;然而,随着我国农村基层民主的进一步发展、社会经济体制的全面转型,尤其是农村税费改革的现实需要和"三农"问题的日渐凸显,对乡镇体制进行适应性改革不但非常必要而且十分迫切。项继权(中国农村问题研究中心教授)甚至认为,目前的农村基层政权主要面临着财政、合法性和组织的三重危机,尽管其间乡村组织也进行了多次以"精简"为主要内容的行政机构改革但是始终没有从根本上改革它的权力结构、运行机制及其功能和职责,触及它的权力来源等深层次问题,有限的改革很难取得成效。事实表明,现存的农村基层治理体系及方式已经不能适应变化了的农村经济基础、社会环境和政治条件,重新构建新的农村治理体制已成为当务之急。

与会代表也普遍认为,乡镇体制已经到了非改不可的地步了!然而,对于乡镇政府的去留及其功能和地位,人们却意见分歧,大致有三种观点:

第一种观点主张对乡村治理进行结构性转换,实行"县政、乡派、村治"。例如,徐勇(中国农村问题研究中心教授)认为乡镇始终没有成为一级完备的政府,而是事实上的县级政府的派出机构。在这种情况下,它不但难以有效整合乡村社会,甚至在压力型体制下,它为了完成上级政府的硬性任务,不得不采取各种形式将行政责任进一步下延,造成村民自治组织的行政化,加剧农民负担,激化干群冲突,影响乡村社会的稳定和发展。再从历史上来看,传统中国政权仅止于"县",乡一级也仅仅是具有行政功能的组织而已,县以下主要实行"乡村自治"(当然,这种自治也只是在总体上集权统治网络之中的有限的民本性自治)。

因此,将乡镇政府改为县级政府的派出机构,形成"县政、乡派、村治"格局,可以建构一个高效廉价、国家与乡村社会良性互动的治理体系。贺雪峰、董磊明(中国农村问题研究中心教授、副教授)还从农民的合作能力和乡村秩序方面,对"乡派镇政"改革思路进行了进一步论证。何开荫(安徽省政府参事)认为中国的政府层级过多,不但要虚化乡镇一级,还要虚化地市一级,最终使我国从五级政府变为三级政府。

第二种观点主张,国家行政权力逐步退出乡村,在乡镇一级实行社区自治。于建嵘(中国社会科学院农发所副研究员)认为,目前的乡镇体制主要存在着利益、体制性冲突、人员拥塞、财政困难和行为腐败等问题,导致干群关系紧张,乡镇政权组织处于从农村获利和维护农村安定的两难之中;乡镇体制的改革必须顺应近/现代化"官权退、民权进"的历史发展要求,推行"乡镇自治"。作为改革目标的"乡镇自治"是一种社区性自治,它不同于历史上建立在保甲制基础上的那种"地方自治",而是以现行的村民自治体制为基础,却又不是村民自治的简单延伸。具体而言,就是撤销现行乡镇政府建制,建立新型自治组织;健全并强化诸如公安、工商、税收、计生和教育等县级政府职能部门设在乡镇的派出机构;充实和加强村级自治组织;大力发展农村中介组织;开放农会等农民利益代表组织。从这种意义上来说,乡镇体制其实不是一个改革的问题,而是一个重建的问题。然而,对于这种既非群众性自治又非地方自治的社区性自治,吴卫生(湖北省社会科学院研究员)表示难以理解。张鸣(中国人民大学教授)则认为晚清以降推行的乡村自治是把隐性的乡绅自治显性化,其实质并非现代意义上的民主治理形式,而是国家政权向下延伸或扩张的过程(即政权结构化),主张"乡镇自治"并无历史根据。另有学者怀疑"乡镇自治"式改革在目前情况下的可行性和可操作性。

尽管如此,大部分学者还是认为,目前的乡村民间力量太弱,不利于乡村社会现代治理的根本转型。李昌平(香港乐施会代表)甚至认为,现行乡镇体制问题的根源是乡村社会的官方权力过剩、民间权力衰落。因此,乡镇体制改革的关键是将官本位体制转变为民本位体制,核心是过剩的官方权力要退出乡村社会;在不断扩大农民权益,努力提高农民组织的同时,积极稳步推进"乡镇自治"。

第三种观点主张,在保留乡镇一级政权的前提下进行体制内的改革。可是,在具体的改革路径选择上人们的意见却又不完全一致。潘维(北京大学国际关系学院副教授)认为"加强基层政权才是我们努力的方向",因为政权延伸到乡村社会的每一角落,乃是构成全世界所有"现代社会"的基本前提;正是因为有了基层政权,中央政府的一切政策才能落实到每个具体的农村公民。因而,作为我国政权基石的乡镇政府的发展方向不是所谓的民主化,而是行政化、公务员化和法治化。而吴理财(中国农村问题研究中心副教授)却认为,乡镇政府的改革,不在于"建设"与"改革"之间的区别,也不在于"强化"或"撤销"与否,而在于它的性质,职能的根本性转换和结构性优化,即建构一个什么样的政权组织——是威权式还是民主式,是支配性还是合作性,是传统的管理(控制)型还是现代的治理型?基于乡村组织历史发展的逻辑要求和现实的治理需要,他提出了"国家"与乡村社会相融合作的改革思路,即实行"乡政自治"(一种地方自治形式),将乡镇政府改造为"官民合作"组织。徐晓军(华中师范大学社会学系)认为,现行乡镇政府的科层制组织方式不符合乡村社会的实际,将这种过细分工的科层制改革为粗分工基础上的乡镇长负责制,同时合理开发乡镇行政组织内部丰富的网络关系资源,组成精干、高效的乡镇组织队伍,不失为一种现实性改革方案。针对以上这些迥异的乡镇改革思路,来自农村基层的同志提醒学者们在提出或设计各种改革方案时更注意可操作性,不要太理想化;要注重理论与实践紧密结合。个别同志还提出了分步改革的策略,逐步推进中国农村基层民主政治的发展。总之,与会代表基本上都同意乡镇体制改革不要"一刀切",各地可以根据本地的实际情况进行改革,在试验的基础上,不断完善,然后逐步推广。

除了这些整体性改革意见以外,李远行(安徽大学副教授)还认为有必要厘清当代中国农村基层组织的性质。当前概括农村基层组织性质有两大基本观点,即"大共同体本位"和"小共同体本位",然而它们在解释实际的农村社会组织建构时都陷入于困境之中。研究农村基层组织必须注意到"国家"与地方在互构和博弈中建构了彼此的相对关系;惟有在此基础上,培育农村利益组织,改革乡村体制,才能真正达致国家在乡村社会的"善治"。

二、分开还是合一:内部权力结构的优化与重组

在内部的权力配置上,现行的乡镇体制主要存在乡镇党委权力太大、政府权力分散、人大权力过弱的问题,以致在实际的权力运行中,"党政不分"、"以党代政"现象十分严重,一个必然的结果是,党的基层组织自身被行政化而变成乡镇行政管理机器的一部分,成为乡镇行政管理的另一个实在主体。权力高度集中于乡镇党委,乡镇党委事无巨细地干预乡镇行政工作,严重地影响了党组织的形象,表面上看,似乎乡镇党委很有"权威",实际上却削弱了党的政治领导作用和法理权威。尤其是在干群关系紧张或冲突中,党的基层组织不但不能有效调解这一冲突,甚至直接卷入这一冲突,成为农民群

众抗争的对立面。而乡镇人大权力的边缘化,使之不能对乡镇行政进行有效的监督和制约,缺乏监督的权力难免不会腐败变质。当前,乡镇行政上所存在的种种弊端,与缺乏有效的民主监督制衡机制不无关系。

显然,"党政不分"、"以党代政"除了体制性原因以外,最重要的还是由于乡镇组织受到乡村社会的直接影响以及乡村工作的实际需要,它们不可能完全严格按照各自的功能职责行事。项继权认为,既然在实际的权力运行中党政难以分开,倒不如依从法制和民主的原则,农村基层党组织党员和干部通过选举的方式担任乡镇政府或其他组织的领导人,进而实行"一肩挑",无疑更具合理性和合法性。但是,其前提只能是经过民主选举、推荐及考核等程序和规定,获得人们的认可和授权,才具有合法性。同时,应确定乡镇人大应有的权威地位,明确党的基层组织依法行使领导权的方式和程序。

党国英(中国社会科学院农发所研究员)认为,乡镇一级没有必要设立诸多权力组织(如党委、政府、人大或政协组织等),为此他建议,在民主选举的基础上进行"议行合一"式改革,这样做既可以消除权力运行中各个组织之间的摩擦,节约治理成本,又可以提升农村基层组织的行政效率。原湖北咸宁市咸安区委书记宋亚平(湖北省委研究室副主任)也主张采取党政干部交叉任职的办法,将"四大家"合为一家,大力压缩乡镇领导干部职数和人员编制,分流党员。他还在会议上仔细介绍了"咸安改革"的经验及其成效。

李昌平则从建立乡镇"民本位体制"出发,认为党的基层组织和党直接领导下的群团组织(妇联、共青团)必须加强自身的民间性,回到民间去,成为民间组织。而党的领导就是依法领导人民选举政府、监督政府、罢免不合格的政府官员,实现党政分开,使党的基层组织做到:领导人民给政府授权但不揽权,领导人民监督政府但不直接参与政府工作,领导人民收回腐败政府官员的权力但不恋权。由党的基层组织和党领导下的共青团、妇联及其他民间组织的领导人为主组成乡镇人民议会,并由它决策乡镇的重大事务,交由乡镇政府执行。

无论是(职能上的)"党政分开"、(角色上的)"党政合一",还是(权力来源上的)民主选举,吴理财认为,其实这些改革都不能从根本上避免"党政不分"、"以党代政"的弊端,最好还是采取"异位设置",即农村基层"党""政"不在同一层级上设置——联村设置党支部(或党总支)、联乡(镇)设立农村基层党委,这样做可以使党的农村基层组织彻底地从具体的行政事务和社区性事务中摆脱出来,革除其"行政化"弊端,一心一意抓好党的自身建设,在政治上更好地指导农村基层行政工作,有利于农村基层党组织在人民群众心目中树立新威信。而且,这样还可以极大地精简乡村干部,提高农村基层组织权力运行的效率。

三、乡镇选举制度和基层民主前景

随着村民自治的进一步发展,村级直选在相当程度上冲击着乡镇选举制度。近几年一些地方在乡镇选举方式上也进行了大胆的改革探索,如四川遂宁步云乡直选乡长、深圳大鹏镇"三票制"选举镇长、山西临猗县卓里镇"两票制"选举乡镇主要领导、湖北京山县杨集镇"海推"乡镇领导人,以及四川等地推行的"公推公选"。

杨雪冬(中央编译局博士)认为,在这些选举改革中,步云乡的直选更具竞争性,而且党在整个过程中扮演的是指导者而不是决定者的角色。其他几种改革过多的把精力放在遵循现行的法律规定上,因而在制度设计上缩手缩脚,不仅存在明显缺陷,并且在操作中不时出现矛盾。在理论上,缺乏足够的理由和合理的逻辑说明少数人与全部选民的关系——少数人决定了全部选民的选择。尽管如此,它们都在一定的程度上扩大了公众的参与范围,增强了民意基础。不过,他认为"公选"在理论和实践意义上更为合理和富有操作性;同时,它也在某种程度上扩大了党的合法性基础,也是党对村民选举的某种积极回应,对于推进基层民主的发展具有重要作用。

与会代表都赞同,乡镇体制包括选举制度的改革不能仅局限于乡镇层级,要县乡村联动改革。王华(四川雅安市委组织部研究室)在会议上介绍了雅安市县级党代表直选和党代会常任制改革经验。这一改革极大地促进了党的执政方式的改变,促进了党的决策民主化。她认为,这项改革之所以取得成效,主要是有效借助了体制内的力量。谭同学(中国农村问题研究中心)通过实地调查,认为雅安改革扩大了党的基层民主,是党在新时期县乡执政方式转型的一次有益探索。同时,它也是一项农村治理资源的整合机制的创新,对县乡村三级治理体系重构提出了"强村、精乡、简县"的要求。

不过,也有人对乡村民主选举改革提出了不同的看法。一些来自乡镇基层的领导同志认为农民的素质不高,推行民主选举为时尚早。潘维则提出不要过分夸大民主选举的作用,首先,民主选举并不必然表示人民能够参政议政;其次,选举本身并不表示"人民当家作主",在代议制时代,选举不是要"人民做主",而是要人民选择"做人民之主"的人,也就是政府领导人;而且,民主并不一定就能增加政府的合法性。田力为认为,民主不能解决政府干什么的问题,政府权力的退出以及资本的跟进,将造成农村公共产品供给的缺位。而吴思(炎黄春秋杂志社)则认为民主(选举)在一定意义上是一种交易和选择,交易什么公共产品以及农民需要什么样的服务,只有农民自己最清楚,任何人都不能替代他们。张晓冰(湖北监利县教育局长)强调民主不只是选举,选举后的监督、决策和管理同样也很重要,民主是一个过程、一种程序、一套制度。

四、农村税费改革背景下的乡镇财政:撤销或加强?

最早进行农村税费改革的何开荫认为,农村税费改革的意义不在于"减负"本身,而是将农村的一些深层次问题暴露了出来,使之非改不可,同时,农民的公民权利问题提出来,并得到一定的保障。

在农村税费改革的直接影响下,乡镇财政问题日渐突出。马宝成(国家行政学院学报社)指出,农村税费改革后乡镇财政收入呈现明显下降趋势;由于乡镇政府财政汲取能力下降,乡镇政府的社会服务能力、社会规范和社会控制能力也大受影响。造成这一结果的直接原因在于旧有体制与新的农村税费制度之间的不适应,包括原来城乡二元结构所造成的城乡居民之间的税负失衡;城市偏向的分配政策造成的城乡居民之间的分配关系不平等。他认为解决这些问题,最关键的是要改革原有体制的束缚,打破城乡隔离的二元体制,给农民以真正的国民待遇,对城市居民和农民一视同仁。王习明、陈涛(中国农村问题研究中心)一方面坦承农村税费改革对乡镇财政造成不利影响,另一方面又指出,它为改善乡村治理提供了新的机遇,建议在传统资源丧失而又没有建立起现代合作制度的广大农村实行"强县、弱乡、实村"改革。张德元(安徽大学经济学院副教授)在农村调查中发现,农村税费改革后,"逼税效应"依然在发挥作用,这不仅使农村税费改革政策走了样,同时也使农村社会矛盾更加突出。应尽快进行与农村税费改革相配套的财政体制改革,加快政治体制改革步伐。

然而,对于如何解决乡镇财政问题,人们的看法却又不尽一致。朱守银等(农业部农村经济研究中心)建议取消乡级财政,建立县乡一体的、由县级财政统筹的公共财政体制;按照"政府拿钱做政府的事,农民拿钱做社区的事"的原则,严格划分公共产品供给责任。来自农村基层的彭万清(安徽省乡镇党委书记)也赞同取消乡级财政,他形容分税制财政改革后,"中央财政蒸蒸日上,省级财政喜气洋洋,县级财政拆东墙补西墙,乡级财政哭爹喊娘";农村税费改革和取消农业税以后,乡级财政更缺乏固定的收入来源,根本没必要再设立为一级财政。

针对乡镇财政问题,一些地方进行了"乡财县管"改革。党国英表示,这种改革实则是虚化了乡镇财权。他还指出了农村税费改革以后农民的分化导致新的税负不均现象,应引起政府部门的关注。张红宇(农业部政策法规司副司长)仔细分析了乡镇财政与农民负担之间内在的冲突:农村税费改革减轻了农民负担却使乡镇财政困难日形突出;乡镇财政的困境又直接影响了乡村公共产品的正常生产和供给,从而损害了农民的利益。因此,他认为前段时间禽流感在中部地区肆虐不是偶然的,恰恰是因为这些地区乡镇丧失了基本的公共服务职能(如畜牧防疫等)。

吴思认为,首先有必要弄清"吃饭财政"是谁在吃,以及这些吃财政的人是否真正为民办事。他建议可以适当减弱政府权力,不断培育和扩大农村民间力量,由它们自己来承担一部分公共产品。李昌平则列举了乡镇财政存在的一些弊端,认为乡村债务的大量存在已经在一定意义上偏离了乡镇财政的性质(供给公共产品);而权力货币化是另一个不可忽视的问题。何开荫认为,杜绝这些弊端,关键在于不要让政府权力绝对化,政府不能成为一级利益主体。不过也有学者指出,任何一种组织(包括政府在内)一旦存在,就有自身的利益诉求;消除权力寻租,端赖权力制衡机制的建立和完善。

五、"七站八所"改革与农村中介社会组织的培育

在乡镇"七站八所"改革上,与会代表的意见也有较大差异。有不少人认为,有必要重新优化组合乡镇的站所设置,理顺"条块"管理关系。项继权指出,原有的"条块分割"体制,不但造成了乡村治理的困难和矛盾,而且还使"七站八所"成为农村税费改革以后加重农民负担的另一重要根源。他建议将这些站所有的改制为独立的企业经济组织;有的则推向社会成为社会中介组织,对于需要保留和加强的部门,应打破"块块",按照精简、统一、效能的原则,重新设置专业机构,实行专业性管理。在精简和重建过程中,不搞上下对口,不搞一刀切,因地制宜进行改革。宋亚平也同意这种观点。

另一部分基层同志则认为,"七站八所"的改革和调整容易造成不必要的财产损失,滋生社会矛盾,最好是让其"自生自灭"。

也有人表示不可忽视"七站八所"的作用。邱泽奇(北京大学社会学人类学研究所教授)提醒人们,"七站八所"也在一定意义上为农民提供了公共产品,要将"七站八所"改革与发展农村中介组织有机结合起来。金太军(南京师范大学教授)也赞同这一看法,认为有些站所是纯公益性的,为农民提供公共产品,不能简单地市场化。来自安徽蒙城农村的村党支部书记彭化典建议,"七站八所"改革应"有所为,有所不为";弱化它的管理职能,强化它的服务职能;同时要改善他们的服务条件,保证工作人员的基本工资待

遇。彭代彦(华中科技大学经济学院副教授)则指出,农业也具有极强的外部性。他通过对湖北省一个镇的案例分析,强调了乡镇农业技术推广站的职能及其重建的意义。谭同学在实际的调查中意识到,乡镇体制不仅与现有的体制改革有关,还与整个国家现代化过程有关;乡镇站所体制在一定意义上也是国家当时组织农业生产的结果。他提醒人们在站所改革中不应忽视国家力量、乡村社会资源能否支撑和自主的利益性等三个因素的作用。

还有学者(如樊平)主张乡镇站所进行"招标制"改革。袁达毅(北京行政学院副教授)赞同用民主的办法来改革,由人民来选择。张鸣则提醒大家思路开阔些,提供公共产品并不一定非要由政府来承担,可以积极调动民间力量来做,例如宗族、专业协会和其他形式的 NGO 组织等,只要它们不违法都可以充分利用这些传统的、民间性资源为乡村社会服务。

此外,此次会议还研讨了乡村关系、农民组织、农民保障等问题。胡荣(厦门大学社会学系教授)以问卷调查的结果分析了现在的乡村关系状况。董江爱(山西大学副教授)通过对山西某市第六届村委会的换届选举观察,探讨了村委会选举中乡村关系的新问题,并提出了对策建议。赵树凯(国务院发展研究中心副研究员)指出改革与发展加快了农村的社会结构分化,农民的需要层次不断提升和需要结构的日趋复杂,要求农村组织体系进行适时创新,从政府和非政府组织两个方面进行推进。吴毅(中国农村问题研究中心教授)从社会人类学的角度分析了乡村关系,他认为在一定意义上乡村关系是知识分子主观建构起来的,其间存在着两种话语背景,即国家与社会关系和民主与自治之间的关系,从前者来看,乡村关系不顺责任在乡镇行政;从后者来看,乡村关系不顺责任在法理上。谈到当前农村社会的需要时,他认为"引进资本家,培育'地主'"至为重要;在这当中,政府应发挥它应有的作用。孙秋云(华中科技大学社会学系副教授)则持不同看法,认为实际上不是所谓的"话语"问题,而是政府自身的运作问题。钟涨宝(华中农业大学社会学系教授)还谈及农村社会保障制度的建设问题。另外,姚洋(北京大学中国经济研究中心)、潘维和白南生(国家体改委乡村发展研究所研究员)等与会代表还谈到了农村土地制度、乡镇企业等问题。这次会议充分体现了百家争鸣、百花齐放的学术探讨方针,取得了令人满意的成效。

(作者通讯地址:武汉华中师范大学科社研究所　邮政编码:430079　电子信箱:wulicai@hotmail.com)

地区轮替与台商大陆投资的发展趋势

王 立 礼

一、"地区轮替"现象与台商对外投资之趋势

1988—1993年间,第一波传统产业的台商首先蜂拥到华南珠江三角洲投资设厂,投资热潮一直延续至1997年左右,广东东莞已形成精密产业的桌上型计算机城,台商投资产生的上下游"群聚效应"和"区域生产网络"的建立是很明显的。1992年邓小平南巡后,上海开始重新崛起直追发展,台商约在1998年以后,也开始大批涌向华东长江三角洲,瞬时,苏州、吴江、昆山等三角带,即已成为全球笔记型计算机和国际晶圆代工的重镇,至2003年高科技产业西进已形成台商投资大陆的第二波热潮。早期台湾地区从美国、日本的制造业中争取到机会,在20世纪60年代就成为经济全球化下"制造业"的基地之一,到80年代制造业陆续转向东南亚,90年代则已转至中国大陆华南珠江三角洲,至现在21世纪之初,更在华东长江三角洲形成一个新的制造基地,而且发展势头正旺;在台商对外投资加速"地区轮替"的现象下,未来华东是否会取代华南的地位?华东以后下一个地区又是何处?台商是否还有余力发动第三波的投资热潮?值得关注。

(一)东南亚"地区轮替"与中国经济发展进程之关系

经济地理学家提出"地区轮替"之说指出:一个旧的经济地区将被更有竞争力的新地区所替换。虽然亚洲各国和地区,从日本、"四小龙"到东南亚各国以至中国大陆,经济全球化下制造业的依次转移,似乎验证了这个理

论①，但当台商的投资集中到中国大陆后，我们却发现中国经济的崛起，在投资结构上是有很大的不同。美国是一个世界上最大的市场，美国也是世界上制造力最强的国家，因而美国有条件把低层次、低利润、劳力密集的产业释放出来到全世界，美国所保留的军事、汽车、电影、环保、医药、信息、高科技等先进工业，就足以支撑美国的经济。其所释放出的民生制造业，因市场规模极大也足以让各工业新兴国得以发展，这就是经济全球化的影响。所以，美国的庞大市场为东亚的崛起提供了机会；但即使有了这个机会，若不能认清时势、抓住机遇，主动应对经济全球化的浪潮，则新兴工业国也没有翻身的机会。20世纪80年代以前的中国大陆和现在的中美洲、非洲和中东各国就是如此。另外，当一个国家本身的经济规模太小，其产品大部分或全部都要靠美国或全球的市场时，它的定位就是"制造基地"。制造基地的主客观条件变化时，就有可能失掉其制造方面原有的优势和地位，这就形成了所谓的"地区轮替"。台湾地区因为人民的勤奋和教育的成功，加上台湾当局在80年代颇有远见，有能力在岛内建立起高新科技代工产业，而维持了90年代制造业的一部分优势。但那些无法转型的一般传统工业，仍得服膺"地区轮替"理论而设法转移到其他地区生产了。至于转移到何处，则应以"经济因素"决定，而不是以"政治力量"限制。

东南亚诸国的经济发展和投资环境情况也是和台湾地区一样，但中国大陆的经济发展进程就有显著的不同。中国大陆从1978年开始向世界接轨，20余年来努力于对外招商和经济发展，变成一个重要国策和全民运动，举国上下目标一致，形成主动积极的发展力量，加上人民的勤奋努力，经过90年代的努力至20世纪末，中国位居全世界"制造大国"的地位几已确定。20世纪末（尤其是90年代的10年间），中国大陆与东南亚各国在制造业地位上的竞争是十分激烈的，90年代至今，在以美国市场为目标的"制造能力"竞争上，亚洲诸国显然是无法与中国相比的；但因中国不只是具有"制造

---

① 笔锋专栏："亚洲重构经济要换脑筋"，（香港）《亚洲周刊》，2001年11月26日—2月2日。

大国"的能力,尚是一个具有"市场大国"潜力的国家,未来21世纪,中国大陆将是除美国、日本、欧盟等既有市场外,最后一个有潜力的大市场,而且经济规模很有可能在20年内达到世界第二的地位,在中国进入WTO之后,这种趋势愈发明显。所以东亚诸国与中国的关系,在以往10年可能在"制造能力"上是"零和"的竞争关系,但因中国未来具有世界市场潜力,若能成为美国以外另一个世界级的庞大市场,则经济全球化扩大的力度将会更大,也会给东亚各制造国另一个再发展的机会。目前中国当然与经济成熟的美国尚不能相提并论,中国大陆的"制造"与其"市场"还在同步成长,而所谓"地区轮替"是制造国间互相发生转移的正常现象,中国大陆因本身幅员广大,内部区域尚未均衡,而且中国大陆本身经济结构体不同、经济规模又大,理论上自不适用此一现象。再由现实层面观察,可以发现亚洲各国间"地区轮替"的现象到了中国大陆,变成了中国大陆内部的"地区轮替"或"地区依序发展"现象,即在中国大陆内部的现有投资,仍在持续发展,并未告一段落,极少转向别国的下个地区。对外部而言,中国自成的磁场,腹地大的足以吸进各种制造力,本身内部的地区如华南、华东、环渤海地区、大西部地区等足供内部轮替之用,所以中国被其他国家"再轮替"的机会极小。①

中国大陆因为本身内需市场的成长,给了其他各制造国一个"再发展"的机会,所以中国大陆的经济发展成功对东亚各国不但不是"威胁",反而是未来合作发展的"契机"。新加坡早就看出这点,台商当然也未落于人后,东盟各国急于与中国建立"十加一"的"自由贸易区",香港地区与大陆亦要建立中港之间的"自由贸易区",都是基于这种认识。台湾地区以往在"经济全球化"中站稳了脚步,如今中国大陆将继美国之后,即将形成世界第二大市场之际,台湾地区难道要以"本土化"去对抗"全球化"?未来在制造业上,台湾地区也许比不上大陆,但大陆市场却可以带给台湾经济再发展的机会,在

---

① 对中国内部而言,华南、华东、环渤海地区等,经济发展有循序渐进的现象,并无内部"地区轮替"之状况;且即使有此现象,其轮替现象也只在中国内部发生,对中国外部而言,中国整体还是继续繁荣成长,而不致被他国轮替。此乃"大国经济"的优势,故与东南亚各国纯"制造国"的地区轮替情形不同。

"大中华经济圈"之中,港、澳已与大陆努力统合,大陆专家亦有提出"中华自由贸易区"构想,①台湾地区实不应自绝于潮流之外。因此未来台商继续往大陆投资,几乎已成不可避免的趋势。

(二)台商未来对外投资趋势之探讨

台湾地区经济在 20 世纪 90 年代中期以后,就逐渐在岛内政治恶斗和两岸关系僵持中停步不前,岛内的经济是靠 80 年代规划的高新科技在支撑,90 年代后台湾当局已无法明确地为岛内找到一个新的发展方向,在此情形下,"对外投资"遂成为台湾经济求生蓄能的另一条重要生路,在可预见的未来,台商的对外投资大致应会循以下的发展:

1. 台商海外投资势将持续扩大。台湾地区长期贸易顺差所储备的外汇仍然十分丰厚,至 2003 年 4 月止,计有 1,706 亿美元的外汇储备,居世界第 3 位。② 台湾地区仍具有境外投资的巨额资金资源,对台商海外投资可以充分支援。

2. 台湾中小企业会继续加速转移。台湾在劳工要求减少工时(例:每周工时已由 48 小时降至 44 小时,且向每周 40 小时过渡)、居民环保抗争(例:核四电厂停建、复工,朝野双方争执不休)等对传统工业不利的环境和民进党意识形态治国及长期反商政策推动下,剩余的中小企业和传统的工业,势必因彷徨无奈、疑惧恐慌而再度出走,转移海外。

3. 台湾大企业和高科技产业积极转移海外。台湾大企业多半为上游原料和半成品之供应者,如下游之加工组装厂或成品销售移至海外,大企业势必追随出走才能生存。台塑王永庆近期在宁波的 130 亿美元石化投资案,就属此种类型。③ 台湾高新科技产业是 20 世纪 80 年代打下的基础,90 年

---

① 2003 年 6 月 17 日(香港)《文汇报》报道:大陆世贸问题专家张汉林在《建立中华自由贸易区的可行性和框架协议研究》论文中,提出建立"中华自由贸易区"进程构想,以 15 年时间分 5 个阶段,完成两岸四地之间的贸易自由化。即 2007 年以前实现三通,2018 年后陆续实现两岸四地共同市场及货币统一。

② 2003 年 5 月 6 日,(台湾)《联合报》报道,根据台湾地区"中央银行"发布的统计资料。

③ 2002 年 9 月 1 日,(台湾)《联合报》报道。

代和 21 世纪初正是开花结果的时候,也是台湾目前的主力产业,但大陆迅速崛起的内需市场,是未来一个重要的世界战场,吸引着他们应提早去布局卡位。而民进党执政三年来,台湾地区整体经济恶化,执政当局的经济政策仍以政治考量为主,不能回归到经济面层面,使投资金额庞大的晶圆、半导体等高新科技产业,面临岛内经济混沌、政治纷扰不安的环境,外移计划纷纷提早上马。例:2000 年宏仁/王文洋已在上海与中方合资开始设厂,准备生产 8″晶圆,①而联电/曹兴诚 2001 年去新加坡投资 12″晶圆厂(此举对台湾地区未来的高科技产业之打击,远比上海 8″晶圆案更为严重,但民进党当局却对其未移至大陆投资而颇感欣慰)。然而到了 2002 年,曹兴诚和台积电的张忠谋,鉴于大陆市场潜力的需求,终于也宣布要到华东投资生产 8″晶圆,可见台湾全球性的高新科技产业去大陆投资,是为其未来 10 年的市场先作布局。

  回溯 20 世纪 80 年代起,台湾地区传统产业因岛内整体环境竞争力优势不再,而开始向东南亚投资外移;80 年代末,掀起了台湾地区中小企业投资大陆的第一波高潮。台湾当局导禁兼施:导之以"南向政策",禁之以"戒急用忍"。到 21 世纪初,台湾地区政党轮替,民进党上台后,因紧拥"反核"和"台独"两张神主牌,使台湾地区政经情势愈发紧绷、动荡,企业家无分大小无不心生疑虑,产业外移速度因而加快。台商到大陆投资若是为求生存,当是因岛内现在的生产环境已不适合该行业的生存;台商到大陆投资若是为求发展,则显然是岛内未来的环境会变得不适合该行业的发展。再则是因为岛内无法提供世界级市场成长的动力。到大陆求生存、求发展的台商们,在获得了企业的第二春以后,下一步又将如何?他们会放弃台湾吗?

  在经济转型的过程中,没有一个国家或地区可以在 3—5 年内就成功的,往往都要以 10 年、20 年为期才能取得成果,台湾地区理应为自己的未来,规划一个长期改革发展的路子,靠此政策吸引对外投资成功的台商和世界各地的外资回台再创美景。这需要台湾地区执政者的经济专业知识和有

---

① 2000 年 11 月 19 日,(台湾)《联合报》报道。

行政魄力,特别是具有前瞻眼光,才能认清和做到。故无论岛内的政党竞争,还是两岸关系,皆不能以意识形态和政治斗争作为经济决策标准。

在笔者 2003 年 3 月所作大陆台商的问卷调查中,台湾当局一贯指斥的大陆台商们表达了他们的心声。大陆台商认为在 10 年内台湾经济想要好转的条件,首先"要放弃内部政治恶斗、全力拼经济",另外"要加强两岸关系与合作",两者并排首位,都占 69.09%,这是台湾当局反求诸己,主观上很容易可以做到的事。其次是要看国际经济复苏的状况(27.27%),这是客观环境需求的条件。另外认为可以靠大陆经济腾飞带动岛内经济的,也有 14.55%,靠美国经济好转带动的则只有 5.45%,似乎在大陆台商的心中,未来大陆市场比美国市场重要多了,而认为应切断两岸关系,自行发展经济者则为零(见表 1)。

表 1　大陆台商认为 10 年内台湾地区经济前景好转的条件

问卷主题	选择内容	统计结果	
您认为 10 年内台湾地区经济的前景,是要看什么条件(可复选)?	台湾地区放弃内部政治恶斗,全力拼经济	38	69.09%
	加强两岸关系与合作	38	69.09%
	国际经济复苏	15	27.27%
	大陆经济腾飞	8	14.55%
	美国经济好转	3	5.45%
	切断两岸关系,自行发展经济	0	0.00%
样本数		55	100%

资料来源:本论文 2003 年 3 月大陆台商问卷调查。

检视岛内的政经环境,在政治上两岸目前仍处冰封观望态势;而经济上,近 10 余年来大陆的经济发展一路上升,台湾大型企业却被台湾当局充满政治意识的两岸经贸政策所绑住,难以在大陆预先布局、自由驰骋。而民进党当局的两岸政策,一则心口不合、言行不一;一则立场不明、左右摇摆;使大企业对未来投资方向更难定夺,这是比国民党主政时期还要令人垢病之处。例:2001 年 4 月民进党"副总统"吕秀莲竟然说:台商大举进军大陆,对台湾地区经济产生了六项重大的冲击:1. 经济增长率由 2 位数字明显下降,岛内投资减缓;2. 资本外流,"中央银行"于 1990 年－1999 年连续降低存款准备率 16 次,共释出新台币 8,200 多亿元;3.金融机构存放款年增率逐年下降;4.1988 年以来,外汇流失达 700 多亿美元,外汇储备可进口月数逐年下降;5.台湾企业在台湾地区借贷再向海外投资,政府与民间负债占岛内生产毛额之比重大幅度窜升,导致银行逾放比攀高;6."大陆热"严重影响岛内投资,连带房地产、股票失金,景气沉入谷底。①

一般台商则认为,吕以上的说词完全是倒果为因,台商赴海外投资是因为岛内无法继续生存的缘故,至于赴大陆投资是一项相对的选择,不去大陆也要去他处。台商赴大陆是为求生存、求发展,是为提升竞争力优势和潮流所趋,不是意识形态问题。民进党执政当局对大陆没有好感,以主观的意识强加于台商,也无法改变和主导台商的投资方向和策略。事实上,台湾外汇顺差最大的来源地区就是大陆,扣除大陆地区之顺差,台湾对外贸易根本就是逆差。2000 年台湾"经济部"委托产咨会调查指出,1993 年－1999 年赴海外投资厂商的存活率、在台雇用人数、固定资产、营业额等,均高于未对外投资的在台厂商。足证企业向海外投资,不仅是企业个人,也是台湾经济整体竞争力的延伸。所以从总的局势来看,台湾势必有一部分产业为了生存或为了发展而继续向海外投资,这些需要出走的公司,台湾当局应协助其到适宜的地方生存发展,不应用政治意识单把大陆排除在外,因为"外移重生"是企业命脉所系,至于需要移向何处？则应由企业自行决定并自行负担经营风险和成败责任;至于台湾岛内,亦应找出将来可行的发展方向,选择适于台湾地理区位或人力资源发挥的产业,台湾当局带头做好投资环境的整理准备,作为某些产业留在岛内发展的基础。若把需要外移的产业硬留下来,不是"根留台湾",而是"根烂台湾"。台湾当局一味责怪厂商出走,或责怪厂商选择大陆作外移目标,显然是掩饰行政无能、转移外界视线、倒果为因的谬说。

---

① 2001 年 1 月 9 日（台湾）《联合报》报导:台湾"副总统"吕秀莲在"2001 财经高举会"上之发言。

二、台商未来大陆投资的新热潮

如前节所述,台商未来势将在大陆继续投资,因为大陆可能是 21 世纪的一块投资宝地,而且台湾的外汇储备亦足以支撑这种对外投资的行为,这是台商未来对外投资一个总的趋势。至于未来台商大陆投资的走向又将如何? 这是一个值得研究的课题。我们观察到中国大陆和东南亚各经济体的"地区轮替"不一样,因为在大陆内部的地区不一定是被轮替,而是依序逐步开展。在大陆关于"先让一部分的人富起来"理论,就是让富起来的人再去带动穷困地区的发展,但后来的人富起来并不表示前面的富人就要变穷。台商在对大陆的投资模式亦适用于此一现象来观察。20 世纪 90 年代初的华南是传统工业的投资宝地,根据广东省最新的台商投资资料显示,广东省目前仍是全大陆外资及台资投入最高的地区,显见台商至今并未撤离华南,只是又多加了"华东"这个新投资地区。① 以往台商由台湾转到东南亚,再转到大陆华南地区,继由华南发展至华东,均各约花了 10 年时间,那么如果华南/华东两区都已开发至某个程度以后,未来台商大陆投资是否会再选下一个地区? 此一地区又在何处?

(一) 台商第三波大陆投资热潮

"环渤海地区"应是未来 10 年台商第三度垂青的地点,有一点简单的理由可以支持这个论点,即"环渤海地区"有华北/东北/内蒙等腹地的内需市场和充沛的劳动力及技术人才支撑,北京、唐山、天津、大连、青岛、烟台、黄河三角洲等政府机构在投资环境上下了很大的功夫,2008 年北京/青岛举办奥运的目标,其软硬件的建设情况与国际接轨的制度和心态,对台商/外

---

① 卢瑞华(广东省长):"广东,还是台商投资的热土吗?",《TMAS (TAIWAN MERCHANT SHENZHEN)》,2001 年 6 月。文中指出:到目前为止,台商对广东的投资规模、投资领域、投资地域均仍不断扩大,足证华东的发展,是华南成功后的再投资,而不是华南撤资后的转投资。

资均有一定的方便性和吸引力,而此区域在地理上接近日、韩,又有良好的出口不冻港条件,无论向内、向外均具有经济发展的双重条件,故只要华东投资模式成功,当华南/华东都能欣欣向荣、经济发展成熟之际,台商/外资向环渤海区拓展投资的机会就会来临。①若美国经济能在2、3年内好转为上升趋势,两岸三通如能在5年内顺利推动和解决,加上WTO入世后中国大陆经济的更上层楼,则环渤海区极可能在5—10年内,即会吸引到台商的第三波投资热潮。届时大陆整个东部沿海地区的经济发展,才可臻于完整和成熟的阶段。根据笔者2003年3月对大陆台商所作的问卷调查结果显示,有43.64%的台商认为10年内华东地区为未来快速发展地区,可能这些问卷回复者以华南地区台商为多,故以华东地区作为未来下一个投资的选择十分合理;其次即为环渤海地区(华北/东北)为大陆台商所看好,计有38.18%。此与本论文认为台商下一个第三波投资热潮在环渤海地区的看法相同。第三者为选华南地区者,有12.73%,足见台商目前并未大批撤出华南,未来撤出的可能性亦不大。第四者为大西部地区,占7.27%。大西部对目前以外销为主的台商而言还很遥远,故与本论文认为20年内大西部才会是台商未来大陆投资的第四波热潮看法接近。至于未来选择东南亚或大陆以外地区去投资者均为零,再次表明了大陆台商始终钟情于大陆投资的态度(见表2)。

表2 大陆台商未来10年投资方向和地区

问卷主题	选择内容	统计结果	
您认为10年内大陆下一个快速发展的地区是(可复选):	华东地区	24	43.64%
	环渤海地区(华北、东北)	21	38.18%
	华南地区	7	12.73%
	大西部地区	4	7.27%
	不是大陆,是东南亚	0	0.00%
	不是大陆,是其他地区	0	0.00%
	未答	1	1.82%
样本数		55	100%

资料来源:本论文2003年3月大陆台商问卷调查。

---

① 袁红兵:"是北扩,还是北移?",《两岸关系杂志(53)》,海峡两岸关系协会,2001年1月,第15—16页。

兹将"环渤海地区"几个有潜力的地区城市,即一般所说的大连、天津、青岛等"北方三港"和"黄河三角洲",略作说明如下。

大连。大连港位于辽东半岛的前端,是东北三省的海上门户,不冻不淤,早在19世纪末,就被帝俄开发,从一个名叫"青泥洼"的小渔村,摇身一变成为东北重要港口,并发展为现在的大连市。大连的传统腹地是东北和内蒙古,在环渤海地区的区域经济逐渐发展成形后,大连更以渤海湾作为海上腹地。由于腹地与青岛、天津没有重合,大连港不但不会与其他两港竞争,反而有相辅相成的作用。虽然旧港区水深远不及天津和青岛,但由于东北地区输往大陆他地的矿产较多,大连货运吞吐量比起天津亦不逊色,新旧港区2001年总吞吐量9,800多万吨,直逼天津港。同时,由于大连是东北最繁荣的城市,大连港也是北方最大的客运码头。

大连几年前与周边的地区,同样面临产业转型的困难,城市建设迟滞。但如今已变成大陆首屈一指的花园城市,更成为东北地区外商投资的首选城市,邻近城市无不心向往之,大连成功的重点是所有执政班底充分发挥了对发展的迫切感;这样的迫切感使得大连倾全力对外开放、招商引资,把城市建设成适宜居住、工作的环境,将大连从老旧的港口变成现代化的城市,创造"大连模式"的前大连市长薄熙来认为:所谓"大连模式"是一种做事方法,是市政建设和行政程序的模式,核心概念就是"开放意识"。[①] 在开放意识引导下,主导地区发展的政府部门,才有可能放弃包袱,全力冲刺。而东北和华北地区过去是大陆的工业重镇,在大陆国有企业陷入发展泥淖后,"老工业重镇"的产业特性,更是环渤海地区意欲全速发展时摆脱不掉的沉重负担。所以如何运用和发挥"大连模式",就是象征城市走向现代化发展成功的王牌武器。

1984年首批开发建设者在大连开发了第一个"经济技术开发区",现在它已是东北地区改革开放的示范区,成为东北地区和环渤海地区的新经济增长点,亦为连接大陆与世界经济的桥梁之一。现有40家位列世界排名前

[①] 仇佩芬:"大连模式——省市领导心中的王牌",(台湾)《联合报》,2001年6月19日。

500强的大公司,选择在大连经济开发区投资,其理由是:1、大连有人所共知的地理优势、交通优势。2.大连经济开发区是中国实施对外开放政策后,批准建立的第一个国家级开发区。发展迅速、实力雄厚。3.最重要的一点是:开发区管委会领导干部群思维活跃、意识超前、政通人和、对外商的服务相对令人满意,故此开发区前景相当看好。①

大连因地利之便,与日、韩的往来十分密切。占了东北亚地理中心的位置,大连积极拉拢有意经营东北亚外贸及航线的航商(如新加坡等),与大连港合作建设港区。特别的是:由于大连是大陆知名的花园城市,大连港务局目前正规划"还港于市"的计划,重建旧港区,加强其观光功能,而将货柜、矿产及原油的运输功能集中在新港区。

天津。天津港是当年英法联军、八国联军登陆的口岸,地扼北京的海上门户,离北京97公里;"天津卫"保卫的就是京华春梦,让紫禁城的皇气不要失去了春天的美梦。如果京津融为一体,就会凝聚成华北一股全新的经济力量,可以开发双子城的巨大能量。天津港的腹地除京、津两市外,还涵盖华北和西北,面积达200万平方公里,人口约2亿,腹地之大,为北方三港之冠。虽然拥有广大腹地,但是天津港主要出口货物以山西的煤矿为主,占总运量一半以上。受限于腹地经济并不发达,天津港的吞吐量不大,2001年一年总吞吐量为9,960万公吨,货柜吞吐量仅170万标准箱,排名占大陆第4位,在北方三港中还次于青岛。与其他两处港口相比,天津在地理位置上有先天的不足之处。天津港位于渤海湾深处,航程比其他两个港多了将近1天的时间,时间和成本都高,转口的船舶较不愿意停靠天津港。但在大陆内需市场逐渐发展之后,这项缺点慢慢转型成为优点,天津港目前看中的是西部大开发对华北及西北地区经济的带动,一旦西部大开发成功活络了西部经济,那么天津的货物运输量将受到明显的带动。在此前提下,为了提高天津港的运量,天津港务局正着手扩建港区;除了加深港口深度,以停泊更

---

① 小龙编辑:"滨城之珠——大连经济技术开发区",《凤凰周刊》,(Phoenix Weekly),2001年,第40—41页。

大的货轮外,同时将兴建原油码头并加建煤矿泊位,希望借着扩大港区规模,加强天津港功能。①

2002年9月,为因应2008年北京奥运的到来,计划投资130亿元人民币的京津磁悬浮高速列车,已进入专家论证的最后阶段,如获得批准,预计2003年可以动工兴建,一旦落成,来往京津之间仅需20分钟,天津机场将成首都的第二国际机场,家住天津而工作在北京也成为可能。即使计划改为"高速铁路",京津双城也同样有结合的优势,京津两个城市互动将展开新的一页,人们期待"双城"的互动互补能成为带动"首都经济圈"的火车头、启动大陆经济新一轮增长的发动机。②

未来大陆经济的再一次起飞,其实可以由环渤海地区的经济开发来带领,并辐射东北、华北及西北地区。北京及天津的学术界不久前推出了《大北京地区规划》;最近又在探讨《首都经济圈发展研究》的方案;甚至京津两个特大型城市合并的议题也提到了政协的案头,期望"三北"地区也能如华南、华东般闪烁经济成就的辉煌。但国家建设部有关部门评"京津合并"时,称"合并"尚无方案,也没时间表,甚至不现实,而《大北京地区规划》也没有分项论证的时间表。不过,天津的学者认为,京津合作互补优势,谋求共同发展应该有时间表及新思路。他们认为天津、北京和上海曾经是三个旗鼓相当的直辖市,也曾经是大陆经济的支柱,但在大陆经济改革开放的两次浪潮中,北京、上海与时俱进,而天津却滞后了。③

天津市长李盛霖表示:"天津正在努力重拾昔日的辉煌。天津已连续10年保持经济速成快长,GDP年均增幅12%,我们的目标是经过几年的努力,把天津建设成为现代化国际港口大都市和中国北方重要的经济中心。"中共中央给天津的定位归纳为三句话:"环渤海湾经济中心之一;港口城市;

---

① 仇佩芬:"北方三大港,开创新商机",(台湾)《联合报》,2001年6月18日。
② 纪硕鸣:"首都经济圈,创新世纪传奇",(香港)《亚洲周刊》,2002年7月23日,第13—15页。
③ 天津南开大学经济系副主任江曼琦副教授于2002年7月29日接受(香港)《亚洲周刊》访问表示的观点。

综合性的工业基地"。为保持这一定位,这些年来天津基本上实现了20世纪90年代初定出的:5至7年基本解决成片危房陋房改造、8年将国有大中型工业企业改造调整一遍、10年建成滨海新区的目标,奠定了天津可以实现跨越式发展的基础。天津副市长王述祖指出,"天津开发区"引进外资近5千家,每年制造业的销售额占全市四成六;出口占全市的七成四,这个数字高于全国;天津开发区也是全国52个开发区中效益最好的一个,天津成为后起之秀,也为双城互补优势奠定基础。这几年天津高新科技产业的产值、年均增长的速度都在二成以上,天津需要一批新产业,形成新的经济动力。高新科技研发首重人才,天津拥有科研院159个,国家级工程技术研究中心10个,科研进步综合实力名列全国前3名,而天津作为中国北方最大的散货贸易港口城市及铁路集散中心,与上海旗鼓相当。①

投资天津"晶鼎生物研究中心"的是台湾生物芯片居领导地位的"晶碁生化科技公司",晶碁拥有多项美国生技专利及一批生技研发的国际人才,携着新世纪生物科技发展的潮流,在天津筑梦,建造"平津生技走廊"。计划前期投资1,300万美元,规划占地2平方公里的研发中心,研发从上游发现病因、到药物开发的过程、至末端诊断治疗的临床应用。期望借重天津丰沛生物科技资源及人才,为两岸的生物科技携手发展探路。晶碁的投入,令天津外资从出名的外资"一碗面"(台商"康师傅")、"一只机"(美商"摩托罗拉"),到现在的"一块晶"(台商"晶鼎生技"),也为天津力主制造业增添了新的内容,人们期待天津在与北京的互动中,不仅能带动环渤海地区的经济腾飞,也能成为大陆经济第三次飞跃的强力发动机。

青岛。青岛是山东省沿海最大的经济开放城市,地辖七个城区及平度、莱西、即墨、胶州、胶南五个市,人口700余万,不仅地理优越,气候更是和煦宜人,有"北方春天最长的城市"美称,它位于黄海之滨、胶州湾畔,地形三面环海、一面接陆,是一处不可多得的工商良港。青岛之名的由来,乃因海滨

---

① 纪硕鸣:"天津市振翅要飞上青天(天津市长李盛霖独家专访)",(香港)《亚洲周刊》,2002年7月29日,第16—17页。

有座孤岛——小青岛而得名。青岛在历史留下的许多美丽的建筑,自然吸引了各类人物及投资者的青睐。德国人最早强占了青岛,除了政治和军事因素,应该也是看上了这里的自然环境,他们进行了精心设计规划和大规模地建设,以达到长期霸占的目的,这段殖民历史的结果,反而使青岛由一个海边小镇,一跃成为具有典型西方特色的现代海滨城市。康有为赞誉青岛是"青山绿树、碧海蓝天、不寒不暑、可舟可楫";20世纪20、30年代的文化精英们也曾云集于此,潜心创作之余,留下许多赞美青岛的诗文,以及现在所谓的"名人故居",因此有人赞叹:"南珠海、北青岛",青岛对投资者的吸引力当然包括这些人文历史、自然风貌、建筑风格以及海滨都市的魅力。①

青岛港和天津有部分腹地重叠,若以吞吐量计算,青岛是北方第一大港。在北方三港中,青岛港位置恰巧位于核心;拥有物资丰饶的山东半岛做腹地,输出的货物种类多元,虽然港口规模不大,但货柜吞吐量却居中国大陆第三位。位于渤海湾出海口的青岛,由于地利之便,是航商往东北亚和欧洲的首选,与日、韩的贸易关系十分密切,更是大陆第一个发展国际货柜中转的港口,可说是大陆长江以北的贸易重镇。现在的青岛港分为老港区和新港区,前者是货柜码头和油港,新港则规划为矿石和散装码头。由于腹地山东半岛的商业较邻近省份发达,青岛港的运输主力除了胜利油田的原油之外,消费性商品更是大宗。为了扩大青岛港功能,青岛港务局计划除了港区硬件建设外,更有意整合山东半岛的商业优势,将重点放在金融、银行等软件服务上。目前青岛及邻近济南市,都以高科技为产业发展重点,因此青岛港也希望结合城市经济,发展成多元化的港口。②

近年来青岛为迎向新区域都会,积极吸引许多外商企业投资。目前在青岛的跨国性外商公司已超过20家。在引进外资上,截至2002年9月底,批准三资投资项目达1,334个,总投资金额已经超过50多亿美元,而超过千万美元的大项目也有160个。由于外商积极介入投资,加上青岛的优

---

① 甘棠:"青岛——彩色的城市",南方航空《GATE WAY NO.4》,1999年。
② 仇佩芬:"北方三大港,开创新商机",(台湾)《联合报》,2001年6月18日。

势地位,使得"青岛经济开发区"内形成以电子与家电、石化、机械、物流、生物制药、新兴建材为区块的经济发展区,占青岛市全区工业总产值的比重达80%以上。在台资部分,包括上市公司台玻已在青岛市成立各种玻璃加工厂,长荣集团投资1亿元人民币与青岛港务局合资兴建现代化大型集装箱集散站——"青岛长荣集装箱储运有限公司"。青岛文化底蕴丰厚,地理条件优越,已被大陆列为卫生城市及观光旅游城市,未来若辅以优势港口地位,吸引更多台商或国际性大厂进驻,青岛地位将不可同日而语。①

黄河三角洲——东营市。20世纪80年代以来,深圳作为中国改革开放的先驱,完成了带起珠江三角洲繁荣、辐射华南经济发展的使命;90年代浦东开发开放使新上海崛起,辐射华东,奠定了长江三角洲成为大陆内外发展龙头的基础。但黄河三角洲至今仍处于相对滞后的状态,作为黄河三角洲中心城的山东省东营市更鲜为人知。黄河河口附近不像长江口和珠江口那样,形成如上海、广州等经济中心城市以及中小型城市体系。黄河三角洲只有依靠石油开采业发展起来的东营市。东营市位于渤海之滨,与山东省潍坊市和淄博市形成一个三角形的都市带,东营就刚刚位于三角形的顶点之处。借着中国第二大油田"胜利油田"的开发,1983年10月才建市,它北靠京津塘经济区,南连山东半岛经济开发区,是环渤海地区和黄河经济带的结合部,也是海陆连接东北和华北两大经济区的重要枢纽。

黄河三角洲是世界上资源最为丰富的地区之一,尚未开发的荒碱地35万公顷;因为盐碱含量高,不适宜农作物种植,也难见到参天大树。天然草场有3.73万公顷;海岸线长350公里,滩涂面积12万公顷;一望无际的黄土地上,矗立着胜利油田的上万口油井;石油地质储量35亿吨,天然气地质储量230亿立方米,浅层碱水储量74亿立方米,地下盐矿储量5,900亿立方米。这是一块有无限前景的处女地。② 1999年6月江泽民视察东营后指

---

① 2003年1月8日,(台湾)《工商时报》报道。
② 纪硕鸣:"黄河三角洲开发新热点",(香港)《亚洲周刊》,2002年5月6日,第38页。

示:"要把黄河三角洲建设成为环境优美、经济繁荣的新经济区"。2000年朱镕基总理批示:"支持山东做好规划,切实贯彻总书记指示,国务院各有关部门按已有的优惠政策给予支持"。开发黄河三角洲经济是继珠江和长江三角洲开发取得成果后,又一次在沿海地区掀起新的开发热潮。20年来,华北地区没有培育出较具活力的新经济增长区域,导致地区产业结构升级缓慢,企业经济效益低下。东营市长刘国信指出,由东营发展带起黄河三角洲的开放开发,可以充分发挥其特有的地缘优势,为环渤海经济区以及山东半岛经济的发展提供桥头堡,培育出华北地区新的经济增长点。2001年3月九届全国人大四次会议上,"发展黄河三角洲高效生态经济"正式列入国家第10个5年计划纲要,确定黄河三角洲国土面积21,453平方公里,高效生态经济建设的规划范围为东营市行政区,陆域面积8,053平方公里。国家计委认为:"目的是借鉴深圳带动珠江三角洲、浦东带动长江三角洲开发开放的成功经验,在这一生态完整、资源密集、基础条件成熟、行政独立的典型区域,集中力量、重点突破,取得经验、快出效益,进而逐步辐射带动整个黄河三角洲地区的建设和发展"。从地理上看,东营缺少初期开发深圳依托香港、浦东依托上海的有利条件,但刘国信市长认为,中国入世以后,国际、国内两个市场并为一个市场,加工型企业要辐射内地,华北一定要找寻一个新型的加工区,最好的选择就是东营。大陆20年来改革开放的经验,就是东营快速市场化的最好依托。东营与早期开发的深圳、浦东有很多相似的特征:地处沿海;都是新开发的新城区;东营也是"小海派",海纳百川,人才来自各地。他相信东营已形成了深圳、浦东开发的雏形。事实上,东营有比早年深圳、浦东开发时更好的基础,2001年东营市人均GDP达到3,500美元,人均收入、人均储蓄和人均消费水平均列山东省第一,海陆空立体交通网络基本形成,新建的东营机场有通往北京、上海等5条航线,直接将东营与京沪线连接的第二条铁路也将开工建设。东营是整个渤海湾中海岸距深水区最近的地方,东营港将建5个万吨级泊位,其中5万吨以上的2个。①

---

① 纪硕鸣:"黄河三角洲开发新热点",(香港)《亚洲周刊》,2002年5月6日,第39页。

这条海上通道打开,不仅可以成为东营直接联系国际的渠道,也将令东营与日韩间的经济交往更为频密。

黄河三角洲经济开发已经开始,东营也利用广袤的土地资源,选定了要成为大陆"最大制造业基地"的目标。台湾台塑属下华亚塑料早在此落户;日本三洋电机与东营合作总投资12亿人民币的科英电子激光头,成为最大的创汇企业;中国台湾、韩国、澳洲等地的外资正给东营一个机会,黄河三角洲的东营正期许自己在本世纪初能成为下一个深圳或浦东。

大陆东半部沿海地区因为区域条件不同,发展出几个主要经济区块:在南方有珠江三角洲和闽南沿海地区,华东有以上海为龙头的长江三角洲和长江流域经济区,北方则以环渤海地区作为辐辏点。渤海是中国大陆东北、华北及西北地区进入太平洋的通道,环渤海地区可以感受到西方的力量,影响了这个地区的经济及文化发展,也能体会到这个拥有北方三大港、京津首都经济圈、黄河三角洲及广大腹地的地区,正希望再一次发挥对外窗口的功能,为地区创造新的契机。大陆规划两岸三通的5个直航港口——大连、天津、青岛、上海、广州,其中大连、天津、青岛都在环渤海地区。[①] 这3个港口都以优良的地理条件和独特的位置,在中国历史上占有重要地位,并且逐渐形成地区中心功能。历史上,渤海是外国势力进入中国的门户;到21世纪的现在,环渤海地区挟着拥有北方三大港以及广大腹地的优势,希望再一次发挥对外窗口的功能,为地区创造经济升级的契机。渤海最重要的价值,在于地扼东北亚海域入口,成为中国大陆与日、韩、俄的海上交通要道;拥有数个不冻港的优越地理条件,渤海曾为几场重大战役的战场,主要港口城市也相继沦为列强殖民地,而过去俄、日、德等殖民时为大连、天津、青岛这些城市留下的建设,已奠下北方三港早期的基础,如今逐渐发展出环渤海湾经济区。广义的环渤海地区应包括北京和天津两个直辖市,辽宁、河北、山西、山东四省及内蒙古中部地区,陆地面积112万平方公里,人口2亿4千万,涵盖中国大陆北方两大直辖市,还有13个百万人口以上的城市,构筑成大陆

---

① 2001年6月18日,(台湾)《联合报》报道。

北方政治、经济、文化等多功能城市群体,结合成北方的发展核心区域。环渤海地区虽然是华北经济活动最频繁的地区,但相对于高度国际化的上海、拥有大量台资的东南沿海,甚至是当前大陆经济政策重点的大西部,在发展上稍显力不从心,不得不寻求突破。为了凸显环渤海地区的"存在感",也为了凝聚地区力量共同发展,环渤海地区3省2市于1997年成立"环渤海地区联合经济联合市联席会",不仅纳入临渤海的省市,也将不濒海的腹地区域纳为成员,希望有机整合海上及陆上优势。① 由于地缘关系,环渤海地区的外商以日、韩居多,其中韩国企业更是此区外资的主要来源。1997年底爆发的亚洲金融危机,韩国是后来受创最重的国家之一,韩国企业自山东大举撤退,连带影响此区发展。鉴于华南、华东的台商发展已逐渐饱和,环渤海地区当然希望吸纳自华南、华东移出或直接由台湾来此的台商,以推动本区的经济发展。如同早年台商赴大陆东南沿海发展的模式,目前由华南、华东移往环渤海区的台商也以传统产业居多。就投资条件而言,华北与东北人口密集,具备传统产业需要的劳动人力与内需市场两大发展条件,如天津离北京仅一个半小时车程,但土地及薪资成本只要北京的2/3,另在高速公路连结的济南、青岛等城市,投资成本更只有北京的一半。黄河三角洲的东营市,更有计划要成为华北最大的加工制造区,对传统产业而言都应有很大吸引力。在20世纪90年代初,大陆兴起一片对台招商热,环渤海地区因为距离台湾较远,两岸也无三通,利用台资的情况不如华南与华东沿海,故开发也较晚。但环渤海地区经济发展必须以整体来看,若以北京的经济活动为对台互动的核心,而周边的河北、山东及辽宁等地为产业根据地,则可以将环渤海地区发展作为台商前进大陆北方市场的基地。2002年4月26日,大陆有关部门宣布,连接辽宁省大连市和山东省烟台市的跨海铁路轮渡建设项目,将在中国铁路建设史上首次吸引外商直接投资。烟大铁路轮渡北起大连,南至烟台,纵贯渤海海峡,海上距离79.4海里,是东北经山东半岛至长江三角洲地区陆海铁路通道的重要组成部分,它使东北至山东和长

---

① 2001年6月19日,(台湾)《联合报》报道。

江三角洲的运距缩短 400 至 1,000 公里,大大节省运费和时间,①这次突破性的举动,主要还是从技术上考虑,但此足以作为放开铁路建设经营权的理由,此次试验性的合作一旦成功,不但是外商首次获准直接投资铁路的建设项目,对未来环渤海地区的发展更是重大的突破。预料,若这种概念能普通推广,环渤海地区尤以大连、天津、青岛北方三港为据点,可望引发台商投资大陆的第三波高潮,相信未来两岸三通以后,5 至 10 年内这种投资发展趋势就会突显出来。

(二)台商第四波大陆投资热潮

目前台湾地区的外汇储备尚足以继续支撑台商的对外投资行为,所以"台商对外投资"仍是台湾未来重要的经济活动之一。本节前段曾预测未来10 年台商投资的主要方向,仍是指向大陆,继长江三角洲的华东地区以后,应以"环渤海地区"成为台商第三波大陆投资热潮最为可能。原因是台商大部分的产品目前仍以外销为主,大陆东部沿海,除华南珠江三角洲、华东长江三角洲外,就只有环渤海地区对外运输最方便,该区也接近北京中央,又有东北、华北等腹地的人力、材料支援和未来内需市场的发展潜力,所以只要世界经济复苏或大陆经济继续成长,以台商在华南、华东的成功经验,两岸三通后对环渤海地区再掀起台商大陆投资的第三波热潮,应是指日可待。

至于大陆中西部地区与东部沿海地区相比,具有资源丰富、劳动力充裕、投资成本低廉、市场广阔等优势;但进入 20 世纪 80 年代以来,东部沿海地区发展速度很快,与西部差距逐步拉大。据统计,在 1979—1995 年的 17 年间,大陆经济按可比价格计算,年均增长速度为 9.8%,其中东部、西部地区的增长速度分别为 12.8%和 8.7%,东部地区高出西部地区 4.1 个百分点。在 1998 年的国内生产总值中,东部地区就占到 66%;而土地面积占到 55%、人口占到 23%的西部地区却仅占 14%。在全国人均创造的国内生产

---

① "外商首次获准直接投资铁路建设项目",《每日财经快讯 (189)》,北京世纪经济研究信息中心,2002 年 4 月 27 日。

总值中,东部地区超过平均数四成以上,西部地区只有平均数的一半左右。农民收入的地区差距也在进一步扩大,1980年农民人均纯收入为191.33元,东西部农民纯收入还不相上下;到1998年,东部农民人均纯收入已超过3,600元,比西部农民高出3倍。大陆有一半以上的贫困县集中在西部地区,有90%的贫穷人口聚集于西部。① 不断扩大的东西部发展差距和此种状况的持续,说明地区发展已不具有在合理分工基础上互补促进的经济效应,势必会给西部经济社会发展带来一系列的负面影响,最终就会影响到西部在整个国民经济与社会发展中应有的战略地位和发挥的作用。所以西部大开发对大陆区域均衡和国家战略的意义是十分重要的。

很多经济学家都预测2010年时,中国大陆经济成长的规模,将取代日本而达到世界第二大贸易国,到2020年时中国大陆亦将变成仅次于美国的世界第二大市场。② 届时大陆东部沿海的经济发展应已成熟,大陆沿海的内资公私企业即具有相当实力,可向内陆大西部进行大规模开发;台商在大陆投资长期发展的结果,必然会对其内外销产业开始调整而作平衡发展,如此仅单独针对大西部愈来愈大的内销市场这一块,就值得台商去布局设点投资了。预计到2010年代的后期,当大陆整体经济继续繁荣成长、各方投资环境逐渐成熟后,大西部除了靠政府政策倾斜的力量投入带动外,势必可以吸引到东部沿海的内资企业及海外外资企业的大量投入,触角敏锐的台商当然也一定不会缺席,相信15—20年后引发台商大陆投资的第四波热潮应是水到渠成。

三、两岸未来发展之远景

(一) 两岸关系的远景

回顾中国现代史,国共两党几经分合。1949年国民党撤台后,国、共在

---

① 张广明、王少农主编:《西部大开发》,天津社会科学院出版社2000年版,第153页。
② 2002年10月21日,(台湾)《联合报》报道,原载:(美国)《洛杉矶时报》,田思怡编译。

海峡两岸对峙,相互隔绝了近40年。1978年,中共开始"改革开放",与国际逐渐接轨。1984年大陆对台湾制定"和平统一、一国两制"的政策,开始为两岸关系解冻踏出了第一步,而台湾则于1987年开放老兵回乡探亲,也开启了后来台商踊跃向大陆投资的契机。2000年台湾地区改由民进党执政,在台湾地区执政51年的国民党黯然下台,看来这第三次"国共合作"的机会,似乎暂时不会再出现了。但两岸民间的实际交流合作,16年来却早已悄悄地取代官方的表面形式。1988年以后,由于台商持续对大陆的投资,历史上的"国共斗争",已开始转化为"两岸交流",即使1994年以后台湾李登辉当局因有"台独"的倾向,造成两岸之间新的冲突,但从历史发展的进程来看,"经贸交流、合作发展"应是符合两岸和世界的主流趋势。

　　大陆投资浪潮卷起之际,台商鱼贯西进,就像美国西部的拓荒先锋,更像从唐山渡黑水沟来台的先民,既要有实力,更要有运气,才能够成为第二个"康师傅"。10多年下来,当然有人因此而飞黄腾达、身价暴涨,但也有人铩羽而归,更有人无颜回台而流落异乡。本文前所列举大陆台商经营成功之各案例,主要都能充分发挥特有的企业文化或精神,使台商在大陆能一展所长,从小型企业主到世界级的全球企业家,一个个鲜活的故事令人感动、也令人佩服。感受到大陆"遍地黄金"者,不只是前曾述及的巨大、大成、大霸、统一等这些公司而已,顶新集团的康师傅,是大陆方便面第一品牌,其大陆投资成功的故事,早已传遍海峡两岸而变成台商的圣经和字典;正新橡胶是大陆第三大轮胎厂;宝成工业以大陆的生产基地作全球运筹中心,成为全球最大的制鞋厂商;卜蜂正大集团、旺旺集团也是大陆数一数二的食品集团。这些原本在台湾大都属中小企业、所从事的产业被认为是传统的"夕阳产业",却都在大陆找到生存发展及再成长的空间。康师傅顶新集团董事长魏应行就强调,大陆投资和神州经验,最重要的是让企业锻炼出与"世界级"跨国企业竞争的本钱。大陆内销市场吸引全球外资瞩目,强力的磁吸效应深深吸引台商,由早期的中小企业,到中后期的大企业及高科技厂商,纷纷一头栽入。远东集团董事长徐旭东说"大陆是台湾内销市场的延伸",远东纺织于1990年先于上海设办事处,1997年在浦东建厂,1999年上海远纺工业开始投产,隔年即开始获利;远东集团的亚洲水泥在大陆的投资亦开始量产回收,未来还准备持续投资。至于台湾最大民间企业鸿海在深圳的富士康、台塑的石化厂、太平洋百货公司及丽婴房的儿童用品等,都已陆续在大陆开花结果。① 然而,这些风光成功的台商背后,也有一些台商在激烈的经济战中亏本倒闭,神州梦醒后以失败收场;更有不少中小企业落得血本无归,而消失在茫茫人海之中;毛纺业、成衣业在大陆也多以失败告终。所以"第一流"的台商才能成为成功的大陆台商;而不是"台湾商人"就是成功的大陆台商。由本文各章中所列举的台商案例探讨,可以知道我们对"成功台商"的观察和评价,应基于"历史宏观"与"个案分析"两方面的客观标准作综合分析,才不会失之以偏。

未来台湾除了在岛内继续发展独特创新且高附加价值的产业外,对不易在岛内生存的传统产业、需要垂直分工而去海外布局生产的大企业以及以趋向市场地生产的各类产业,台湾当局应该有义务向这些必须外移才能生存发展的台商,提供投资相关的信息和投资方向的建议;并应努力与当地国协商谈判,以签订各项贸易协议来为台商争取投资的有利条件。如此内外双管齐下,才有希望挽救或再造台湾经济的第二春,对大陆地区的投资亦应一体对待。如果不能把人民需要的"排忧解难"列为首位,而只顾虑自己"政权"的"对等尊严",这算不上是民主政治的正常行为;更何况把对外投资的台商视作"逃兵叛徒",或把去大陆投资的台商当作"卖台投机分子",如此视人民为逆反寇雠,徒然增加朝野矛盾,绝非明智的发展政策。

在"经济全球化"的大纛之下,"台商"本身的角色具有关键性的地位;"台商大陆投资",则更是一项划时代的行动。台商为求本身企业生命的延续,到全世界去投资,当然不会排除大陆地区,如此既可延续台湾的经济生命力,又可促进大陆的经济发展和现代化,是对两岸互利双赢的作为。而台商人数之多、时间之久,对两岸关系的正面发展,确实居功匪浅。依据笔者2003年3月对大陆台商作的问卷调查结果显示,大陆台商认为"两岸合则

---

① 杨英杰等,专题报道:"传统产业西进大陆",(台湾)《中国时报》,2002年4月15日。

两利、分则两害,应努力促进共同发展"主张的人最多,占 45.45％,可见台湾民间与官方对大陆看法认知是有很大的不同。其次的台商则表示"不愿过问政治,只管经济就好"者占 30.91％,在台湾岛内政客一贯指责台商"投机卖台"的政治压力下,台商表达远离政治的态度,也只是避祸自保的正常反应。第三为持"维持现状就好,未来再看情况发展"的观点者,亦有 18.18％,这也是对两岸关系长期停滞僵持下的一个无奈反应(见表3)。

表3 大陆台商对目前两岸关系的看法

问卷主题	选择内容	统计结果	
您对目前两岸关系的看法:	两岸合则两利,分则两害,应努力促进共同发展	25	45.45％
	生意人影响不了政治,不应过问政治之事,只管经济就好	17	30.91％
	两岸维持现状就好,未来再看情况发展	10	18.18％
	两岸分合均可,没有意见	2	3.64％
	两岸已长久分离,未来不需合并,各自发展就好	0	0.00％
	其他	1	1.82％
样本数		55	100％

资料来源:本论文 2003 年 3 月大陆台商问卷调查。

大陆在改革开放、加入 WTO 与世界接轨的过程中,一直都参考发展中国家的成功经验,在亚洲四小龙里,华人地区就占了三个。其中香港是英国的殖民城市,新加坡也是弹丸的城市国家,两地的经济规模太小了;只有台湾地区的面积、人口和经济具有相当规模,可提供大陆经济发展的借鉴。台湾地区在土地改革、农业改良、中小企业、加工出口区、民生工业、科学园区、高新科技工业等方面的成功,都有值得参考的地方;还有各种金融、保险、会计、服务业、网际网络,各阶段经济发展政策等制度或法律,也都是可以借鉴的。而 50 万台商长期以来直接在大陆工作,所带进去市场观念、服务态度、管理制度、制造技术、企业文化等等,大陆是无法单凭书面资料或偶尔去台湾实地考察就能完全吸收领会的。所以说,台商对大陆的现代化确是有重大的贡献,这不是大陆其他外商能做得到的。

(二)台湾经济"两轨并行"的发展策略与两岸未来的共同远景

1620年郑芝龙、颜思齐率汉人移垦台湾后,由于岛内气候和宜,物产丰饶,台湾很快地有经济实力与祖国大陆进行农产品出口与日用品进口的贸易。在荷兰殖民和明郑复台时期,台湾地区的海外国际贸易愈发活跃;清朝台湾建省后,恢复了与祖国大陆间的贸易关系;至日本殖民时期,台湾地区与日本之间的贸易也十分鼎盛,二战时日本更将台湾作为对东南亚"南进"的跳板。故1945年台湾光复以前的300余年之间,一方面岛内的农业和农产品加工经济展现了蓬勃的生机,另一方面台湾人更具有海外贸易传统的丰富经验,"岛内发展经济"与"海外进行贸易",成为近代台湾"两轨并行"的发展策略。光复后50—70年代亦复如此。台湾因有传统的外贸历史经验,故岛内产业有许多是以全球市场为生产标的,这也是台湾特殊的环境条件所孕育的成果。台湾地区面向世界的经济发展模式,使其顺利地成为亚洲四小龙之一,也给大陆的经济改革带来很大的启示。台湾地区20世纪80年代开始对外投资,这是灵活敢闯的台商们为台湾经济开创的另一条新路,也弥补了以往单纯对外贸易的不足,从此"对外贸易投资"与"岛内产业升级"形成了台湾一条新的"两轨并行"发展策略。

依上分析,本文将400年来台湾经济发展进程的"两轨并行"策略,制作成台湾经济"两轨并行"发展策略图(见图1),由图中可看出:右半部台湾部分左线发展的是岛内的"生产经济",从农业开发经营到殖民经济,再到20世纪40—70年代的出口导向工业,一直到80年代至今的高新科技,未来台湾应以大陆为腹地,利用两岸互补互利的关系把台湾发展为区域平台和全球运筹中心。另在右线发展上,台湾早期与祖国贸易、对日本/东南亚贸易至光复后的全球贸易;20世纪80年代后加上台商在欧、美、东南亚及大陆的投资,构成贸易与投资的另一轨经济发展路线。由20世纪90年代至21世纪20年代,每隔10年左右大陆台商都掀起一波投资的热潮,在"岛内经济生产"与"对外贸易投资"的两轨并行策略下,台湾才可能在2020年走到GDP35,000美元的"开发国家之林"。图中也将大陆的经济依次发展进程同列于左侧,作为台湾经济发展的对照组可以发现,台商大陆的各波投资热潮,与大陆区块经济依次发展的顺序环环紧扣,由华南、华东、环渤海地区以至大西部,台商的两岸经贸投资已为中国现代化注入一股重要的力量。在两岸共同互惠互利的合作发展中,大陆中西部开发成功,中国将在2020年成为世界第二大经济体,两岸同享繁荣富裕的小康生活。在此坚实的基础上,两岸最终顺利和平地融合为统一繁荣的中国,也应是水到渠成、顺天应人的美景。

事实上港、澳、台经济持续繁荣,对大陆经济发展有利;大陆经济发展成功,形成大规模的世界市场,对港、澳、台甚至亚洲经济更有正面作用。北京大学中国经济研究中心主任林毅夫先生指出:日本在人均国民生产总值达到美国40%的门槛后,用18年追上了美国,后来新加坡仅用了15年,台湾地区目前人均国民生产总值已达到美国40%的门槛(见表4)。如果台湾当局以正常的经济政策处理,20年后的台湾,追上美国应不是问题,否则台湾地区的领导人应愧对未来的台湾子孙。[①] 而许多经济学家都指出:中国大陆的经济,如果保持目前的经济成长态势发展下去,则中国可望在20年后,成为世界第二大经济体,仅次于美国。遥望公元2020年两岸的美景,我们要如何能顺利完成任务呢?我想凭两岸中国人的智慧,只要双方肯共同努力合作,应该是可以顺利的实现这个中国人长久的梦想。台商们长期在大陆投资设厂、工作生活,对未来两岸关系的发展趋势知之最深,看法应比较接近真实。依据笔者2003年3月对大陆台商所作的问卷调查显示,有78.18%的台商对两岸关系的展望是乐观的,当然也有21.82%的台商表达不乐观的看法(见表5)。从将近八成的大陆台商对两岸未来表示乐观来看,则本论文推断台商对大陆的投资每隔10年都会创一个新热潮的说法,也应该是有相当的理论与实证基础的。我们期待这些正面的看法可以实现,对两岸人民的幸福将是最大的鼓舞和保障。

---

① 2002年3月24日,林毅夫接受台湾《真相新闻网》电视台郑又平博士访问时表达的观点。

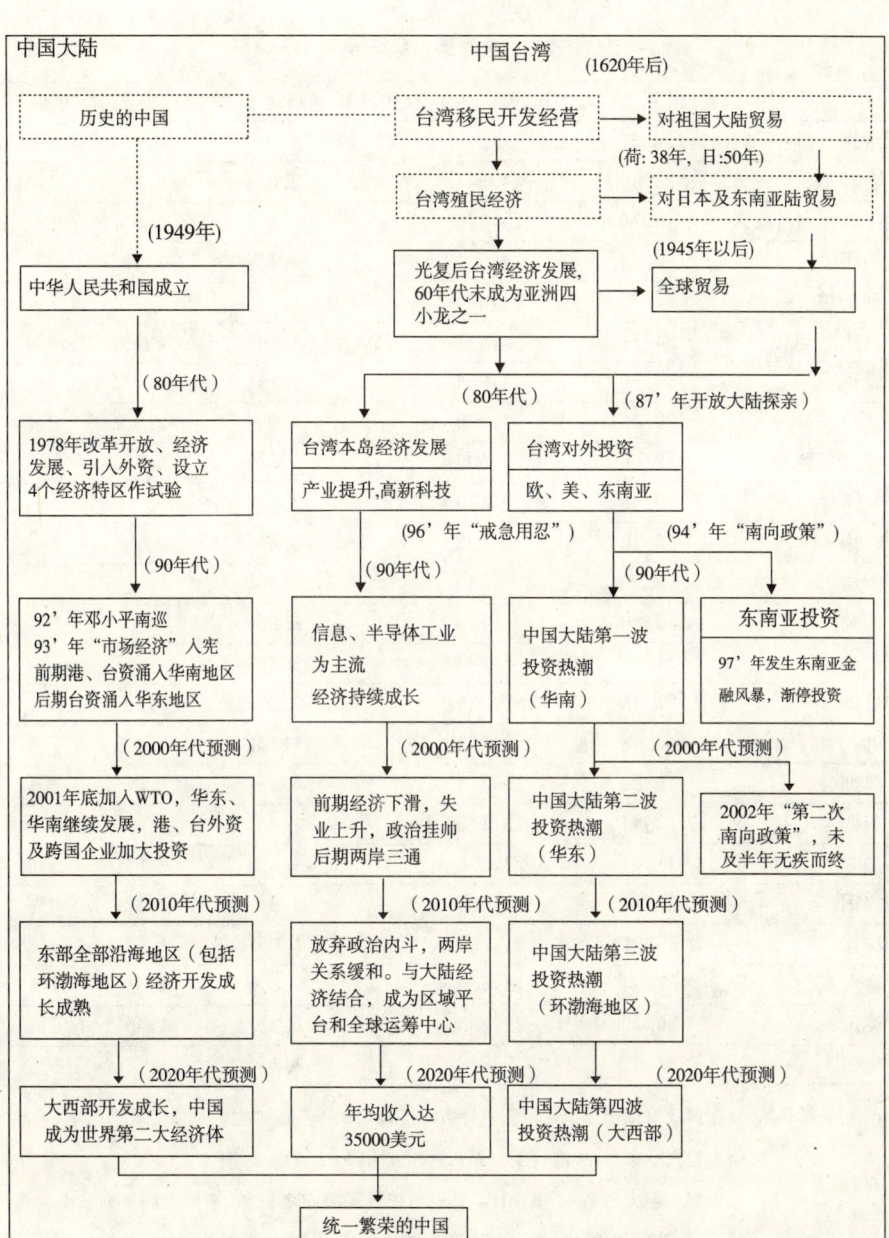

图 1 台湾地区经济"两轨并行"发展策略图

资料来源:本论文整理。

表4　全球最新经济情报

	人口(百万)	人均国民生产总值(美元)	经济增长率	通货膨胀率	失业率
中国大陆	1,276.27	910	8.0%	−0.7%	3.7%*
台湾地区	22.45	14,941	3.0%	−0.3%	5.11%
中国香港行政区	6.76	24,070	0.5%	−3.3%	7.6%
中国澳门行政区	0.44	14,281	2.1%	−3.18%	6.2%
新加坡	4.13	24,485	3.9%	−0.4%	4.1%
马来西亚	24.53	3,531	3.8%	2.1%	3.8%
泰国	62.70	1,984	5.1%	0.3%	3.7%
菲律宾	79.48	1,035	4.5%	2.9%	11.2%
印度尼西亚	212.60	692	3.5%	10.50%	—
文莱	0.35	20,400	2.5%	—	—
越南	82.10	398	5.8%	—	—
寮国(老挝)	5.50	280	5.5%	—	—
缅甸	45.60	765	6.2%	—	—
柬埔寨	11.20	280	5.3%		
日本	127.40	37,950	−0.8%	−0.9%	5.4%
韩国	47.68	8,900	6.3%	3.1%	2.7%
澳洲	19.20	19,313	4.2%	2.8%	6.2%
新西兰	3.94	13,115	4.0%	2.8%	5.1%
加拿大	31.41	22,576	3.2%	2.6%	7.5%
德国	82.26	22,583	0.5%	1.1%	9.5%
法国	60.91	21,764	1.0%	1.7%	9.1%
意大利	57.84	18,555	0.2%	2.3%	9.1%
英国	59.76	23,793	1.3%	1.4%	5.2%
美国	281.42	35,277	1.1%	1.1%	5.7%

资料来源：1.各国政府或国际机构最新统计数。经济增长率是国内生产总值实质增长率(*城镇登记失业率)，(香港)《亚洲周刊》，2002年10月21—27日。

2.根据中国大陆2000年5月1日中国统计局公布之资料，中国大陆下列三个都市的人均国民生产总值(美元)为：北京：3,000元，上海：4,500元，广州：4,600元。

表5　大陆台商对两岸关系未来展望的看法

问卷主题	选择内容	统计结果	
您对未来两岸关系的展望：	极乐观	3	5.45%
	很乐观	6	10.91%
	乐观	34	61.82%
	不乐观	11	20.00%
	很不乐观	1	1.82%
	极不乐观	0	0.00%
样本数		55	100%

资料来源：本论文2003年3月大陆台商问卷调查。

结　　语

　　1945年台湾光复以前的300余年之间,台湾的农业和农产品加工经济展现了蓬勃的生机,"岛内经济发展"与"海外进行贸易",成为近代台湾"两轨并行"的生存方式。1945—2000年的55年中,台湾现代经济发展的历史进程,基本趋势是向上一路提升的。

　　台湾岛内可耕土地面积小,资源短缺,市场也较狭窄,本不足以形成经济成功发展的条件。但台湾人具有从事海外贸易的传统,并积累有丰富的经验。由于经济全球化提供的历史机遇,使台湾地区在两岸军事对峙、世界两极冷战的格局之下,利用了美、日庞大市场的商机,通过外向型工业化发展战略,融入世界经济潮流,发扬了移民的勤奋拼搏精神,创造出台湾的经济奇迹。台湾经济几乎每10年都有一个重大的转折和突破,其发展轨迹是:光复后,从1945至1949年的5年,台湾是日本殖民地式混合着中国大陆边陲式的经济,在国共内战混乱的局势下,岛内的经济并无主体性的显著发展。进入50年代,台湾开始"进口替代"工业化阶段,以土地改革稳定农村,并以农业支援民生工业,以政策倾斜方式,扶助民间中小企业稳定成长。60年代,面向全球发展,台湾转至"出口导向"工业化阶段,岛内引进美、日、侨资等外资企业,成立加工出口区,建立以出口为导向的产业,在国际分工中扮演"制造者"的角色,终使台湾成为亚洲"四小龙"之一。70年代为"第二次进口替代"工业化阶段,台湾加速农村经济建设,开展"十大建设",改造岛内基础建设,厚植外销产业发展的实力,挺住了1973年和1978年两次石油危机的冲击,并推动产业升级,提升产业结构,大力发展资本密集及技术密集工业,奠定了80、90年代经济持续成长的基础。适应全球化的大趋势,台湾基本建成为一个适宜外资投资和外销工业蓬勃发展的制造中心,台湾也由欠发达的农业地区变为一个新兴的工业化发展地区。

20世纪80年代起,台湾的经济发展以"岛内经济转型提升"和"台商对外投资"两条发展路线同时推进,而进入了另一种"两轨并行"的时代。1980年,台湾"新竹科学工业园区"建立,标志着电子、半导体、信息等高新科技工业的兴起。同时,台湾的第二大发展主轴是从对外贸易发展到对外较具规模的投资,从而形成了台湾经济发展的又一路线。这两条路线的并行发展是80年代台湾经济持续成长的关键因素。岛内各种经济的转型和提升,不但使台湾到90年代的经济发展不断攀升,而且使台湾在高科技产业的制造方面,保持着多项世界第一的美誉。台湾经济也因体质健全而在1997年的亚洲金融风暴中屹立不摇,故一直到2000年中期,台湾均顺利保持着令世人称羡的经济成长态势。

本论文的研究,依据国际直接投资学的比较优势理论,主要论述是针对20世纪80年代以来台商对中国大陆的投资经营,并以台商对东南亚地区的投资经营作适当比较。20世纪80年代起,台商对外投资动因有"岛内环境因素"和"背景因素"两方面,岛内环境因素是指台湾岛内的生产环境,对某些传统工业已不具有比较利益,如果岛内环境因素无法改善(限于客观条件),或其他海外地区的环境因素比较之下更有利益,则根据比较优势理论,实行"地区轮替",将产业移至条件更好的地区去生产,这是企业生存发展之道。至80年代时的统计资料显示,岛内传统产业生产环境有恶化的倾向,如消费上涨、国民储蓄力下滑、岛内投资意愿减弱;且环保问题恶化,现有污染性工业的存在则对吸收外资有很大的负面影响;人民对传统制造业的工作意愿低落,对传统工业研发转型的无力负担或无心投入,使岛内投资锐减而岛外投资迅增。至于对外投资的背景因素,以内部而言,台湾外汇储备的快速增长,岛内内需(市场和公共支出)的难以扩大,经济转型的推动不顺等;外部原因则有:西方发达国家经济增长减缓,因而对其投资的成本较低;世界经济"区域化市场"步伐加快,区域内保护主义日增,使去该地区投资以争取市场的压力增大;国际技术的交流加快,可由对外投资而顺利取得技术成果;经济全球化的进一步发展,使国际直接投资有优势互补的利益。基于此种内部因素的推力和外部因素的吸力,80年代中期台商开始陆续进行对外投资。本论文指出:根据台商对外投资的目的,可以分为下列三类:一是"成本导向"的投资,如对东南亚、中国大陆等优越制造环境的传统产业投资;二是"市场导向"的投资,如电子、化工对趋近美国现有市场的投资,或金融、贸易业对欧洲的投资;第三种是"发展导向"的投资,如2000年前后,台湾计算机、半导体等高科技产业对中国大陆潜在市场看好而进行的投资。顺应台湾岛内环境的变化和岛外投资地区条件的变化,台商在对外投资的动机上,亦可分为"维持生存"、"扩展市场"、"未来发展"等三类或混合型,故台商在对待海外子工厂和台湾母公司之间,并无爱、恨等情绪考量,主要着重在经济效益的分配和安排,即母、子公司间或子公司与子公司间的区域生产网络之建立,对企业订单的获得和企业利润的扩大,基本上就是国际直接投资理论中"垄断优势理论"和"市场内部化理论"的实践。台商是愿意多方投资、弹性生产的,台商对外投资的主力仍在中小企业(尤其是90年代中期以前),所以充分整合岛内外各生产据点的生产网络优势,使台湾的全球竞争力大为提升,这是台湾在经济全球化下能保持经济持续发展成功的一项重要因素。

台商对东南亚的投资始于1980年代中期,到1994年达到高峰,至1997年东南亚金融风暴以后,基本上新投资案已渐趋缓。台商在东南亚的投资主要集中在制造业方面,东南亚子公司的产品与台湾岛内母公司的产品,一般是水平分工的状态(即生产同样产品),可看出台湾产业外移东南亚,主要为"成本导向"的投资形式。东南亚因人才和技术的欠缺,所以生产技术及产品研发,大都不能在当地自行解决,而要靠台湾母公司的提供;至于行销方面,则外销与当地销售并重,子公司本土化行销能力的提升,也表示了东南亚投资产业想再转回台湾的可能性几乎消失。台商制造业选择在东南亚投资的原因,基本上是因为东南亚各国其土地、劳工的成本比台湾岛内具有优势,另外东南亚距台湾地理位置最近,对台商心理上及零件技术等实际支援成本上都很方便;另外东南亚有华人华侨人脉网络可以借助,对台商克服海外投资语文、行政、法律、管理等方面的困难大有助益。但东南亚本身文化人种复杂,又常有排华、绑架等暴力事件发生,且东南亚各国单一市场过于狭小,区域市场整合困难等,均对台商投资东南亚的意愿力度,构成一定程度的阻碍。在80年代中期,大陆与台湾仍处于封闭的禁绝时代,东南亚是台商制造业对外投资惟一的选择,彼时东南亚各国的投资弱点尚不突显;80年代后期,台商自发地开始在大陆投资时,对某些两地均有投资的台商而言,东南亚与中国大陆均成为台商区域生产网络中的一个重要角色。其中简单大量的产品大都在中国大陆生产,复杂适量的订单则在东南亚出货;至于研发样本、少量试产或高附加价值的货品,则多在台湾岛内完成。但对某些投资能力只及于一处地点的台商而言,东南亚在语文便利、生活适应、心理安全、劳工勤奋、研发成效、技术转移、企业规模、市场机会等各方面,均比不上中国大陆。经过90年代的激烈竞争,包括台资在内的全球外资,几乎都将投资主力投向中国大陆。东南亚金融风暴6年以来,东南亚各国的经济发展和外资投入都没有明显起色,在2000年中期美国经济亦开始下滑之后,情势更显得十分险峻。但中国大陆却一枝独秀,在生产制造、市场销售及外资引进方面,比起东南亚及世界各地,均已取得领先地位,成为亚洲的经济大国。

台商对大陆的投资,是于1987年台湾当局开放台湾人回大陆返乡探亲的历史机遇下开始的。台湾当局的两岸政策,一向维持着封闭和对立的态势,但台湾人民却不理会官方的态度,由探亲、观光、贸易推展到投资行为,在台湾官方未及时规范的情况下,自1988—1993年短短5年间,大批传统企业台商口耳相传,联袂到华南地区投资设厂,形成台商大陆投资的第一波热潮,其中包括了很多当初无力去岛外投资的一些小型企业和上游零件业。中国大陆和东南亚一样都有土地和劳工便宜的优点,具有吸引外资的基本条件,但台商因同文同种同语之便,比港资及外资更适宜在中国大陆生存,大陆的生活环境根本就是台湾早期生活的翻版重现,所以台商在大陆投资或工作,心理上感到十分熟悉与自信。台商的实力加上大陆的潜力,使台商在大陆投资的成功机会大增,台商在大陆企业的规模,一般都比岛内原有企业大了数倍,台商的成就感油然而生,甚至有机会争夺新的世界第一。台商在大陆投资的产业类别十分广泛,仍以各种制造业为主,投资地区以出口方便的华南(90年代初)、华东(90年代末)和福建(闽籍台商家乡)为主,并广布大陆各省。投资效益亦以获利者居多。台商以"群聚效应"在大陆顺利完成了各行业的区域生产网络,"本土化采购"的政策使台商较其他外商更具优势。而东南亚台商就无法在当地做到这一点,必需与其他外商或岛内母公司合作才能完成区域生产网络。在与东南亚投资比较之下,台商大陆投资具有多重优势,故在90年代末期已成为台商对外投资的主流。大陆经济长期持续的成长,带动沿海三亿人民的小康生活及一亿中产阶层稳定消费的市场潜力,是东南亚复杂多元、整合困难的销售市场所无法相比的。日本于80年代提出的"雁行模式"理论,已在90年代被原来一路随行的中国天鹅打破,1997年亚洲金融风暴后,中国"大国经济"对亚洲经济的稳定力量及其市场潜力对东南亚诸国形成的"市场导引"关系,几乎已经确立。两岸加入WTO以后,大陆外销实力与内需市场潜力愈加提升。东南亚诸国也与中国要建立"十加一"的自由贸易区,以分享中国未来"市场大国"的好处,中国已变成亚洲经济的一条巨龙。至于在投资环境上,90年代时中国每年吸收全世界的外资都比整个东南亚总和还多,中国货品在美、日、欧盟市场的出口占有率,也比任一东南亚国家为高,这些都足以显示中国"制造大国"的实力,也是世界上美国以外惟一兼具"市场大国"和"制造大国"的投资宝地,故即使在投资政策、投资租税以及外汇管制等方面,中国大陆略逊东南亚一筹,但在人才、劳动力、研发技术、高科技产品等市场潜力方面,却占有绝对优势。台商在大陆投资方向十分灵活,常有跨行经营的情形,而企业本土化降低成本的速度比东南亚要快;人才的培养和取得,更比东南亚方便;台商多已在大陆建立企业文化和企业愿景以求企业的永续发展;在东南亚却只把其视为生产网络中的一环,求取赚得企业利润而已。

20世纪80年代台商投资欧、美或东南亚,是取得台湾当局的支援和辅导的,因为"对外投资"和"岛内产业转型"是台湾经济发展的两轨并行政策。但90年代以后,当台商在1988—1993年,形成台商投资大陆第一波热潮以后,"大陆投资"在台湾当时成为一个敏感和争议的话题,由于国民党李登辉"主政"时期,对两岸政策采取保守封闭的态度,在其"本土化"李登辉路线推动之下,于1993年规定台商对大陆投资必须向台湾当局登记;1994年推出的"南向政策",想把台商大陆投资的热潮导回80年代中期向东南亚投资的老路上去;1996年推出的"戒急用忍"政策,规定了企业的投资规模(5,000万美金以上)及投资类别(高科技和基础建设)等不得去大陆投资的限制。当1997年金融风暴发生后,台商东南亚投资损失惨重,东南亚经济一蹶不振,台商旧伤未愈,新案几乎暂缓;反之,因"戒急用忍"和"金融风暴"之刺激,1998至2003年间,台商高新科技产业则在华南、华东继续扩大投资,其中桌上型计算机业集中在华南地区,而晶圆、半导体、笔记型计算机业等多集中在华东长江三角洲的大苏州地区(苏州、吴江、昆山),形成台商投资大陆的第二波热潮。当2001年11月陈水扁"主政"的民进党当局废除了"戒急用忍",改以"积极开放、有效管理"政策时,台湾的"晶圆二雄"(台积电和联电)均表达了到华东投资设厂的计划或意愿,其中台积电上海松江8″晶圆的投资案,已在2003年2月获得批准放行。这种高科技产业带动的群聚效应,将使台商大陆投资的第二波热潮继续扩大。90年代以后,台湾当局开始用政治力干涉经济的方式,来扭曲台湾的经济发展和台商的投资方向,这是违反经济发展规律的不智做法,既不能解决两岸间的政治问题,也不能解决台湾经济衰退的现象。在台湾经济下滑,东南亚地区旧伤未愈的当口,民进党当局为配合陈水扁的印尼出访,又在2002年7月提出"第二次南向政策",因内容并无新意,东南亚除越南一地尚有投资诱因外,已无法再受到岛内企业界的配合和支持,最后在出访印尼不成后,"第二次南向政策"也在2002年12月悄然落幕。10余年来,因台商投资大陆给台湾带来每年100—200亿美元以上的外汇顺差,是维持台湾90年代经济持续成长的功臣,台湾当局无视于大陆在经济全球化中的重要地位,不图借助大陆市场把台湾建设成"区域经济的平台",反而一直视大陆为台湾的"敌人",而欲以"本土化"对抗大陆,其实是限制了台湾全球化的发展;若不及早改弦易辙,对台湾及两岸的经济发展,都将构成严重的阻碍。而台湾当局推动的许多经济发展的政策,都与"两岸三通"和"两岸关系"有关,根本问题不解决,也使这些政策变成空中楼阁。

本论文研究台商对大陆投资的发展进程,提出"四波段投资论"的看法,即20世纪90年代前后,台商对华南地区进行了第一波大陆投资的热潮,以传统工业的中小企业为主;在2000年代前后,台商对华东地区进行了第二波大陆投资的热潮,以高新科技工业的大企业为主,2010年代左右,台商将对包含东北、华北、内蒙腹地的环渤海地区,进行第三波大陆投资的热潮,系以华南、华东既有外销台资企业的扩大投资为主;如果"三通"能顺利推行,则台湾岛内的相关企业亦会随之而来。到2020年左右,则以内销大陆和服务业为主的台商与沿海地区之内资企业,将共同为大西部开发进行第四波大陆投资的热潮。鉴于台湾当局和台商在对"大陆投资"这方面,早已形成官方保守封闭、民间积极开放的"政商分离"态势,而且以往台商第一波大陆投资的热潮,是在台湾当局正式开放台商投资大陆政策以前就已完成;台商第二波大陆投资的热潮,也是在台湾当局"戒急用忍"政策松绑以前就已完成;所以我们有理由相信,不管台湾当局是持何种态度对待台商,台商在经济发展需求考量下所发生的对外投资行为,应该是符合经济和历史发展规律的,那么本论文明确指出台商未来的第三、四波大陆投资热潮,其投资时间、投资地区和产业类别,应是合理可行的推论,在笔者2003年3月对大陆台商所作的各项问卷调查统计结果中,都可以得到印证。

当台商与台湾当局对大陆投资的看法迥异,台湾当局对大陆陷于"分离对抗"的意识形态的窠臼中不能自拔时,台商在两岸间扮演的角色,就愈发突显其历史地位的重要性了。在两岸长期无法达成共识,双方协商谈判中断的情形下,这些在大陆工作长达10余年的50万台商,无论在工作时间深度、分布地区广度和规模数量基础上,都有一定的代表性和影响力。本论文分析指出：台商大部分透过香港中转，以"关心而不介入"的低调姿态，发挥两岸交流的桥梁作用，并成为两岸共筑大厦的基础。由论文中列举的数个大陆台商的经营案例分析，我们知道台商在大陆实现了再发展的愿望，也为中国现代化奉献了力量。台商对市场经济的经营原则和追求效率、灵活应变的反应，为大陆国有企业提供了很好的借鉴。台商所建立的企业文化，导源于儒家思想的中华文化，具有两岸共同的人文元素。台商对中国大陆现代化的贡献，不止于所带来的资金、技术、市场和外汇等而已，在管理观念、企业精神和企业文化方面，台商带来的启发更是关键所在。从历史的角度来看，中国一向都是"重农轻商"的社会，商人的地位从来都居于社会的底层，而目前大陆台商的成功表现，扭转了日本据台时期派来大陆沿海"台湾浪人"的历史不良印象，可以说台商在大陆建立了"台湾人"的新形象。而台商穿梭两岸对双方交流的贡献，填补了两岸官方长期僵持对立下的空档，对两岸未来发展奠定了坚实的基础。故本论文对台商在两岸间的历史地位，给予相当正面的评价。

台湾是一个海岛，除了先民初抵台湾移垦的一段时间，全靠岛内生产自足以外，400年来"岛内产业"和"海外贸易"都是台湾经济发展的两项支柱，光复后50—70年代亦复如此。台湾因有传统的外贸历史经验，故岛内产业有许多是以全球市场为生产标的，这也是台湾特殊的环境条件所孕育的成果。台湾面向世界的经济发展模式，使台湾顺利的成为亚洲四小龙之一，给大陆的经济改革带来很大的启示。台湾20世纪80年代开始对外投资，台商们为台湾经济开创另一条新路，也弥补了单纯对外贸易的不足，"对外贸易与投资"与"岛内产业升级"形成了台湾新的"两轨并行"策略。东南亚与中国大陆都是台商制造业选择的投资地区，而大陆更有潜在的市场引力，是未来除美国外最大的全球市场。台商因同文同种之便，在大陆投资有如龙归大海，大陆市场的开拓，台商比其他外商占有先天的优势。台商在大陆既可得到优良的制造环境，又可开创另一个行销市场，小老板成大企业家，台湾经济也因对大陆的出口顺差得到了弥补，两岸互补互利的发展，是现代中国人之福。台湾当局对大陆若不能摆脱历史情仇，一定要为"台独"而将大陆视为"敌人",对大陆或对大陆台商处处设限拦阻,则台湾未来的生存发展必然受到伤害。本论文特将此归纳为"台湾生存发展人形图"的图形(见图2),表达了台湾只有在和谐的两岸关系基础上,以"岛内发展有特色的产业经济",作为"生存"的支柱,另以"对外贸易和对外投资"作为"发展"的支柱;并以一颗台湾心,怀抱大陆情,具备世界观,用历史的智慧和视角,掌握现在的美国市场和开创未来的大陆市场,才会使台湾的生存发展得到充分的活力和生机。舍此不图而将台湾带入衰亡,是绝对不符合两岸民众期待的。

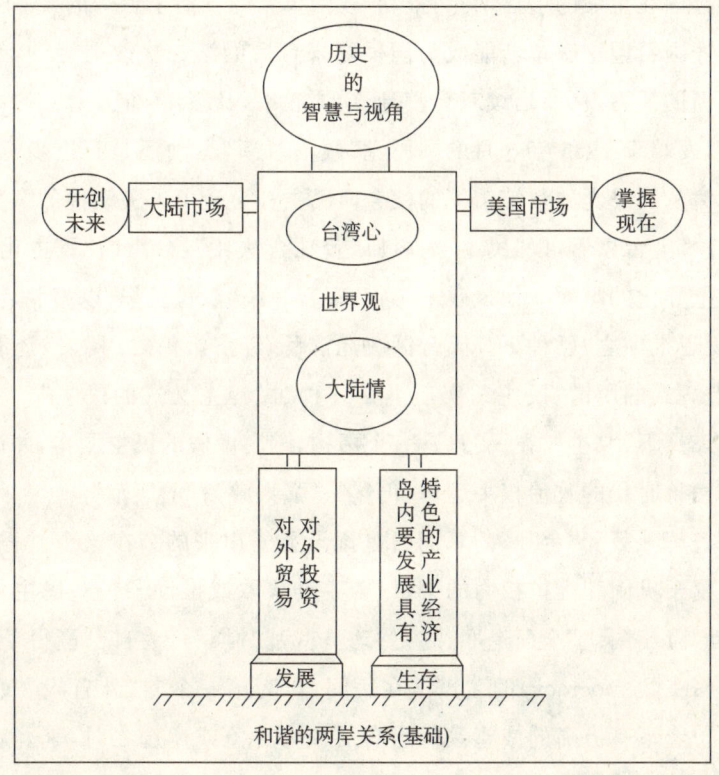

图2　台湾生存发展人形图

(作者联系地址:深圳宝安龙联工业区康达国际有限公司　邮政编码:518131)

李登辉主导下的台湾"民主化"进程

林 震

蒋经国在生命的最后两年,推动"政治革新",开启了台湾的"民主化"进程。蒋经国希望这次革新能成为国民党来台后的第二次改造运动,给国民党带来新的活力,从而延续对台湾地区的统治。无论蒋经国个人的主观愿望如何,发端于1986年3月的国民党"政治革新"运动还是有进步意义的,它使台湾从国民党独裁统治下的社会向民主社会迈出了关键性的一步。但是,李登辉上台以后,以"民主"为名使"台独合法化",台湾的"民主化"进程逐渐走上异化的歧途。他执政十二年,奉行一条"亲日反华,以夷制夏"的路线,有识者批评之"已种下今天台湾政局混乱、经济沉沦之因"。① 还有人批评,李登辉式的所谓"民主",实质上是一种"民粹主义式的民主"。在这种"民主形态"下,"'主权在民'只是一个虚构,一套虚假的民主剧本,并没有多大改变两蒋时代的政治权力运作,仍然是'强人政治'的典范"。②

李登辉独裁和"台独"的真面目是逐渐显露出来的。在这个过程中间,李登辉出于巩固和维护权力的考量,曾主动采取或推动了一些民主化措施(如推动"万年国代"全面退职,终止"动员戡乱时期"),为自己赢得了"民主先生"(Mr. Democracy)的名声。在民间,作为第一个非"外省人""总统",李登辉曾经享有极高的威望。每当高层权力斗争或竞选之时,李登辉总能利用台湾社会浓厚的"李登辉情结"为自己寻找丰沛的人脉和民意支持。

本文拟从李登辉的固权、终止"中华民国""旧法统"和"宪政改革"等方

---

① 陈癸淼:《论台湾——为台湾把脉》,台北海峡学术出版社2002年版,第91页,第94页。
② 许介鳞:《台湾史记(续)》(卷四),台北文英堂出版社2001年版,第203页。

面,阐析 1988 到 1996 年之间李登辉的"执政"活动,①目的是揭示李登辉如何在"民主改革"的幌子下谋取独裁权力和推动"台独"。

一、李登辉巩固权力基础

1988年1月13日,李登辉接任"中华民国总统",时年65岁,成为第一位担任此要职的台湾人。当时岛内政坛流行的看法是:李登辉可能只是一个过渡性的人物,不会成为台湾真正的领导人,②更有可能出现的是论资排辈伦理下的集体领导局面。③

李登辉的优势在于他是蒋经国亲手挑中的权力继承人,许多忠于蒋经国的国民党元老在内心把支持李登辉等同于对蒋经国的效忠。这是李登辉的一笔丰厚的无形资产。果然,从1月16日开始,形势开始向有利于李登辉的方向转变,这一天,美国合众国际社驻台特派员萧树伦发布了一项电讯,主要内容是:根据对中常委的一项私人调查,31位中常委几乎全部支持李登辉担任国民党的主席。这个消息后来被证实是故意制造出来的假消息,但在当时起了某种暗示的作用,党内元老们因为不明底细而没有采取任何公开的激烈反对举措。1月17日,国民党籍"立法委员"赵少康,未征得"立院党部"和"中央党部"的同意,突然和李胜峰、黄主文、洪昭男、林时机、林源朗等"立委"联合签署向"党中央"吁请支持李登辉继任主席,引起了一股强大的政坛冲击波;从20日开始,李焕和宋楚瑜开始奔走于中常委之间寻求连署,以支持李登辉出任代理主席,初始很不顺利,但随着美国人的介入

---

① 1996年后,李登辉自恃有"公民直选"的强大民意支持,目空一切,行事专断而无所顾忌,独裁和独台的面目暴露无遗,"一般人均认为李登辉相当独断而霸道,不用能人,与大企业家相互勾结,互相利用牟利"。参见蔡玲、马若孟:《中国第一个民主体系——"中华民国"的政治历程》,罗珞珈译,台北三民书局1998年版,第291页。
② 许信良:《挑战李登辉》,台北新新闻文化事业股份有限公司1995年版,第67页。
③ 蒋经国去世后,党内曾经流传着今后是"一国五公"的说法,即俞国华是"安国公",李焕是"辅国公",谢东闵是"保国公",蒋纬国是"定国公",郝柏村是"镇国公",说明当时党内并不看好李登辉,认为他不可能兼任党主席。许汉:《李登辉的七十年》,台北开今文化事业有限公司1993年版,第89—91页。

("美国在台协会"官员约谈了李焕、宋楚瑜和郝柏村等人),从25日开始,连署工作进展顺利;1月26日下午,形势突变,李焕收到了从士林官邸发出的信函,宋美龄在信中希望李焕转告中常委,先不急着任命党主席,暂时由中央常务委员轮流主持中央常务委员会;1988年1月27日,召开国民党中常会,由极力主张李登辉出任代理主席的余纪忠轮值中常会主席,会议开始后气氛一直很沉闷,推举代理主席问题迟迟没有被提出来讨论,最后,由原本没有发言权的国民党副秘书长宋楚瑜发言,由余纪忠穿针引线,李国鼎从旁催促,才以起立鼓掌方式通过俞国华提案,推举李登辉为代理党主席。①

1988年7月7日,国民党召开十三大,以起立表决的方式将李登辉选为党主席。在进行中央常委会选举时,李焕获得第一高票,而俞国华只排到了三十五名,这在李焕和俞国华之间留下不愉快,招致后来的对立。"李俞对立"对李登辉巩固权力帮助很大。在这次大会上,元老派企图设立副主席,并希望由蒋纬国来担任,以此来制衡李登辉,结果没有实现。

李登辉刚当上党主席的时候,掌握台湾党、政、军、特实权的分别是:国民党秘书长李焕(71岁),"行政院长"俞国华(74岁),"参谋总长"郝柏村(69岁),"国家安全局长"宋心濂(65岁)。他们都是外省人,是蒋介石和蒋经国培养多年的班底。李登辉初任"总统",连"总统府"的警卫都无权调动,但是李登辉的优势在于他的身份。他是第一位"台湾人总统",台湾人对他寄予厚望。台湾社会存在着"李登辉情结"。所谓的"李登辉情结",是部分台湾民众出于地域因素对李登辉产生的认同感,这种情结体现在,"比如李登辉失言,也不会深究的,但如果外省人批评李登辉,立即拥护李登辉,并且批判外省人"。②

在李巩固权力的过程中,"国家安全局长"宋心濂首先配合。他积极协助李登辉分开情报和治安部门,为李巩固权力创造了良好的环境。1988年10月17日,更换了"总统府秘书长"沈昌焕,由向来被称为"没有声音的人"

---

① 许汉:《李登辉的七十年》,第93—99页。
② 伊藤洁:《李登辉新传》,台北希望出版事业公司1996年版,第91页。

的李元簇取而代之。沈素有"外交教父"之称,曾长期担任"外交部长",积极主张在"外交领域"贯彻"一个中国"原则。沈的去职,搬掉了李推行"双重承认"政策的障碍。1989年6月1日,"立法院"内支持国民党秘书长李焕的势力,要求更换"行政院长"俞国华。李登辉乘机要求俞辞职,任命李焕为"行政院长",而由亲信宋楚瑜接任国民党秘书长。这个人事更动是李登辉利用外省人内部的对立来巩固自己的权力。军权方面,主要对付郝柏村。1989年12月,李登辉将"参谋总长"郝柏村调任为"国防部长",以利于自己实际掌握军权。

李登辉巩固权力的动作,引起了国民党内非李系的警觉,特别是当他们发现了李登辉的"独台"倾向后,开始反对李登辉及其嫡系人马。1990年初,随着新一届"总统"选举的来临,李系和非李系之间的斗争逐渐趋于白热化,出现了"二月政争"(1990年1月31日—3月9日)的风潮。1990年1月31日,国民党中常委会决定李登辉为国民党竞选"第八届总统"的候选人,李决定提名李元簇为"副总统"候选人。这个提名引起了国民党内李系(以李登辉和宋楚瑜为中心)和非李系(以郝柏村、李焕、林洋港、蒋纬国为中心)的公开对决,台湾政坛爆发了"二月政争"。由于当时的"时代趋势是对李登辉有利的",[①]最后以李系的胜利告终。1990年3月16日—3月22日,台湾大学生在中正纪念堂前静坐,掀起了"三月学运"。学生们要求立即全面改选"万年国会",实行政治改革,召开"国是会议"。民进党推波助澜,支持学生运动。李登辉利用学运的声势成功地威吓了"国大代表",使他们相信,只有选出李登辉才能使他们不受学生运动的冲击。3月21日,"国民大会"选举李登辉为"第八届总统"。

李登辉当选"总统"以后,李系和非李系两派人马立即展开了激烈的"行政院长"职位之争。李登辉打算换掉李焕,启用被称为"沉默之人"的连战(时任"外交部长"),但由于连战年轻(54岁),得不到党内元老的支持,只好

[①] 喜安幸夫:《台湾——迈向民主的泱泱"大国"》,苏珊译,台北中天出版社1999年版,第256页。

放弃,改将连战启用为"台湾省主席"。最后,决定启用郝柏村为"行政院长",条件是郝必须退役。李登辉启用郝柏村,主要是这样做能达到两个目的:一是剥夺了郝的军权,使李更容易掌握军权;二是破坏了国民党内非李系的团结,让李焕和郝产生对立。1990年6月1日,郝柏村就任"行政院长"。郝柏村为了回报李的提拔,和李维持了一年的"肝胆相照"的关系,协助李召开了"国是会议",主持制定了"六年国建计划",并以军人的干练和威信整顿治安。但是,由于理念不同,两人终究是"水和油"的关系。在"立法院"里,亲李登辉的"集思会"和亲郝的"新国民党连线"之间的斗争也越来越尖锐。1993年2月27日,在民进党"变相放水"的支持下,李登辉提名的连战获得"立法院"的同意,就任了"行政院长"。同时,孙震被派任"国防部长",宋楚瑜为"台湾省主席",许水德为国民党秘书长。这些全是李登辉的亲信。至此,李登辉掌握了党政军特四方面的权力,最终巩固了他的权力基础。

李登辉巩固权力基础的过程,同时也是国民党逐渐瓦解的过程。国民党作为一个两百万人的大党,在台湾统治了四十年,是民主化进程中的主要角色,发挥着重要作用。李登辉在就任党主席后,曾一再表示,随着政治改革的进行,国民党将扮演政治竞争者角色,而不再是惟一的政治支配者。[①] 但是,在民主化进程中,李登辉却在"民主化"的旗帜下,致力于削弱国民党的力量,使其从一家变成三家(国民党、新党和亲民党)。本来,以其四十年所累积的社会、经济、政治资源,国民党应该有能力维持主导地位至少数十年。[②] 但是,逐渐分裂中的中国国民党,已经不是"惟一的政治支配者"和"政治竞争者",而是李登辉助长逐渐"台独化"的"台湾人政党"——民进党的工具。中国国民党政治功能的这种转变,大大缩短

[①] 张京育 主编:《"中华民国"民主化——过程、制度与影响》,台北政治大学国际关系研究中心1992年版,第141页。

[②] 同上,第144页。

了国民党在台湾继续执政的时间。李登辉"暗中分化本党、逼走同志"①的做法和"主权在民"的"新思维",赢得了民进党的喝彩,称赞他为"国民党的戈巴契夫"。②

二、李登辉:"中华民国"终结者

台湾是中国的一个地区,由于国民党在大陆败给中国共产党,撤退到台湾,带来了一套完整的"国家机器"(党政军特)。"中华民国"退缩到台湾以后,靠着寥寥几个"邦交国"强撑起"国家"的门面。这样的情况世界独有。在这种特殊的政治环境中,李登辉巩固权力基础的过程,也是终结"中华民国"、建立台湾"新法统"的过程。

终结"中华民国"可从内外两方面来考察:对内,主要是"更新法统";对外,则致力于在国际上确立台湾的"主权国家"地位。

先看对内方面。1987年7月,台湾地区"解严",解除了戒严时期对台湾人的人身自由、居住迁徙自由、言论自由、秘密通讯自由和集会结社自由的不当限制,非军人不再受军法审判,使台湾恢复了一个现代社会应有的诸多自由,解放了民间社会,为"民主化"的进行提供了必要的社会动力机制。但是,台湾仍然处于"动员戡乱时期","动员戡乱时期临时条款"(简称"临时条款")仍然维持着一个军事化的、独裁的政治体制。授予总统"紧急处分"权的"动员戡乱时期临时条款"颁布于国民党仍然统治大陆的1948年5月10日。1954年,"国民大会"决议"临时条款"继续有效,在法律上形成了独特的"动员戡乱法制"。有人统计,"动员戡乱法制"包含了150种的"特别法规"、"法律"和"命令",其中,影响较大的有66种。③ 1987年10月,台湾开放老兵赴大陆探亲,观光旅游活动也开始了,两岸民间开始了交流,这种交

---

① 海峡两岸和平统一促进会成立四周年纪念大会:《召开中国人和平统一大会——制定"中国海峡两岸和平统一基本法"》,海峡两岸和平统一促进会 编印,台北,2002年,第133页。
② 郭正亮:《民进党转型之痛》,台北天下远见出版社1998年版,第5页。
③ 姚嘉文:《台湾辩护人》,台北前卫出版社1992年版,第74—78页。

流对"动员戡乱体制"产生了巨大的冲击,其重要影响是完全改变了在冷战时期所建构的意识形态,资深民意代表仍然代表大陆地区的法统说也遭到动摇。① 1991年5月1日,李登辉宣布废止"临时条款",这就断了"动员戡乱体制"的"法源",使"动员戡乱法制"的废除从十分困难的政治问题变成了相对容易的法律问题。

但是,一个"麻烦"的问题出现了:"动员戡乱体制"的废除,使台湾的地位落实成为"中华民国的一省",而由于中华人民共和国一直宣称是"中华民国"的继承者,台湾就成为中华人民共和国的一省。② 这肯定不是李登辉的本意。可见,废除"临时条款"并没有解决台湾的地位问题,台湾继续背负"中华民国"的政治包袱,它和中华人民共和国之间仍然是由内战延续下来的敌对关系。如果两岸互相承认,不可能互认对方代表全中国。李登辉希望互认对方代表各自有效统治地域,这又可能导致挂"中华民国"招牌的"台湾独立国"。事实证明,李登辉废除"临时条款",成了为"台独"解困的"革命性"步骤。

再来分析"更新法统"问题。长期以来,维系"中华民国法统"的是一批已经垂垂老矣、四十多年不改选的"中央民意代表"。1947年在大陆"选举"出"第一届中央民意代表"[③],在他们任期届满后,由于国民党已经败退到台湾,无法在全国范围进行新的选举,于是,采取了"大法官会议解释"和"递补制度"来使这些代表继续行使职权。这就使"中华民国"的"合法性"和"中央民意代表"个体的生命周期连在一起,人亡则"法统"亦亡,为了延续"法统",全面改选"国会"已经成为当务之急。在"国会"改选的问题上,由于"现在国

---

① 行政院新闻局:《宁静革命》,台北,1994年,第88页。
② 张京育 主编:《"中华民国"民主化——过程、制度与影响》,第322页。
③ 撤退到台湾的第一届"中央"民意代表(包括"国民大会代表"、"立法委员"和"监察委员")是终身制,其来源是:"动员戡乱时期临时条款"第六条第二项规定,"大陆光复地区,次第办理'中央'民意代表之选举",所以,在未光复大陆之前,事实上无法改选"中央"民意代表。为了解决这个问题,"大法官会议释字第31号"解释,"在第二届委员未能依法选出召集以前,自应仍由第一届'立法委员'、'监察委员'继续行使其职权"。

和省一样大,一国只有一省",①国民党面临着两难困境:不全面改选是"违宪"的,因为定期选举是自由民主政体的最基本特征;但是,全面改选也是"违宪"的,因为"中华民国的国会议员"依照"宪法"必须在整个中国范围内选出,不能只在台湾省选出。可以说,如果只在台湾的范围内,这个困境是无解的。

这时,台湾应该走的正道是:和祖国大陆进行统一谈判,以国家统一和民族振兴来重塑大中国的法统。但这是"明统暗独"的李登辉所极力避免的。1990年6月21日,在李系取得了国民党内"国会改革"议题的决定权后,"司法院大法官会议"做出"释字第261号"解释,规定:"第一届未定期改选之'中央'民意代表除事实上已不能行使职权或经常不行使职权者,应即查明解职外,其余应于'中华民国'八十年十二月卅一日以前终止行使职权……妥为规划,在自由地区适时办理含有全国不分区名额之次届'中央'民意代表选举,以确保宪政体制之运作"。在这里,"释字第261号"企图达到两个目的:宣告"中华民国法统"在1991年12月31日终结;宣告和大陆划清界限的"中华民国在台湾主义"的诞生。从国家统一的角度出发,对"释字第261号"会有不同的分析:宣告"中华民国法统"终结,只不过是承认了早在1949年所发生的政权更替的历史事实;所谓"中华民国在台湾主义"是将一个不合法的"国家""合法化",客观上是将台湾从中国的版图分割出去,违背了一个中国原则。

再看对外方面。李登辉上台后,台湾所面对的外部"困境"是:世界上绝大多数国家承认中华人民共和国是中国的惟一合法政府,"中华民国"如何在世界政治社会中找到适当的位置;1949年来,台海两岸关系充满了不确定性,这种不确定性并不必然意味着未来会有战争,它牵涉到的是比在和、战之间做选择更复杂的问题。

为了摆脱"外交困境",李系人马抛出了"一个中国,两个对等主权政府"

---

① 卢修一:"统独夹缝间的学术自由——台大政治系学会举办'台湾独立'座谈会",载《民进报》,第5号,1988年4月9日—4月15日,第23—25页。

的主张。所谓"一个中国,两个对等主权政府",实际上就是放弃"一个中国"原则,改行"两个中国"。李登辉把在国际上推行"两个中国"美其名曰"务实外交"。这种"务实外交"曾一度使台湾在"外交"上取得了一些成就:1988—1992年,与台湾"建交"的小国从22个增至29个,在"无邦交国"设立的代表处从60个增至90个。① 用台湾与世界市场单纯的经济和贸易关系,转化成"务实外交"的推动力,虽然略有收获,但并不是拓展台湾国际活动空间的有效方法,因为,"要结束中华民国国际困境的关键,并非掌握在我们自己的手中,反而很多方面处处都受到中共的牵制;只要中共一天不让步,中华民国的对外运作,就始终无法向前迈进"。② 这样,所谓的"务实外交","就是(李登辉)自己先制造出恐慌气氛,让台湾人真的以为外交上要窒息了,然后他才将大笔大笔的资源,拿去用在个人英雄式的'突破'上"。③ 李登辉的真实目的是要用空洞的"外交成就"来累积对内的政治资本。问题在于,"外交变成买卖,台湾再有钱,能买到多少支持?"④ 在两岸关系上,李登辉的"两个中国"论体现在:希望用承认大陆政权来换取大陆对台湾"主权国家"地位的承认。这种一厢情愿的如意算盘当然得不到大陆的"善意回应"。表面上,李登辉对两岸关系的缓和起了一定的"积极作用",⑤但实际上,正如"陆委会主委"黄昆辉所说,"政府推动大陆政策及工作,系依据'国家统一纲领'之规划,并基于国家安全及人民福祉的考虑,在政策的制定上势必有许多限

---

① 行政院新闻局:《宁静革命》,第8页。
② 张京育主编:《中华民国民主化——过程、制度与影响》,第364页。
③ 许信良:《挑战李登辉》,第125页。
④ 同上,第126页。
⑤ 从1990年起,台湾当局着手将大陆工作的组织法制化,将处理大陆事务的政策合法化。先后成立了"三会":直隶于"总统府"、由李登辉亲自主持的"国家统一委员会",是决策机构;由"行政院"主持的"行政院大陆委员会",是规划和协调单位;受政府委托执行公权力的民间单位"财团法人海峡交流基金会",是与大陆直接交涉的中介机构;1991年2月,"国统会"通过"国家统一纲领",确定在"理性、和平、对等、互惠"的原则下,分阶段逐步达到两岸统一的目标;1992年7月3日,"立法院"三读通过了"台湾地区与大陆地区人民关系条例",成为台湾的大陆政策法源,这使处理大陆事务有了一定的法律根据,有助于缓和两岸的紧张局面。蔡玲、马若孟:《中国第一个民主体系——中华民国的政治历程》,第237页。

制"。① 对于"三通",李登辉采取"以三换两"的办法,即大陆承认"两个中国"才开放三通。

三、"宪政改革":以独裁和独立为核心

国民党败退台湾以后,一方面在"宪法"中保留"一个中国"的概念,另一方面用"临时条款"来确保"自由地区"继续发展它的政府体系,以便解决内在的问题,进而强化影响未来中国方向的能力。② 但是,到 1987 年进入"民主化"时期以后,民间社会再也不愿意"临时"下去了。"宪政改革"提上了议事日程,并成为台湾"民主化"的中心议题。为了便于考察"宪改"的基本面貌,本文将考察的时间段适当地延伸到 1997 年。

台湾学者朱云汉认为,台湾"宪政改革"的内容应该包括:1.基本人权保障的落实;2.民间社会自主性运作的保障;3.政党间的公平竞争;4."国家机构权力关系的重组",特别是立法机关的立法职能与行政监督功能的正常发挥,文人政府对军情机关的指挥权与监督权的确立,以及司法机构的独立。③ 如果能完成这些内容,台湾的政治发展将会步入一个新阶段。但是,在李登辉主导之下,台湾的"宪政改革"发展成了以"总统独裁"和"台独"为核心的"宪政怪胎",和民主化的本意根本就是南辕北辙。

1990 年 6 月 26 日—7 月 4 日,在台北圆山饭店举行了"国是会议",李登辉召开这个会议的目的是,"透过非体制内的国是会议方式压制党内反对力量,取得改革动力"。④ 大会形成的"共识"是:"第一届中央民意代表"应该全部退职;应净化选举风气;现行"总统"选举方式应予改进;终止"动员戡乱时期",废止"临时条款",应以具有民意基础之机关及方式进行"修宪"。⑤

---

① 行政院新闻局:《宁静革命》,第 209 页。
② 张京育主编:《中华民国民主化——过程、制度与影响》,第 325 页。
③ 行政院新闻局:《宁静革命》,第 72 页。
④ 李炳南:《宪政改革与国是会议》,台北永然文化出版公司 1995 年版,第 34—35 页。
⑤ 陈长文:"宪法修订问题总结报告"《联合报》,1990 年 7 月 5 日。

李登辉以"国是会议"达成的"共识"[①]为依据,主导制定了"一机关两阶段修宪"的"宪改"方案。根据这个方案,"修宪"任务由"国民大会"分两个阶段执行:第一阶段,鉴于第一届"中央民意代表""正当性不足",只做"程序修宪",为第二届"中央民意代表"的产生解决程序和技术上的问题,然后全体退职;第二阶段,由新当选的"第二届国大代表"进行"实质修宪",对"中华民国宪法"作根本性的、体制性的大翻修。

以下试就李登辉主持的前四次"修宪"进行简要的述评。

第一次"修宪"(1991):由于第一届代表"正当性"不足,第一次"修宪"被称为"程序修宪",只增修了十个条文,以给产生新代表提供"法源依据"。其中,"'总统'紧急命令权"(第七条)、大政方针和三机关设置权(第九条)的规定,"基本上就是让'总统'可以管事,却又免去面对国会的'麻烦'"。[②] 因此,台湾学者瞿海源评价这次"修宪":"基本上,这是一个新的'临时条款'。"[③]"修宪"后,李登辉的声望也达到了一个新高峰,这主要是因为台湾社会认为,李登辉胆敢撼动长年不用改选的"中央民代","回归宪法"进行定期改选,是一件"值得赞颂的历史性议题"。[④]

第一次"修宪"的目的是解决新旧"民意代表"的继承问题,然而,"修宪"之后,问题依然存在:"第一届中央民意代表"退出政治舞台以后,只由台湾选出的"第二届中央民意代表"是否就有资格延续"中华民国法统",从而有资格"修宪"呢?从法理上说,一个地区选出的代表没有权力更动代表全国主权的宪法,因此,在台湾选出的"民意代表"没有权力去修改"中华民国宪法"。换句话说,根据"中华民国宪法",台湾是"中华民国的一个省",因此,

---

① 沈君山和陶百川强烈反对所谓"国是会议共识"的提法,主张以三种方式表达对"国是会议"的意见:大会表决;投票;登记会议发言,不作投票及结论。参见 吴丰山:"中央政府体制问题总结报告",《联合报》,1990年7月5日。

② 赵贤明:《惊爆十三年——李登辉的恩怨情仇与是非功过》,台北贤志出版社2000年版,第224页。

③ 《自立早报》,1991年4月23日,第五版。

④ 林水吉:《宪政改革与民主化——宁静革命的历史见证》,台北扬智文化事业股份有限公司1998年版,第366—367页。

"若要以台湾治权所及之人民所产生之制宪力,修改一部属于全中国的主权的宪法,是违背宪法原理的"。① 对此,有人建议,应该"打破传统主权不可分的理论",认识到台湾地区的"中华民国国民",按照自由意志选出"中央民意代表",就有资格行使台湾地区的主权("部分国家主权"),从而"暂时行使修宪权力",修改"中华民国宪法"。② 如果这种解释能够成立,那么,假使比较发达的台湾西部地区要"修宪",台北也不能反对,理由很简单:西部地区的"中华民国国民",按照自由意志选出"中央民意代表",就有资格行使西部地区的"主权",从而"暂时行使修宪权力",修改"中华民国宪法"。同理,台北市、高雄市、台南市,台湾的任何一个县市甚至任何一个乡镇,只要他们愿意,都可以依循上面的逻辑推理出"修宪"的"合法权制"。然而,这样一来,"主权"岂不是支离破碎而不复为主权?

第二次"修宪"(1992)"明订'总统'、'副总统'由'中华民国'自由地区人民选举之",即明确规定采取直选的方式选举"总统"。直选可分为"公民直选"和"委任直选",但究竟采取哪一种选举方式,这次"修宪"没有做出具体的规定。这次"修宪"同样存在着严重的法理问题。在通过的"宪法增修条文"中,台湾被确认为"中华民国自由地区",类似于"政治特区"的地位。

第三次"修宪"(1994):"两阶段修宪"之后,李登辉以民选后"总统"的民意基础超过"行政院长"为借口,要求继续"修宪",加强"总统"的权力。这次"修宪"的主要内容有两个:一、"明定'总统'选举方式,由'中华民国'自由地区全体人民直接选举之,自'中华民国'八十五年第九任'总统'、'副总统'选举实施,并采取相对多数当选制";二、对于"行政院长"的"副署权"予以限缩,规定"总统发布依宪法经国民大会或立法院同意任命人员之任免令,无须行政院长副署"。③ "相对多数当选制",从近期来看,是李登辉为自己连任降低门槛,从远期来看,为民进党执政提供了制度上的便利。"行政院长"权力的缩小则进一步扩大了"总统"的权力。

---

① 林水吉:《宪政改革与民主化——宁静革命的历史见证》,第103页。
② 陈新民:《宪法基本权力之基本理论》(下),著者自印,台北,1992年,第379—381页。
③ 林水吉:《宪政改革与民主化——宁静革命的历史见证》,第372页。

在这次"修宪"中,李登辉充分体现了其个人独断的作风。在1991年第二届"国大代表"选举期间,国民党宣传"委任直选",以与民进党的"公民直选"相区别,同时,"委任直选"更符合国民党的政治利益,因为只有在"委任直选"的设计下,国民党才能充分发挥它在基层所拥有的选举动员机制,可以动员地方派系为其抬轿。基于此,当时,台湾政治学家朱云汉教授预测:在"总统"选举方式上,"国民党的立场有可能趋向强硬,而不愿轻易妥协",采取民进党所主张的"公民直选"。① 最后的结果却出乎意料,李登辉突然提出要采取"公民直选"方式,要求国民党采纳。这样,当初以"委任直选"的许诺当选的国民党籍"国大代表",当选后又必须服从李登辉一人强行造成的"党意",赞成以"全民直选""修宪",这违背了选举时向选民的承诺,是明目张胆的"跳票"行为。

第四次"修宪"(1997)的核心内容是进一步扩大"总统"的权力:一、"'总统'任命'行政院长',无须经'立法院'同意";二、"当'立法院'通过对'行政院长'不信任案,'总统'经咨询'立法院长'后,得宣告解散'立法院'";三、"精简省级政府组织,将省政府改为委员制,省议会改为省咨议会,省府委员及咨议员均由'行政院院长'提请'总统'任命"。这次"修宪"最荒唐的是牺牲了两项人权:一、取消"宪法"第164条对教育、科学、文化预算的下限保障;二、否决了"立法委员"比例代表部分采妇女1/4的保障名额。台湾学者评论,"这种朝野政党汲汲于政治权力的交换而从事'修宪',对人民福祉却漠不关心的态度,简直是对人民权益的极度侮辱"。②

从四次"修宪"的内容分析,一方面,李登辉基本上在实践彭明敏1983年所提出的"台湾人国民主义",即通过"'总统'公民直选"使"中华民国"名存实亡;另一方面,李登辉通过"修宪",在台湾建立了"总统独裁制",未来台湾人选出的将是一个拥有一切政治权力而不受任何民意机构监督和制衡的"总统"。对此,台湾学者胡佛早在1990年7月就指出,"'总统'民选无从防

---

① 行政院新闻局:《宁静革命》,第80页。
② 林水吉:《宪政改革与民主化——宁静革命的历史见证》,第300页。

止强人政治"。① 不可否认,李登辉版本的"宪政改革",客观上结束了国民党的一党专政,对此,许信良表示,"当李登辉在打破垄断时,我支持他的那些做法,可是当他现出新威权的真面貌,当他自己成为权力与利益的垄断者时,我必然对他这些做法批判到底、否定到底!"②

第一次和第二次"修宪",结束了"中华民国法统",将台湾以一个地区选"总统"的行为"合法化",体现了追求"独立"的"宪政改革"精神;第三次和第四次"修宪",大肆扩大"总统"的权力,体现了独裁的"宪政改革"精神。

对李登辉主持的"宪改",岛内多数宪法学者认为,"除了公民直选'总统'的'直接民权'表相外,整部'宪法'越修越背离权责相符的宪法学理,且宪法原规定的宪政体制也逐渐转向,由倾向'内阁制'转变为倾向'总统制',却又挂了个名实不符的'双首长制'招牌";③还有学者指出,李登辉进行这样的"宪政改革",最终目标就是:领导国民党内的"本土主流"派(实即亲李派),联合主张"台独"的民进党,共同铲除被视为"中国国民党"的"非主流"派(非李派)势力,以形成国民党的彻底台湾化和本土化("台湾国民党"),然后再和民进党一起建构台湾的"国家蓝图",以图扩展"独立"气候,为台湾的"国家化"做努力。④

事实确实如此。1993 年,李登辉完全掌握了台湾的党政军特权力,因为整个过程都没有流血,所以他很得意自诩为"宁静革命",其实应该称之为"宁静夺权"较贴切;⑤1994 年发表与司马辽太郎的谈话:"生为台湾人的悲哀",这是李登辉抛弃"维持现状"式的"明统暗独"⑥走向"只独不统"的转折点;1995 年,李登辉访美,"主动出击",公开挑衅大陆的统一决心,引发了

---

① 胡佛:"宪政问题沦为政治交易",《联合报》,1990 年 7 月 4 日,第 2 版。
② 许信良:《挑战李登辉》,第 34 页。
③ 赵贤明:《惊爆十三年——李登辉的恩怨情仇与是非功过》,第 219—220 页。
④ 耿荣水:《李登辉的悲哀——从悲情治国到玩火治国》,海峡学术出版社 1994 年版,第 91 页。
⑤ 陈癸淼:《论台湾——为台湾把脉》,第 95 页。
⑥ 李洁明、唐思编:《台湾有没有明天?——台海危机美中台关系揭密》,张同莹等译,台北先觉出版社 1999 年版,第 338 页。

1995—1996年的台海危机,接着,出台了"戒急用忍"政策,限制台商对大陆的投资;1999年7月,提出了两岸之间的关系是"国与国的关系"的"两国论",使两岸之间的关系跌落到低谷;2000年"总统"选举,精心策划"弃连保扁"的阴谋,暗中协助陈水扁当上了"少数总统"。李登辉卸任后,被迫辞去国民党主席,却不甘寂寞,指使黄主文等人组织"台联"党,自己充当"台联"党的"精神领袖",成为一个彻底的"台独右派"。从中国国民党的党主席到"台联"党"教主",李登辉的一生应验了十多年前的一则预言:"其人貌似刘备,奸比曹操,才如袁术,而运止孙权"。①

(作者联系地址:福建莆田学院社科部　邮编:351100　E-Mail:pkulz@sohu.com)

---

① 岳骞:"'李登辉时代'的现在、过去与未来",载《明报月刊》(香港),1990年3月号,第46页。

弹劾制度与英国宪政

程汉大

弹劾(Impeachment)制度是一种对国家高级官员的犯罪失职行为进行控诉、审判、惩罚的特殊诉讼程序,它由议会下院作为起诉人提出控告,由议会上院充当法官进行审判,从运作技术层面上看它应当隶属于司法制度的范畴。但是,由于弹劾权的行使主体是国家立法机关,而被弹劾的对象通常都是位高权重的国家行政司法官员,因而从政治功能层面上说它又是一种立法机关监督、制约行政和司法机关的宪政机制。

弹劾制度起源于14世纪的英国。近代以后,随着一系列资产阶级革命或改革的成功,一个又一个的封建专制国家相继走上立宪道路,弹劾制度也从英国陆续传播到世界各地。目前,弹劾制度广泛流行于西方许多国家。有趣的是,当弹劾制度在其他国家纷纷生根开花、大展风采之时,在它的发源地英国却逐步走向了衰落,并于19世纪初退出了英国历史舞台。人们不禁要问:弹劾制度何以产生于中世纪时期的英国?近代以后它在英国和其他国家的发展趋势和最终命运为何如此的不同?要寻求上述问题的答案,有必要对英国弹劾制度的历史变化及其与英国独特立宪道路和宪政结构的关系做一系统的梳理。

一

弹劾制度创立于中世纪的英国绝非偶然,它是英国立宪进程开始启动的必然产物。

众所周知,英国的宪政制度是在长期历史积淀的基础上,最后通过17

世纪的宪政革命确立起来的,因此,英国的立宪过程比之其他任何国家都更为漫长。尽管这个过程开始的具体时间在国内外学术界始终存有争议,但大多数学者认为,13世纪应当视为是英国立宪进程的启动时期。这个观点的主要依据在于该世纪内英国发生了以下三大变化:

第一,经过前几个世纪的缓慢演进后,导源于史前民主习惯的"王权有限、法律至上"传统升华为英国宪法基本原则,并通过1215年的《大宪章》以成文法的形式确定下来。

由于种种历史原因,英国在走出野蛮时代、跨入文明社会的门槛时,保留了较多的原始民主遗风,其中之一就是"王在法下"的法治传统。英国政治文明的开拓者盎格鲁—撒克逊人在征服不列颠和创建国家的同时,把随身带来的古代日耳曼习惯作为治理国家和维护社会秩序的法律手段,迅速建立起了一套以习惯法为主体的法律制度,和以贤人会议、郡法庭、百户区法庭为主干的司法体系。由于习惯法的权威基础在于社会成员的约定俗成和普遍认同,而非来自当权者的个人意志和强制权,因而具有广泛的社会约束力,包括国王也必须遵守和服从它。无数事实证明,盎格鲁—撒克逊时代的英王虽然高高在上,但"和他的人民一样服从于法律"。如果国王违反了"古代习惯",将有可能被废黜、驱逐甚至招来杀身之祸。

诺曼征服后,英国建立起当时欧洲最为强大的封建集权君主制,但王权并未强大到超越法律之上的地步,因为诺曼王朝继承了早期的法律习惯和初步形成的"王在法下"的法治传统。而且,随着封建制度在全国范围内的确立,建立在骑士领有制基础上的领主—封臣之间的封建权利—义务关系,因其固有的契约性实际上构成了另一套限制王权的封建法律规范。

约翰国王统治时期,一度试图将集权君主制推向极端,实行个人专制。他横征暴敛,肆意没收封臣土地,践踏封建成规和习惯法律,由此激起以贵族集团为主体的人民大起义。在兵败之后,约翰国王被迫签署了著名的《大宪章》。《大宪章》第一次把散乱模糊的古代习惯和封建成规集中在一个统一的法律文件中,要求国王明确接受,保证实行。它以具体申述旧法律的含蓄形式,体现和宣告了一条崇高的宪法原则,即"王权有限、法律至上"。从此以后,每当王权膨胀,威胁到法律的至上权威时,英国人民便毫不犹豫地拿起《大宪章》这一法律武器,奋起反抗,致使敢于以身试法的专制国王最后无不落个身败名裂的可耻下场。因此,《大宪章》被多数人视为是英国宪政进程开始启动的一个重要标志。

第二,12—13世纪,英国发生一场史称"安茹大跃进"的法制革命。有"天才法律家"之称的国王亨利二世通过一系列的司法改革,实现了司法体制的中央集权化,将原先分散的地方习惯法、封建法融为一体,形成全国统一的普通法。

普通法虽然是借助强大王权的推动形成的,但它天生具有较高的法治含量,因为普通法主要是由法官在司法实践中开创的一系列判例组成的,并通过法官对既有判例司法解释和不断创立新判例而实现其发展。在此创制过程中,还有出身社会大众的陪审员参与其中,从而使相当部分的"社会合意"作为法源要素而融进了普通法。这种法律创制形式决定了普通法不是当权者意志的体现,它和英国早期的习惯法一样,具有某种超然于国王政府和相对贴近社会的近似"自然法"、"高级法"的属性和特质,这就是法国学者勒内·达维德所说的"超国家或更确切地说非国家性质"。[①] 另外,普通法自始就走上了职业化道路,建立起了一套相对独立的专职司法机构,拥有一支由专业法官和律师组成的、实行高度行业自治的法律职业者,避免了专制国家普遍存在的那种司法行政化现象。因此,尽管有普通法是英国的"王室法"之说,但它不是支持王权无限扩张的"专制之法",而是在一定程度上独立于王权之外从而可以制约王权、阻抑专制发生的"法治之法"。

再者,普通法是借助于令状制度形成的,具有注重程序的诉讼形式主义特征。令状种类繁多,格式固定,每一种令状只适用于一类诉讼。当事人必须首先向国王大法官提出申请取得相应的令状,才能向有关法庭提起诉讼,法官必须严格按照令状规定的程序、步骤、方法审判案件,由此导致普通法特有的"程序优先"原则,即要求所有诉讼都必须遵照"正当法律程序"(the

---

① (法)勒内·达维德:《当代主要法律体系》,上海译文出版社1984年版,第370页。

due process of law)审理。这个原则意味着司法权的行使开始步入程式化、规范化的轨道,从而较少受到个人因素的随意性影响。"正当法律程序"原则在司法领域确立后,难免要向其他权力领域扩散,其后果必然是国家立法权、行政权的运作也将会不同程度地走向程序化、规范化,即使是至高无上的王权也不应置身于"正当法律程序"之外。因此,"程序优先"原则本质上是一种法治和宪法原则。从这个意义上说,普通法的形成是英国宪政进程启动的另一个标志。

第三,13世纪中后期,平民代表开始登上国家政治舞台,导致封建机构大会议发生根本变化,演变为议会。议会的产生堪称是英国宪政进程启动的第三个也是最具实质性的标志。

议会的产生是英国的另一份原始民主遗产——政治协商传统进一步发展的结果。在盎格鲁-撒克逊时期的英国,源于史前民主议事习惯的政治协商是通过少数贵族组成的贤人会议来实现的。那时,制定、颁布法律,须经贤人会议审议通过;征收丹麦金、海德税,须经贤人会议批准;重大案件,须由贤人会议审判;甚至连王位继承人选也必须征得贤人会议同意。诺曼征服后,随着封建制度的确立,贤人会议被御前大会议所取代。虽然从组织原则上讲,大会议是一个按照封主-封臣关系由国王的直属封臣组成的封建机构,但从政治职能来讲,它也是一个兼有咨询、行政、立法、司法等多种职能的综合性政治机构。于是,大会议作为一个新的物质载体,把政治协商传统不间断地传承下来。

进入13世纪,由农村骑士和城市市民构成的中产阶级迅速崛起,成为社会各界公认的一个新的"有影响的阶级"。于是,国王不得不扩大政治协商范围,邀请平民代表出席大会议。市民代表是由各郡和各城市居民按照代议制原则选举产生的,他们是各个居民共同体(community)的全权代表。代议制的创建和新鲜血液的注入使大会议脱胎换骨,演变为近代意义的议会。在此后的一个世纪内,议会出现创造性发展,议会的召开实现了制度化,并获得了参与立法、控制税收和批评监督国王政府的政治权力,建立起了一套参政议政的程序规范,议会成为国家政治上层建筑中一个不可或缺和相对独立的权力实体。

《大宪章》、普通法和议会的产生表明,此时的英国已开始踏上立宪之旅。弹劾制度就是英国人民适应着立宪需要而做出的一项政治发明。

二

弹劾制度所采用的诉讼形式来源于早期议会的司法职能。

议会产生后,其前身贤人会议和大会议的司法职能也被继承下来。由于提交议会审理的案件都是大案、要案,或者是普通法法庭提出的上诉案件,而且凡是议会的判决皆为终审判决,因此早期的议会被某些西方学者称作"国王最高法庭"。① 最初,议会的司法权主要控制在构成议会核心的国王谘议会成员手中,所以又被称之为"国王在议会中的谘议会法庭"(King's Court in his Council in his Parliament),② 到爱德华三世时期,议会演变成一个以政治职能为主的两院制全国性权力机构,但其司法职能继续保持着,因为在英国人的心目中,议会作为"国王最高法庭"的地位是不可替代的,"只有在议会中国王法庭的错判案件才可以复审和纠正。"③如果谘议会单独纠正普通法法庭的错案,法官们将拒绝承认。据1366年的《年鉴》记载,普通诉讼法庭的一项判决被谘议会推翻,法官们根本不予理睬,因为他们认为"那里不是可以推翻一项(法庭)判决的地方"。④ 不过,这时议会司法权的行使主体已不再是"国王在议会中的谘议会",而是由教俗贵族组成的上院。因为出席议会的谘议会成员数量越来越少,已不再是议会的核心力量,而教俗贵族集团势力上升,占据了议会的主导地位。当然,在审理案件时有

---

① G. O. Sayles, *The King's Parliament of England*. London, Edward Arnold Press, 1975, p. 1.

② G. P. Bodet, *Early English Parliament High Court*. Boston, 1968, p. 16.

③ G. O. Sayles, *The Functions of the Medieval Parliament of England*, London, the Hambledon Press, 1988, p. 81.

④ W. S. Holdsworth, *A History of English Law*, Vol 4, London, Methuen & Co. Ltd, 1924, p. 361.

关谘议会成员特别是国王法官仍被邀请参加,但他们只是充当上院贵族的法律顾问和助手而已。

议会司法权日益集中于上院贵族手中还与"同等者审判"(the trial by peers)原则密切相关。这本是一条封建司法原则,"同等者"(peers)原意是指直接隶属于国王领主的大封建主,如果他们之中有人违法犯罪,只能由"同等者"组成的国王领主法庭审判。到 14 世纪初,"同等者"一词的内涵发生变化,开始专指拥有爵位头衔的少数大封建主,即至今仍在使用的"贵族"概念。最初,英国只有伯爵、男爵两个贵族级别,后来,受大陆国家的影响,又出现了公爵、侯爵和子爵,于是形成五等级贵族结构,他们被统称为贵族(Peerage)。贵族是一个相对封闭的狭小社会集团,有时人们也用"男爵"(Baron)作为该集团的集合代名词,因为在英国男爵数量最多,是贵族阶层的主体。贵族自认为是身份高贵的特殊阶层,严格限制那些没有爵位头衔的人进入自己的行列,社会大众也对他们高看一等。他们恪守着"同等者"审判的传统原则,认为贵族犯了罪,只有贵族才有资格参与审判。1215 年,"同等人审判"原则写进了《大宪章》第 39 条,它规定:任何自由人,若未经"同等者"之依法审判,不得被逮捕、监禁、没收财产、流放、剥夺法律保护权或受到其他任何损害。① "同等人审判"原则成为上院保持和垄断议会司法权的法律依据,特别是涉及高官显贵的犯罪案件,上院贵族是惟一合法的审判者。

"同等人审判"原则成为议会抵制国王滥用司法特权的有力武器,14 世纪 40 年代初对斯特拉福的审判充分说明了这一点。1340 年 7 月,英国在对法战争中惨遭失败,爱德华三世迁怒于主持政府工作的斯特拉福,试图通过国王法庭治他的罪。斯特拉福不服,声明自己身为贵族,只能接受"同等者"即贵族的审判,并宣称国王不经议会就定他的罪是违背习惯法的行为。国王无奈,于次年召开议会,由上院审理斯特拉福案。但国王仍企图让一批

---

① G. B. Adams & H. M. Stephens, *Select Documents of English Constitutional History*, London, Macmillan & Co., Ltd. 1935, p. 47.

王室官员参加,遭到贵族们的一致反对。结果,上院贵族议员单独审理了此案,斯特拉福作了无可辩驳的自我辩护,被宣布无罪。① 利用这次胜利,议会于 1341 年通过了一个重要条例,规定:除了财务署人员,任何贵族和王室官员,在涉嫌职务犯罪或其他重罪时,任何法庭都无权对其进行审判,应不得延误地立即送交议会,由议会上院做出叛国罪或其他重罪的判决。这就是说,任何贵族或王室官员若因职务犯罪而受到指控,只能由上院贵族审理。② 该条例宣告了议会上院在叛国罪和重罪方面享有惟一的最高司法权威。10 年后的《叛国罪法》(1352)重申了 1341 年条例的内容,同时明确了叛国罪和重罪的种类,将其大致归纳为三类:①阴谋杀害或废黜国王;②对国王发动战争;③通敌叛国或支持国王的敌人。③ 这样,议会上院的司法管辖范围进一步明确化。

既然议会的司法审判权集中于上院贵族手中,那么,起诉的责任自然而然地就落在了下院平民代表的身上。因为自从普通法形成后,英国司法便走向了理性化,起诉和审判作为两种不同的程序环节明确区分开来,二者不能同时兼而为之。实际上,下院从产生之日起,就注定了在议会履行其司法职能时必然充当起诉者的角色。因为下院成员是由各郡和各城市选举产生的平民代表,他们来自社会基层,了解地方居民的冤屈、愿望和要求,而且自认为负有向国王"反映下情"、"为民请命"的责任,因此,呈递请愿书、冤诉状是每届议会开幕之初下院的一项重要议程。起初,下院的请愿书多数只代表少数人或地方利益,并不代表整个平民阶层。从 1311 年开始,平民代表的内聚力公共责任感大为增强,他们越来越多地以"全国人民代表"的名义进行集体请愿。请愿内容大多与政府官员滥用权力或法官判决不公有关,其中,损害国民和王国普遍利益的政府弊政和官员腐败案件日益突出。请

---

① J. E. Powell & K. Wallis, *The House of Lords in the Middle Ages*, London, Weidenfeld and Nicolson, 1968, pp. 334—335.

② W. S. Holdsworth, *A History of English Law*, Vol 4, p. 387.

③ D. B. Lyon, *A Constitutional and Legal History of Medieval England*, New York, Norton & Company, 1980, p. 632.

愿书的起草工作通常由下院推举一名熟谙法律的平民代表担任，1363年，这项工作改由大法官任命的专职平民文书员负责，下院的请愿活动趋于正规化。后来，在弹劾程序中下院的起诉者角色就是平民代表请愿权发展的逻辑结果。

在反对谘议会官员对普通法和议会制定法的干涉方面，上、下两院经常立场一致。在爱德华三世时，下院提出涉及法律事务的任何请愿书均应在议会决定之，谘议会不得介入，对此，上院欣然同意。对于国王的法律地位，两院都承认国王拥有至高无上的权力，他可以召集和解散议会，任命政府官员和法官，同时，国王作为司法正义的源泉，还肩负着维护法律、伸张正义的神圣职责，因此，国王必须以身作则，遵守法律。但是，国王也是肉体凡胎，也有七情六欲，也有可能因个人私心杂念或判断失误或受卑鄙小人的教唆而为非作恶。一旦国王做出违法之事，由于国王的特殊权力地位，任何人都无权审判他。因此，两院便把斗争的矛头指向了代表国王行使权力的政府大臣们。在他们看来，大臣是诱导国王犯罪的主要根源。正是这种共识奠定了两院在弹劾程序中分别以起诉者和审判者的身份联合反对国王大臣的思想基础。

三

14世纪中后期，英法百年战争爆发后国内政治斗争的空前激化，为议会创立弹劾制度提供了机会。

战争造成了国库空虚，赋税加重，国民怨声载道。议会趁机利用征税权，提高了参政议政的要求，加大了对国王政府的监督力度。1376年为筹措战争经费而召开的"贤明国会"，从一开始就对以皇侄冈特的约翰为首的政府展开积极斗争。议员们纷纷抱怨大臣们对国家管理不善，无谓地挥霍掉国民提供的大量税款。有的代表指责大臣侵吞公款、腐化堕落、玩忽职守，要求审查政府财政账目，罢免违法失职大臣。还有代表提出，不法大臣祸国殃民，单纯撤职不足以平民愤，应当利用议会司法权给予必要的刑事制裁,并公之于世,使其臭名远扬,以儆效尤。很显然,后者所要求的这种激烈的处理方式也就是议会弹劾程序。

为增强力量,争取斗争的胜利,上、下两院分派代表,组成联席会议,并通过决议:"在各种弊端得以纠正以前,在把那些造成王室和国家贫穷、玷污国王名声、严重削弱王权的人清除出政府以前,在这些人的胡作非为都得到应有的惩罚以前,议会拒绝考虑国王的财政要求。"①在随后的议会全体会议上,下院议长彼得·德·拉·马尔说,议会已多次批准征税,但政府财政却每况愈下,因此有理由怀疑税款被某些大臣据为己有。他要求对王室总管拉蒂默等政府大臣进行审查。主持这届议会的约翰慑于议员们的激奋情绪,被迫同意对拉蒂默及宫廷内侍尼维尔、加莱市长柏利、伦敦大商人劳恩和莱昂斯 5 人提出控告,但表示希望由他本人在议会外审查被告。议长马尔坚持说,只有议会才真正享有审判国王大臣的权力。约翰无奈,只得让步。于是,下院作为起诉者正式提出弹劾案,指控上述 5 人犯有从事羊毛走私贸易、严重损害国民利益、向国王提供高利贷性质的贷款、对丢失布列塔尼负有直接责任等罪行。② 上院作为法官审理了此案,5 名被告分别受到免职、罚款、没收财产和监禁的惩罚。拉蒂默 5 人案开创了议会弹劾政府大臣的先例。

进入 80 年代,理查德二世专权独断,宠信奸佞,组成了一个以阿伦德尔、德拉波尔、德维尔等人为首的"宫廷派",议会与国王政府的斗争再掀高潮。1386 年,两院联合请愿,要求罢免大法官德拉波尔和国库大臣福德姆。理查德严词拒绝,认为议会无权干涉大臣的任免。议会以拒不批准拨款相要挟,逼迫国王接见两院代表。其中的两名代表明确告诉国王说,议会历来是全国最高法庭,只要是国家的敌人,就应由议会审判。二人还警告国王,如果他一意孤行,继续听信谗言,置国家利益和法律于不顾,议会将遵循先例,废黜国王。理查德担心重蹈爱德华二世的覆辙,被迫退让,将德拉波尔

---

① 沈汉、刘新成:《英国议会政治史》,南京大学出版社 1991 年版,第 54 页。
② R. Butt, *A History of Parliament of the Medieval England*, London, 1975, pp. 348—349.

和福德姆免职。议会没有就此止步,对德拉波尔和福德姆正式提出弹劾,指控他们滥用职权、徇私枉法,并要求成立由"弹劾派"贵族组成的常设委员会,监督政府和宫廷。理查德忍无可忍,迅速纠集"宫廷派"武装,企图以武力逼迫"弹劾派"就范。后者也早有准备,于是双方兵刃相见,最后,"宫廷派"失败。理查德不得不答应"弹劾派"的要求,于1388年2月召开议会,通过弹劾程序,对约克主教、爱尔兰公爵罗伯特·德维尔、萨福克伯爵、首席法官特雷斯廉、伦敦市长尼考勒斯·布雷波等人进行审判,他们分别被处以死刑或者罚以重金,"宫廷派"遭到全面清洗。因此,这届议会在英国史上被称作"无情国会"。在弹劾进行期间,国王试图挽救自己的宠臣,指派王室法官对上院的司法权提出质疑。上院宣布说,议会上院历来就是国家的最高法庭,专门审判危害国王和国家利益的案件,它有自己的司法程序,独立于王权,不受国王所左右。① 通过"无情国会"的弹劾实践,进一步明确了审判贵族和政府大臣的权力属于议会上院的法律原则。

此后,又发生了1450年对大法官萨福克公爵的弹劾。那时,英法百年战争已近尾声,法国人民在民族英雄贞德爱国主义精神的鼓舞下展开大规模反攻,英军节节败退。战争的失败激起国内各阶层的不满。在这种形势下,下院发动了对萨福克公爵的弹劾。萨福克公爵曾作为国王特使出访法国,商谈亨利六世与法王侄女玛格丽特的联姻之事。为换取法王的同意,他将位于法国的英属领地拱手出让。下院指控他通敌卖国,犯有叛国罪。由于这次弹劾没有取得上院贵族的支持,最终以失败告终。

综观上述弹劾案例可以发现,早期的弹劾具有下述基本特征:

首先,从程序上看,弹劾和普通诉讼一样,既有原告和被告,又有起诉者和审判者,但它与普通诉讼又有明显的区别,因为它是一种特殊的诉讼程序。其特殊性主要表现在以下几个方面:

第一,弹劾案的起诉者是作为整体的下院,而非某一个人。可见,弹劾案的起诉具有鲜明的公诉性质。对此,英国法学家莱姆布瑞克和威尔克森

---

① 沈汉、刘新成:《英国议会政治史》,第55—58页。

提出,区分弹劾与一般诉讼的程序标准就是起诉者是下院抑或个人,他们说:"下院作为起诉者的身份进入这一程序是弹劾权创立的重要标志。"①

第二,弹劾是通过正式的起诉状而非请愿书的方式提出的。1376—1450 年的几次弹劾的起诉状,都是按照司法程序的严格要求起草的,格式规范,内容具体,被告所犯的罪行和应适用的法律逐条列出,让人一目了然。采用起诉状方式有助于增强弹劾诉由的可信度,更易于被上院接受和通过。由起诉状取代请愿书是区别弹劾案和上院所受理的其他普通诉讼的又一重要标志。

第三,弹劾案的审判权由上院独立行使。上述几次弹劾案,无一不是由上院独立审结的。虽然在拉蒂默一案的前期阶段,也有谘议会成员参与审判,但最后判决完全是由上院独立作出的。在 1386 年弹劾案审判中,谘议会则被完全排除在外。

第四,在弹劾案的审判中允许被告进行自我辩护。该原则是通过拉蒂默案的审判实践确立下来的,它成为以后审理弹劾案时所必须遵循的一条法定原则。这一原则将弹劾案和后来出现的剥夺公权案清楚地区分开来。当然,在实践上被告的自我辩护能否具有真实意义,则完全取决于议会与王权的力量对比以及议会对被告的不满和憎恨程度。

其次,从弹劾的起因、对象、作用和意义方面看,弹劾是在当时历史条件下议会发明的一种监督和制约国王大臣政治权力的宪政手段。这一点正是弹劾的本质所在,换句话说,弹劾实质上是以司法程序为形式的一种宪政机制。

众所周知,宪政的核心问题是控制国家权力的行使,以防被当权者滥用。在 14 世纪的英国,议会已取得了某些确定无疑的政治权力,成为一个相对独立的权力实体。但国王毕竟是国家权力结构的核心,处于高于议会的优势地位。由于一切权力无不具有扩张本性,因而国王及其控制下的政府大臣难免滥用权力,走向专制统治。以前,每当出现这种趋向时,英国人

---

① M. V. Clarke, *The Origin of Impeachment*, Oxford, Oxford University Press, 1937, p. 243.

民通常采取武装起义(包括贵族叛乱)的非法斗争手段予以抵制。这种方式不管最后是否奏效,其结果总要付出沉重的代价,导致财产损失、经济破坏和流血牺牲。弹劾程序发明后,议会找到了一条无需暴力和流血即可制裁不法大臣的合法途径。通过弹劾,使渎职弄权、不负责任的大臣受到应有的惩罚,也教育其余大臣引以为戒,这无疑是值得肯定的一大历史进步。

不过,考虑到当时的时代背景和议会的实际权力,对早期弹劾的宪政意义也不能估计过高。因为:

第一,那时弹劾通常发生在王权相对虚弱之际,因为在王权较为强大之时,国王有足够的力量保护自己的宠臣,议会是很难启动弹劾程序的。例如,1376年对拉蒂默等5人的弹劾,发生在爱德华三世年老多病、政府失控之时;1450年对萨福克公爵的弹劾,则发生在亨利六世刚刚成年亲政尚无力驾驭政局之时。[①] 另外,弹劾的成功通常与国王面临财政困难、有求于议会联系在一起。因为此时议会可以拒绝拨款相威胁,强迫国王同意审判他的大臣。如1376年和1386年两次弹劾的成功,都是利用国王急需议会财政拨款的有利时机而取得的。

第二,上院贵族总是在弹劾中发挥积极主导作用,有时甚至伴随着复杂的宗派斗争。如在拉蒂默弹劾案中,是贵族集团"黑太子党"暗中指使下院首先发难的。对德拉波尔和福德姆的弹劾,是在上院贵族的鼓动下,经两院联席会议的具体策划而提出的。如果上院贵族不支持或不积极,弹劾是很难成功的。如1450年对大法官萨福克伯爵的弹劾之所以失败,其原因就在于此。

第三,即使取得成功的弹劾,也仅仅具有暂时意义。因为一旦国王渡过难关,东山再起,往往要反攻倒算,将弹劾成果化为乌有。例如,1376年弹劾风暴过后,爱德华三世一拿到议会拨款,立即将被弹劾下台关押狱中的拉蒂默等人官复原职。1388年"无情国会"解散后,理查德二世用了近10年

---

① 温斯顿·丘吉尔:《英语国家史略》(上),薛力敏、林林译,新华出版社1983年版,第298—374页。

的时间,拉拢分化"弹劾派",培植亲信,重振王权。到 1397 年,理查德认为时机成熟,遂对前"弹劾派"骨干实施报复,格洛斯特公爵、阿瑟德尔伯爵、沃瑞克等人均被判处叛国罪,或被处死或被监禁或被流放,原先的弹劾成果荡然无存。①

总之,早期弹劾的实际价值是和议会与国王政府间政治斗争的尖锐程度及双方力量的对比状况紧密相连的。

四

15 世纪中叶到 16 世纪末,是英国宪政进程的曲折发展时期。在此时期,先是玫瑰战争和国内政治的空前混乱,后是都铎王朝的专制统治,致使弹劾制度丧失了其发挥宪政作用的必要政治条件。所以,在 150 多年的时间内没有发生任何弹劾事件,代之而起的是它的变种——带有极端主义色彩的剥夺公权程序。

从形式上看,剥夺公权是一种立法程序,但实质上相当于司法判决程序。它通常是在国王或权势大臣的授意下,由议会通过一个"剥夺公权案"(Bill of Attainder),宣布某被告犯有某某罪行,无须任何起诉和审判程序,即可给予被告以包括死刑在内的任何惩罚。剥夺公权案的通过是一种立法行为,因而不允许被告进行任何形式的辩护。实际上,剥夺公权是在特定时代条件下适应政治斗争的需要而产生的融议会立法权和司法权为一体的畸形怪胎,它属于弹劾的扭曲形式。作为一种政治斗争工具,它比弹劾程序更为迅捷有效,因而在一个半世纪内,它被相互对立的大贵族集团或国王本人频繁使用。

在 1455—1485 年玫瑰战争期间,约克派和兰开斯特派为争夺国家统治权,利用剥夺公权相互仇杀。每当其中一派在战场上取得胜利,马上便操纵议会通过一个"剥夺公权案",以貌似合法的方式将政敌置于死地。当另一

---

① W. S. Holdsworth, *A History of English Law*, 1924, p. 379.

派反败为胜、重掌国家权柄时，同样如法炮制，无情报复。结果，大批贵族沦为剥夺公权案的牺牲品。其中，1459年和1471年的两次剥夺公权最为著名。在第一次，兰开斯特派击败了约克派，国王亨利六世马上召开议会，通过法案，宣布约克公爵理查德和他的支持者犯有重罪，被处以死刑、剥夺公职和没收一切财产。① 理查德的头颅还被割下来，戴上纸做的王冠，侮辱性地挂在约克城头示众。在第二次，约克派重整旗鼓，大败兰开斯特派，该派首领爱德华四世操纵议会，通过法案，将支持亨利六世的兰开斯特派贵族和下院议员判处重罪，剥夺公权和一切财产，并处以极刑。②

经过两大贵族集团长达30年的战场厮杀和交替使用剥夺公权这一特殊武器，许多世家大族身死家灭，贵族阶层元气大伤，所以，都铎王朝轻而易举地建立起了空前强大的王权，议会的独立性明显削弱。结果，在都铎时期弹劾程序依然躲在历史幕后，悄无声息，而剥夺公权程序则转而成为都铎王权铲除异己、惩罚失宠者的政治工具，继续大发淫威。当时，如果国王希望除掉某个大臣，无须经过繁琐严格的司法程序，只要授意议会通过一个"剥夺公权案"，即可将此人罢官免职，甚至处死。亨利七世即位之初，为尽快巩固法律根据不足的王位，曾大量使用剥夺公权方法，对一切王位觊觎者和图谋篡位者都给予残酷镇压。在他召开的七届议会中，只有一届议会没有颁布"剥夺公权案"。其中，1485年亨利七世召开的第一届议会，宣布在博斯沃斯战役中反对他的人都是叛国者，一律处以死刑和没收所有财产，③连爱德华四世年仅十岁的无辜侄儿也未能幸免，被剥夺爵位，囚于伦敦塔。1486年和1497年召开的两届议会，分别剥夺了约克派叛乱贵族的公职和财产，并以重罪处以死刑，以致约克家族的男嗣几近灭绝。④ 1504年一年内，就有51人被剥夺了公权。⑤ 到亨利八世时期，剥夺公权案又成为国王镇压宗教

---

①② D. B. Lyon, *A Constitutional and legal History of Medieoal England*, p. 607.

③ J. D. Mackie, *The Earlier Duduos*, 1485—1558, Oxford, Oxford University Press, 1957, p. 62.

④ Ibid., pp. 70—78.

⑤ J. Loach, *Parliament Under the Tudors*, Oxford, Oxford University Press, 1991, p. 55.

改革反对派的有力工具。1539年议会颁布的《剥夺公权案》,一次剥夺了53人的公权;1540年,沃尔西和托马斯·克伦威尔等朝廷重臣几十年的政治生涯,顷刻之间便被一纸剥夺公权法案宣告结束。

无论就其法律原理还是目标追求还是实际效果而言,剥夺公权程序都与弹劾程序根本不同。弹劾程序是英国宪政进程开始起步的结果与体现,反过来,它的创立对英国宪政的早期发展发挥了积极作用。剥夺公权程序则与宪政的基本精神背道而驰,这种程序之所以在15世纪后期至16世纪猖獗一时,是非常时期发生的非常现象,它说明此时的英国宪政进程正面临着艰难险阻的严峻考验。

五

不过,对英国早期宪政更为严峻的考验期还在17世纪。

1603年伊丽莎白女王去世,都铎王朝的统治宣告结束。随后建立的斯图亚特王朝来自政治经济文化发展都相对落后的苏格兰,他们对英国的法律文化传统既不了解,亦不尊重,一心想步大陆各国的后尘,建立绝对个人专制。该王朝的第一任国王詹姆士一世满脑子"君权神授论"和"王权无限论",公然要求人民必须对他敬若神明、绝对服从。他无视议会传统权力,滥征赋税,完全从王朝利益出发制定内外政策,肆意践踏法治和国民自由。查理一世全盘继承了詹姆士一世的专制主义衣钵,而且在刚愎自用、冥顽不化方面比其父有过之而无不及。他为摆脱议会的羁绊,甚至一度实行无议会统治。在两位国王的高压政策下,英国的宪政进程进入了生死存亡的严重关头。

另一方面,随着资本主义的长足发展,资产阶级羽翼渐丰,他们越来越不愿忍受封建专制统治,迫切要求建立近代宪政制度,以便为资本主义的顺畅发展提供有利的政治法律环境。于是,在代表资产阶级利益的议会和代表封建专制势力的王权之间展开了长达一个世纪的激烈搏斗。在此形势下,沉寂了一个半世纪的弹劾程序又重返政治斗争舞台,成为议会反抗专制王权、争取宪政自由的强大武器。

1621年,为反对国王专卖政策,下院对投机商人蒙帕逊提出弹劾。蒙帕逊是国王大臣白金汉公爵的侄子,他通过贿赂等卑鄙手段,取得了多种商品的专卖权,大肆攫取不义之财,使政府税收蒙受巨额损失。下院指控蒙帕逊"滥用专卖权、损公肥己、牟取暴利"。上院审理了此案,判处蒙帕逊巨额罚款、逐出法律和不得担任公职。在调查蒙帕逊罪行时,下院发现蒙帕逊之所以能够得逞,与某些高官营私舞弊有重大关系。这些高官利用审核专卖申请、颁发专卖权证书、裁决专卖权纠纷之机,经常贪赃枉法,收受贿赂。如当时的专卖权仲裁委员会成员副总检察长耶尔顿、财政大臣曼德维利及大法官弗朗西斯·培根等人,经常滥用职权,为蒙帕逊的投机活动大开方便之门。因此,议会随后又对上述大臣提出弹劾。经过调查,被告犯罪事实确凿,被分别处以罚款、剥夺公职和监禁。1624年,下院又发动了对财政大臣米德尔塞克斯的弹劾,将其依法治罪。对这些政府官员的调查和惩罚,将蒙帕逊弹劾案进一步推向深入。

与中世纪的弹劾相比,这一时期的弹劾在程序上更加规范化、合理化,被告的辩护权得到切实保障。在中世纪时期,被弹劾的被告在理论上虽享有辩护权,但在实践上经常享受不到。在该时期的弹劾中,被告均享有自我辩护或委托律师辩护以及传讯证人的权利。例如,对大法官培根的弹劾,上院允许他进行自我辩护,并给予充足的辩护时间,使培根有条件援引大量先例,试图为自己开脱罪责。[①] 另外,在该时期的弹劾中,上院、下院、国王三者的作用和地位发生了微妙变化。下院开始居于主导地位,上院成为合作者,国王则处于无足轻重的地位。该时期发生的所有弹劾案例都是首先从下院开始的。为提高调查效率和准确性,保证弹劾成功,下院有时建立多个专门委员会,分头调查,收集证据。在蒙帕逊弹劾案中,下院专门委员会的调查取证工作环环紧扣,步步推进,使那些暗藏深处的涉案官员一个个暴露

---

① C. G. C. Tite, *Impeachment and Parliamentary Judicature in Early Stuart England*, London, The Athlone Press, 1974, pp. 16—120.

在光天化日之下,受到应有的惩罚。有时上院还就如何判决征询下院意见。相比之下,国王在弹劾中往往处于被动和无奈的地位。表面上看,弹劾须经国王同意,实际上不管国王同意与否,弹劾总能顺利启动和进行,除非国王动用议会解散权才能终止弹劾,但在1621—1624年间,国王从未使用这一权力。这是因为议会的弹劾是严格按照法定程序进行的,致使国王难以找到插手干涉的借口,再者,该时期政府财政极度困难,国王为换取议会拨款不敢强行阻止弹劾。

初战告捷,议会信心倍增,随即于1626年发动了对白金汉公爵的弹劾。白金汉是查理一世政府的首席大臣,他仰仗国王宠信,专横跋扈,对西班牙轻率发动战争,结果劳民伤财却一无所获。1626年2月议会刚一开幕,下院议员迪格斯就建议弹劾他,并申明了其宪法理由:"英国的法律教导我们,国王是正义之源。他的政府如有非法或邪恶之举,应由他的大臣负责。"①另一个议员埃里奥特声称:"身居要职的大臣劝谏国王陛下充分考虑可能招致的危险和不良影响是其职务范围的应尽职责,如果他诱导国王走向错误,就应受到惩罚。"②为包庇白金汉,查理一世下令议会休会。1627年议会再次集会,白金汉仍是众矢之的。议员埃里奥特控告他说:"对法国和西班牙的战争,使生灵涂炭,贸易衰减,这与政府的外交政策有直接关系。英国在西班牙和法国面前蒙受耻辱,罪魁祸首就是白金汉。"查理一世继续为白金汉开脱,宣称:"这是朕的政府,你们议员无权干涉。白金汉犯的错误自然由朕来处理。"③议会则以推迟拨款进行反抗,查理一世悍然解散了这届议会。第二年,当白金汉准备启程前往法国时被刺身亡。至此,历时2年的白金汉弹劾案宣告结束。

白金汉弹劾案是英国弹劾制度史上的重要转折点。议会提出弹劾的诉由不是因为他触犯了既有法律,而是他的无能和政府政策的失误。议会认为,白金汉身居高位、手握重权,却不能恪尽职守,屡次给国家和人民造成巨

---

①② G. B. Adams, *Constitutional History of England*. New York, Henry Holt and Company, 1935, p. 289.

③ D. Hirst, *Authority and Conflict*, London, Edward Arnold Ltd., 1986, pp. 144—145.

大损失,他理应为此而承担全部责任。透过此案可以发现,构成现代宪政核心的责任政府制原则,即政府大臣应就国家政策的优劣成败向议会及其所代表的国民负责,而不应只对国王负责的原则,已成为议会启动弹劾程序的主要理念基础。

内含在白金汉弹劾案中的宪政意义,在 1640 年的斯特拉福和劳德弹劾案中更加清晰地体现出来。斯特拉福和劳德都是绝对专制主义的积极支持者,君权无限理论的狂热鼓吹者。他们怂恿国王不要受法律约束,不要向议会屈服,还一度企图调用爱尔兰军队,以武力镇压国内的政治反对派。在议会看来,斯特拉福和劳德的目的是要摧毁这个国家"优秀宪法"。下院领袖皮姆一针见血地指出:"(斯特拉福和劳德)企图颠覆现有法律,建立专制政府,违反了人民和国王间的契约",并宣称:"任何企图篡改现存宪法和政府体制的行为都是叛国罪。"[1]基于上述认识,议员们一致决定:"那些把精力和才华用于恢复专制的人应该被处死。"[2]因当时正处于英国革命蓬勃兴起的时候,这次弹劾迅速取得成功,斯特拉福和劳德先后被推上断头台。从指控二人的罪名可以看出,他们之所以受到弹劾,也不是因为他们违反了一般法律规范,而是因为他们阴谋摧毁英国的"自由宪政体制",破坏英国的"优秀宪法",践踏英国人生来享有的"权利与自由"。一句话,他们是作为专制制度的代表而被弹劾和处死的。由此可见,此时议会已把弹劾的矛头直接指向了专制制度本身,弹劾程序在内容上和形式上已完全变成了一种宪政手段。

这里需要特别指出的是,弹劾所固有的局限性在该时期开始暴露出来,致使议会有时不得不求助于剥夺公权程序才能保证弹劾目的的实现。例如,在审判斯特拉福一案中,下院十几人轮番揭发他的罪行,但都是一些笼统的叛国罪之类,谁也指不出他违反了哪些具体法律。斯特拉福以其丰富的法律知识和杰出的雄辩口才,成功地进行了自我辩护。他说自己当政时

---

[1] R. Berger, *Impeachment: the Consititution Problems*, New York, Harvard University Press, 1973, p. 3.

[2] *Ibid.*, p. 34.

的所有政策都是按照国王的旨意制定和实施的,在英国找不到任何一条规定大臣遵旨行事是犯罪行为的法律。他的最后结论几乎是不可辩驳的:"没有法律,就没有犯罪。"①一时间,下院的处境十分尴尬。若是继续按照严格的司法程序进行,弹劾势必因缺乏有力证据而中途夭折。议会被迫无奈,通过《剥夺公权案》,终于将斯特拉福绳之以法。

对斯特拉福和劳德弹劾的成功,砍掉了查理一世的左膀右臂,使斯图亚特专制政府遭受重创,国家主权开始从国王手中向议会手中转移。但查理一世不甘心失败,悍然发动了内战,试图以武力挽回失去的专制权力。内战很快以议会的胜利而结束,查理一世被推上断头台,君主制被废除。然而,这并不意味着英国人民消灭专制、建立宪政的理想已经实现。随后出现的共和国实际上是另一种形式的个人专制——克伦威尔的军事独裁。在这种体制下,弹劾自然是不可能出现的。

斯图亚特复辟王朝后期,英国的宪政冲突进入决战阶段,议会和王权的斗争达到白热化,弹劾程序获得大显身手的机会,弹劾案件接二连三地发生。第一个是1667年对复辟元勋、政府首席大臣和大法官克拉伦顿伯爵的弹劾。正当议会准备开庭审判时,克拉伦顿自知难逃法网,仓皇出逃。议会没有因此而罢休,对他进行了缺席审判,以叛国罪的罪名判处他永久流放。7年以后,"卡巴尔"政府又遭到议会的弹劾。议会指责"卡巴尔"政府对外推行有害于宪政和国民利益的外交政策,对内管理混乱,要求政府主要成员辞职,否则,议会将拒绝任何拨款。"卡巴尔"政府走投无路,自动解散。再后是1678年对首席大臣兼财政部长丹比伯爵的弹劾。国王查理二世玩弄障眼法,宣布将丹比免职,企图借此让丹比逃脱议会的审判。查理还动用豁免权,亲临上院训话,宣称丹比所做的一切都是按王命行事,既然已撤了他的一切职务,以后就不要再提此事了。下院闻之哗然,议员弗兰克斯·威宁顿指出:"如果国王任意行使豁免权,弹劾将毫无意义。根据法律,行使豁

---

① 温斯顿·丘吉尔:《英语国家史略》(上),第626页。

权则意味着被告有罪。"①在两院的一致坚持下,弹劾终获成功,丹比被判监禁5年。

上述弹劾案标志着英国弹劾制度发展到了最高峰。在这些弹劾中,国王已被排除在外。因为经历了40年代革命风暴的沉重打击后,王权已今非昔比,再也无力对弹劾进程施加实质性影响了。例如,在丹比一案中,国王试图使用豁免权来保护被弹劾者,但在议会的强烈反对下,最后以失败告终。这一结果实际上否定了国王在弹劾中行使豁免权的特权。摆脱了国王豁免权的钳制,弹劾成功率大为提高,所以该时期发生的弹劾每次都能大获全胜。反过来,这些弹劾的成功在英国宪政史上留下了光辉的一页。

六

1688年"光荣革命"结束了英国近一个世纪的宪政冲突,建立起了以议会主权为特征的近代宪政制度,与此同时,弹劾制度转而走向衰落。从1688年到19世纪初,仅有4例弹劾案发生,它们是:1724年对麦考尔斯费尔德勋爵的弹劾,1746年对拉瓦特勋爵的弹劾,1787年对沃伦·哈思汀斯的弹劾,1805年对梅尔维勒勋爵的弹劾。② 上述4人之所以受到弹劾,并不是因为政治或政策方面的原因,而是因为他们触犯了刑法。可见,此时的弹劾实质上已经蜕化为一种由议会完成的刑事司法程序。1805年后,英国再未发生过任何弹劾。弹劾制度在完成了自己的使命之后"功成引退",在历史博物馆中找到了自己的归宿。

弹劾制度逐步衰亡的原因主要在于自身的局限性和英国宪政制度的特殊性。如前所述,在斯特拉福弹劾案中,弹劾的固有缺陷已经暴露无遗:由于拿不出被弹劾者违法犯罪的有效证据,迫使议会不得不求助于剥夺公权程序。而剥夺公权本质上是一种融立法与司法为一体的非常程序,它与近

---

① R. Berger, *Impeachment: the Consititution Problems*, p. 40.
② W. S. Holdsworth, *A History of English Law*, p. 384.

代英国立法与司法彼此分立的宪政体制是相抵牾的,因此,剥夺公权程序后来日益遭到社会各界特别是法官们的反对。另外,弹劾是一种事后追究不法大臣之法律责任的"马后炮式"惩戒程序。在大臣尚未触犯法律之前,尽管他们的决策或政治行为有可能给国家和人民造成危害,议会也难以阻止或制裁他们,只有等他们犯了法或危害后果发生之后,才能治罪于他。很显然,这种机制无法将不足信任的大臣提前革职,从而经常给国家和人民造成本可避免的无谓损失或灾难,这是导致弹劾制度日趋衰亡的内在原因。

更重要的是"光荣革命"之后,随着责任内阁制的建立,弹劾制度失去了存在的意义。

萌芽于17世纪初的内阁本来依附于王权,"光荣革命"后,由于议会主权地位的确立和王权的日趋衰落,内阁逐渐与王权分离开来,一步步地靠向议会。18世纪初,下院发明了质询、投不信任票等监督、控制内阁大臣的新方法。1742年,因政府的一项提案被议会否决,首相沃尔波被迫辞职,开创了内阁首相在不为议会支持时应自动辞职的先例。此后,又通过1746年佩勒姆内阁和1781年诺思内阁集体辞职等先例的开创,责任内阁制基本成型。1832年议会改革加速了两党制度的形成。自由党和保守党竞相争夺议会多数地位,轮流上台执政,责任内阁制臻于完善。每次大选之后,若执政党失败,首相和内阁便自动下野,国王则例行公事般地邀请获胜的在野党首领出面组阁。如果在平时下院投票中政府遭到失败,内阁同样应立即辞职。国王在政府组成和国家决策上已毫无实权,变成了"君而不主、统而不治"的虚君。

英国著名思想家柏克曾指出:"每一个良好的政治体制,必定有预防的功能,也有矫正的功能。它应该具有一种自然的趋向将坏人排除在政府之外,并且不单纯依靠事后的惩罚来保障国家的安全,因为惩罚向来是滞后和不确定的东西。"[①]责任内阁制的确立把英国国家行政机关变成了民选权力机关议会的"执行委员会",内阁的去留完全操于议会之手,政府的决策、政

---

① 埃德蒙·柏克:《自由与传统》,蒋庆等译,商务印书馆2001年版,第13页。

策的执行、国家的管理被置于议会的严密监督之下,"只要权力不掌握在人民可以接受的人手中,或者一些派系在人民不信任的宫廷中起主导作用,(议会)就拒绝支持政府。……这样的控制权在过去使部长们敬畏议会,使议会尊敬人民。"[①]在这种制度下,不用等到政府决策出现失误、政策执行出现偏差、国家和人民利益蒙受损失或政府官员出现违法犯罪行为,只要他们稍微显露出一丝令议会不满意、不信任的迹象,议会就能防患于未然,轻而易举地将他们赶下台。这样,仅仅具有"矫正"功能的"马后炮式"的弹劾制度已没有什么实用价值,其命运只能是被历史所淘汰。

　　回顾近五百年的英国弹劾制度史可以看出,它的兴衰变化始终与英国宪政的历史进程不可分割地交织在一起。弹劾制度的创立是英国立宪进程开始启动,议会有可能与王权相抗衡但又不足以超越王权之时的产物。那时,它是议会用以反抗专制、惩罚不法大臣的一种宪法手段。当国内政局动荡不安,或王权强化到足以操纵议会,以致议会政治不能正常运作之时,弹劾制度便被暂时弃置一旁,从而为它的变体剥夺公权提供了生存空间。当历史呼唤现代宪政制度,而国王政府却逆时代潮流而动、大力推行专制统治时,弹劾制度东山再起,成为英国人民反抗专制、争取宪法权利的锐利武器。在长达一个世纪的宪政革命中,弹劾制度大显神威,为英国现代宪政制度的确立立下了汗马功劳。然而,现代英国宪政制度的建成之日,亦即弹劾制度的消亡之时。在当今的英国,人们只有穿越时间隧道走进历史的长廊中,才能寻觅到它那逝去的身影。英国弹劾制度的兴衰史证明,手段毕竟只是一种手段,它的沉浮升降乃至去留存亡总是服从于宪政目的的需要。因此,不同的国家在进行宪政建设时,应当而且必须根据自身的具体条件和宪政发展不同阶段的实际需要选择不同的宪政形式。

　　(作者联系地址:中南财经政法大学法学院法律系　邮编:430073)

---

① 埃德蒙·柏克:《自由传统》,第12页。

铁路建设与 19 世纪拉丁美洲的现代化*

埃尔纳·奥尔纳

因为目前对于拉美铁路建设的经历尚无一个全面的综合性研究,而国别性的专论又是不完整的和零散的,所以本文带有导言性的特点。目的在于通过比较和对照,提出一些以前的研究所绕开或者忽视的问题。研究的重点放在第一次世界大战之前。

一

19 世纪拉美铁路建设带来了该地区最广泛的技术引进。② 铁路建设生动地展示了本地区在与国际市场缓慢地实现一体化过程中外国和本国企业家、银行家和投机家之间的相互关系。这一过程也解释了在获得独立后的头一个世纪中拉美国家的政府怎样迅速地负债于工业化世界,特别是英国。

传统的编年史认为,在第一次世界大战之前,拉美的铁路建设是由英国资本投资并一手控制的,然而,最近经济史学的修正派正确地指出,拉美的

---

* 本项研究得到了"瑞典与发展中国家研究合作机构"(Swedish Agency for Research Cooperation with Developing Countries, SAREC) 的资助,作者希望感谢查尔斯·伯格吉斯特(Charles Bergquist)、戴维·布什奈尔(Devid Bushnell)、约瑟夫·拉夫(Joseph L. Love)、马特斯·伦德尔(Mats Lundahl)、何塞·戴尔·凯尔曼、马丁(Jose del Carmen Marin)、马格纳斯·摩麦尔(Magnus Morner)、洛夫·托莱坦德尔(Rolf Toretendahl) 和阿方索·吉洛斯(Alfonso W. Quiroz)对于本文初稿提出的有帮助的评论。然而,对于本文及其所表达的观点,作者承担全部责任。

② J. Fred Rippy, *British Investments in Latin America*, 1822—1949, Hamden, Connecticut, 1966, pp.52, 66—74. 另参看 D. C. M. Platt (ed.), *Business Imperialism*, 1840—1930: *An Inquiry Based on the British Experience in Latin America*, London, 1977, p.393.

铁路建设,至少在其早期,是由当地资本所投资的。① 档案资料显示,拉美铁路建设的资金既来源于国外信贷,也来源于出口的积累。不能认为,交通现代化的投资完全源于海外,实际上,本地资本在拉美铁路时代的诞生中也扮演一定的角色,尽管是一个较小的角色。国内的政治不稳定以及铁路建设证明比本地投资者所预料的要昂贵,或者风险更大,这些因素使得国际银行家和投机家成为拉美铁路建设中占主导地位的力量。英国在拉美铁路建设中的第一笔投资生动地展示了该地区欠工业化世界的债务是怎样发展起来的。这一外债并非开始于黄金或"硬通货"由英国向任何拉美国家大规模地流动。普遍的事实是,铁路投资要求当地企业家提供"种子"资金以启动一个计划,达到一个"可接受的"水平,然后它能够被抵押给外国资本。英国在拉美铁路建设中的第一笔投资包括1835年以寄售方式(货物售出后始行付款)购买的用于从哈瓦那到蔗糖产区圭奈斯(Guines)之间铁路的八个火车头和设备的信贷和保险。由于以寄售方式出售意味着只有在商品经过检验满意后才付款,来自古巴岛和在纽约的古巴商人,即这笔生意的促成者,为了美国的利益,退回了英国的火车头,并以美国设备取而代之。② 因此,从一开始,美国的铁路工业就在古巴建立了其第一个,也是主要的一个国外市场,并对英国的出口商和银行家构成了挑战。

---

① 提出这种新的观点的既有马克思主义的,也有非马克思主义的经济史学者,例如可参看:Andre Gunder Frank, *Lumpen Bourgeoisie and Lumpen Development*: *Dependency*, *Class and Politics in Latin America*, New York, 1972, pp. 67—68; Colin M. Lewis, "The Financing of Railway Development in Latin America, 1850—1914," *Ibero-Amerikanisches Archiv*, Jahrgang 9, Heft 3/4, 1983, pp. 255—278. 越来越多的研究继续发现并以大量资料论证了拉美当地资本在投资于铁路建设中的创业家角色,例如可参看:Allen Wells, "All in the Family: Railroads and Henequen Monoculture in Porfirian Yucatan," *The Hispanic American Historical Review*, 72: 2, May, 1992, pp. 161—162.

② Manuel Moreno Fraginals, *El ingenio*: *Complejo economico social del azucar*, 3 Tomos, Ⅱ, La Habana, 1978, pp. 150, 154—155. 另参看:Francisco J. Cisneros, "El ferrocarril...," *Diario Oficial*, Bogota, June 22, 1894, p. 595; 和 Gert J. Oostindie, "La burguesia cubana y sus caminos de hierro, 1830—1868," *Boletin de estudios latinoamericanos y del Caribe*, Amsterdam, No. 37, December, 1984, pp. 102—103, 108—111. 我还从阅读下列未出版的手稿中获益甚多:Ger J. Oostindie: "Cuban Railroads, 1830—1868: Origins and Effects of 'Progressive Entrepreneurialism'."

拉美铁路建设的倡导者是那些从事出口业务和具有一定的国际联系的人。在大多数拉美国家,大约有十二个这样的家族。这是一小撮富有家庭的精英,他们非常有钱,其最根本的动机是扩大当地"热带"产品和原料的生产,以满足北大西洋经济的需要。

美国经济学家沃尔特·罗斯托指出,在 19 世纪的美国和西欧,铁路成为工业扩张的最重要的因素。[①] 然而,本文认为,拉美的铁路虽然重要,但是它没有孕育着工业的"起飞"。这些铁路的建设仅仅是延续着以前的发展模式,特别是在贸易和生产中。这一观点并不意味着没有一条铁路线是为了满足当地的需要、国内市场或者运送旅客而建立的,但是即使是在古巴和阿根廷这样的国家,在那里铁路承担着运送大量旅客的任务,为了出口的运输依然是铁路的主要业务。在阿根廷这个有些例外的国家中,第一次世界大战之前,那里建立的人均铁路的里程数超过美国,然而,其铁路的主要任务依然是为了出口的货物运输。[②] 在那些具有发展铁路之外的其他选择的地方,汽船就成为铁路的替代物或者补充。亚马森地区的橡胶和哥伦比亚的咖啡运输就属于这种情况。

从拉美内部的角度来看,铁路的修建使得大土地所有者和出口商人的联盟对社会的控制强化了。以国家的补贴和对铁路建设者财产担保为基础,这种特殊类型的现代化得以发展起来了。国家以有利的立法、税收和关税减免以及特别的优惠、垄断和司法政策来支持铁路建设者。从国外的角度来看,铁路建设加速了拉美在依附和不平等的条件下进入国际资本主义体系的进程。

开支、利润和选择性可能成为学术争论的课题,但是拉美的铁路建设并不完全是出于经济的动机。现代交通和通信设施对国家综合国力的发展来说是根本性的。同样地,拉美人对于"铁马"的迷恋还在于希望它能推进国家的统一、物质进步、文明和现代化。

---

① W. W. Rostow, *Politics and the Stages of Growth*, London, 1971, p. 62, pp. 98—183.
② Wintrop R. Wright, *British-Owned Railways in Argentina: The Effect on the Growth of Economic Nationalism*, 1854—1954, Austin and London, 1974, p. 48.

虽然私人资本投资走在最前,但国家也不仅以建设和管理,而且以为贷款和投资提供担保的方式参与了铁路事业。在大多数情况下,国家为私人铁路公司投资的回报率提供保证,或为其在国外和国内贷款提供担保。通常的情况是,当利润的获得可以明显地预见到的时候,私人投资者不要求从国家那里获得保障。通常,最有利可图的铁路被控制在国内和国外的私人手中。在古巴和阿根廷,这一过程持续的时间比拉美其他地区要长。有时候,国家亏本兴建和管理的铁路在变得有利可图前,移交给私人企业家。[①]在最初时期,不赢利的原因不是因为"额外地增加了雇工",而是由于货物的短缺。据说,使企业家维持利润而将代价转移给政府的做法是一个使"必需的基础设施"之花费社会化的过程。这一概念的合法性在于假定国家代表了所有社会阶层的利益。这种观点,至少在拉美,是言过其实的。实际上,铁路运输不管是以何种方式赢利的,在寡头制的拉美社会中,其流向社会下层的可能和数量是很少的。

美国和欧洲经济史学家为了解释铁路运输发展过程中的国家补贴和税收优惠,而提出了"社会储蓄"(social saving)的概念,但这一概念不能用来解释19世纪拉美铁路建设的经历。[②]"社会储蓄"可以适用于具有可观的中产阶级的工业社会,而不是拉美。在拉美,国家对铁路公司的补贴和税收优惠导致了资源在寡头内部的分配,同时由下层阶级承担其代价。在这一类型的现代化中,下层阶级不仅贡献了廉价的劳动力,而且承担了税收负担。而且,确定无疑的是,在铁路建设中由国家承担债务使得企业家能够投资于其他生产领域。相应地,可以这样说,由于拉美工业不能吸收其自身的资本剩余,当地企业家趁机将其资本转移至该地区以外以寻求更丰厚的利润。从这个意义上说,在拉美从事经营的本地资本和外国资本没有根本上

---

① Lewis, *British Railways in Argentina*, 1857—1914, London, 1983, p.125.

② 在解释拉美铁路建设中典型地运用"社会储蓄"概念理论的是美国经济史学家考斯沃斯(Coatsworth)和麦克·格利维(Mc Greevey)。参见:John H. Coatsworth, *Growth against Development: The Economic Impact of Railroad in Porfirian Mexico*, DeKalb, Illinois, 1981; William P. Mc Greevey, *An Economic History of Colombia*, 1845—1930, London, 1971.

的区别。而且,本地铁路巨头与外国资本有着密切的联系。这种情况生动体现在巴西人维斯康特·马伍阿(Viscount Maua)和阿根廷人诺贝托·德拉里埃斯德拉(Norberto de la Riestra)[①]与英国资本的联系以及古巴的托马斯·特里(Tomas Terry)和哥伦比亚的何塞·G.利伯恩(Jose G. Ribon)与国外资本的关系中。

二

英国在刚刚获得独立的拉美进行猛烈的投机和投资浪潮中,铁路发明者的儿子罗伯特·史蒂芬森(Robert Stephenson)私人谒见"解放者"西蒙·玻利瓦尔,要求修建一条从波哥大到马格达来纳河(Magdalena River)的铁路线,以此使哥伦比亚(新格拉纳达)向国际旅游和商业敞开大门。[②]玻利瓦尔的疑虑加上19世纪20年代拉美普遍的债务拖欠和刚刚获得独立后的政治不稳定阻碍了对这一计划的进一步磋商。但是铁路在拉美的精英中很早就具有吸引力。19世纪的经济自由主义和实证主义从一开始就在拉美有教养的精英中找到了信徒。欧洲自由主义追求物质进步的意识形态在拉美的寡头中得以兴盛。

虽然"解放者"玻利瓦尔是第一个严肃地考虑在拉美建设铁路的国家元首,然而,拉美的第一条铁路线却是在没有获得独立的古巴于1837年开通运行的。这条88公里长的铁路线是为了将蔗糖从产地运往出口的港口而建立的。古巴不仅是拉美第一个开始修建铁路的国家,而且是该地区第一个在生产中广泛采用蒸汽动力的国家。很明显的事实是,世界上最现代化

[①] Anyda Marchant, *Viscount Maua and the Empire of Brazil*, Berkeley, 1965. 另参见:Gudmund Stang, "Entrepreneurs and Managers: The Establishment and Organization of British Firms in Latin America in 19th and Early 20th Centuries," *Historisk tidskrift*, Stockholm, Ⅰ,1982,pp. 53—54.

[②] Jose Maria Cordovez Moure, *Reminiscencias de Santa Fe de Bogota*, Madrid, 1962, p. 822. 另参见:Michael Robbins, *The Railway Age in British and its Impact in the World*, Baltimore, 1965, p. 27.

的蔗糖工业需要大规模的运输设备。① 自从"巨大的火箭"("Great Rocket")②在英国首次亮相的那一刻起,蔗糖巨头就试图将其引进到古巴。但是,这一技术进口需要该岛历史上最大的以"硬通货"进行的企业投资。经过谈判,从伦敦筹借了 150 万比索(360360 金镑)的贷款。这一数额仅仅能够满足这一计划全部开支的一部分。而且,英国银行家只有在得到国家担保书的前提下才愿意提供信贷。为了满足贷方的要求,当地的铁路建设者建立了"促进洪达"(Junta de fomento)。洪达作为政府机构谈判贷款事宜。值得注意的是,尽管西班牙殖民当局持几乎公开的敌意,但是铁路建设者还是得到了贷款。与拉美其他地区的铁路建设计划不同,古巴人面对的是国家机构的不合作立场。该铁路的优惠股皆被蔗糖巨头所购得。③

在第一条铁路建成之后,其他铁路也很快在古巴岛上得以兴建。在"十年战争"(1868—1978)之前,古巴已拥有 1200 公里的铁路线,英国资本拥有其宣称价值(declared value)的大约 25%。到 1862 年,古巴铁路人均英里数已超过英国。英国人只是古巴铁路抵押的拥有者。但是,到 19 世纪的最后 30 年,英国人逐渐购买了古巴铁路的股票,并对古巴铁路进行直接的经营。英国人接管的原因不仅是由于古巴人争取独立的斗争所引发的政治危机,据称也是为了扩充铁路线的需要。具有讽刺意味的是,在英国占有期间,铁路英里数的增加不到当地人以当地资本已经建立的铁路英里数的一半。英国人接管的特点是合并、巩固和增加股份的面值,而不是在铁路的建设和现代化上面进行新的投资。十年战争爆发后,殖民当局没收了至少 10% 的铁路工业。④

---

① Franklin Knight, *Slave Society in Cuba During the Nineteenth Century*, Madison, 1970, p. 3, 8, 38, 148, 183. 另参看:Ramiro Guerra, *Azucar y poblacion en las Antillas*, La Habana, 1976, pp. 66—68, p. 78.

② 指火车,译者注。

③ Oscar Zanetti and Alejandro Garcia, *Caminos para el azucar*, La Habana, 1987, pp. 27—46. 另参看:Fernando Ortiz, "Perapectivas economico-sociales del primer ferrocarril," *Revista bimestre cubana*, La Habana, XL, No. 2(November—December, 1937), pp. 161—165.

④ Zanetti and Garcia, *Caminos para el azucar*, p. 89, pp. 105—106, 131—134.

为了寻求保护,古巴人不仅将他们的公司包租给英国人和美国人,还将其财产卖给或者转移给西班牙人和外国公民,由此加速了运输网络的"非国有化"。当地企业家变成了国际资本的小伙伴,尽管在很多情况下在这些新组成的公司中,他们是多数股票的拥有者。国际化并不必然是由于缺少当地资本或者外国投资的经济必需造成的。① 将古巴财产和铁路转移到或者委托外国经营的趋势在英国驻西班牙大使于 1897 年的一份秘密报告中作了如下的描述:"据认为这种转移的目的在于使得拥有者在一些情况下寻求外国的保护,以得到在这个岛上遭受损失的补偿……很清楚,将他们的资产转移到外国背后一定存在一些政治目的。"② 古巴铁路由外国间接投资向直接投资的转变过程在 19 世纪的秘鲁和哥伦比亚铁路建设的经历中也有相应的类似现象。实际上,在古巴发生的过程在拉美是一个准原型。政治和军事冲突是财产转移和所有权变化的主要因素。

早期古巴铁路建设不仅是由美国和英国的工程师,而且是由罪犯、奴隶、契约佣工和自由工人来进行的。③ 值得注意的是,铁路在古巴的早期出现为当地技术员和工程师提供了特殊的实际训练。而且,古巴人是纽约的特洛伊工艺学院的学生中最多和最早的外国人。这所学院成为美国训练铁路工程师的第一批学院之一。一代又一代的"特洛伊人"到达古巴和拉美其他地区修建铁路。④ 在拉美铁路发展开始时,一个来自美国和欧洲的非凡

---

① 例如,哈瓦那干船坞和维修公司是由当地资本拥有的,但是被委托给英国经营。虽然古巴中央铁路有限公司由英国资本所控制,但是古巴人和当地公司拥有优先股份的大多数。参看:The Havana Dry Dock & Repairing Company, Limited. BT31/5150/34778 和 The Cuban Central Railways, Limited. BT31/19164/61876(London, Public Records Office),以下引用时简写为 PRO。

② 德鲁蒙德·沃尔夫(Drummond Wolff)向外交部的报告,马德里,1897 年 10 月 23 日,见外交部:414/152 (PRO).

③ Moreno Fraginals, *El ingenio*: *Complejo economico social cubano del azucar*, I, pp. 299—301, 306—308.另参看:托勒迈(C. D. Tolme)向外交部的报告,哈瓦那,1837 年 12 月 18 日,见外交部:72/888(PRO).

④ Samuel Rezneck, *Education for a Technological Society*: *A Sesquicenennial History of Rensselaer Polytechnic Institute*, Troy, New York, 1968.美国的工程学院在拉美由当地技术员建设的铁路中所起的作用是十分重要的,因为此类课程在英国和其他欧洲国家尚未开设。参看:Eric J. Hobsbawm, *The Age of Capital*: *1848—1875*, London, 1975, pp. 43—47.

的流浪工程师集团成为第一批建设者。随着十年战争的爆发,许多被驱逐出境的古巴人加入了这个先驱者的互助会。①

铁路建设不仅需要特别的实际技术,而且需要大量的廉价劳动力从事艰苦和危险的劳动。黑人奴隶、处于半奴隶地位的印第安人、中国苦力以及其他有色人种与罪犯、军队被动员起来承担了这一任务。在那些拥有大量欧洲移民的国家,这些移民也满足了对于这一艰辛的体力劳动的需求。

罪犯劳工在拉美铁路发展中的地位尚未得到充分的研究,但是在铁路建设的决定性的时刻,他们构成了最重要的艰苦劳动力的来源。利用罪犯作为劳工来修建道路的做法起源于殖民地时代,但是看来铁路建设强化了这一长期存在的做法。墨西哥第一条铁路的合同依据惯例要求承包人建立一所医院和一座监狱。②哥伦比亚在修建从马格达来那河(Magdalene River)到首都的第一条铁路时,动员了大量的罪犯,同时委任波哥大的监狱长为劳工管理人员。③虽然铁路建设开始时增加了对于罪犯劳工的使用,但后来,这种做法消失了。很明显,在铁路建设计划中,劳工技术的要求更适合于使用资本主义的雇佣劳动力,而不是无偿的和强制的劳动力。从一开始就有不同类型的劳工并存的铁路劳工的大规模动员部分地说明了为什么铁路工人在拉美是首先组织工会并领导最具战斗精神的劳工。

拉美铁路建设的经历展示了拉美的企业家怎样相对快地将其资本投资于有利可图的冒险事业。外国和国家参与投资并不必然是由于缺乏资本或本地人缺乏企业家精神。当地投资者中许多人是在美国和欧洲拥有居所的拉美人。这些家族在老家发财后,从纽约和伦敦进行经营活动,但住在巴

---

① Hernan Horna, "Francisco Javier Cisneros: A Pioneer in Transportation and Economic Development in Latin America, 1857—1898," *The Americas*, XXX, 1(July, 1973), pp.54—82.

② John Gresham Chapman, *La construccion del ferrocarril mexicano, 1837 — 1880*, Mexico, D.F., 1975, p.27, 61, 180. 查普曼(Chapman)叙述了这一事实但没有注意到这里所描绘的模式。

③ 涉及利用罪犯作为劳工的最全面的档案资料可以在安蒂奥盖亚(Antioquia)铁路(麦德林)的年度报告(1874—1885)中找到。哥伦比亚历史学会(波哥大)的收集品中存有利用罪犯劳工的几封信件和报告。另参看:"Mensaje" *El Zipa*,(Bogota), October 9, 1879, pp.180—181.

黎。属于这一类型的一个典型是委内瑞拉出生的古巴人托马斯·特里(Tomas Terry)。① 1861年,他将资金从古巴的铁路中撤出,将超过1000万美元用于购买美国铁路股票。在19世纪60年代,古巴最大的蔗糖家族不仅在当地铁路中投资,而且投资于拉美、美国、英国、法国、奥地利、西班牙和俄国的铁路。② 居住在巴黎的哥伦比亚巨商何塞·G.利伯恩(Jose G. Ribon)和迭戈·德卡斯特罗(Diego de Castro)投资于秘鲁的铁路以及其他企业,③而与此同时,其祖国却找不到建设铁路的投资者。他们追寻的仅仅是利润。

对拉美铁路发展的研究表明了当地企业家精神的形成与作用。美国的社会科学指责该地区欠发达的根源是缺少企业家精神。④ 但是,拉美铁路投资表明当地企业家怎样与外国资本联合在本国进行昂贵的投资,并使他们的政府负债累累。要说明拉美工业没有"起飞"的根源,问题与其说是缺乏企业家精神或当地资本,不如说是结构性的因素。

拉美许多投资于铁路的精英家族变成了外国人或者与外国人结了婚。他们的一些后代再也没有回到祖国。这种情况在拉美企业史上并不是没有先例的。在殖民地时代,在西班牙和殖民地皆拥有企业和住宅的西班牙美洲富有的企业家被称为"在美洲发财者"(Indianos)。⑤ 这些西班牙美洲暴富者成为半岛"贵族"嫉妒的对象。这些改换行业的企业家从洲际贸易和殖

---

① 当托马斯·特里于1886年去世时,他留下了世界上最大数额的遗产之一,大约3000万美元。参看:Richard T. Ely, *Comerciantes cubanos del siglo XIA*, Bogota, 1961, p. 111.

② *Ibid.*, p. 9, 69, 110, 115, 127, 132.

③ "La prensa extranjera," *La Industria*, Bogota, April 16, 1884, p. 425; "El Senor Diego De Castro," *La Industria*, May 3, 1884, p. 449; Cisneros, "El por que de este periodico," *La Industria*, February 15 1883, pp. 1—2; and Jorge Basadre, *Historia de la republica del Peru*, 16 Tomos, V, Lima, 1969, pp. 129, 320.

④ 对于这一观点的批评,参看:James Petras, *Politics and Social Structure in Latin America*, New York, 1970, p. 363.

⑤ C. H. Haring, *The Spanish Empire in America*, New York, 1947, p. 332; Doris M. Ladd, *The Mexican Nobility at Independence*, 1780—1820, Austin, 1976, pp. 50—52, 93—104, 113—153; and Stanley and Barbara Stein, *The Colonial Heritage of Latin America*, New York, 1970, p. 18.

民地的生产中大发其财。他们不仅对国际市场状况，而且对国内生产关系能够做出迅速的反应。甚至在独立之前，这些家族的联系和婚姻就多样化了。在拉美具备或缺少"当地"财政资源的机会与富有精英的移民史密切相关。研究这些历史问题将非常有助于解释拉美怎样从一个资本出口者转变为一个几乎没有希望的负债者和不发达地区。

三

为什么要比较秘鲁和哥伦比亚的铁路发展？两国的政治经济、大致相当的面积、地理和文化上的相似性以及相似的历史经历使得这两个国家具有可比性。我希望提供一个比单纯的抽象概括更加精确的对比。然而，应当注意的是，尽管两国有着共同的边界，但是没有一条铁路将注定促进两国地理和经济上的一体化。秘鲁和哥伦比亚面临着历史上的交通和通讯问题。独立后，两国的精英确信，随着铁路的建设，其土地将为他们带来经济繁荣。铁路看上去将是实现其愿望的手段。早在19世纪20年代，两国的政府和企业家就考虑铁路建设，但是由于缺乏资本和技术知识，这些愿望仅仅停留在计划上。与从鸟粪出口中获得大量财政收入的秘鲁政府不同，哥伦比亚没有出现大规模的经济繁荣。1871年，哥伦比亚财政部长萨尔瓦多·卡马乔·罗尔丹(Salvador Camacho Roldan)计算，该国的财政收入只有秘鲁政府的1/12。[①] 据估计，从1840年到1880年，鸟粪出口的收入大约有1.5亿英镑，其中60%进入了秘鲁政府财政。[②]

19世纪40年代由鸟粪出口带来的经济富裕使得秘鲁以"硬通货"还清了外债，并在国际资本市场上获得了令人嫉妒的"资信度"。这种有利的环境使秘鲁在1851年建造了南美第一条铁路。这是一条从利马到达港口卡

---

① Malcolm Deas, "The Fiscal Problems of Nineteenth Century Colombia," *Journal of Latin American Studies*, Vol. 14, Part 2 (November, 1982), p. 310.

② Shane Hunt, *Growth and Guano in Nineteenth Century Peru*, Report No. 34 (Princeton, 1973).

约(Callao)的长14英里的铁路线。① 这条铁路的拥有和控制者是秘鲁的企业家家族彼得罗·甘达马家族(Pedro Candamo)。② 这条铁路,与哥伦比亚建立的连接巴兰基亚(Barranquilla)与港口城市萨巴尼亚(Sabanilla)的第一条铁路一样,都是建造在平原上的。在秘鲁,铁路是本国私人企业家与政府联合修建的,而在哥伦比亚,承担铁路修建任务的是德国人和他们的德国—哥伦比亚亲戚。1868年,修建巴兰基亚铁路的特权和垄断权被授予了哥伦比亚人尼克拉斯·亚麦诺·考兰代(Nicolas Jimeno Collante)和圣地亚哥·多明各·比拉(Santigo Domingo Vila)。但是在修建过程中,他们联合了德国移民。政府为投入的60万比索提供7%的利润担保。当其所有者于1875年试图将公司迁到德国时,政府以铁路自身的利润为补偿,将其实行了国有化。③

利马和巴兰基亚铁路的修建相对而言是比较便宜的,技术要求也不高。它们由私人拥有,并且是赢利的。政府在这两条铁路中都享有利润,并能够以有折扣的运费运输邮件和军队。事实上,政府依靠授予这些公司以运输垄断而成为合伙人。最初这些铁路的成功鼓励国家进一步地致力于在美国和欧洲的资本市场上为铁路的投资提供担保、资助和贷款。

铁路建设的展开要求大量的、不受季节限制的劳工从事艰苦的体力劳动。开始时,秘鲁和哥伦比亚都征用了罪犯。④ 这种现象在哥伦比亚持续

---

① 秘鲁和智利的历史学家发表了大量文章争论两国究竟哪个国家首先建造了南美第一条铁路。争论具体到月、星期、日。但是,从经济史的视角来看,更有趣的是,当铁路时代开始时,这些国家的出口经济正处于扩张的繁荣期。参看:Basadre, *Historia de la Republica del Peru*, 16 Tomos, III, pp. 180—182.

② Basadre, *Historia de la Republica del Peru*, 16 Tomos, IV, p. 313. 作为企业家的甘达马家族主要收入来源之一是鸟粪出口。甘达马家族在利马、伦敦和巴黎拥有分支办公处。参看:The Peruvian Guano Company, Limited. BT31/2252/10743(PRO).

③ Damaso Zapata, "Ferrocarriles," *La Industria* (Bogota), June 19, 1884, p. 516. 另参看:"Documentos," *Diario Oficial* (Bogota), July 18, 1893, pp. 837—838. 由于加利福尼亚的"黄金热",1854年,美国在前哥伦比亚省修建了长81公里的巴拿马铁路,但这条铁路不属于本文的研究范围。

④ Eusebio Grau, *El Ferrocarril de Barranquilla*, Bogota, 1890, p. 12. 另参看:Basadre, *Historia de la Republica del Peru*, 16 Tomos, III, pp. 160, 2.

的时间要更长一些,这个国家甚至以军队来补充罪犯的劳动力。另一方面,比较富裕的秘鲁较快地引进了玻利维亚、中国和智利的劳工。

到19世纪末,秘鲁修建了2000公里的铁路线,而哥伦比亚只完成了秘鲁的1/4。实际上,在主要的拉美国家中,哥伦比亚在19世纪修建的铁路线是最少的。但是,尽管秘鲁在铁路建设上投入了大量资金,该国并没有比哥伦比亚在地理上实现更加一体化。而且,哥伦比亚避免了折磨秘鲁政府的巨额外债,该国还维持了大小生产者的咖啡出口。咖啡是能够以骡子和小船较容易地进行运输的颇有价值的产品,而秘鲁的矿产和蔗糖则是需要较大运输能力的大宗产品。

与秘鲁不同,哥伦比亚的首都位于中央高地,马格达来那河(Magdalene River)充当了通往太平洋的动脉。然而,两国的不同不能完全以地理因素和出口产品的性质来解释。可以说,拥有鸟粪和硝酸盐,对于秘鲁来说,既是福又是祸。这些自然资源带来了大量收入,但同时也招致了嫉妒和外来入侵。在黄金时代,成百万比索的资金以愚昧的冲动花费出去,造成了一种浪费的情绪。这种"百万元的舞蹈"使得秘鲁的精英错误地以为秘鲁正处于戏剧性的经济起飞的边缘。在这个乐观的时代,谨慎的声音被忽略了。秘鲁投入了某种最引人注目的壮举中。穿越安第斯山的136公里的中央铁路(从利马到拉奥拉亚)超出海平面15848英尺,不仅是到那时为止世界上修建的海拔最高的铁路,而且是最昂贵的。[①] 它曾被描绘为"世界七大奇观"之一。秘鲁铁路发展的决策者是美国的企业主亨利·麦格斯(Henry Meiggs,1811—1877)。虽然他不是一个工程师,但是他的组织水平和由秘鲁政府提供的丰富的财源使他为自己的企业引进了最好的工程人才。麦格斯修建的主要是从沿海港口至农业种植园和高原矿区的铁路。然而,从莫莱多(Mollendo)港到普诺(Puno)的铁路则有连接秘鲁与玻利维亚的意图。这条极不赢利的铁路具有地缘政治和外交的动机。虽然供出口的羊毛成为

---

① Claes Brundenius, *Imperialismens ansikte*:*400 ar underutveckling I Peru*, Stockholm, 1972, pp. 35—36.

该路线的主要运输品,但是这与修建这条铁路的决定之间的关系看来只能是次要的。①

秘鲁政府为了投资于铁路而举借的外债利息的偿还在1876年得以延期。一年后,麦格斯去世,加上太平洋战争,使得铁路建设陷于停顿,但是外债利息却以无情的速度增长。为了重建其国际资信价值、引进外国投资和完成尚未完工的铁路,秘鲁通过所谓的"格雷斯合同"(Grace Contract),于1889年将铁路转交给秘鲁公司66年。② 该公司在伦敦注册,但是控制在爱尔兰出生的美国人米查尔·格雷斯手中。③

哥伦比亚铁路系统的主要设计者是古巴裔美国人、工程师弗朗西斯科·J.希斯奈罗斯(Francisco J. Cisneros,1836—1898)。他原来是麦格斯在秘鲁的雇员,并且曾在他的故土古巴和美国的铁路建设工程中工作。与秘鲁相比,19世纪哥伦比亚的铁路发展的开支是很低的。希斯奈罗斯是第一个将铁轨铺设到内陆高原上的工程师。这些铁路是以低于当时世界上山区铁路建设的平均费用的开支建成的。④ 但是,美国历史学家弗兰克·萨福德(Frank Safford)非常正确地指出,在19世纪,哥伦比亚的铁路比美国和欧洲在较平坦的地区修建的铁路要在开支上超出一倍。⑤ 哥伦比亚不仅在国际资本市场上的资信较低,而且当地资本与秘鲁的鸟粪繁荣带来的资本相比也紧缺得多。

---

① Benjamin S. Orlove, Alpacas, *Sheep and Man*: *The Wool Export Economy and Regional Society in Southern Peru*, New York, 1977, pp.190—191.

② Rory Miller, " The Grace Contract, the Peruvian Corporation and Peruvian History," *Ibero-Amerikanisches Archiv*, Jahrgang 9, Heft 3/4(1983), p.328. 另参看:Ernesto Yepes del Castillo, *Peru, 1820—1920*: *Un siglo de desarrollo capitalista*, Lima, 1972.

③ 关于格雷斯家族的企业史更详细的资料,参看:Lawrence A. Clayton, *Grace*: *W. R. grace and Co.*, *The Formative Years*, *1850—1930*, Ottawa, Illinois, 1985.

④ 关于当时在修建每公里铁路的开支上哥伦比亚与世界其他地区的对比,可参看:"Ferrocarriles de Europa," *La Industria*, March 29, 1883, pp.62—63; " La logica de los numeros," *La Industria*, April 16, 1884, pp.425—429; and Cianeros, "Rectificacion," *La Industria*, July 5, 1884, pp.537—538.

⑤ Frank Safford, *The Ideal of the Practical*: *Colombia's Struggle to Form a Technical Elite*, Austin and London, 1976, p.190.

希斯奈罗斯由居住在巴黎的哥伦比亚人何塞·G.利伯恩和安蒂奥盖亚(Antioquia)的矿主带到哥伦比亚。他由于宣称将修建相对廉价的窄轨铁路而被聘用。在秘鲁铁路修建中,亨利·麦格斯从美国进口枕木,而在哥伦比亚,希斯奈罗斯则使用当地木材,有时还使用当地制造的铁块和铁轨。在哥伦比亚和秘鲁,第一条铁路成为民间和军人工程师的训练中心,他们以后继续从事铁路建设。而且,哥伦比亚的铁路不仅为本国的技术骨干,而且为处于流亡状态的古巴工程师提供了就业。

哥伦比亚铁路系统的基本线路图包括连接内地省份与作为通往加勒比海的峡谷的马格达来那河的短线。甚至以太平洋港口布埃纳温杜拉(Buenaventura)为起点的卡乌卡(Cauca)铁路最终也还是到达马格达来那河。尽管麦格斯和希斯奈罗斯修建的铁路在开支方面存在着明显的差距,但他们的目标是相同的。铁路的修建不是为了满足本国的运输需要。绝大多数秘鲁人和哥伦比亚人的日常生活都与"铁马"无关,不夸张地说,他们直接由骡子时代进入了卡车和飞机时代。秘鲁人和哥伦比亚人要求修建道路和骡道以发展内部市场和满足当地需要的声音被出口导向的寡头及其控制的国家机构所忽略了。①

太平洋战争极大地挫伤了秘鲁精英的发展计划。秘鲁失去了其硝酸盐和剩余的鸟粪,由此也失去了本来将用来投资于未完成的铁路的岁入。麦格斯留下了一个在废墟中的帝国,企业主米查尔·格雷斯及其伙伴进来了,并以极其便宜的条件捡起了未完成的计划。他得到的主要报偿是修建通往这个国家矿产最丰富地区的中央铁路。在哥伦比亚,从1885年开始一直持续到1930年的内战中,保守派打败了自由派、并把后者排除出政权。如同在太平洋战争中失败后的秘鲁一样,这场两败俱伤的内战中止了整个哥伦比亚的铁路建设,希斯奈罗斯作为最重要的索债者,得到了最赢利、最具战

---

① "Via de sangre entre Lima y Pasco," *El Comerçio*(Lima), March 3, 1870, p.3. 另参看: Juan Capello and Luis Petriconi, *Estudio sobre la independencia economica del Peru*,(1876), Biblioteca peruana de historia economica(Lima, 1971), p. IV, 8, 12, 24; and Charles W. Bergguist, *Coffee and Conflict in Colombia*, 1886－1910, Durham, USA, 1978, p.107.

略意义的巴兰基亚铁路。① 上述冲突还带来了哥伦比亚和秘鲁金融资本的结构性变化,但是秘鲁的当地银行遭受的损失更为严重。② 古巴流亡的银行家、居住在秘鲁的何塞·巴彦(Jose Payan)成为破产的秘鲁银行家与英国资本之间的经纪人。③

两个入籍的美国人——格雷斯和希斯奈罗斯,毫不犹豫地将他们的公司在伦敦注了册。这不仅因为伦敦是世界上最大的资本市场,而且由于英国是秘鲁和哥伦比亚最大的贸易伙伴。外国信贷投资于秘鲁和哥伦比亚的铁路建设使得原先的当地投资极易受到来自外国的资本的伤害。战后,秘鲁和哥伦比亚在国际信贷市场上的资信皆大大下降。而且,国内的政治不稳定和军事冲突加剧了本地资本的投资风险,并因此使得外国资本从中获利。这一过程还加速了外国对当地企业从间接控制向直接投资与经营的转变。像格雷斯对秘鲁中央铁路的经营和希斯奈罗斯对哥伦比亚巴兰基亚铁路的控制之类的情况是并不罕见的。一个值得注意的有趣现象是,上述二者都得到了很高的利润和相对较低的股息。④ 到19世纪末,巴兰基亚铁路公司付给一般的股票持有者3％的股息,而拥有优先股的人可获得平均超过7％的股息,另加额外的奖金。从1890年到1910年,中央铁路仅付给优

---

① "El empresario Sr. Cisneros," *El Heraldo* (Bogota), December 18, 1894, p. 810. 另参看:United States Consul Victor Vifquain to Assistant Secretary of State James Porter, December 15, 1886; Report No. 27, Consular Despatches- Barranquilla (6 Vols.), III; *Documentos relativos al ferrocarril de Antioquia*: *1882—1890*, Medellin, Colombia, 1890, p. 24; and Cisneros, "Ferrocarril de Bolivar," *El Heraldo* (Bogota), January 27, 1895, Supplementary copy,p. 3.

② Alfonso W. Quiroz, *Banqueros en conflicto*: *Estructura financiera y economia peruana*, *1884—1930*, Lima, 1990.

③ Carlos Camprubi Alcazar, *Jose Payan y de Reina*(1844—1919): *Su trayectoria peruana*, Lima, 1967.

④ Roly Miller, "The Grace Contract, the Peruvian Corporation and Peruvian History," pp. 338—343.另参看: Pablo Macera, "Interpretative Essay: Peru," in Stanly Stein and Roberto Cortes Conde (Ed.), *Latin America*: *A guild to the Economic History*, *1890—1930*, Berkely, 1977, pp. 574—578; The Peru Corporation Limited: *Report of the Board of Directors to the 49*[th] *Annual General Meeting of Stockholders*, London ,1939, pp. 8—10; The Barranquilla Railway and Apier Company, Serial No. 26163, Vol. F, 1889—1899(companies Registration Office, London); and Rippy, *British Investments in Latin America*, *1822—1849*, pp. 118—119.

先股持有者股息,尽管该公司的利润很高。在秘鲁和哥伦比亚,优先股持有者从货物运费的折扣中得到了利益,因为他们中的很多人同时也是运输和公司业务的主要用户之一。而且,在这两个国家,公司经理拒绝以现金的形式支付利润。资产高度的流动性诱使他们投机和投资于其他有利可图的企业。这种财政机制使得公司经理不仅能够掌握充足的"硬通货",而且能够绕开当地的金融体系和财政控制。但是,利润和股息之间的差别只是部分地解释了19世纪铁路经营者是如何获取利润的。充分利用了联合经营管理和垄断化的优势,希斯奈罗斯、麦格斯和格雷斯在这些国家与当地企业和寡头精英联合,[1]并处于工业大都市的所谓的"商业"银行家的财政伞的保护下。[2] 19世纪哥伦比亚和秘鲁的交通现代化形成了一个新的企业类型。"热带产品"的出口、蒸汽船和铁路成为20世纪这两个国家公司企业和托拉斯的基础。

拉美铁路是外国和当地精英利益集团联合投资兴建的。秘鲁和哥伦比亚的经历表明,铁路事业不是外国资本与民族企业对抗的领域,而是外国人与不同的当地集团合作的领域。这些当地企业家主要与英国,以及美国、法国、德国甚至古巴和其他拉美国家的资本联合。而且,到19世纪末,美国和英国资本的联合取得了明显的进展。英国历史学家普拉特(D. C. M. Platt)认为,这些外国和本国企业主的国籍无关紧要,因为他们有着共同的经济利益和意识形态,"企业是以同样的方式进行管理和控制的,不论其经理的国

---

[1] Horna, "Transportation Modernization and Entrepreneurship in Nineteenth Century Colombia," *Journal of Latin American Studies*, Vol. 14, Part 1 (May, 1982), pp. 33—55. 另参看: Rosemary Thorp and Geoffrey Bertram, *Peru, 1890—1977: Growth and Policy in an Open Economy*, London, 1978; and Frits Wils, *Industrialization and the Nation State in Peru*, Berkeley, 1979, p. 6, 15, 18, 43, 83.

[2] Reinhard Liehr, "La deuda exterior de Mexico y los 'Merchant Bankers' britanicos," *Ibero- Amwrikanisches Archiv*, Jahrgang 9, Heft 3/4 (1883), pp. 415—439. 另参看: Stang, "Entrepreneurs and Managers: The Establishment and Organization of British Firms in Latin America in 19th and 20th Century," pp. 45—50.

籍如何"。① 然而,如果要理解外围国家在不利的处境下为中心国家的资本积累做出的贡献,与国际资本联合的当地企业家在历史上的出现是值得关注的。

1885 年后,哥伦比亚的工程师,尤其是那些来自军队的工程师,在政府的支持下,在铁路的修建和经营中扮演了比秘鲁更加活跃和领先的角色。尽管秘鲁广泛的铁路建设造就了高水平的技术人员,但是他们的才智没有得到充分的发挥。太平洋战争后,外国资本垄断了秘鲁铁路发展的优先权,带来的后果是,当地的工程师仅被指派担任二流的角色,以及在政府官僚机构中工作。由于来自秘鲁工程师的抱怨,政府要求铁路公司任命一定比例的当地人担任行政和高层角色。② 但是,外国公司和承包商往往并不理会这些规定。

在秘鲁和哥伦比亚,19 世纪 80 年代,铁路建设的一轮高潮结束了。铁路的投资加剧了国家的债务负担。在拉美的外债史上,铁路投资导致了第二次大的负债浪潮,第一次是独立战争的开支与债务。③ 铁路建设从一开始就有当地企业的间接投资。在秘鲁和哥伦比亚,尽管铁路公司是在英国、法国和美国注册的,但是公司的股东中有当地人。④ 在铁路建设的早期阶段,当地资本占统治地位。第二轮外债时期的债务累积也不是由于外国资本的直接投资,而是由于吸收外国信贷造成的。秘鲁的铁路投资是当时拉美最大的私人和国家企业冒险。虽然最初是企业家得到外国信贷,却使国

---

① Platt, Business *Imperialism*, *1840—1930*: *An Inquiry Based on the British Experience in Latin America*, p. 6.

② *Anales de obras publicas*:*1905*(Lima, 1913),pp. 213—214,227—228. 另参看:Miller and Henry Finch, *Technology Transfer and Economic Development in Latin America*, *1850—1930*, Institute of Latin American Studies, Working Paper 7 (Liverpool, 1986),p. 20.

③ Carlos Marichal, *Historia de la deuda externa en America Latina*, Mexico, D. F., 1988, p. 17,85.

④ Horna, Transport Modernization and Entrepreneurship in Nineteenth Century Colombia: Cisneros & Friends, *Studia Historia Upsaliensia* 172(Uppsala, 1992). 另参看:Heraclio Bonilla, Anquste Dreyfus el monopolio del quano, *Serie Historia Economica y Social*(Lima, 1973), pp. 32—33.

家成为负债者,并最终导致破产。

秘鲁政府日渐减少的收入导致了宏大的交通现代化蓝图被迫放弃。在与智利的战争结束后,秘鲁的铁路发展是以吸收私人外国资本和"飞地经济"得以继续的。在哥伦比亚,当地资本和政府在铁路修建的扩张、经营和现代化的方式上有着较大的影响。同样地,在拉美,秘鲁的外债是最高的,而哥伦比亚的外债是最低的。① 在主要的拉美国家中,在19世纪,哥伦比亚是由于铁路的投资而负债最少的国家,而秘鲁则正好相反。在与外国资本的关系中,政府的地位在秘鲁较弱,而在哥伦比亚较强。在后自由派时期,哥伦比亚政府做出了越来越大的努力来调控日益增长的出口经济和税收的征集。在自由派的统治下,哥伦比亚主张自由贸易,而在1886年后,却展开了对自由放任理论的最强烈、最持久的攻击。国家补贴公共工程、以公共和私人资本加强企业的发展。拉斐尔·努涅斯(Rafael Nunez)总统要实现经济自足,提倡保护主义、进口替代、赤字财政和中央集权。② 在哥伦比亚,外国商业资本对本国经济的控制相对较轻,而秘鲁则较早地陷入了对外国公司信贷和财政的依赖。拒绝提供信贷成为外国银行家对秘鲁任意使用的强有力的武器。正是政府对外国负债的程度使得格雷斯家族及其国际公司控制了秘鲁的交通运输。秘鲁鸟粪时代的重商主义的经济和民族主义瓦解了。秘鲁最终向外国资本和金融寡头所主张的自由企业制度投降了。无论在秘鲁还是哥伦比亚,政府在国内资本积累和外国投资中都起了关键的作用。秘鲁政府将其财富和未来抵押给了跨国资本,而哥伦比亚政府对自由贸易的限制使得该国对外国的吸引力相对较小。秘鲁的种植园、矿山和油田落入外国的控制之中,而哥伦比亚的咖啡却掌握在自己手里。在哥伦比亚铁路发展的早期阶段,当地资本在几个计划中处于领先地位,政府在国

---

① Bergquist, *Coffee and Conflict in Colombia*, 1886 — 1910, p. 119. 另参看:"La situacion," *La Industria* (Bogota), February 22, 1883, pp. 9—12.

② Marco Palacios, *Coffee in Colombia*, 1850—1970: *An Economic, Social, and Political History*, Cambridge, England, 1980, p. 2. 另参看: Jose Antonio Ocampo ed., *Historia economica de Colombia*, Bogota, 1987, p. 156.

内经济中拒绝实行金本位制,这一做法在 20 年的时间里(1886—1906)阻止了当地和外国资本投资于大的工程。① 在 19 世纪末,无论对于哥伦比亚和秘鲁,还是对其他拉美国家的铁路建设而言,是否采用金本位制是一个具有至关重要的意义的决策。铁路的里程数反映了一个国家支付黄金的能力。金本位和自由放任已成为资本主义文化的精髓。随着哥伦比亚恢复金本位制,私人外国和当地资本增加了在铁路部门的投资,到 1909 年,哥伦比亚大约 60% 的铁路已转移到在英国注册的公司手中。② 然而,到那时,汽车运输已经开始成为铁路运输可能的替代物。秘鲁政府指望通过遵从格雷斯协议,以按照当时资本主义的正统原则操作,外国投资者就会使其交通网络实现现代化。但是,结局却是悲惨而令人失望的。无论从国内市场还是外部市场而言,秘鲁的交通现代化在整个拉美都是最落后的。

秘鲁和哥伦比亚铁路建设最大的失败之一可能是他们没有鼓励欧洲移民。在这两个国家,为了促进铁路的建设,这一目标曾经是公开宣布的、得到尊重的,在意识形态上具有合法性。美国对西部的殖民被宣传为铁路建设"白人化"和"文明化"的典范。让白人到拉美的"热带花园"定居是整个 19 世纪铁路建设的重要目标,但是北美的经验仅仅在阿根廷和巴西南部得以实施。在秘鲁和哥伦比亚,铁路建设的确带来了一些移民,但是他们既不是欧洲人,也不是白人。在哥伦比亚,移民是国内的,主要是安蒂奥盖诺(antioqueno)的莫斯蒂佐人,而秘鲁的铁路建设带来的则是上当受骗的中国苦力、智利流浪汉、印第安人和来自阿尔蒂布拉诺(Altiplano)的混血种人。19 世纪哥伦比亚和秘鲁的殖民经历印证了以下论点,即拉美缺少扩大生产的劳动力。③ 然而,这不仅仅是劳动力缺乏的问题,劳工和定居者还不

---

① The Dorada Railway Company, Limited. BT31/4106/26379, and The Colombia Southern Railway, Limited. BT/31/11819/91778 (PRO). 另参看:Horna, *Transport Modernization and Entrepreneurship in Nineteenth Century Colombia*, pp. 165—166.

② *Parliamentary Papers*: *Report on the Railways of Colombia*, London, 1910, p. 1.

③ Stein and Cortes Conde, *Latin America*: *A Guild to the Economic History*, *1890—1930*, pp. 14—15.

得不具有合适的肤色。实际上,两个国家的精英都追寻着扩大白人世界的幻想。

(作者联系地址:Prof. Hernan Horna, Uppsala University, Sweden

译者:董经胜,联系地址:北京大学历史系　邮政编码:100871　E-mail: unlibra@163.com)

试论萨达特时代的埃及政党政治

李 雯

一

现代政党政治起源于英国,是政党执掌国家政权和实现政治统治的基本政治形式。政党制度是政党政治的重要组成要素,根据政党的数量分为一党制、两党制和多党制。按照政党制度划分,萨达特时代的政党政治可以分为两个时期。

第一个时期是一党制的延续和阿拉伯社会主义联盟(Arab Socialist Union,简称社盟)的裂变(1970年10月至1976年11月)。萨达特就任总统后,政党体制沿袭纳赛尔时代的一党制,社盟是惟一合法的政党。社盟成立于1962年,以"实现社会主义革命"为宗旨。最高权力机关是全国代表大会,每六年为一届。由大会选举产生的中央委员会,在大会闭会期间行使管理职能,每年召开两次会议。由中央委员会选举产生最高执行委员会,下设政治事务、行政、内部事务、经济发展、文化和信息五个常委会和负责社盟行政和组织工作的总书记处。地方上,社盟分设省、区、基层单位三级机构,分别设有书记、助理书记和委员会。基层单位以下可设支部或分支部。① 虽然它"自上而下单向运转"②,但是能把命令传达到社

---

① See Vaughn F. Bishop & J. William Meszaros, *Comparing Nations: the Developed and the Developing Worlds*. Lexington: D. C. Heath and Company, 1980, p. 245.

② Anthony McDermott, *Egypt from Nasser to Mubarak: A Flawed Revolution*. London: Croom Helm, 1988, p. 104.

的各个角落①。总统兼任社盟最高执行委员会主席,社盟各级领导人多为政府官员。与此同时,社盟也有变化。首先,社盟的领导层出现新陈代谢。由于国内外政界认为萨达特"不久将被亲苏的社盟总书记阿里·萨布里(Ali Sabri)取代"②,萨达特为巩固地位发动"矫正的革命"(corrective revolution),把社盟中的左派领导人替换成他的效忠者。其次,社盟内部逐渐多元化。《十月文件》发表后,社盟大部分领导人和工农代表反对多党制,要求继续保留社盟,另一派主张实行多党制,展开政党竞选。③ 1974 年 8 月,萨达特提出《发展社盟方案》,允许在社盟内部建立各种论坛,发表不同见解。次年,社盟第三次全国代表大会批准了设立多论坛的提案。不久,马哈茂德·阿布·瓦菲(Mahmoud Abu Wafia)率先建立民主社会主义论坛。此后,各种论坛纷纷建立。1976 年 3 月,萨达特建议在社盟内成立左、中、右三个论坛,后又宣布将三个论坛改为三个组织,并在议会和社盟中央委员会召开的联席会议上得到批准。同年 10 月,三个组织参加议会选举,中间派大获全胜。至此,建立多党制的组织条件准备充足。

第二个时期是多党制的建立和发展(1976 年 11 月至 1981 年 10 月)。1976 年 11 月,萨达特在议会上宣布社盟内部的三个组织可以成立政党,埃及进入多党制时代。不久,社盟各级机构解散,只保留中央委员会、青年和妇女组织。自多党制建立至萨达特遇刺身亡,活跃在政治舞台上的合法政党主要有埃及阿拉伯社会主义党(Egyptian Arab Socialist Party)、民族民主党(National Democratic Party)、民族进步统一党(National Progressive Unionist Party)、自由社会主义党(Liberal Socialist Party)、新华夫脱党(New Wafd Party)和社会主义劳动党(Socialist Labor Party),按照政治地位可分为执政党、左翼反对党和右翼反对党。

---

① See Ibrahim G. Aoude, From National Bourgeois Development to Infitah: Egypt 1952—1992. *Arab Studies Quarterly*. Winter 94, Vol. 16 Issue 1, pp.1—23. (资料援引自 EBSCO 网络数据库)

② Ahron Bregman & Jihan El-Tahri, *The Fifty Years War: Israel and the Arabs*. London: The Penguin Group and BBC Worldwide Ltd, 1998, p.106.

③ 参见杨灏城、江淳:《纳赛尔和萨达特时代的埃及》,商务印书馆 1997 年版,第 388 页。

埃及阿拉伯社会主义党和民族民主党先后为执政党。1976年11月，社盟的中间派组织成立埃及阿拉伯社会主义党，总理马姆杜·萨利姆(Mamduh Salim)任主席，萨达特出任"最高指导者"。由于该党缺乏群众基础，内部不团结，萨达特于1978年7月宣布组建民族民主党取而代之。在1979年的议会选举中，民族民主党获得392个议席中的330个。[1] 两党在组织和社会构成上类似。最高权力机关是全国代表大会及由它选举产生的政治局。政治局下设书记处、常设委员会和专门委员会。书记处负责处理党的日常工作；常设委员会由书记处成员、各专门委员会的主席及各省书记组成，负责监督全国代表大会决议的执行，实施党的各项方针政策。地方上，该党分设省、区、县、乡四级机构，由各级书记领导。社会构成上，领导人员以技术专家和军事专家为主，这与社盟以军事政治家、左派知识分子为主有很大不同。党员一般来自资产阶级家庭，人数虽多，但不乏滥竽充数之辈。两党实行党国一体制，支持政府立场，既强调国营经济的重要性，又主张实行开放政策，促进私营经济的发展。原则上党的领导人由选举产生，但是政府在提名、遴选和任命上发挥很大作用，甚至"总统可以任意免除党的领导人的职务"[2]。政府的决策很少经过党内讨论，党的政治局类似协商性机构。

左翼反对党包括民族进步统一党和社会主义劳动党。两党主张大力发展国营经济，使其在经济发展中发挥主导作用，限制向外国贷款，限制外国消费品的进口；主张政治自由，要求实行总统竞选；主张埃及是阿拉伯世界不可分离的一部分，只有通过阿拉伯世界的团结，埃及才能不受帝国主义的侵犯。在如何解决阿以冲突问题上，两党坚持以色列必须撤出被占领土，这只能通过阿拉伯世界的团结和以石油作武器才能达到，亲美外交与埃以和谈忽视了巴勒斯坦人民的权利，破坏了阿拉伯人的团结。民族进步统一党

---

[1] See Anthony McDermott, *Egypt from Nasser to Mubarak: A Flawed Revolution*, p. 112.
[2] Raymond A. Hinnebusch Jr., *Egyptian Politics under Sadat: The Post-populist Development of An Authoritarian-modernizing State*. Cambridge: Cambridge University Press, 1985, p. 163.

主席毛希丁(Khalid Muhi ad-Din)写道:"如果他们告诉我们和平来了,我们说不……因为犹太种族主义运动的目的没有改变,那就是对阿拉伯地区的扩张和控制。"①社会构成上,两党略有不同。民族进步统一党的成员主要是纳赛尔主义者、阿拉伯民族主义者和马克思主义者,集中于城市。社会主义劳动党的构成与执政党相似。埃及政治学家一般认为该党既不代表工人阶级,也不代表资产阶级。②两党在建立时都带有官方色彩,民族进步统一党是从官方政党中分离出的,而社会主义劳动党是在萨达特的授意下,由曾任社盟中央委员会委员的易卜拉欣·舒克里(Ibrahim Shukri)出于架空民族进步统一党的目的组建。建立之初,两党与执政党、政府没有根本分歧,"在政府许可的范围内行事"③,后来逐渐成为真正的反对党,因而遭到政府镇压。1977年"食品暴动"④揭开民族进步统一党与政府冲突的序幕。萨达特警告"民族进步统一党应该解散"⑤,遭到该党拒绝。不久,150名党员以"煽动闹事反对政府罪"被捕入狱,所办《民众报》被停刊。社会主义劳动党与政府的分裂是由于政府政策的右倾。该党批评萨达特与美国密切合作,批评政府没有按计划执行开放政策,致使开放政策成为外资渗透的工具,威胁民族工业的生存。当政府试图恢复与以色列的正常关系时,该党在报纸上刊出巴勒斯坦国旗以示抗议,并号召人民抵制以色列商品。由于政府对该党的观点不予理睬,该党着手动员公众,从而引起政府更大不满。1981年9月,该党声明反对萨达特镇压反对派,不久该党被取缔。

右翼反对党是自由社会主义党和新华夫脱党。两党强调发展私营经

---

① Raymond William Baker, *Sadat and After: Struggles for Egypt's Political Soul*. London: I. B. Tauris & Co Ltd, 1990, pp. 156—157.

② See Robert Springborg, *Mubarak's Egypt: Fragmentation of the Political Order*. Boulder, Colo.: Westview Press, 1989, p. 208.

③ [埃及]穆·哈·海卡尔:《愤怒的秋天——安瓦尔·萨达特执政始末》,关俨等译,世界知识出版社1992年版,第205页。

④ 从1952年开始,政府通过补贴使某些基本食品维持较低的价格。1977年,政府宣布减少补贴,提高食品价格,从而引起人民的不满和暴动。

⑤ Raymond William Baker, *Sadat and After: Struggles for Egypt's Political Soul*, p. 123.

济,大量引进外资;倡导民主化,要求实行总统竞选和言论自由。两党的分歧是,自由社会主义党支持埃以和谈,而新华夫脱党虽对耶路撒冷之行褒贬不一,但反对签订埃以和约,该党还试图推翻现政权,建立一个自由民主的资本主义国家。在对该党党员的抽样调查中,"当被问及纳赛尔是引导埃及走向现代化和民族自豪之路的人还是通过剥夺经济政治自由和与以色列作战失败而毁掉埃及的人时,75%选择后者,7.5%选择前者,17.5%两者都选。"①社会构成上,两党不同。自由社会主义党与执政党相似。而新华夫脱党与华夫脱党有明显的承继关系。领导人中"四分之一曾是华夫脱党领导人,另外 3/4 或 2/3 来自亲华夫脱党的家族"②。党员主要是专业技术人员、哥普特人和私营工商业者。③ 组织上,该党的核心是约 1200 人的全体大会,从中选举出高级委员会和预备会议。解散时,地方委员会尚未形成。两党的建立和发展轨迹也不相同。自由社会主义党是从社盟中分离出来的,其建立带有明显的官方色彩,领导层中有很多萨达特的支持者。在没有其他右翼政党存在时,也许有些人通过该党来争取一些利益,而新华夫脱党成立后,很多人改弦易辙。虽然自由社会主义党是忠诚的反对派,但意识形态上的差异使它与政府之间产生分歧。例如,该党曾经反对将一名批评萨达特的议员开除出议会。1981 年 9 月,该党遭到萨达特总统的打击而停止活动。新华夫脱党是以福阿德·萨拉杰丁(Fuad Serag ad—Din)为首的华夫脱党领导人按照新政党法的要求,争取到 22 名议员作为创始人并修改政纲后于 1978 年 2 月建立的。"它吸引到广泛的公众支持——主要因为它的出现是探索议会民主的象征。"④据报道,新华夫脱党的领导人萨拉杰丁演

---

① Raymond A. Hinnebusch Jr., *Egyptian Politics under Sadat*: *The Post-populist Development of An Authoritarian-modernizing State*, p. 212.

② Raymond A. Hinnebusch Jr., *Egyptian Politics under Sadat*: *The Post-populist Development of An Authoritarian-modernizing State*, p. 211.

③ See Fouad Ajami, The Sorrows of Egypt. *Foreign Affairs*. Sep/Oct 95, Vol. 74 Issue 5, pp. 72—89. (资料援引自 EBSCO 网络数据库)

④ Edited by Colin Legum & Haim Shaked, *Middle East Contemporary Survey*, 1977—1978. Volume Two, New York: Holmes & Meier Publishers, Inc., 1979, p. 379.

讲的文本在几周内就售出约 25 万份。① 该党公开攻击 1952 年革命,企图推翻萨达特政权。萨拉杰丁"对科威特一家日报说:他的党'非常可能掌权并随时准备组织一个强有力的政府',大有天下唾手可取之势"②。为此,萨达特颁布法令,禁止"1952 年前败坏政治生活"的人参与政治活动,影射萨拉杰丁等人。该党经投票表决于 6 月 2 日自行解散。该党试图夺取政权以全面推行自由资本主义,但未成功,反映出资产阶级愿意以极权统治换取社会稳定。

必须指出,穆斯林兄弟会(Moslem Brotherhood)作为非法政党在政治舞台上有着重要的地位。穆斯林兄弟会于 1928 年 3 月由埃及伊斯兰教苏菲派信徒哈桑·班纳创建,成员主要来自社会的中下层。萨达特时代,该会在低层军官中有一定影响,在大学校园里得到广泛支持。"在亚历山大大学的学生会选举中,伊斯兰候选人获得医学系和工程系的全部选票,药学系 48 张选票中的 47 张,科学系 60 张选票中的 43 张,法学系 48 张选票中的 44 张。"③它还渗透到城市里的传统社区(baladi quarter)和乡村小镇,以清真寺和宗教学校为中心,间或设有义诊所和合作社。因此,该会有着最广泛的群众基础和很强的政治动员能力。该会主张以美国为代表的西方、苏联和以色列是伊斯兰最危险的敌人。"西方是基督教十字军国家,苏联是无神论共产主义国家,以色列是野心勃勃的犹太种族主义国家"。④ 该会主张不与超级大国结盟,优先对付某一时期三者中的最强者。20 世纪 70 年代早期,该会害怕埃及会沦为苏联的傀儡,70 年代中期以后,萨达特的亲美政策与埃以和谈使该会转向攻击美国和以色列,反对埃及的西方化。该会要求把埃及变成一个伊斯兰法制国家,保持伊斯兰的价值观,反对政府对伊斯兰

---

① See R. D. Mclaurin, Don Peretz, Lewis W. Snider, *Middle East Foreign Policy: Issues and Processes*. New York: Praeger Publishers, 1982, p.43.
② 杨灏城、江淳:《纳赛尔和萨达特时代的埃及》,第 397 页。
③ Edited by Colin Legum & Haim Shaked, *Middle East Contemporary Survey*, 1977—78. Volume Two, p.387.
④ Raymond William Baker, *Sadat and After: Struggles for Egypt's Political Soul*, p.254.

团体的迫害,谴责开放政策带来的道德堕落。与纳赛尔从民族主义寻求政权的合法性不同,萨达特更多地从宗教中寻求合法性。他以"信士总统"自居,每周主麻日必定出现在电视摄像机镜头前作礼拜,诵念《古兰经》经文。① 他支持立法的伊斯兰化,执政初期释放许多穆斯林兄弟会的领导人。穆斯林兄弟会也支持萨达特的反苏政策,双方在反对左派的立场上比较一致,因此关系和睦。在这种情况下,穆斯林兄弟会获得迅速发展。随着实力的壮大,该会要求建立独立的伊斯兰政党。而萨达特拉拢穆斯林兄弟会的目的是加强极权统治,他虽然允许兄弟会成员以个人身份从事政治活动,但坚决不承认穆斯林兄弟会在政治上享有合法地位。而且,穆斯林兄弟会对萨达特的亲美外交和处理阿以问题时的软弱越来越不满,两者关系恶化。萨达特警告:"要实践伊斯兰的就去清真寺,要从政的应该通过合法的制度"②,坚持政教分离原则。"可是伊斯兰协会却公开主张把世俗的埃及社会变成一个正统的伊斯兰共和国,使这个国家的4200万人民的精神和政权接受严格古兰经法典的支配。"③自1979年开始,该会相继派生出"伊斯兰集团"、"真主的战士"、"圣战组织"及"赎罪和迁徙"等组织,他们声言推翻萨达特政权,建立政教合一的国家。萨达特于1981年9月采取高压政策,把4万多个清真寺收归国有,逮捕该会800多名骨干分子。该会的一些极端分子参与暗杀萨达特。

二

宪政时代,埃及政治生活的一个重要现象是政党政治的初步实践。诸多政党中既有资产阶级建立的民族主义政党,也有王室建立的反动政党,但是无论哪个政党问鼎政坛,都无法否定殖民统治秩序。20世纪30年代,随

---

① 参见[埃及]穆·哈·海卡尔:《愤怒的秋天——安瓦尔·萨达特执政始末》,第188页。
② Derek Hopwood, *Egypt: Politics and Society*, 1945—1990. 3rd, London: Harper Collins Academic, 1991, p.117.
③ [美]雷蒙德·卡罗尔:《安瓦尔·萨达特》,沙仁译,时事出版社1985年版,第92页。

着传统经济结构的衰落和民族矛盾的激化,代表下层民众的政党如穆斯林兄弟会、埃及共产党纷纷登上政治舞台,成为推动民族解放运动的崭新力量。他们以示威、罢工甚至暗杀的方式给当局以沉重的打击,但是他们也难以领导民族解放运动走向胜利。1952年,以纳赛尔为首的"自由军官组织"发动政变,废黜法鲁克国王,建立埃及共和国。民族革命的胜利不是由政党领导取得的,成为此后政党力量微弱的重要原因。

纳赛尔时代,埃及实行一党制。这种政党制度服务于纳赛尔政权的统治需要,为推行国有化运动提供政治保障。它的局限在于不能有效的动员民众,"未像先锋党那样参与足够多的政治生活"①。新政权建立后,纳赛尔多次表示反对任何形式的政党制度,"政府于1954年逮捕穆斯林兄弟会的主要领导人和数千成员以限制它的影响……从民族主义的华夫脱党到共产党均属非法。"②纳赛尔政权通过对旧政党的取缔,排斥传统的政治势力,维护民族独立和国家统一。③ 然而,政党已经成为现代政治中联系政治精英和普通民众的不可或缺的工具,在纳赛尔时代的埃及也不例外。取缔旧政党后,纳赛尔先后建立解放大会(Liberation Rally)、民族联盟(National Union)、社盟三个政治组织,以求争取民众对政府的支持④,抵制民间组织的影响。这三者皆有明确的纲领、稳定的领导核心和严密的组织,实质是政党。作为连接政治精英和普通民众的桥梁,它们更多地强调政府对民众的控制,是政府传达政令和控制反对派的工具。它们从属于政府,对下层民众的政治动员并不显著。

萨达特时代,埃及由一党制向多党制过渡。多党制的建立从形式上否

---

① Raymond A. Hinnebusch Jr., *Egyptian Politics under Sadat:The Post-populist Development of An Authoritarian-modernizing State*, p.20.

② Vaughn F. Bishop & J. William Meszaros, *Comparing Nations:the Developed and the Developing Worlds*, p.140.

③ 参见哈全安:"纳赛尔主义与埃及的现代化",载《世界历史》,2002年第2期,第58页。

④ See David Qwusu-Ansah, Egypt during the Nasser Years (book review). *Journal of Third World Studies*. V. 12 (Spring 1995), pp. 423-425. (资料援引自OCLC New Firstsearch 网络数据库)

定一党制,扩大了民众的政治参与,是政治民主化的外在表现形式。同时,多党制以一党独大为核心,在一定程度上又是对一党制内涵的延续。多党制建立后,政治舞台自1954年以来第一次出现合法反对党,人民获得空前的思想自由①。不同的政党代表不同的利益群体,持有不同的立场和看法。执政党继续为政府的政治权力提供合法性解释,宣传政府的政策,教化民众。20世纪70年代后期,加入执政党逐渐成为私营资产阶级获取政治资历进而跻身政坛的途径,标志着执政党开始行使政治充员职能。反对党的存在以及一定程度上对公众的动员,挑战了极权体制。即使反对党发出的声音得不到政府关注,它们的出现就是历史的进步,为多党制真正具有民主内涵提供前提。1977年食品暴动导致了反对党与政府的第一次冲突,左翼反对党批评萨达特政权对纳赛尔主义的否定,追念往昔峥嵘;穆斯林兄弟会抗议西方文化的渗透和由此产生的普遍的道德堕落。1978年初,左翼反对党和右翼反对党联合指责政府的腐败和对经济问题处理不利,新华夫脱党与民族进步统一党联手使政府处于空前的批判之中。1979年的埃以和谈掀起反对党对政府的第三轮攻击,连"温顺的"社会主义劳动党都转化为真正的反对党,斥责埃以关系正常化忽视了巴勒斯坦人的权利。

　　萨达特时代埃及政党政治的发展有很多局限性。首先,埃及的多党制以一党独大为核心,执政党是政党政治的中心,与西方三个以上政党同时影响政权的多党制不同,因此有的学者把这种政党体制称为"有限多党制"②。执政党的中心地位不是政党竞争的产物,而是人为选择的结果。执政党利用在议会的绝对优势根据自己的需要修订选举法,改变选举制度,利用传媒优势进行广泛的宣传,直接向选民施加影响。执政党党国一体使反对党与执政党的竞争往往变成反对党与政府的竞争。需要特别指出的是,在政党和政府的关系上,即使是执政党,也仅仅是效忠政府的工具,从属于政府,缺乏能动性。其次,这一时期政党的制度化水平不高。亨廷顿用适应性、复杂

---

① See Edited by Colin Legum & Haim Shaked, *Middle East Contemporary Survey*, 1977—1978. Volume Two, p. 380.

② 参见毕健康:"浅析当代埃及政党制度的演进",载《世界历史》,2001年第5期,第87页。

性、自立性和凝结性分析组织的制度化水平。适应性指组织对环境挑战的承受能力；复杂性指组织的结构分化，主要表现在组织的多层化、功能的专门化等方面；自立性是政治组织有生存和活动的独立领域，不受其他政治势力的干预；凝结性是组织的成员在观念上和行动上的一致性。四项指标越高，制度化水平越高。① 这里借用这四项指标衡量萨达特时代政党的制度化水平。政府在政党领导人的任命上发挥很大作用，执政党充其量是政府的扩音器，反对党只能在政府允许的范围内活动，否则就遭镇压，可见适应性和自立性很差。多数政党复杂性程度不高，少数政党略有分化，但基本上实行从中央到地方的集权体制，地方组织缺乏能动性，中央与地方在交流上的障碍往往导致中央制定的政策脱离地方实际。政党的凝结性不高，党内意见不统一。纳赛尔主义和马克思主义之间的意识形态分歧严重影响民族进步统一党思想上的一致。民族民主党内也有很多不同意见，既有人抱怨开放政策使高级官员中饱私囊，也有人要求减少政府对私营企业的限制；既有人否定纳赛尔的民粹主义措施，也有人要求继续实行。观点的庞杂反映出潜在的利益冲突。第三，政党履行的职能有限。除穆斯林兄弟会外，政党没有在民众中动员到广泛的支持。政党很难行使组织政府、制定政策的职能，执政党的中枢相当于政府的协商性机构，反对党的意见更加不受关注。政党之间的合作或对抗很少，大多是政党与政府之间发生联系。

关于多党制发展的局限性，究其原因，第一，埃及历来有着极权传统。从古代埃及法老到穆罕默德·阿里，无不实行个人专制统治。正如德国学者汉斯—于尔根·普尔所说，"假如这个传统不曾带有特别的民主精神，那可能影响民主化的进程与速度"。② 1952年革命的直接结果是自由军官对国家权力的垄断，纳赛尔实行"高度个人化的制度"③。总统集军政大权于

---

① 详见[美]亨廷顿：《转变中社会的政治秩序》，江炳伦、张世贤、陈鸿瑜合译，黎明文化事业公司1983年版，第11—21页。
② [德]汉斯—于尔根·普尔："欧洲现代化与第三世界"，载[美]塞缪尔·亨廷顿等著，罗荣渠主编：《现代化——理论与历史经验的再探讨》，上海译文出版社1993年版，第329页。
③ P. J. Vatikiotis, *The History of Egypt: From Muhammed Ali to Sadat*, Second Edition, London: Weidenfeld and Nicolson, 1980, p. 417.

一身,是政治统治秩序的关键,处于权力巅峰。萨达特执政后,经济上实行开放政策,政治上推动多党制的建立。尽管如此,他的初衷是巩固个人地位,作为极权体制的既得利益者,当政党政治的发展超过他能够容忍的限度时,必然采取措施镇压。第二,对于第三世界国家来说,政治民主化不能实行的过快,否则会引起混乱,影响社会稳定。极权的传统使民众缺乏与政治自由化相伴随的政治责任感,有学者认为"如果给予罢工权,埃及工人可能天天罢工"①。因此,必须限制自由化,这是不得不采取的"生存策略"。②同时,政治精英寻求的政治自由是相对于国家领导人的个人专断而言的,他们和国家领导人都害怕过度的自由会带来民众的反精英动员,挑战他们的优势地位,损害他们的既得利益,因此他们也要求把自由化严格的局限于精英层。

　　萨达特时代政党政治的多元化构成穆巴拉克时代多党制发展的逻辑起点。穆巴拉克时代,自由社会主义党、社会主义劳动党和新华夫脱党的合法地位得到恢复。1984年和1987年的议会大选更加公平和自由,虽然执政的民族民主党仍然占支配地位,但它的重要性有所减弱。1979年,反对党拥有的议席数占总数的8.6％,1984年增加到15％,1987年又增加到22.3％。③ 而且,"从1985年开始,反对党开始寻求彼此间的合作,以求建立全国性的反对党联盟"④,增强对抗政府和执政党的能力。随着私营资产阶级经济实力的上升,他们越来越多的通过政党政治重塑埃及的政治环境。

---

　　① Raymond A. Hinnebusch Jr., *Egyptian Politics under Sadat: The Post-populist Development of An Authoritarian-modernizing State*, p.118.

　　② See Curtis R. Ryan, Political Strategies and Regime Survival in Egypt. *Journal of Third World Studies*. V. 18 No.2 (Fall 2001), pp. 25－46. (资料援引自 OCLC New Firstsearch 网络数据库)

　　③ See A. K. Banerji, Egypt under Mubarak. *Round Table*. Jan 91 Issue 317, pp. 7－21. (资料援引自 EBSCO 网络数据库)

　　④ Robert Springborg, *Mubarak's Egypt: Fragmentation of the Political Order*, p.209.

三

许多研究者认为,埃及的多党制是萨达特总统自上而下建立的,与植根于埃及历史的政治传统和政治实践相冲突。① 这个观点有待商榷,政党政治的多元化在一定程度上是对个人集权的挑战,难道萨达特总统有意作茧自缚?笔者认为多党制的产生是大势所趋,与国家资本主义向自由资本主义的过渡密切相关。经济关系的变革和新旧社会势力的消长为埃及从一党制向多党制过渡奠定基础。

纳赛尔政权的建立是埃及人民反抗英国殖民主义者的历史产物,亦是埃及重建统治秩序的逻辑起点。维护民族和国家的独立,弥和国内不同阶层之间的对立,加强经济建设是纳赛尔政权面临的严峻任务。为此,纳赛尔政权推行以外国资本埃及化、私人资本国有化和进口替代型工业化发展战略为特征的国家资本主义,这是一党制赖以生存的物质基础。20世纪60年代,轰轰烈烈的国有化运动席卷埃及。1963年8月,200个工厂被收归国有,3个月后又有175个被国有化。到1963年底,除小土地所有者和一些零售业外,国有化运动扫荡整个私营经济。②

然而,国家资本主义是特定历史条件下的产物,它处于不稳定平衡。一方面,进口替代型工业化发展战略需要大量投资。由于埃及刚刚摆脱殖民主义的侵略,国内比较贫穷,加上国营企业效率不高和官员腐败现象严重,建设资金短缺,部分依靠外援。六五战争结束后,苏伊士运河被关闭,西奈半岛的油田被占领,旅游业一蹶不振,原本对埃及财政非常重要的三笔收入

---

① 参见毕健康:"浅析当代埃及政党制度的演进",第87页;See Jon B. Alterman, Egypt: Stable, But for How Long? *Washington Quarterly*. V. 23 No. 4 (Autumn 2000), pp. 107—118. (资料援引自 OCLC New Firstsearch 网络数据库)近似的观点认为,在民主社会,政治上的变化来自选票箱;在非民主社会,政治上的变化来自精英层。See Aloy Chife, *The Political Economy of Post-cold War Africa*. Lewiston: The Edwin Mellen Press, 1997, p.14.

② See Philip Moore, *Egypt: Investment and Growth*. London: Euromoney Publications, 1995, p. 69.

化为乌有。① 政府不得不大幅度削减投资,许多与国计民生相关的工厂被迫停工,经济发展进入衰退时期。面临经济困境,纳赛尔放弃国有化,放松对私营企业的限制,鼓励外国投资。另一方面,在国有化运动中,国家资产阶级(state bourgeoisie)悄然兴起。他们掌握国家权力,在工业、农业和贸易方面拥有很大的优势。在剥削剩余价值的本质上,国家资产阶级与民族资产阶级没有区别,只不过民族资产阶级寻求自由资本主义的发展,国家资产阶级寻求国家资本主义的发展。尽管国家资产阶级利用手中掌握的政治资源在财政和行政上限制民族资产阶级的发展,但是民族资产阶级仍有发展,而且在地方上拥有很大实力。由于利益趋同,两者联系日益紧密,有些国家资产阶级出身于民族资产阶级。"许多经济学家在国企或政府各部担任技术顾问,管理'社会主义经济',而他们是出身社会上层并受西方教育的自由主义者,根本不同情社会主义。"②有些国家资产阶级通过联姻等方式与民族资产阶级联盟。随着国家资产阶级力量的壮大,他们越来越向民族资产阶级转化,"追求个人利润的最大化成为国家资产阶级惟一的目标"③。尽管这并未影响到国家对大型生产工具的所有权,但这种倾向暗示出国有化的难以为继、自由竞争的到来以及私人投资领域的扩展。因此,无论从国家资本主义发展本身看,还是从它引起的新旧势力的消长看,从推行国有化到实行开放政策存在内在发展逻辑。

萨达特执政后,实行以刺激投资、外贸自由化和市场经济转轨为核心的开放政策(Infitah),用西方国家、其他阿拉伯国家的资本和本国私人资本取代社会主义作为发展的动力引擎。这是从国家资本主义向自由资本主义过渡,瓦解了一党制赖以存在的物质基础。开放政策有效地促进了埃及经济的发展,使国民生产总值平均以 8% 的速度增长,工业产值以 10.6% 的速

---

① See Edited by David E. Long & Bernard Reich, *The Government and Politics of Middle East and North Africa*. Boulder: Westview Press, 1980, p.320.

② Raymond A. Hinnebusch Jr., *Egyptian Politics under Sadat: The Post-populist Development of An Authoritarian-modernizing State*, p.30.

③ Mahmoud Hussein, Translated by Michel Chirman [et al.], *Class Conflict in Egypt, 1945—1970*. New York: Monthly Review Press, 1973, p.188.

度增长。① 私营经济获得相当大的发展。"1973—1980年国家投资约增长26%,而私人投资增长78%。新的外国私人投资(非石油部门)也从1977年的1亿美元增至1980年的4亿美元。"②私营部门在工业部门的固定资产投资迅速上升,1974年只有2000万埃镑,1983—1984年度达到3.28亿埃镑,占全国工业固定资产投资总额的21.8%。③ 开放政策未对农业采取有效的措施。

开放政策促进社会结构的分化和新旧社会势力的消长,播下政治多元化的种子。在开放政策中资产阶级是最受益的群体,政府对经济控制的放松给予他们更大的发展空间。西方学术界认为,开放政策使民族资产阶级和国家资产阶级逐渐聚合成为一个共同的资产阶级派别。④ 然而,这种观点过高地估计了资产阶级内部的一致性。资产阶级内部从未统一,不同的派系有不同的利益取向和政治要求,从而促成多党争鸣局面的形成。一般说来,萨达特时代的资产阶级大致分为寄生资产阶级、世俗企业家、现代伊斯兰资产阶级和传统伊斯兰资产阶级四部分。寄生资产阶级是开放政策的产物,包括依靠国家授权和贪污受贿牟利的政府官员,加薪以防跳槽的高级行政官,充当进口商、外企代理人而大发横财的名士,通过对零售业的垄断谋取暴利的中间商,用补贴的建筑材料建筑供富人和外国人居住的奢侈住房以从中获利的地产投机商,外贸的自由化产生的一批腰缠万贯的"外贸巨子",通过种植利润大的蔬菜、水果和饲养牲畜牟利的农业资产阶级……世俗企业家主要包括民族资产阶级、拥有大量资本的业主和侨居的外国人等,他们从事进出口贸易、服务业、农业或工业,按照市场的要求进行生产和销售,缺乏与政府的有效联系,因此难免受到政府政策的限制。他们大多支持

---

① Data quoted in Philip Moore, *Egypt: Privatisation and Beyond*. London: Euromoney Publications, 1997, p.7; Bade Onimode, *A Political Economy of the African Crisis*. London: Zed Books Ltd, 1988, p.255.

② 王宝孚:"埃及经济改革开放的成就、难题和前景",载《现代国际关系》,1996年第5期,第35页。

③ 参见杨灏城、江淳:《纳赛尔和萨达特时代的埃及》,第366—367页。

④ See Robert Springborg, *Mubarak's Egypt: Fragmentation of the Political Order*, p.45.

右翼政党，要求发展私营经济，减少对出口的限制。现代伊斯兰资产阶级是指伊斯兰银行和投资公司的所有者和经营者，他们在财政活动中遵从伊斯兰法则，不参加世俗资产阶级组织，在穿着、语言和行为方式上与世俗银行有很大区别。伊斯兰银行的所有者往往出身上层，"菲萨勒（Feysal）伊斯兰银行在20世纪70年代中期建立，它的经营者来自埃及最尊贵的家庭"①。政治上，他们大多与穆斯林兄弟会有联系，为穆斯林兄弟会提供财政支持。传统伊斯兰资产阶级主要指从事各种传统经济的商人，他们给小商品如鞋帽、日用品等的制造者提供资金，回收制成品，在经济行为上严格按照伊斯兰法则行事。这个阶层比较独立，由于他们潜在的政治影响，政党纷纷寻求他们的支持。此外，中下层民众在开放政策中受到不同的影响。中等商人、私企雇员、富农在经济繁荣的背景下生活条件有所改善，出租车司机和导游由于旅游业的发展而获益，某些技术工人的工资有所提高，但国企的中等雇员由于政策的转向很难维持原有的生活水平。大多数下层人民承担开放政策的沉重代价，国企不景气、农业不受重视、通货膨胀加剧使小雇员、产业工人和农民的收入更加微薄。

资产阶级是政党的主要阶级基础。资产阶级内部派系不一，不同的派系有不同的利益和政治立场，倾向不同的政党。执政党由于与政府和国营企业有密切的联系，拥有很多支持；新华夫脱党汇集要求经济自由化的资产阶级派别；伊斯兰资产阶级大多支持穆斯林兄弟会；民族进步统一党吸引资产阶级左派知识分子……资产阶级的壮大和分化是政党政治多元化的基础。在下层民众中，无论是执政党还是反对党，都没有很大的影响力。由于政党只能竞争从未真正掌握的权力，民众不是对政党漠不关心，就是转向支持对政府有一定制约作用的伊斯兰组织。

总之，埃及在萨达特时代由一党制向多党制过渡。多党制的建立从形

---

① See Robert Springborg, *Mubarak's Egypt: Fragmentation of the Political Order*, pp. 64—65.

式上否定一党制,扩大了民众的政治参与,是政治民主化的外在表现形式。同时,多党制以一党独大为核心,在一定程度上又是对一党制内涵的延续。经济关系的变革和新旧社会势力的消长为一党制向多党制过渡奠定基础。国家资本主义是一党制赖以生存的物质基础,而多党制的建立与国家资本主义向自由资本主义的过渡密切相关。

(本文得到南开大学历史学院哈全安教授的指导和帮助,特此深表感谢。)

(作者联系地址:北京大学世界现代化进程研究中心　邮政编码:100871)

外来移民与 1979—1985 年印度阿萨姆危机

罗智国

一

1979 年 3 月,印度达朗(Darrang)地区的曼加尔代(Mangaldoi)举行人民院议员的补选,要重新登记选民名单。结果 60 万人登记,有人反对说其中的 7 万人是外国人。中央选举委员会要求阿萨姆政府采取措施,订正选民名单里的失误。首席部长宣布,的确有 45000 人是外国人,阿萨姆人大为震惊:如果一个选区就有那么多的外国人,那么其他 13 个选区呢? 尤其是那些外来移民占了很高比例的戈瓦尔巴拉(Goalpara)地区、瑙贡(Nowgong)地区和伯尔贝达(Barpeta)地区,又有多少非法移民上了选民名单? 全阿萨姆学生会(AASU)提出,如果政府不把选民名单上的非法移民的名字去掉,就不能举行选举,但是政府拒绝了这个建议。阿萨姆危机就此爆发。

在阿萨姆运动中,主要由学生组成的全阿萨姆学生会(AASU)[1]和全阿萨姆人民斗争联盟(AAGSP)组织和领导阿萨姆人民,始终走在运动前列。学校和大学(学生运动)的进展是衡量民族主义的尺度,正如学校,尤其是大学,是民族主义最有意识的斗士。[2] 阿萨姆社会各个政党、各阶层人民参加到运动中来。1979 年 8 月 27 日,阿萨姆人民斗争联盟(AAGSP)成立,其主体是全阿萨姆学生会。阿萨姆文艺社(ASS)、东部地方人民议事会(PLP)、平原部落议事会、全阿萨姆部落议事会、青年律师论坛等也加入阿萨姆人民斗争联盟。本地的穆斯林、基督徒、部落民、阿萨姆人、农民、茶叶

---

[1] 1979 年合并为全阿萨姆人民斗争联盟(AAGSP),阿萨姆危机结束后,又改组为阿萨姆人民联盟(AGP),运动结束后成为邦内的执政党。

[2] 转引自安德森:《想象的共同体》,吴叡人译,上海世纪出版集团 2003 年版,第 85 页。

园工人、合法的印度移民如比哈尔人、拉贾斯坦人、旁遮普人、泰米尔人甚至一些孟加拉人都走上街头,支持这场运动。梅加拉亚的卡西人、在高哈蒂读书的曼尼普尔的学生都加入到游行的队伍中。

反对外来人的运动不断发展,波及到相邻的特里普拉和曼尼普尔邦。特里普拉的部落民暴力袭击孟加拉人,后者在数量上已经超出了本地人,并且控制了政府。曼尼普尔的学生袭击孟加拉人、比哈尔人、旁遮普人,还有越来越多的养牛的尼泊尔人。整个印度东北地区被外来移民问题分裂了。

政府为了平息阿萨姆发生的群众运动,向阿萨姆派驻了大量军队。在杜澧榧油田,有 12000 人围攻、静坐整整一个月。警察开火造成大量人员伤亡。事后报道说只死了 4 人,官方承认 25 人进了医院,171 人失踪,500 多人受伤。但是,阿萨姆人自己也不知道究竟死了多少人!只看到很多尸体被装上卡车后,再也不见了踪影。阿萨姆危机期间最惨烈的大屠杀——尼雷尔大屠杀发生在 1983 年 2 月 14 日、17 日、20 日举行全国的大选期间,总共有 1383 人死亡,其中包括妇女和儿童。根据邦议会事务部长的说法,1980 年 1 月到 6 月间,有 1609157 人因为参加运动被拘留过,17612 人被拘留后又在法庭上被审判过。28 人在与警察的交火中死亡,一名中央警备队的成员死于乱民之中。据报道,总共有 189 人被杀,243 人失踪。根据《国家工作人员参加暴动处罚条例》,到 1980 年 8 月超过 100 人被捕,其中的 82 人释放。在 1979 年为期一周的坚持真理运动中,有 70 万人被拘留。这样,在 1980 年 6 月以前,就有 230 万 9000 人被拘留过。3700 间房屋被烧毁,其中 500 间是阿萨姆人的。① 1979—1980 年,就有 120 起暴力事件,327 处骚乱,3200 间房屋被烧毁,15000 人无家可归。②

一名新闻记者说,这场危机,与其说是教派主义的爆发,不如说是秩序的全面崩溃。印度教徒反对穆斯林,当地人反对外来人,平原人反对山地人,部落民

---

① Das, Amiya Kumar, *Asasm's Agony, a Socio-Economic and Political Analysis*, New Delhi: Lancers Publishers, 1982, p. 93.

② Anand, V. K., *Conflict in Nagaland, a Study of Insurgency and Counter-Insurgency*, Delhi: Chanakya Publications, 1980, p. 93.

反对非部落民,印度教的高级种姓反对表列种姓。一个地区的受害者又成为另一个地区的加害者。他把这场混战称为"人人自危的霍布斯式的战争"。①

二

阿萨姆是印度资源最丰富的邦,这里土地肥沃,适合种植茶叶、黄麻、大米、柑橘、菠萝、甘蔗和蔬菜。从1890年这里发现石油起,阿萨姆生产了全印度50%以上的石油和天然气,60%的三合板,58%的茶叶,在世界的茶叶市场占有30%的份额,并出产了全印度30%的黄麻。阿萨姆还蕴藏着丰富的水力资源,可以发电。还有云母、铁矿石、纸浆和其他资源没有开发。这里还有丰富的森林资源和野生动物,有珍贵的哺乳动物、鸟类、爬行动物和鱼类,包括大象、犀牛、野牛和鹿。丰富的自然资源吸引了周围的移民。

阿萨姆周围的孟加拉国和尼泊尔都是人多地少的地区,孟加拉国55126平方英里的土地上居住着8000万人口(1979),人口密度是每平方英里1500人,是世界上人口密度最高的地区,也是世界上最贫穷的国家。尼泊尔国土面积是54362平方英里,尽管人口密度是每平方英里225人,但尼泊尔地处高山地带,人口都在适合居住的地带聚居,所以密度也很高,尼泊尔也是世界上经济最落后的国家之一。周边地区人口过于密集,所以他们常常到阿萨姆寻找谋生机会。

阿萨姆大规模的移民始于英国统治时期。以1947年印度独立为界,阿萨姆的外来移民可分为两个阶段——英国统治时期的移民和印度独立以后的移民。

英国统治时期可以又分为两个阶段,1826—1905年,是前一阶段;1905—1947年是后一阶段。在前一阶段,移民主要分为三种:孟加拉来的印度教徒、比哈尔来的茶叶种植园劳工和马尔瓦利人。后一阶段,又增加了

---

① Arun Shourie, "Assam Elections: Can Democracy Survive?", *India Today*, 8:10 (May 31, 1983), p.57, In *Asia Survey*, V.26, No.11 (November, 1986), p.1199.

孟加拉穆斯林。

孟加拉来的印度教徒①：英国人1826年吞并了阿萨姆后,任用当地的阿萨姆人做行政官员,但很快发现他们效率低下,不能胜任行政工作。阿萨姆人从不保留行政管理的书面档案,口头裁决司法纠纷,对原告和被告提供的证据也不做记录。而且,英国的行政体制与阿萨姆传统的行政体制完全不同。与阿萨姆人相比,孟加拉人最先被英国人征服,建立了英国式的行政体制。孟加拉人在传教士开办的学校中接受教育,并且在东印度公司时期就接受了行政训练。于是,英国人就聘用孟加拉人到阿萨姆担任行政长官,孟加拉来的印度教徒代替了懒散、效率低下的阿洪姆贵族。后者渐渐失去了他们的权势和影响。

孟加拉来的印度教徒也是英印时期,最先在阿萨姆工作的群体。随着时间的流逝,孟加拉人在阿萨姆牢牢巩固了他们的地位。因为阿萨姆语和孟加拉语在语法、书写上非常相似,孟加拉来的印度教徒就劝说英国人把孟加拉语作为官方语言。他们谎称阿萨姆语是孟加拉语的一种方言,就像英国约克郡的方言是英语的一种方言一样,所以对这种方言不应该提倡,而是应该尽快消除;方法就是把孟加拉语作为官方语言,并在学校中作为教学语言使用。1831年,孟加拉语被正式定为阿萨姆的官方语言。阿萨姆人用了近50年的时间,才使他们的语言成为小学的教学语言。1871年,在锡布萨格尔地区的美国传教士劝说孟加拉的总督乔治·坎贝尔爵士承认阿萨姆语是一种独立的语言,决定在布拉马普特拉河谷所有的小学中使用阿萨姆语教学。但到了19世纪80年代,在中学以上,孟加拉语仍然是教学的语言。这种"文化帝国主义"②的结果,使阿萨姆人完全处于孟加拉人的控制之下。

---

① Bengali Indians,直译为孟加拉来的印度教徒。孟加拉在1905年分为西孟加拉和东孟加拉。印巴分治以后,西孟加拉成为印度的西孟加拉邦。而东孟加拉1947年划给巴基斯坦,或称为东巴。1971年又独立为孟加拉国。所以,1905年以前,孟加拉来的印度教徒指东西孟加拉来的印度教徒。1947年印巴分治以后,孟加拉来的印度教徒则指西孟加拉邦来的印度教徒,与东巴来的印度教徒概念不同。

② Singh, Bhawani, *Politics of Alienation in Assam*, Delhi: Aianta Publications, 1984, p. 69.

在20世纪初,几乎重要的白领职位都被那些受过教育的孟加拉人所占据。

阿萨姆"孟加拉化"①刺激了当地人反对孟加拉人的情绪,由于孟加拉来的印度教徒控制了阿萨姆的行政机构,这种情绪早就形成了。印度独立以后,外来移民占了多数,更使当地人产生了"数量优势下的恐惧"②。

种植园劳工:阿萨姆的山地为种植茶叶提供了良好的自然条件。英国人在这里建立了大量的茶叶种植园。但发展茶叶工业的一个重要的障碍是当地的劳动力不足。竞争和低工资难以使当地的阿萨姆人放弃耕种,来从事这种新生的茶叶工业,因此劳动力主要从外地输入。1869年,在茶叶种植园中,有22800名劳工是从外地输入的,只有11633名是当地人。在1884—1885年,44.7%的劳工是来自焦达纳格布尔,27.6%来自北方邦和比哈尔,5.5%是当地人,0.9%来自孟买和马德拉斯。③ 1930年以前输入的契约劳工有160万人,占总人数的1/6。二战期间,为防范日本人从缅甸入侵,种植园的劳工被派去修路和建造飞机场,又迁入了大量的移民。④

---

① Das, Amiya Kumar, *Asasm's Agony, a Socio-Economic and Political Analysis*, New Delhi: Lancers Publishers, 1982, p. 188.

② 李慎之:"数量优势下的恐惧",载塞缪尔·亨廷顿:《文明的冲突与世界秩序的重建》,周琪等译,新华出版社1999年版,第421—430页。

③ Guha, Amalendu, *Planter-raj to Swaraj, Freedom Struggle and Electoral Politics in Assam 1826—1947*, New Delhi: Indian Council of Historical Research, 1977, pp. 39—45.

④ 具体的统计数字见下面的表格

阿萨姆的种植园移民(包括孩子)

年份	人数	年份	人数	年份	人数	年份	人数
1902—1903	26,684	1911—1912	58,649	1920—1921	25,472	1929—1930	59,796
1903—1904	22,162	1912—1913	59,837	1921—1922	——	1930—1931	53,519
1904—1905	24,209	1913—1914	58,646	1922—1923	——	1931—1932	50,997
1905—1906	31,830	1914—1915	63,638	1923—1924	——	1932—1933	39,901
1906—1907	25,617	1915—1916	110,376	1924—1925	33,727	1933—1934	47,960
1907—1908	84,824	1916—1917	48,130	1925—1926	33,009	1934—1935	19,968
1908—1909	60,773	1917—1918	19,407	1926—1927	45,694	1935—1936	23,876
1909—1910	39,332	1918—1919	222,171	1927—1928	42,845	1936—1937	27,842
1910—1911	43,657	1919—1920	102,189	1928—1929	68,900	1937—1938	32,335

Source: Guha, Amalendu, *Planter-raj to Swaraj, Freedom Struggle and Electoral Politics in Assam 1826—1947*, New Delhi: Indian Council of Historical Research, 1977, p. 350.

这部分移民主要是季节性的工人,在农闲季节他们会返回比哈尔等地。定居下来的也被阿萨姆人的生活方式所同化。他们接受了阿萨姆的语言、文化、文字,还积极参加阿萨姆人的公共生活,如庆祝阿萨姆人的新年——BIHU 节。他们早期到达阿萨姆时,居住在阿萨姆人不愿居住的地方,从事阿萨姆人不愿从事的工作,所以被当地人看成是"模范移民"[①]。

马尔瓦利人:数量极少,在任何一个时期,都没有超过 20 万人。1961 年,数目是 22000 人,性别比例是 1000∶360[②],这表明他们不是永久的居民。他们来自拉贾斯坦,有理财的传统,很快成为阿萨姆地区占主导地位的商人——阿萨姆的"犹太人"。他们做生意赚钱,都寄给了亲戚和朋友。他们大多是店主,几乎垄断了高哈蒂的商业。他们还从事借贷、汇兑、存储等金融业务。他们经济上比较富裕,所以也害怕遭受极端分子的袭击。他们是成功的商人,为了取悦阿萨姆人,使用阿萨姆语交谈,但是从不雇佣阿萨姆人。他们最大的优点是从不炫耀自己,还不断地为阿萨姆的慈善机构捐款。阿萨姆危机中,他们提供了大量的经济支持,因此,受到当地人欢迎。他们还进行阿萨姆人不愿从事的投资活动。正因为这些,他们避开了阿萨姆排外运动中矛头所指向的怒火。

孟加拉来的穆斯林[③]:第二阶段始于 1905 年,东巴(现孟加拉国)的穆斯林农民开始移居阿萨姆的农村地区。在 19 世纪,这类移民并不很多,但 20 世纪却发生了巨大的变化,成为移民的主流。

孟加拉穆斯林大规模的移民与穆斯林联盟有紧密的关系。1906 年,穆盟在达卡成立之初,就已经有了移民计划,1905—1912 年间孟加拉分治提供了绝好的机会,寇松把东孟加拉和阿萨姆合并为一省,穆盟趁机鼓励穆斯林搬到阿萨姆居住,结果大量的穆斯林从东孟加拉的米门辛格、巴布纳、博

---

① Singh, Bhawani, *Politics of Alienation in Assam*, p. 78.
② *Ibid.*, p. 79.
③ Bengali Muslims, 孟加拉来的穆斯林是直译。孟加拉在 1905 年分为西孟加拉和东孟加拉。而东孟加拉 1947 年划给巴基斯坦,称为东巴;1971 年又独立为孟加拉国。所以,1947 年以后,孟加拉来的穆斯林,又可称为东巴来的穆斯林。1971 年后,孟加拉来的穆斯林和孟加拉国来的穆斯林在文章中是同一概念。

格拉和伦格布尔进入阿萨姆。开始如涓涓细流,但很快成了滔滔洪流。1911年的人口报告表明,移民增长速度惊人。在随后的二十年间,阿萨姆人口中的穆斯林从1911年的35万猛增到1931年的95万。

1937年省自治运动中,穆盟的萨杜拉(Saadulla)成为阿萨姆的最高长官,在他任职的十年当中,穆斯林有新一轮的移民高潮。这些政治家给东孟加拉人制造这样的一种印象:阿萨姆有广袤无垠的土地。1943年萨杜拉提出"多种粮"(Grow More Food)的口号①,在这个口号的掩饰下,鼓励孟加拉穆斯林移民,其真实目的是为穆盟建立根据地,穆盟掌握了这里的选票,就可以完全控制这个地区。萨杜拉是穆斯林移民政策的总设计师。

20世纪40年代后期,萨杜拉掌管阿萨姆,一个流行的口号是:"真主高于萨杜拉,兄弟和姐夫(指萨杜拉)都允许我们从事安拉的事业",这就是穆斯林非法移民所宣称的"姐夫理论"。从这里我们可以看到:为什么这些穆斯林农民大规模地移居阿萨姆,原因在于政治家鼓励他们进入异教徒的土地,把土地据为己有。1941年的人口普查报告认为:"孟加拉穆斯林移民到阿萨姆是一项殖民主义政策,是阿萨姆的和孟加拉的首席部长们相互勾结造成的结果。"②

在萨杜拉掌管阿萨姆的十年间,孟加拉来的穆斯林有意识地移民阿萨姆。这至少说明两个问题:第一,移民是国家政策的反映。关于移民的理论研究较多集中在移民的经济动机上③,印度独立前的阿萨姆移民却说明了政治的强大推动力。第二,孟加拉国来的穆斯林是阿萨姆危机中被排斥的对象,其政治渊源还是要追溯到独立前这十年间的移民。

孟加拉穆斯林移民阿萨姆的热潮并不因为印巴分治和印度的独立而结束。印度独立以后,外来移民可以分为三类:东巴来的印度教徒,东巴来的穆斯林和尼泊尔人。

---

① Singh, Bhawani, *Politics of Alienation in Assam*, p. 28.
② Ibid., p. 71.
③ 华金·阿朗戈:"移民研究的评析",载《国际社会科学杂志(中文版)》,2001年8月,第三期,总第18卷。

1947年,印巴分治,印度人民参加了几十年的民族解放运动,却成为"两个民族"理论的牺牲品,赢得了独立却是背井离乡、流浪异地的开始。印巴分治期间,大约有273000印度难民从东巴迁入了阿萨姆①。

印巴分治并没有阻止孟加拉穆斯林进入阿萨姆,其数字在年复一年的增长。1961年,戈瓦尔巴拉地区的穆斯林占43.3%,瑙贡地区占39.2%,卡恰尔地区占29.3%,他们占据了1508000英亩的土地。1961年,穆斯林在阿萨姆总人口中的比重是23.3%,1971年上升到24.3%。②阿萨姆穆斯林的绝对数量仅次于克什米尔。

1971年,在孟加拉国建国前夕,有1100万难民逃到印度③。他们中的大部分人在建国后又回到故土,但是大约有100万人还是留在了印度。

政治事件——尤其是印巴分治、印巴战争等等对移民的影响巨大。印度独立后,印度政府授予979000外国人以公民权,其中20万人是被斯里兰卡遣返的印度人,其他的都是来自巴基斯坦等国的移民。

非法移民与阿萨姆的统治精英有很大关系。哈克力劝国大党领导层为非法的穆斯林移民提供保护。他和后来的阿赫默德(F. A. Ahemed)都劝说国大党使这些非法移民合法化,因为这样可以获得大量的选票。随着时间的推移,国大党越来越依靠这些穆斯林移民的选票。国大党的主席伯鲁阿(Debkant Baruah)说过:"只要这些阿里和苦力都站在国大党一边,其他的就不需要管了。"④国大党为了自身的利益,对这个问题抱有短视的看法,并未考虑为了获得这些选票,国家将会付出多高的代价!萨林(V. I. K. Sarin)说:"国家利益,包括安全、完整受到的威胁,都屈从于统治阶级狭隘的党派利益",这是因为,"国大党取胜,是因为有广泛的群众支持,包括当地农民、当地的和外来的穆斯林、茶叶园的劳工。尽管是不同的两类人,国大党还是要依靠他们的支持。换句话说,穆斯林移民成为阿萨姆政治舞台上

---

① Anand, V. K., *Conflict in Nagaland, a Study of Insurgency and Counter-Insurgency*, p. 16.

②③ Singh, Bhawani, *Politics of Alienation in Assam*, p. 75.

④ *Ibid.*, p.74. 阿里指的是穆斯林移民,苦力指的是从比哈尔来的种植园劳工。

的支点。"①

有必要说明的是,国大党在西孟加拉、特里普拉和东北地区势力薄弱,只有依靠阿萨姆的这些非法的穆斯林移民的支持才能稳住脚跟。国大党受制于人,也就无意把他们驱逐回孟加拉国。穆斯林移民当然也就投国大党的票,成为国大党的"选票库②"。

移民还有个重要的原因是孟加拉经常发生的自然灾害。1974年,孟加拉发生了大饥荒,大量的饥民逃难到阿萨姆,结果使阿萨姆的选民数量在8个月(1977.3—1977.11)的时间内上升了10.42%。

三

前面我们回顾了150多年间,外来移民持续不断地涌入阿萨姆的情况。那么到1979年阿萨姆危机爆发时,究竟阿萨姆有多少外来的移民呢?这个问题是阿萨姆排外运动中的关键问题,却又是最难回答的问题。

一、移民的总数

有人估算,1961—1971年间非法移民的数量大约有130多万。③ 但1971年人口普查显示,外来移民的数量是1503543人。如果我们按照1951年的人口推算,1971年阿萨姆的人口应该是1141万,而不是实际统计的1460万。这表明有320万是新来的移民。

邦政府发现要得到一个准确的数据极其困难,因为非法移民并没有官方记录。惟一的依据就是人口普查报告,但是对于人口普查的数据也要具体分析。人口普查数据中,与外来移民直接相关的是出生地,但是外来移民在普查时往往不提供真实的情况。语言一项就作用不大,因为孟加拉的穆斯林惯于宣称自己的母语是阿萨姆语。

---

① V. I. K. Sarin, *India's North-east in Flames*, New Delhi, 1980. in Singh, 1984, p.74.
② Das, Amiya Kumar, *Asasm'S Agony, a Socio—Economic and Political Analysis*, p. 32.
③ Singh, Bhawani, *Politics of Alienation in Assam*, p. 105.

最可靠的数据就是根据预计的人口增长率和实际的人口增长率之间的差异,来计算外来移民的数量。这种方法的前提是:如果不是有外来移民的话,阿萨姆的人口增长率就不应该和周边的地区有太大的差异。这种方法的最大缺陷是,把来自印度其他地区的移民(这是宪法所允许的)和来自国外(孟加拉国)的移民混在一起。

下面的这个表格就是不断被人们引用的,是维纳制作,辛格援引,达斯进一步订正的,这个表格大体可以估算外来移民的数量。维纳认为,如果阿萨姆地区在1901—1971年间的人口增长率和印度其他地区一样,那么阿萨姆地区在危机爆发时应该只有760万人,而不是实际的1500万人。移民及其后代在这个期间竟然达到740万!由于政治动荡1981年阿萨姆没有进行普查,维纳估算了1971—1981年间的人口增长率。这时,移民和他们的子孙总数已经达到850万,而阿萨姆本地人只有650万人。

阿萨姆和印度的人口增长率(%)

年份	人口准确数	阿萨姆	印度
1901—1911	3,289,680	16.8	5.7
1911—1921	3,848,617	20.2	−0.3
1921—1931	4,636,980	20.1	11
1931—1941	5,560,371	20.5	14.2
1941—1951	6,560,371	20.1	13.3
1951—1961	8,018,856	35.0	21.6
1961—1971	10,837,329	35.2	24.8
1971—1981(估计)	14,625,152	36.3	24.7

Source: Myron Weiner, "The Population of Assam's Anti-Immigration Movement", in *Population and Development Review*, 9:2 (June 1983), p. 283.

第二种方法就是通过阿萨姆选民人数的增长,推断移民的数量。1978年3月到11月短短8个月间,选民数量增加了10.3%。1952—1971年的19年间,选民数量增加了59%,而1971—1979年的8年间,达到36%。从1952—1979年的27年间,选民数量增加了110%,而通常的数字是61%。

这样算来，49％的选民是外来移民。1979 年阿萨姆的总人口是 1500 万,那么就有 735 万外来移民。当然,这种计算方法也有问题,因为选民是成年人,并不包括 21 岁以下的未成年人。由于移民一般是成年人①,所以选民数量的增长率会比实际人口的增长率要高一些。

阿萨姆选民数量

大选年	选民数	选民增加数	两次选举间选民的增量(％)
1952	4,066,940		
1957	4,496,357	426,417	10.5(5 年)
1962	4,942,816	449,456	10.0(5 年)
1966	5,585,056	642,240	13.0(4 年)
1970	5,701,805	116,749	2.1(4 年)
1971	5,296,198	594,393	10.4(1 年)
1977	7,229,543	933,345	14.8(6 年)
1978	7,924,476	744,933	10.3(8 个月)
1980.1	8,537,497	563,012	7.1(21 个月)
			110(1952——1979)

Source：Assam Colleges' Association's Memorandum to the Home Minister of India, February 23,1980. In Das, 1982, p. 34.

二、移民比重

前面分四种移民,进行了具体的历史叙述。那么这几种移民在阿萨姆的人口当中分别占了什么样的比重,我们可以用表 5 进行说明：(这可以看做是外来移民人口数字的第三种说法,根据这个统计,外来移民总数达 865 万!)

这个图表告诉我们各种移民大体所占的比例。阿萨姆人和部落民是真正的当地人,只占到了 40％左右,其余的全是外来人口。拉贾斯坦人尽管只占 4％,可是他们却是阿萨姆中的"犹太人",控制了当地的商业；居住在布拉马普特拉河谷的孟加拉来的印度教徒处于社会的上层；穆斯林移民攫

---

① 我们缺乏有关移民年龄和性别的资料。

取了当地人的土地,控制了农村;茶叶种植园里耕作的还是比哈尔人;运输业控制在旁遮普人和尼泊尔人手中……外来移民全面控制阿萨姆社会!

阿萨姆危机爆发以后,外来移民都恐慌不安。随着运动的向前发展,矛头主要指向了孟加拉国来的穆斯林(占 23.29%),这个原因我将在后面做详细的分析。

阿萨姆人口分布(1971):单位:10 万

阿萨姆本地人	43.5	29.79%
种植园工人和家用工人	22.5	15.41%
穆斯林移民	20	13.70%
卡恰尔地区的孟加拉人	14	9.59%
部落民	16	10.96%
西孟加拉邦来的印度教徒	20	13.70%
拉贾斯坦人(马尔瓦利人)	4	2.74%
尼泊尔人	5	3.42%
其他	5	3.42%
移民总数	86.5	59.25%
人口总数	146	100.00%

根据 Sanjayya, 1980, p. 10 的数字编制。

三、移民在阿萨姆的地区分布

1951—1971 年间,阿萨姆各个地区人口增长的比率是不同的,最高的达到 68.28%,最低的 21.81%。人口增长率最低的锡布萨格尔正是阿萨姆人惟一占多数的地方。由此可以推断,人口增长率与移民之间成正比。

人口增长速度超过了平均数的地区,外来移民的数量就高一些。在孟加拉国来的穆斯林占多数的地区(戈瓦尔巴拉地区、瑙贡地区、卡穆拉普的伯尔贝达地区),人口增长最快。而在后面的两次大选中,这几个地区参加大选的人数也最多,因为阿萨姆人都在抵制大选。由此可以证实,外来移民正是聚居在这些人口增长过快的地区。

四

阿萨姆危机为什么会在1979年全面爆发？至少有两个原因，一个就是自独立以后，阿萨姆人和西孟加拉邦来的印度教徒之间因为语言问题、就业问题等纠缠不休。① 另外一个就是孟加拉国来的穆斯林和阿萨姆人之间存在长期联盟关系。1979年国大党在阿萨姆失势导致了民族关系的大调整。

阿萨姆人努力寻求文化认同，积极推行"土地之子"（sons of the soil，即阿萨姆人）优先的政策：阿萨姆语被定为邦官方语言，在邦政府里为阿萨姆人保留职位，任命阿萨姆人做学校的教师，把阿萨姆语作为从小学到大学的教学语言。在确保阿萨姆人的种族认同和提高其经济地位的过程中，阿萨姆人获得了两个移民群体的支持——比哈尔来的种植园劳工和孟加拉国来的穆斯林。他们在人口普查时，声称阿萨姆语是他们的母语，投票给阿萨姆人占主导的国大党。所以从1955年到1977年，国大党轻而易举就获得了历届该邦议会和人民院选举的胜利。即使在1977年人民院选举时，国大党只获得了34.5%的选票被人民党击败的情况下，在阿萨姆，国大党仍然获得了50.6%的选票。②

阿萨姆人和西孟加拉邦来的印度教徒在很多方面斗争不断，例如争夺中产阶级的职位，这些与主要从事农业的孟加拉国来的穆斯林并没有直接利害关系。孟加拉国来的穆斯林站在阿萨姆人一边有百利而无一害。直到1970年代晚期，孟加拉国来的穆斯林和阿萨姆人之间的联盟关系还非常牢固。

阿萨姆人开始反对孟加拉国来的穆斯林，是从1977年人民院选举以后，一直到阿萨姆危机的爆发。1977年大选以后，阿萨姆的国大党也分裂了。国大党的分裂标志着独立以后阿萨姆人和孟加拉国来的穆斯林之间的

---

① 参见 Brass, Paul R., *The Politics of India since Independence*, Cambridge: Cambridge University Press, 1990, pp. 227—229.

② Myron Weiner, "The Population of Assam's Anti-Immigration Movement", p. 284.

联盟关系走到终点。① 和印度其他地区一样,国大党分为支持和反对英·甘地两派。结果,1978 年 3 月,印度国大党自独立以来第一次没有在阿萨姆邦议会中赢得多数席位。邦议会的 126 个席位中,支持英·甘地的国大党获得了 8 席,而反对英·甘地的国大党获得了 26 席。国大党吸引孟加拉国来的穆斯林目的就在于国大党能够管辖该邦。孟加拉国来的穆斯林把选票投给了其他政党,就像以前西孟加拉邦来的印度教徒把选票投给其他政党一样。阿萨姆人的统治地位受到威胁,于是他们就想把背叛他们的外来移民驱逐出去。

全阿萨姆学生会的立场是:政府应该重新检查 1951 年以后非法移民;1951—1961 年进来的外来人检查出来以后,可以授予公民资格;1961—1971 年进来的则被宣布为无邦人士,把他们遣散到印度其他邦去;1971 年以后进入的则驱逐回孟加拉国。人民党主张把时间统一为 1971 年,目的是想驱逐孟加拉国来的穆斯林,留下西孟加拉邦来的印度教徒。还有一些政党的目标是把所有的非法移民都遣返回去。

英·甘地原则上同意驱逐外国移民,但她只参加了头一次谈判,之后就让内务部长辛格(Zail Singh)跟全阿萨姆学生会谈。问题的焦点很快集中到移民的截止日期上。全阿萨姆学生会坚持认为 1951 年是截止日期,因为有 1951 年的《全国公民登记法》为依据。但政府认为 1971 年作为截止日期比较可行。尽管全阿萨姆学生会的领导人想妥协把 1961 年作为截止日期,但查清还是要从 1951 年算起。围绕截止日期问题,从 1980 年 2 月 2 日起,到 1983 年 1 月 5 日,共举行了 23 轮的谈判,但都无果而终。

英·甘地不愿驱逐外来移民的根本原因是她不想失去他们的选票。在上一次大选中,英·甘地赢得 42% 的选票,其中的 10% 来自穆斯林,15% 来自孟加拉来的印度教徒。如果把他们都驱逐出阿萨姆,那么她只会得到 17% 的选票②。由此可见,她要竞选成功,只能依靠这些外来人口。

---

① Brass, Paul R., *The Politics of India since Independence*, p. 230.
② Das, Amiya Kumar, *Assam's Agony, a Socio-Economic and Political Analysis*, p. 164.

另一个原因是甘地夫人也不敢得罪孟加拉人。内阁成员中孟加拉人势力很强大。全印度有 1.2 亿孟加拉人,而阿萨姆人只有 1000 万。因此她宁愿把阿萨姆的这场运动镇压下去,也不愿使孟加拉人不高兴。

当然政府要完全驱逐这些外来人口要花费很大的代价:驱逐从东巴来的印度教徒,会疏远印度国内的很大一部分印度教徒;就是把移民分为"印度难民"和"外来的穆斯林非法移民"也削弱了国家世俗化的基础,还会疏远印度境内的穆斯林民族;就印度与孟加拉国的关系来说,驱逐这些外国人还会花费政治代价——孟加拉国的官方立场是本国没有非法的移民进入印度。

印度政府大力开发阿萨姆富饶的自然资源,把阿萨姆当成印度经济发展的奶牛,被阿萨姆人称作内部殖民主义(Internal Colonialism)①。而纵容外国人非法移民,被阿萨姆人称为非印度人的殖民化(Colonization of Assam By Non-Indians)②。

五

从 1984 年 4 月开始,印度政府和运动领导人中止了 18 个月的谈判又重新开始了。拉吉夫·甘地上台以后,力图结束混乱局面,③在 1985 年独

---

① Gupta, Jyotirindra Das, "Ethnicity, Democracy, and Development in India: Assam in a General Perspective", IN Kohli, Atul (ed.), *India's Democracy, an Analysis of Changing State-Society Relations*, Princeton: Princeton University Press, 1990, p.157. 内部殖民主义还有一个重要含义是中央政府对阿萨姆邦经济的漠视与忽略。拿石油来说,阿萨姆出产了印度一半以上的原油,但是中央政府却把最大的炼油厂建在比哈尔的伯劳尼(BARAUNI);而每吨原油的冶炼成本是高哈蒂 21 卢比,伯劳尼 37.93 卢比,即使运送到最西部的古吉拉特,也才 37.48 卢比! 中央政府每吨石油的收购价长期停留在 42 卢比上,而当时的市场价达到 315 卢比! 所以当危机爆发时,群众首先包围了炼油厂,阻止黑色的黄金流出自己的土地。参见阿萨姆文艺社(ASS)发行的小册子 Eclipse in the east, 载 Shakir, Moin, *State and Politics in Contemporary India*, Delhi: Aianta Publications, 1986, pp. 189—190.

② Baruah, Sanjib, "Immigration, Ethnic Conflict, and Political Turmoil-Assam, 1979—1985", *Asia Survey*, V. 26, No. 11 (November, 1986), p. 1190.

③ 林承节主编:《印度现代化的发展道路》,北京大学出版社 2001 年版,第 371 页。

立日这天,签订了《阿萨姆协议》,规定在 1966 年 1 月和 1971 年 3 月之间非法进入阿萨姆的外国人将被剥夺选举权 10 年,1971 年 3 月以后进入阿萨姆的将被驱逐出境。1983 年选举出来的阿萨姆邦政府解散,根据修改后的选民名单在 1985 年 12 月举行新的选举。

协议签订以后,修改选民名单的过程显得非常迅速,尽管这个过程也有争议。有人批评说大量的合法的公民被从选民名单上删除了。12 月确定最终的选民名单上共有 9806285 人,而 1984 年 10 月的选民名单上还有 10496000 人,减掉了 689715 人。

为了阻止非法移民,政府花费了 5 亿美元在印度和孟加拉国的边境拉起了铁丝网。① 这些就是这场运动取得的最终结果。②

协议签订以后,出现了两个新党:阿萨姆学生领导人建立的阿萨姆人民联盟(AGP)和少数民族联合阵线(UMF),后者主要包括国大党(英)党员、东孟加拉来的印度教徒和穆斯林政治家。如果说阿萨姆人民联盟的首要任务是贯彻、实施《阿萨姆协议》,那么,少数民族联合阵线则要求废除这个协议。在 12 月的选举中,阿萨姆人民联盟赢得了 64 席,获得了 35.17% 的选票,国大党(英)赢得了 25 个议席,获得了 23.43% 的选票,少数民族联合阵线赢得了 17 席,获得了 11.09% 的选票。③

选举的结果可以看出,投票带有明显的民族的倾向。少数民族联合阵线想把所有的少数民族——例如穆斯林移民、西孟加拉邦来的印度教徒、阿萨姆的穆斯林、尼泊尔人和部落民——都团结在自己周围,但是他们只吸引了从孟加拉国来的穆斯林的选票。少数民族联合阵线在西孟加拉邦来的印度教徒占多数的地区所获甚少,他们更愿意支持国大党(英)。阿萨姆人民联盟紧紧抓住了阿萨姆人口开始转变这个现实,提出竞选的口号是:少数民

---

① Wood, John R. (ed.), *State Politics in Contemporary India*, Boulder: Westview Press, 1984, pp. 4—5.

② Gupta, 1990, p. 167.

③ Baruah, Sanjib, "Immigration, Ethnic Conflict, and Political Turmoil-Assam, 1979—1985", p. 1204.

族不是外国人！AGP 为了所有人,所有人都来支持 AGP！

阿萨姆人民联盟掌权,获得了群众的大力支持,不仅包括了阿萨姆本地人,也包括了其他少数民族。阿萨姆人民联盟在平原部落民的选区——卡比安格朗、勒金布尔、达朗等地区——获得了多数支持。阿萨姆人民联盟获得了种植园劳工的支持——这些移民主要来自比哈尔、奥里萨和安德拉邦,以前他们是坚决支持国大党(英)的。阿萨姆人民联盟的候选人名单上有很多的穆斯林表明,阿萨姆的穆斯林支持阿萨姆运动和阿萨姆人民联盟。西孟加拉邦来的印度教徒和孟加拉国来的穆斯林也有大量的选票投给了阿萨姆人民联盟。在孟加拉国来的穆斯林占多数的伯尔贝达地方和人民院选举以及瑙贡地区的人民院选举中,阿萨姆人民联盟取胜支持了上面的假说。

结　　论

阿萨姆危机,即阿萨姆反对外籍移民的运动,是一场由大学生领导的、排斥外来移民的大规模的群众运动。外来移民占了阿萨姆人口的60%以上,其中,拉贾斯坦来的马尔瓦利人、比哈尔来的种植园劳工以及西孟加拉邦来的印度教徒是国内移民,而孟加拉国来的穆斯林、尼泊尔来的尼泊尔人则是国际移民。印度宪法赋予了印度公民在国内自由迁徙的权利,但在1979 年,站在阿萨姆人的角度上看,所有外来移民都是"外人"(FOREIGNER)。

反对外来人的暴乱于 1948 年首次爆发,1950 年又发生了一次。1960年因为语言问题,阿萨姆人和西孟加拉邦来的印度教徒发生过冲突。1968年,一些阿萨姆的年轻人砸毁和焚烧了马尔瓦利人在高哈蒂的商店。1972年,发生了一起席卷布拉马普特拉河谷的反对孟加拉人的骚乱。在阿萨姆危机刚刚爆发的时候,学生和种植园劳工之间也发生过冲突。外来移民都曾经遭受过当地人的排斥和打击。

阿萨姆人产生了"数量优势下的恐惧",这种恐惧一方面来自邻邦特里普拉的先例。在英国人来之前,特里普拉的部落民占人口绝大多数。可是持续不断的移民,到印度独立时,当地人成了绝对的少数,只占 1/3。阿萨姆人担心,不久的将来,他们也会遭受同样的命运。这种恐惧环绕心头,他们时刻担心自己沦落为人口中的少数。另一方面,恐惧心理还来自阿萨姆特殊的地理位置:孟加拉国有 8850 万人(1980 年),西孟加拉邦有 5440 万人(1981 年),特里普拉邦有 200 万孟加拉人,总共有 1.45 亿孟加拉人环绕在他们周围,是南亚仅次于说印地语的第二大语言群体,也是亚洲第三大语言群体。阿萨姆人还把孟加拉人看做是"文化帝国主义者"①,一旦有机会,他们就想同化阿萨姆人。这是阿萨姆人排斥外来移民的心理因素。

经济因素是阿萨姆人起来造反的重要原因。阿萨姆是印度自然资源最富饶的邦,也是印度最贫穷的邦之一。② 阿萨姆人的憎恨和不满根源于地区经济的落后和贫穷。③ 有人把阿萨姆的落后与贫穷归因于印度政府对阿萨姆地区的漠视与忽略,④阿萨姆人也认为阿萨姆成了中央政府的殖民地。

但是,经济因素解释不了的问题是,马尔瓦利人手里掌握了那么多的财富,为什么不驱逐他们?再说他们只占 5%,驱逐他们花费的成本更小。所以,只有具体分析阿萨姆危机中的民族关系,我们才能理解为什么孟加拉国来的穆斯林成为被排斥的对象。

移民问题又是如何表现为民族问题的呢?在阿萨姆危机中,一个说印地语的人可能把票投给说同一种语言的穆斯林,而反对另一个印度教徒;也可能与印度教徒一起,共同反对穆斯林敌人;就是在同一个宗教—语言群体内,高级种姓的印度教徒也会对低级种姓的印度教徒坚持自己的优越地位;高级种姓和低级种姓也可能联手反对共同的对手。民族之间的分分合合常常使我们陷入迷惑之中。

---

① 汤林森在《文化帝国主义》(上海人民出版社 1999 年版)中谈到,民族性、全球资本主义、现代性都是文化帝国主义的话语。参考华金·阿朗戈:"移民研究的评析"一文。

② 阿萨姆的人均收入排名倒数第七,最高收入的邦是她的两倍半。但是人口增长最快,35% 远高于全国 24.8%的水平。城镇人口不到全国平均水平的 1/2,人均储蓄 161 卢比,远低于全国 483 卢比的平均值。见 Gupta, 1990, p.157.

③ Shakir, Moin, *State and Politics in Contemporary India*, p.190.

④ 尤其是 Sanjayya, 1980, pp. 9—10.

看来,各个民族之间的混战像是霍布斯式的"人人自危的普遍斗争的自然状态"①;有时候,西孟加拉邦来的印度教徒站在阿萨姆人一边,反对孟加拉国来的穆斯林。而此前几十年间,孟加拉国来的穆斯林又帮助阿萨姆人排挤西孟加拉邦来的印度教徒。这不禁让我们反思:什么是划分民族的标准?

亨廷顿说,任何文化或文明的主要因素都是语言和宗教。② 由于宗教信仰的不同,印度和巴基斯坦分治;尽管东巴和西巴宗教信仰相同,因语言不同又分裂为两个国家;东孟加拉和西孟加拉尽管语言相同,但由于宗教信仰不同也分为两部分。阿萨姆也因为宗教和语言等问题分裂为阿萨姆、梅加拉亚、那加兰、米佐拉姆和阿鲁纳查尔③。语言和宗教可能成为民族整合的力量,也可能成为民族分裂的动力。

西孟加拉邦来的印度教徒和孟加拉国来的穆斯林具有地缘上的亲和关系,但是两者的宗教信仰不同。阿萨姆人和西孟加拉邦来的印度教徒宗教信仰相同,但是种族不同。阿萨姆人和孟加拉国来的穆斯林则找不到相互认同的标志。这或许是孟加拉国来的穆斯林是危机中被排斥的一个重要原因。

移民问题的产生、发展受印度重大政治事件的影响。没有国家便不存在民族主义问题。④ 是国家创造了民族,而不是民族创造了国家。⑤ 第二章我们分析得出,孟加拉分治、印巴分治和孟加拉国的独立这些重大政治事件影响了移民的进程。在阿萨姆危机中,谈判双方争议的核心问题就是驱逐外来移民的截止时间问题,最终达成的协议把 1971 年——孟加拉国独立这样重大政治事件的年份——作为截止时间也不是偶然的。

阿萨姆危机的发生及暂时解决同该邦政治权力结构的变化有关。在阿

---

① 霍布斯:《利维坦》,黎思复、黎廷弼译,商务印书馆 1996 年版,出版说明,第 3 页。
② 亨廷顿:《文明的冲突和世界秩序的重建》,周琪等译,新华出版社 1999 年版,第 47 页。
③ 阿鲁纳查尔邦就是与中国有争议的、麦克马洪线以南的九万多平方公里的地方,现在被印度控制。
④ 盖尔纳:《民族与民族主义》,韩红译,中央编译出版社 2002 年版,第 5 页。
⑤ 霍布斯鲍姆:《民族与民族主义》,李金梅译,上海人民出版社 2000 年版,第 46 页。

萨姆的政治舞台上,国大党的邦政府(阿萨姆人主导)、西孟加拉邦来的印度教徒、孟加拉国来的穆斯林这三者之间,长期以来存在一个权力均衡体制。邦政府纵容孟加拉国来的穆斯林,为他们提供保护;孟加拉国来的穆斯林则支持阿萨姆人打压西孟加拉邦来的印度教徒。但是1979年,国大党垮台,人民党执掌邦政权,孟加拉国来的穆斯林转而投靠人民党。权力的均衡机制被打破了,惟有诉诸政治,他们才可能恢复他们渴望的地位,[①]于是阿萨姆的精英要反对的不仅是西孟加拉邦来的印度教徒(13.7%),更大的敌人是孟加拉国来的这些穆斯林(23.29%)。权力的均衡体制打破,阿萨姆危机就是权力均衡体制重新调整的过程,这个过程伴随着血与火的斗争,而且持续了六年之久。

《阿萨姆协议》签订以后,阿萨姆人民联盟上台执政,被驱逐的外来移民也只有69万左右,而外来移民总数却在500万到800万之间!另外在印度和孟加拉国边境花费了5亿美元拉起了铁丝网。运动取得的这些成果也说明,阿萨姆人夺回自己将要失去的权力,得以重新上台执政,这个意义远大于驱逐外来移民本身。危机暂时解决了,没有遭到驱逐的孟加拉国来的穆斯林投票给了阿萨姆人民联盟,新的权力均衡体制形成。

(作者联系地址:山东日照　曲阜师范大学历史系)

[①] 霍布斯鲍姆:《民族与民族主义》,李金梅译,第140页。

土耳其繁荣党始末

马 娟

在世俗化和现代化最为彻底,被西方世界称为"中东伊斯兰国家海洋中一个非宗教的指路明灯"的土耳其,奉行伊斯兰民族主义的繁荣党在 1995 年的议会选举中跃居为第一大政党,并与正确道路党组成联合内阁,但执政不到一年就被迫下台,随后又被取缔。本文试分析繁荣党的成长历程、社会基础、背景以及政策纲领,探讨它成败得失的原因,并求能一窥这一历史现象背后的社会变化。

一、土耳其的伊斯兰渊源

土耳其的伊斯兰化进程开始于 7 世纪阿拉伯帝国征服中亚突厥人之际,此后土耳其经历了塞尔柱王朝和奥斯曼帝国长达 8 个多世纪的伊斯兰神权主义的统治。奥斯曼帝国建立后,伊斯兰教在土耳其的地位已经根深蒂固。奥斯曼帝国具有苏丹国(君主国)和哈里发国(教长国)的双重性质,历代国王都兼苏丹和哈里发于一身。1517 年奥斯曼土耳其帝国占领埃及后,土耳其苏丹宣称自己是穆斯林世界的精神领袖。伊斯兰教法不仅从伦理方面,而且从政治和法律方面决定着国家和穆斯林的行为与生活。国家的立法、司法、监察、行政、教育以及军队均以伊斯兰的教法、教规和经典为行动准则。

20 世纪 20 年代,凯末尔政权在废除哈里发制完成政体改革后,又投入了对宗教、司法、社会经济和文化等方面的世俗化改革。在宗教改革方面,凯末尔改革的原则是政教分离,终止宗教及宗教界人士在政治、社会和文化生活中的特权,使其权力仅仅局限在信仰和宗教事务领域,严禁宗教干预政治文化生活中的特权,使其权力仅仅局限在信仰和宗教事务领域,严禁宗教干预政治。伊斯兰教退出了政治舞台。

土耳其的改革虽然瓦解和摧毁了封建神权统治体系,但却难以斩断土耳其社会与伊斯兰教的千丝万缕的联系,尤其是西方文化潮水般地涌入,深深刺激了穆斯林民众的宗教情感。后来的历史发展表明,只要具备合适的社会土壤,伊斯兰就会以形形色色的方式卷土重来。因为"凯末尔只是在制度层面解决了世俗化问题,伊斯兰价值观还控制着绝大多数土耳其人的心灵"。[①]

二、现代化过程中产生的问题

凯末尔的世俗化和工业化改革促进了土耳其的发展。尤其是改革的前几十年,经济实力增强,国民生活水平提高,城市化速度加快,政治上向西方的民主化靠拢,以及受教育者增多等等,这些进步给了国民和改革者以极大的信心。但是经过几十年的发展,现代化连同西方化所带来的弊病也越来越明显。社会两极分化加剧;腐败日盛;通货膨胀成为经济发展的痼疾。严重的经济社会问题引起政治动荡,导致几次军人干政,凯末尔主义不能全部回答和解决现代化进程中出现的问题。人们也越来越多的对现代化产生疑问并进行思考。

首先,土耳其的工业化和大多数第三世界国家一样,采取的是进口替代工业化发展战略(ISI),优先发展某些替代进口的工业部门。这一战略最初的优势是很明显的,最终却使经济发展陷入困境,因为这一经济模式需要付出大量的资金并广泛吸收贷款,国际收支经常有大量的赤字,而政府要用国民产值的相当大部分用来偿债。20世纪60年代以前,ISI所带来的发展可以让土耳其社会的各个阶层受益,国民对政府的支持率自然会很高。但到

[①] 刘云:"伊斯兰教与土耳其的政治现代化初探",载《西亚非洲》,1999年第2期。

了70年代末,ISI陷入困境,这可以通过一组数据反映出来:1975年土耳其的通货膨胀率仅为10.1%,1979年就增加到63.9%,1980年则为107.2%。①土耳其的外债在80年代前期就增长了80%,到80年代末,外债已经相当于国内生产总值的54%,而短期债务占30.5%。② 在此形势下,土耳其政府不得不放弃ISI策略。但是,新的经济模式增加了竞争,受益者也仅限于很少的阶层。③ 小商人手工业者等社会的中下层感到了生存的危机,他们自然会对政府不满,也开始怀疑凯末尔主义的发展路线,他们转而向宗教寻求答案。

其次,经过几十年的工业化发展,土耳其社会已经向现代社会迈进了一大步。但是伊斯兰与工业化并不是此消彼长的关系。从对现代化理论的众多批判中,我们不难看出工业化并没有削弱伊斯兰,相反,伊斯兰在工业化的土耳其找到了其新的社会基础。

再次,土耳其最初的现代化走的是凯末尔主义的西化道路。但是当现代化进行到一定阶段,人们发现西方的方法并不能解决所有土耳其自己的问题,人们开始更多地关注本土的问题。正如亨廷顿所说,"当现代化速度加快时,西方化的比率下降了,本土文化获得了复兴,于是进一步的现代化改变了西方社会和非西方社会之间的文化均势,加强了对本土文化的信奉。"④土耳其人开始从自身的角度出发去考虑发展以及和伊斯兰的关系问题了。土耳其的知识分子并不像19世纪晚期的伊斯兰主义者那样试图调和伊斯兰教和现代化,他们更多的是对现代化的前提本身提出疑问;他们"是以伊斯兰的眼光看待现代化,而不是以现代的眼光去解释伊斯兰教"。⑤ 20世纪90年代土耳其的著名知识分子阿里·布拉奇就提出:"在西方范式

---

① 高通:"土耳其厄扎尔的经济改革政策初探",载《西亚非洲》,1987年第2期。
② [苏]阿·普希金:"80年代中期的土耳其经济",载《世界经济译丛》,1988年第3期。
③ Haldun Gülalp, *Modernization Policies and Islamist Politics in Turkey*, *Rethinking Modernity and National Identity in Turkey*, University of Washington Press, 1997, p. 56
④ 塞缪尔·亨廷顿:《文明的冲突与世界秩序的重建》,新华出版社1999年版,第67页。
⑤ Binnaz Toprak, "Islamist Intellectuals: Revolt Against Industry and Technology", Metin Heper ed. *Turkey and the West*, London, New York, 1993, p. 264

内有效解决所有问题的想法存在着严重的疑问。"①

最后,二战以来,土耳其把建立以多党制为核心的西方式政治体制模式作为突破口,这种从一党制政体向多党制政体的演变,不仅对土耳其的政治、经济和文化产生了巨大影响,而且对土耳其战后伊斯兰宗教的复兴与发展,也创造了有利条件。在战后土耳其民主机制的运作下国家对于表达各种意见都给与了更多的自由,其中当然也包括宗教界领袖们的意见,他们这些人这时越来越公开表示对世俗主义的敌视,越来越公开的提出复兴伊斯兰的要求。这成为伊斯兰政党出现的有利条件。

繁荣党正是在以上因素的综合作用下产生和成长起来的。

三、繁荣党的历史、纲领和组织形式

繁荣党并不是战后土耳其出现的第一个伊斯兰政党。1970年民族秩序党(the national order party)建立,1971年被军方取缔。1973年又成立了与民族秩序党一脉相承的救国党(the national salvation party)。这两个伊斯兰政党都以道德秩序建设为目标,推动了宗教因素在国家社会生活中的上升,表现在宗教出版物增加、宗教活动活跃、到麦加朝圣和在安卡拉大学神学院注册人数增长,以及张贴的伊斯兰标语急剧增多。②这些引起了坚持世俗主义的军方的警觉。1980年救国党在科尼亚的宗教聚会导致了第三次军人干政,救国党也被取缔。但是伊斯兰价值已经成为不可忽视的力量。1983年大选后,埃夫伦总统和厄扎尔(Ozarl)总理都反复强调宗教价值在土耳其民族主义结构中的重要性,并执行了一种倾向于伊斯兰和阿拉伯国家的外交政策。伊斯兰情感的上升是土耳其伊斯兰主义政党兴起的重

---

① Haldun Gülalp, "Political Islam in Turkey: The Rise and Fall of the Refah Party", *The Muslim World*, Jan. 1999, p. 23

② Mehmet Yasar Geyikdagi, *Political Parties in Turkey*, New York, 1984. p. 8.

要背景。①

1983年7月19日繁荣党宣告成立,它的领袖内吉梅尔·埃尔巴坎(Nacmettin Erbakan)是一位工程学教授出身的政治家,它的许多成员都来自前救国党。但是繁荣党的伊斯兰主义思想却是20世纪80—90年代成长起来的新一代激进的伊斯兰知识分子提出的。

作为繁荣党的领导人,埃尔巴坎把目标由发展工业转移到关注社会和道德建设上来,比如保护环境,建立文明社会,减少政府在所有经济活动中的作用等,②他提出的党的纲领可以由"公正秩序"(just order)来概括,"公正秩序"主要由31章组成,这其中包括社会文化、理论等章节,但是大部分是围绕经济事务展开的。其主要思想包括:主张建立自由市场经济体制,保护私有制和自由竞争,但反对资本主义垄断;坚持社会公正,反对利率,降低失业率,鼓励出口,减少政府贷款,降低通货膨胀率等等。③

在其他方面繁荣党也提出了自己鲜明的主张,意识形态上,奉行伊斯兰民族主义,它主张复兴伊斯兰精神,认为土耳其现代化应该是具有伊斯兰特色的现代化模式,但同时又强调应在土耳其确立与现代思想结合的伊斯兰生活方式;反对盲目崇拜西方的民族虚无主义,反对全盘西化论,反对否定伊斯兰教,反对一概排斥民族传统;提出以"解放、民族意识、民族跃进"为三大口号的"民族幸福论"。

政治上,繁荣党提出个人自由并以信仰为根据建立多元化的法律秩序,以多元主义代替少数服从多数的民主原则。它认为在既定的社会中不同的司法体制可以并存,国家的作用应是保护每个司法社区的自治,少数民族亦可获得司法自治。

在外交上,坚持"民族外交论",谴责前政府追随西方的外交政策,主张

---

① 刘云:"从救国党到繁荣党看土耳其伊斯兰政治的变迁",载《西亚非洲》1999年第4期。第23—27页。

② Haldun Gulalp, *Modernization Policies and Islamist Politics in Turkey*, Rethinking Modernity and National Identity in Turkey, p.59

③ Turkey, *Welfare Party Explains Its "Just Order"*, 5 December 1995, pp. 1—15.

推行独立自主的外交政策。埃尔巴坎注重和伊斯兰国家的关系,主张创立"伊斯兰联合国"、"伊斯兰北约组织"和"伊斯兰货币",建立同阿拉伯和穆斯林世界更为密切的联系。①

同时,繁荣党主张坚持"公正社会论",反对腐化堕落、贪污受贿和贫富两极分化,来解决土耳其政界最突出的问题。繁荣党最吸引人的一点就是其关心中下层人民的民众主义政党形象。比如,埃尔巴坎就提出过在繁荣党管辖的自治市无偿分发面包、肉、蔬菜、水果、煤等物资给低收入的家庭;他还支持过城市受雇佣者要求提高薪水的罢工。② 在安卡拉和伊斯坦布尔这样的城市,市长除了以低于市价的价钱卖面包,为贫困的孩子行割礼外,他们还主张关掉妓院。③埃尔巴坎提出重建"关怀互助和道德生活"的口号,并根据这一精神做了大量的工作,使自己成为那些较难适应社会结构性变动的中下层民众的政治代言人。

以上就是繁荣党的主要纲领。通过埃尔巴坎的这些主张,我们不难看出,繁荣党要建立的是一个为大多数民众服务的政府,他提出的经济理论或许并不具备现实可行性,但是它的出发点却是广大民众,具有浓厚的福利色彩(繁荣党本身又称福利党),特别关注救贫解困和消除贫富两极分化等社会问题,这或许是他吸引广大选民的最重要的因素。此外,繁荣党作为一个伊斯兰政党,它的伊斯兰性质在其纲领中有些模糊。许多伊斯兰原教旨主义组织都以社会的全面伊斯兰化作为终极目标,而繁荣党对伊斯兰采取的是实用主义态度,利用伊斯兰的合法性作为其政治斗争的工具,它力争从制度和精神伦理两个方面将伊斯兰教区别开来,使伊斯兰教在现代社会的作用停留在伦理领域,在精神和价值层面发挥其社会整合作用。从这一角度来说,繁荣党的纲领体现了土耳其伊斯兰民族主义的思想,是对土耳其现代

---

① Kamrava Mehran, "Pseudo-democratic politics and populist possibilities: The rise and demise of Turkey's Refah party", *British Journal of Middle Eastern Studies*, Nov98, Vol. 25 Issue 2, p. 275, 27p, 1 diagram.

② FBIS, *WEU*, 9 August 1994, p. 58;21 September 1995, p. 29. (美国对外广播处,西欧联盟资料)。

③ *Turkish Daily News*, May 30, 1994, p. 2.

化道路的思考。①

　　繁荣党的纲领是很有吸引力的,此外,繁荣党也采取了一系列宣传措施,使其思想深入人心,埃尔巴坎等高层领导频繁到各地基层去宣传其思想主张,尤其是各高中和大学进行宣传,繁荣党在学校中的成员估计有219000人,②这些年轻的支持者是繁荣党发展的主要目标,尤其在东安卡拉地区。同时,他们也注意和军方拉近关系,以减少宣传的阻力。繁荣党同样注重妇女在政治上的重要地位,繁荣党党员中有大量的中青年妇女成员。此外,他们还得到了庞大的经济网络实体的支持,这包括和伊斯兰有直接或间接关系的控股公司,商界和工业界,工会,妇女,青年组织。繁荣党也拥有自己的宣传媒体,自己的电视台和广播站(Marmara FM and Channel 7),它还得到了50余家出版商、45家电台、19个电视频道的支持,这些都给选民提供了物质和精神上的支持。③

　　繁荣党的组织也有长于其他政党之处。最突出之处在于没有频繁的人员变动和对领导者及纲领的挑战,也就是其内部有很强的凝聚力和很严格的组织纪律。这种组织原则深达地方基层。繁荣党在每个管辖区域都指定一个长官来监督当地的另外三个官员,甚至对每条街、每个公寓负责,这个长官随时对巡视员汇报,巡视员再向辖区主席报告,最后辖区主席再向省里的党理事会汇报,理事会有50名固定成员和50名后备人员负责各种事务。然后这种组织方法再在全国其他地方复制。此外,各层还建有妇女委员会进行组织活动。④正是繁荣党这种具有凝聚力的组织方式,才调动和利用党内的全部力量进行宣传,同时又保持党内的稳定和团结。

　　繁荣党正是通过这种内外兼修的方法,扩大了阶级基础,赢得了更多民众的支持。随着经济现代化的发展,手工业者和小商人纷纷破产,进入城市工人阶级的行列。20世纪90年代土耳其的工业化和城市化已发展到相当的水平,职业技术人员和企业管理人员为主的白领阶层成长起来,工人阶级

---

①　陈德成:"土耳其繁荣党的伊斯兰民族主义初探",载《西亚非洲》,1996年第4期。
②　Kamrava Mehran 前文。
③④　同上。

的队伍也得以扩大。这些人渴望使他们深受其害的社会问题得到解决。繁荣党正是抓住了这一点,提出了自己的纲领。繁荣党的支持者除安那托利亚的小资产阶级以外,还有年轻的职业中产阶级、学生以及城市中大量的贫困工人。20世纪90年代土耳其的伊斯兰运动在城市中迅猛发展,并受到许多伊斯兰知识分子的倡导和支持。① 另外,繁荣党的一大批支持者来自高学历阶层,比如,在1995年11月的全国选举中,繁荣党的候选人中有21人是来自学有专攻的经济学,工程学,伊斯兰神学等学院的学者。② 知识分子对繁荣党的支持体现了土耳其本土化的兴起,以及对自身现代化的思考。繁荣党在学院中的成员情况如下表:

	既有繁荣党成员	目标成员	既有繁荣党代表	目标代表
伊斯兰学院	11,799	55,949	1,548	5,231
中学	116,000	200,000	6,133	4,200
大学及学院	49,398*	64,000*		

注:*数字指现有成员与目标成员之和。③

四、繁荣党的竞选上台及政策实施

1987年的土耳其的第18次大选中,繁荣党仅获得了7.5%的选票,未能进入议会。但在1991年的第19次大选中,它获得了13%的选票,跻身国会。尤其是在1994年的地方选举中,该党一鸣惊人,获得了19%选票,并赢得了包括首都安卡拉和最大城市伊斯坦布尔等28个城市的市长职位。在1995年12月24日举行的土耳其的第21次大选中,繁荣党以21.38%的得票率夺魁,赢得了550个席位中的158个,一下跃居成为土耳其的第一大政党。④ 埃尔巴坎几经周折终于拿到了组阁的权力,最终与正确道路党(the

---

① 刘云:"从救国党到繁荣党看土耳其伊斯兰政治的变迁",第23—27页。
② *Turkiye*, 3 November 1995, p. 16. 转自 Kamrava Mehran 前文。(Turkiye 是土耳其的一份刊物)
③ 表格来源:*Hurriyet*, 7 June 1995, p. 37.
④ 陈德成:"土耳其繁荣党的伊斯兰民族主义初探",载《西亚非洲》,1996年第4期。

center-right truth path party)联合组阁,埃尔巴坎担任总理,正确道路党的领袖齐莱尔(Tansu Ciller)出任外长。

繁荣党的上台执政既令人震惊,又是顺理成章的事。

首先是土耳其现代化的不顺畅。如前所述,战后以来多次经济衰退的困扰,引起了众多的社会问题,诸如两极分化的加剧、西方生活方式和价值观的盛行、社会腐败日盛、犯罪率增加等。1994年土耳其出现了建国以来最严重的经济危机,国民生产总值下降4%,这一年失业人数达到60万人。贫富分化和贫富悬殊现象更为严重,1987年土耳其生活在贫困线以下的人口为750万人,1994年上升到1000万人。① 面对这一系列社会问题,人们开始思考西化的道路是否适合土耳其。伊斯兰知识分子也开始从自身寻求出路,繁荣党的主张刚好适应了这一现状。

其次,土耳其的现代化是伴随城市化同步而行的。1950年75%的土耳其人居住在农村,1980年这个比例降到54%。② 比如伊斯坦布尔,作为土耳其最大的城市,在近几十年内人口增长是很快的(见下图)。由图可见,20世纪70—90年代伊城人口飞快增长,甚至每10年就增长数百万。城市人口的增长比率是惊人的,这除了人口的自然增长外,外来人口是最主要的原因。而这些人口主要是来自东部贫困的安那托里亚地区的农村和小镇。涌入城市的农民居住在城市贫民区,短期内不可能改变社会和政治观念;贫民区的艰苦生活环境、经常面临的失业危险使他们希望破灭而心存不满,伊斯兰教遂成为他们斗争的工具。城市中的严重的两极分化引起了人们的思考,更多的人开始对现代化以及政府的政策产生了怀疑,改变现状的愿望就会更加迫切。值得注意的是,在城市化过程中,农村人口进入城市的首选是那些大城市,往往越是大城市外来人口越多,贫富差距越大,存在的社会问题也越多,这在广大第三世界国家中是很普遍的现象。正因为此,繁荣党的纲领才会在伊斯坦布尔、安卡拉这样的大城市受到欢迎。附图:

---

① 陈德成:"土耳其繁荣党的伊斯兰民族主义初探",载《西亚非洲》,1996年第4期。
② Mehmet Yasar Geyikdagi, *Political Parties in Turkey*, New york, 1984. p. 7.

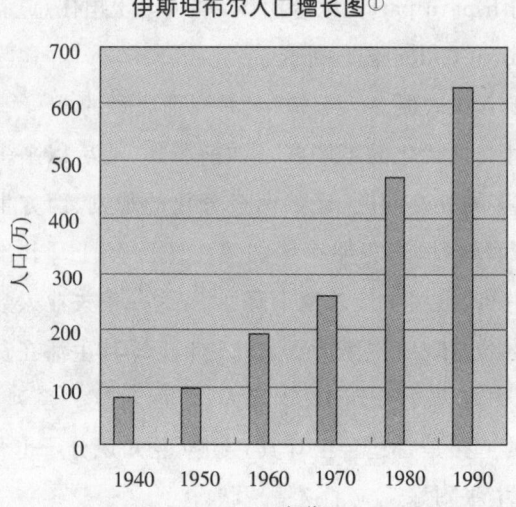

伊斯坦布尔人口增长图[①]

再次，近几十年来，土耳其社会问题重重，人们对建国以来的世俗化价值观产生了怀疑，除此之外广大世俗政党并未向选民提供一个思路清晰具有吸引力的可行政策方案。也没有协调相互之间的立场，采取有力措施遏制伊斯兰政党的发展。相反主要的世俗政党却都卷入了腐败的潮流，从而使世俗政权失去了合法性和感召力。繁荣党以其清正廉洁、灵活务实的姿态使选民耳目一新，这样增加了其获胜的机会。

最后，埃尔巴坎的个人魅力也是不可忽视的。他毕业于伊斯坦布尔技术大学土木工程专业，曾在德国亚琛技术学院留学。他曾先后担任过民族秩序党和救国党的主席，提出了一系列伊斯兰主义思想，其精华就是"公正秩序"理论。作为繁荣党的灵魂人物，埃尔巴坎以其果敢、干练的作风赢得了党内的尊重，并以和蔼近人、体恤民情的形象得到了广大中下层民众的支持。

1996年7月8日埃尔巴坎组成了土耳其的第54届政府。在首次内阁

---

① 数字来源：《世界人文地理手册》，知识出版社1984年版；《世界各国主要城市人口资料手册》，中国地图出版社1996年版。

会议上,他宣称新政府要同西方保持密切联系,同时加强与伊斯兰世界的关系,并遵守一切国际协议;在国内经济政策上,政府的主要目标是"创造一种能为自由市场经济提供一切条件的环境。"①这样,一个全新的伊斯兰政府就登台亮相了。

为了稳定其地位,繁荣党首先努力安抚政治反对派,并一再表示它是值得信赖的主要政党之一。为了在更广泛的基础上建立其政治合法性,繁荣党试图获得以前支持中右政党和未投票的选民的支持。因为未参加投票和投了无效票的选民人数超过了任何一个政党的得票数。② 繁荣党为此注重挑选一些党内的温和派参加政府,并许诺坚持世俗制度和民主、遵循凯末尔主义的原则;经济方面实行市场经济机制,进行改革和对外开放,加快私有化进程;继续其平民化的福利政策,保障公民的最低生活水平和救济贫困。

可见,像大多数政治家一样,埃尔巴坎在真正执掌了政权后,出于利害关系和现实政治的考虑,对自己的政策做了重大的调整。他多次重申自己对民主和其他西方式制度的承诺,还表现出和正确道路党进行通力合作的姿态,在一些重大问题上做出了妥协。在经济上,他放弃了废除利率的主张,还积极鼓励和国外的经济合作,伊斯坦布尔证券交易所的指数在1997年第一个月就上涨了74%,达到创纪录的1700点。③ 在外交方面,降低了反西方的调子,表示增进同伊斯兰国家的关系,并保持与西方的友谊。在对内政策上,埃尔巴坎禁止极端的伊斯兰主义,甚至因此罢免了几名繁荣党官员;在对待库尔德人问题上,他也不得不听从军方的要求,对库尔德工人党采取大规模持续军事行动以解决他们在东方省份的叛乱。埃尔巴坎的妥协可以说是出于无奈,因为他知道,问题的症结不在于军方和世俗主义在多大程度上听从繁荣党,而在于他们在多大程度上容忍繁荣党。

当然,埃尔巴坎也不是完全的被动,他在台上也在可能的范围内推行他

---

① 《1997年国际形势年鉴》,上海教育出版社1998年版,第236页。
② Turker Alkan,"The National Salvation Party in Turkey", in Metin Heper and Raphael Israeli,ed., *Islam and Politics in the Modern Middle East*,New York,1984, p.36.
③ 张铭:《现代化视野中的伊斯兰复兴运动》,中国社会科学出版社1999年版,第219页。

的伊斯兰主义政策。这主要集中在处理外交事务这个不太敏感的领域。他把主攻点放在加强同广大伊斯兰国家的关系上。比如埃尔巴坎不顾美国强化制裁伊朗和利比亚的达马托法案,于8月10日至12日率领由250人组成的庞大代表团,对伊朗进行首次国事访问。访问期间,他同伊朗领导人就全面改善和加强双边关系进行了深入的会谈,并签署了一项向伊朗购买价值200亿美元天然气的协议。① 这一行动大大改善了土伊关系,甚至是对美国的一种抵制,正如埃尔巴坎所说"美国可以根据它自己的利益行事,土耳其作为一个主权国家,为什么不能根据自己民族的利益来决定何时和如何做呢?"②同时在土耳其的社会也出现了一些伊斯兰倾向的现象,政府开始允许妇女在政府大楼和学校里裹着伊斯兰式的头巾;允许朝圣者经陆路,而不只是乘飞机去麦加朝圣;计划修复从土耳其到沙特阿拉伯的朝圣道路,以及在伊斯坦布尔修建大清真寺等。

尽管繁荣党在执政时表现的小心翼翼,但是土耳其的世俗主义者不能继续容忍他的伊斯兰主义实验了。在1995年大选后,土耳其政治上就形成了两大派,以军方、社会民主党、正确道路党为一派,坚持世俗主义;另一派是繁荣党为主的伊斯兰主义派。③ 其中,世俗主义的力量无疑是很大的,尤其以军方为代表,他们是凯末尔主义的忠实维护者。面对埃尔巴坎的伊斯兰尝试,军方当然不能容忍。于是1997年2月28日,由土军方控制的"国家安全委员会"向埃尔巴坎总理提出"20点计划",其内容包括:强化反对宗教派别活动的禁令;禁止招募伊斯兰分子在政府任职;进一步加强对轻武器控制;防止外国破坏土耳其稳定;严格执行世俗宪法;对儿童的世俗教育从5年改为8年;反对和限制伊斯兰主义在国内的活动;对宗教教育实行严格监督;在政府机构中严格限制穿宗教服装等。④ 与繁荣党组成联合政府的

---

① 安国章:"不顾美国威胁土伊加强合作",人民日报,1996年8月14日。
② 同上。
③ 陈德成:"土耳其在政教分离和民主法制轨道上艰难行进",载赵国忠等主编:《1997～1998年中东非洲发展报告》,社会科学文献出版社1998年版,第57页。
④ 陈德成:"土耳其的多党制半总统制政体",载《西亚非洲》2000年第2期,第46—50页。

正确道路党也对繁荣党的反世俗主义势力表示不满,并且威胁要退出联合政府。1997年5月,繁荣党因"违反宪法和政党法的反世俗主义行为"而受到审判。一个在议会中拥有相对多数席位、且正在执政的党受到审判,这在土耳其是前所未有的。

同时,埃尔巴坎的实用主义路线和温和的措施,同样受到了伊斯兰激进分子的批评。迫于各方面的压力,1997年6月18日,埃尔巴坎向土耳其总统提出辞呈,总统德米雷尔接受了他的辞呈。[①] 繁荣党结束了近一年的执政。

繁荣党的上台引发了伊斯兰教与现代化关系问题的深层思考,繁荣党所奉行的伊斯兰民族主义无疑是对现代化模式的一种积极探索。繁荣党提倡在政教分离的前提下将现代化与伊斯兰传统相结合。它既不搞全盘西化,也不搞政教合一,同时又不抛弃伊斯兰文化传统,它力图解决的是数个世纪以来掣肘中东伊斯兰国家现代化的传统与现代之间的复杂矛盾。倘使繁荣党通过一段时间的探索能够解决这一矛盾,无疑将有助于中东伊斯兰国家尽早打通传统与现代之间的关节,并找到具有民族特色的现代化道路。繁荣党伊斯兰民族主义的可贵之处在于,它力争从制度和精神伦理两个方面将伊斯兰教区别开来,使伊斯兰教在现代社会的作用停留在伦理领域,在精神和价值层面发挥其社会整合作用。西方的现代化也正是在经过宗教改革和资产阶级革命后祛除了基督教的世俗干预功能,使其作用只停留在精神信仰领域后而实现现代化的。当然,这种探索所面临的困难是可想而知的。繁荣党的上台是因为土耳其现代化自身的一些弊病使人们对世俗化产生了怀疑,而繁荣党的下台又反映了世俗化在土耳其人民心中已占据了重要位置以及政教分离的不可逆转。如何协调这其中的关系,仍需各方力量做出努力。当然繁荣党的下台还归因于它并没有拿出一套解决土耳其现状的切实可行的方案,国民的失望也是繁荣党不能继续执政的重要原因。

---

① 新华社,安卡拉1997年6月30日电。

五、繁荣党被取缔及土耳其伊斯兰政党的前景

1997年5月21日,土耳其共和国最高检察官乌拉尔·萨瓦什以"繁荣党已成为反对世俗行动的中心"为由,向土耳其宪法法院提出起诉,要求取缔该党。1998年1月16日,土耳其宪法法院通过了关于取缔繁荣党的判决,同时决定取消繁荣党主席埃尔巴坎等6名成员的大国民议会议员资格,根据土耳其宪法的有关规定,被取缔政党的主要领导人5年内不得成立和参加新的政党。① 就在判决文书于1998年2月底下达前,埃尔巴坎一直劝说其他政党支持他发动一场运动,促使修改一些法律从而保证不能轻易解散政党,并制定一些新法律从总体上加强土耳其的民主制度,但无一个政党响应他的提议。埃尔巴坎之后,民主成了土耳其伊斯兰政治运动的追求目标。

在土耳其政治舞台上,虽然很多活动是在西方的民主框架之中,比如选举、组阁等,但是土耳其政坛上存在着一个不可忽视的力量,那就是军方。军方拥有绝对的权威,它的行为是超乎民主之外的,土政坛上的几次军人干政就是很好的说明,这反映出土耳其政治中缺乏深层的民主文化。其实,伊斯兰主义知识分子也认为民主是一种和伊斯兰教矛盾的西方传统,比如繁荣党中领袖的绝对权威和不可挑战性就是一例。

繁荣党被解散,并不意味着土耳其伊斯兰政治的结束。2002年11月3日,由埃尔多甘(Erdogan)领导的伊斯兰性质的正义与发展党(AKP)在土耳其议会大选中以压倒性优势获胜,获得单独组阁的权力,伊斯兰政党又一次登上了土耳其的政治舞台。埃尔多甘于1954年出生于土耳其北部的里兹,是一个虔诚的穆斯林,1994年,被选为伊斯坦布尔市市长。他早年曾经和一个激进的伊斯兰党派交往频繁,现在作为土耳其总理,他已经由一个伊斯兰主义者变成了一个温和的保守党领袖。埃尔多甘主张废除要求妇女在

---

① 新华社,安卡拉1997年6月30日电。

公共场合蒙着面纱的禁令,还进一步阐述了他将要改变政党法、选举法,使土耳其变得更加民主和多元化的设想。作为一个务实的政治家,他的政治目标首先还是继续土耳其多年以来的复兴梦想和两个目标——加入北约,加入欧盟。可以看出,作为执政党,正义与发展党在处理政教关系时注意吸取了繁荣党的教训,着力淡化其伊斯兰色彩,走的是务实的政治路线。

(作者联系地址:中国社会科学院世界史研究所　邮政编码:100006)

明清江南的经济发展:理论与事实
——对李伯重先生的明清江南经济研究的一点反思

高 寿 仙

近些年来,李伯重发表了大量有关江南经济史的论著①,引起国内外学者的高度重视。事实上,长期以来,江南地区一直受到中国社会经济史学界的特别关注。这是因为自唐代后期以来,该地区在中国经济体系中始终保持着"核心"的地位,被认为代表了中国经济发展的最高成就和未来方向。不过,涉足这一领域的研究人员虽然为数极多,并已发表了汗牛充栋的学术成果,但学者们似乎仅在部分事实方面达成一些共识,而对于江南经济发展的水平、动力及前景这样一些理论性较强的重要问题,虽不能说是言人人殊,但确实分歧很大。

在过去的江南经济史研究中,常可见到这样一种学术倾向:研究者从先验的、目的论的理论模式出发,热衷于对经济现象进行定性的、点评式的讨论和概括,而对据以讨论和概括的基本事实和数据却不求甚解。这种倾向不利于形成有实质意义的学术交锋和理论创新。在研究的早期阶段,李伯重也曾受到先验性的历史发展模式的影响,但随着研究的深入,他对方法论问题越来越敏感,终于发现自己"也沉溺于西方中心主义史观中而不自觉,

---

① 李伯重围绕江南经济史发表了大量专题论文,并已结集出版《唐代江南农业的发展》(农业出版社 1990 年版)、*Agricultural Development in Jiangnan, 1620—1850*(Houndmills: Macmillan Press & New York: St. Martin's Co., 1998)、《江南的早期工业化(1550—1850)》(社会科学文献出版社 2000 年版)、《理论、方法、发展趋势:中国经济史研究新探》(清华大学出版社 2002 年版)、《发展与制约:明清江南生产力研究》(台北联经出版事业公司 2001 年版)、《多视角看江南经济史(1250—1850)》(三联书店 2003 年版)等著作。

因此总是把英国模式作为放之四海而皆准的标准模式,由此出发来分析江南"①。为了探索江南经济发展的事实真相和内在动力,李伯重进行了大量实证性的研究,对江南,特别是明清江南的农业和工业生产的几乎每一个部门都进行了细致考察和分析;在此基础上,他综合分析了明清江南经济的宏观结构与发展趋势,并提出一些通贯性的理论阐释。

毫无疑问,李伯重陆续推出的厚重成果,厘清了许多具体的经济事实,纠正了以往的不少错误认识,把江南经济史研究推进到一个新的水平。李伯重的学术贡献,特别是《江南的早期工业化》一书的创新意义,在已发表的一些评论中理所当然地受到了充分肯定,但有的评论者也提出一些值得商榷或需要进一步思考的问题②。笔者在阅读李伯重各种论著的过程中,也曾产生过某些疑惑,愿在此提出来讨论一下。需要说明的是,本文的主旨,并非是对李伯重研究成果的全面评论,而只是围绕几个使笔者感到困惑的问题,谈一点个人感想。

斯密型成长:延迟的"停滞"?

关于明清江南经济的看法尽管是纷繁歧杂的,但所有看法都可以分别归纳到两大学术派别中,而两派学者又几乎或明或暗地都以西方(主要是英国)为参照模式:一派学者认为,西方模式体现了人类历史发展的普遍规律,西欧由封建社会向资本主义社会过渡时期出现的各种现象,在明清时期的中国也已经出现,如果没有西方的影响,中国依靠内在动力也会实现近代经济变革;另一些学者认为,古老的中华帝国的社会经济长期以来缺乏实质性变化,或者说到帝制时代后期已陷于停滞状态,如果没有来自西方的冲击和

---

① 李伯重:《江南的早期工业化》,第36页。
② 宋立中、范金民:《理论与实证相结合的一部力作——评李伯重〈江南的早期工业化(1550—1850年)〉》,载《新史学》第12卷第4期,2001年;周婷:《李伯重〈江南的早期工业化(1550—1850)〉评介》,载《中国社会经济史研究》2002年第2期;马敏:《据之于实情,建立中国史学新典范的若干启示——以李伯重〈江南的早期工业化(1550—1850)〉为例》,载《历史研究》2003年第1期。

影响,中国不可能依靠自己的力量实现根本变革。

前一派学术的典型代表,无疑要首推"资本主义萌芽"研究。这类研究在很长时间里不仅是中国史学中的"显学"①,也是日本明清史学者关注的重要课题之一②。在这一理论模式的指导下,明清经济史研究取得十分丰硕的成果。但随着研究的深入,并受国内外学术思潮变迁的影响,越来越多的学者开始反思这一理论模式的合理性。例如,明清社会经济史学家傅衣凌毕生从事资本主义萌芽研究,但在去世后发表的一篇遗作中,却对这一理论模式提出严厉质疑③;另一位在资本主义萌芽研究上倾注了很大精力的学者吴承明,近年来也改而使用"现代化"、"市场化"等概念④。从事江南经济史研究之初,李伯重也受到这一学派的深刻影响,但他后来对这一学术模式产生了怀疑。他批评说,资本主义萌芽研究虽然取得巨大成绩,但也存在巨大失误,甚至连"资本主义萌芽是什么"这样的基本概念都没有弄清楚,因而中国学者对"萌芽"的信念只不过是一种"情结",缺乏事实根据和理论基础。据他分析,"萌芽情结"的感情基础是"西方有,我们也有"的民族心态,认识基础是"单元—直线进化"的史观,而二者共同的基础,则是"认为中国应该而且必定能够按照欧洲近代发展的模式去发展"。这是一种典型的"欧洲中心主义"史学观,在这种观念指导下进行的研究,只能是"讨论越深入、认识越糊涂",不可能探得历史真相。⑤

后一派学术思潮的起源比前一派要早得多,而且在传衍过程中变种甚

---

① 参见田居俭、宋元强编:《中国资本主义萌芽》,巴蜀书社1987年版。
② 参见拙文:"关于日本明清社会经济史研究的学术回顾——以理论模式和问题意识嬗变为中心",载《中国经济史研究》2002年第1期。
③ 傅衣凌:"中国传统社会:多元的结构",载《中国社会经济史研究》1988年第3期。笔者曾对傅氏的学术观点进行评述,参见拙文:"发展而又迟滞,早熟而又未成熟——傅衣凌先生的明清社会经济变迁论述评",载韩国暻园大学与中国中央民族大学合编:《亚细亚文化研究》第二辑,汉城暻园大学印行1997年版。
④ 参见吴承明:《市场·近代化·经济史论》(云南大学出版社1996年版)、《中国的现代化:市场与社会》(三联书店2001年版)二书中所收有关论文。
⑤ 李伯重:"中国经济史学中的'资本主义萌芽情结'"(该文曾以"资本主义萌芽情结"为名刊于《读书》1996年第8期,因发表时有删节,故不能反映作者对资本主义萌芽研究的完整看法,此书所收为原稿)。

多。如在西方学术界曾产生过较大影响的"传统平衡"理论、"高水平均衡陷阱"理论,都曾被批评为停滞论的翻版①。对于形形色色的"中国停滞论",李伯重当然都表示反对,但他的具体批评,主要落实在黄宗智提出的"过密型增长"理论上。应该说,黄宗智是一位对方法论非常敏感的学者。他认识到上述两种对立的学术倾向,实际上都是从英国等少数西欧国家的经验出发来研究中国经济的变化,并不合乎中国经济变化的实情,因而试图从中国历史实际出发总结出一套中国经济史理论,"过密型增长"就是他这种努力的成果。该理论否定商品经济与资本主义之间具有必然联系,认为明清以至近代的中国经济陷入"没有发展的增长"的境地,农村商品化是人口过多对土地的压力推动的,总产值虽然呈增长趋势,但劳动生产率却不断下降②。该理论提出后,一时引起很大争议③。李伯重当时虽然也指出其一些不足之处,但总体上是肯定的,认为它是"符合明清江南史实的",是"江南社会经济史研究的一把钥匙"④。随着自己研究的深入,李伯重发现黄宗智的理论不仅与经济史实不相符合,而且并未跳出"西方中心论"的泥潭。因为这一理论的实质是认为如果没有西方的到来,就没有近代工业的发展,而没有近代工业发展及其所带来的劳动力转移,江南的农村经济就只会日益衰落。这种论调,与过去长期流行的"中国停滞论"没有本质区别。⑤

既然"资本主义萌芽论"和"过密型增长论"都是对帝制晚期中国经济模式的曲解,那么明清江南经济发展的真相究竟如何? 李伯重给出的答案是:

---

① 吴承明、侯方:"评外国学者对旧中国经济不发达原因的分析",载《经济学动态》1981年第9期。

② (美)黄宗智:《长江三角洲的农民家庭与乡村发展》,中华书局1992年版;"中国经济史中的悖论现象与当前的规范认识危机",载《史学理论研究》1993年第1期。

③ 参见叶茂:"商品化、过密化与农业发展——部分经济史学者讨论黄宗智《中国经济史中的悖论现象与当前的规范认识危机》",载《史学理论研究》1994年第4期。笔者对黄氏理论的认识,见拙文"过密型增长的极限与中国经济变迁趋向",载《史学理论研究》1994年第2期;"制度创新与明清以来的经济发展",载《读书》1996年第5期。

④ 李伯重(署名千里):"过密型增长理论——江南社会经济史研究的一把钥匙",载《中国经济史研究》1993年第1期(已收入《理论、方法、发展趋势:中国经济史研究新探》)。

⑤ 李伯重:"'最低生活水准'与'人口压力'质疑",载《中国社会经济史研究》1996年第1期。

"斯密型成长"(the Smithian growth)。所谓"斯密型成长",是与"广泛性成长"(extensive growth)和"库兹涅茨型成长"(the Kuznetsian growth)相对的概念。根据美国学者费维凯(Albert Feuerwerker)的解释,"广泛性成长"主要是由同类型生产单位(例如农户)数量的增加推动的,只有经济总量增加而无劳动生产率的提高;"斯密型成长"主要是由劳动分工和专业化推动的,经济总产量和劳动生产率都有提高,但技术变化不大;"库兹涅茨型成长"主要是由技术变革和组织变革推动的,不仅有经济总产量和劳动生产率的明显而持续的提高,而且还有重大的和不断的技术变革[①]。李伯重认为,"18世纪中叶之前中国与欧洲的经济发展,走的是一条相似的道路,不仅动力相同,而且归宿也相同"[②]。也就是说,推动明清江南经济发展的主要动力,是劳动分工和专业化,它主要表现为工业与农业之间以及地区之间的分工和专业化,而劳动分工和生产专业化的发展,又是通过各地之间的贸易的发展而达到的[③]。

为了使自己的阐释更加系统化,李伯重引入迪安(Philis Dean)根据英国经验提出的"早期工业化"概念,并对江南的早期工业化进行了全面系统地考察。众所周知,英国经验提供了一个早期工业化转化为近代工业化的范例,因此,研究江南的早期工业化,不可避免地也要讨论其前景和未来。对于这一问题,李伯重指出,由于没有技术突破,斯密型成长的极限取决于市场的容量,因而斯密型动力无法导出近代工业化,江南早期工业化自发转化为近代工业的可能性极其微小,或者说"不可能发展到近代工业化"[④]。这种说法,与李伯重所批评的"过密型增长"说,在本质上似乎并没有太大的

---

① 李伯重:《理论、方法、发展趋势:中国经济史研究新探》,第130页。费氏的阐述,见"Presidential Address: Questions about China's Early Modern Economic History that I Wish I Could Answer", *Journal of Asian Studies*, vol. 5, No. 4.
② 李伯重:《江南的早期工业化》,第533页。
③ 李伯重:《理论、方法、发展趋势:中国经济史研究新探》,第33—34页;《江南的早期工业化》,第389页。
④ 李伯重:《理论、方法、发展趋势:中国经济史研究新探》,第34、36页;《江南的早期工业化》,第534—542页。

分别:第一,他们都认为商品化并不必然会导致近代化,欧洲(主要是英国)近代经济的出现带有偶然性;第二,他们都认为明清江南经济没有出现技术突破;第三,他们都认为明清江南农村出现了蓬勃发展但非质变性的商品化进程;第四,他们都认为明清江南经济不可能转变成为近代经济。当然,黄宗智认为清代中国经济已陷入"没有发展的增长"的困境,而李伯重认为当时尚有较大的发展空间。但既然"斯密型成长"最终将受制于市场容量且无法实现突破,如果没有外来因素的介入和影响,中国经济陷入黄宗智所描绘的境况,又怎么能够避免呢?因此,如果说黄宗智的"过密型增长论"是一种"停滞论",那么李伯重在"资本主义萌芽论"和"过密型增长论"之外提出的第三条解释模式,也很像是"停滞论"的另一种表现形式,或者可以称之为"延迟的停滞论"。

  笔者提出这一问题,并不是要指责李伯重也未能摆脱"西方中心论"。在近年来的学术研究中,似乎出现了一种"西方中心论敏感症"。由于"西方中心论"在人文社会科学领域确曾长期占据着"话语霸权",对其保持足够的警惕当然是必要的。但是,也应注意不要戴上"去西方中心论"的有色眼镜,一旦戴上这副眼镜,就会从关于前近代中国发展或不发展的任何论述中找出"西方中心论"的基因,或者为了抹去西方经济发展的"光环"而有意强调或夸大前近代中国经济发展的"光明面"[①]。历史研究的目的是探索事实真相。在评论有关研究成果时,可以暂且把"中心论"问题放在一边,而把注意力集中到检验其是否合乎历史实情方面。

[①] 事实上,许多以反对"西方中心论"为目标的学术研究,不过是落入沃勒斯坦所说的"反欧洲中心论的欧洲中心论"(沃勒斯坦:"进退两难的社会科学",载《读书》1998 年第 3 期)。在我看来,属于加利福尼亚学派的安德烈·贡德·弗兰克撰写的《白银资本——重视经济全球化中的东方》(中央编译出版社 2000 年版),就提供了这方面的一个例子(参见拙文:"真实与虚幻:全球视野中的近代早期世界经济图景",载《史学理论研究》2001 年第 1 期)。此外,最近在学术界引起热烈讨论的彭慕兰:《大分流:欧洲,中国及现代世界经济的发展》(江苏人民出版社 2003 年版),在进行中西比较时也存在着有意将中国优越化的倾向,参见黄宗智:"发展还是内卷? 十八世纪英国与中国——评彭慕兰《大分岔:欧洲,中国及现代世界经济的发展》"(《历史研究》2002 年第 4 期)、史建云:"重新审视中西比较史:《大分流:欧洲,中国及现代世界经济的发展》述评"(《近代史研究》2003 年第 2 期)对该书的评论。

人口压力:一种"虚像"?

长期以来,学术界几乎普遍认为,明清(特别是清代)江南存在着比较严重的"人口压力",从而导致家庭农场面积缩小和农村劳动力过剩。李伯重对这个广泛流行的假说进行了重新考察,认为清代江南并不存在所谓的人口压力问题。其一,根据他的考察,清代江南人口的增长率被控制在 3‰ 这样一个低水平上,人口规模的扩大是比较慢的,1620 年江南总人口约为 2000 万,到 1850 年增至 3600 万,两个半世纪中只增加了 80%,而英国人口仅在 18 世纪内就增加了 70%,1751—1851 年的一个世纪中更增加了 160%。其二,他认为过去学者们都根据人口与资源(在近代以前主要是耕地)数量之间的比例关系来度量是否存在人口压力问题,这是不正确的,应该将度量尺度改为人口与生产之间的关系,因为生产包含了资源特点、资源利用、资源改良以及资源以外的生产要素及生产过程等更为全面的内容;而由于生产的最终目的是满足人类的物质生活需求,因而人口与生产之间的关系还可以简化为人口与生活资料之间的关系。依照这一尺度来衡量,明清江南尽管地狭人稠,人口密度为当时世界之冠,但从近代以前的标准来看,明代后期江南农民的生活水平是相当高的,某些地区达到了温饱甚至小康水平,到清代江南人民的生活水准仍在继续缓慢上升,因此,"要说明代后期至清代中期的江南出现了严重的、不断加剧的人口压力,既不符合逻辑,也不符合事实"。[①]

李伯重的新说,大大深化了对明清江南人口问题的认识。但新说是否完全合乎实际情况,尚不能使人无疑。首先,在人口压力的度量尺度上,与人口与资源数量之间的关系相比,人口与生活资料之间的关系是否更科学、更合理,还值得探讨。事实上,李伯重自己似乎也未能将新尺度贯穿始终。

---

① 李伯重:"'最低生活水准'与'人口压力'质疑",载《中国社会经济史研究》1996 年第 1 期;《江南的早期工业化》,第 9 章、第 485 页。

如他认为清代不存在人口压力问题,但"资源匮乏、人口过多是今天中国经济发展的严重障碍"①。就总体趋势而言,现今中国的生活水平应该说是逐渐提高的,若依李伯重设定的评判标准,似乎不能说现今中国存在"人口过多"的问题;如果承认生活水平不断提高的现今中国存在着"人口过多"问题,并认为这种情况已构成"中国经济发展的严重障碍",依照同样的标准,恐怕也不能完全否认清代前中期存在"人口过多"问题。其次,李伯重特别强调明清江南人口增长率只有 3‰,但仅讨论增长率不一定能说明问题。人口增长对一个人口稀少的经济体可能会提供发展的动力,但对一个人口已经稠密的经济体则可能会造成发展的障碍。何况,即使在 3‰这样一个低增长率基础上,江南人口也已累积到一个十分可观的数量,从而对农业社会造成较大的压力。正如李伯重所引用的资料显示,尽管 1620—1850 年江南人口只增加了 80%,而英国人口在 1751—1851 年增加了 160%,但从人口密度看,江南 1850 年每平方公里有 837 人,而在英国人口最稠密的英格兰与威尔士,1750 年每平方公里也只有 41 人,按增加 160%计算,到 1850 年也只有 106.6 人②。再次,对于江南是否存在人口压力问题,不能仅根据建立在多重假设基础上的数据进行推论,还应顾及当时人自己的感受。从有关地方志和文集中,可以看到大量关于人稠地狭的描述③,说明在当时人的观念中,江南是存在严重的人口压力问题的。这种现实状况和社会意识当然会对他们的生活方式和生产方式产生重大的制约性影响。

由于否定人口压力的存在,李伯重认为清代江南"人耕十亩"模式的出现和普及,是农家主动积极追求较高劳动生产率和劳动报酬的结果,而不是

---

① 李伯重:《理论、方法、发展趋势:中国经济史研究新探》,第 91 页。
② 李伯重:《江南的早期工业化》,第 485 页。
③ 乾隆《吴县志》卷五谈到:"国家太平日久,人民百倍于前。地无不耕之土,水无不网之波,山无不采之木石,而终不能以供人之用。为商为贾,奔走四方。又百工技术,吴人为众,而常若不足。向无人烟之处,今则宅舍弥望。盖人满之患,至斯极矣。"类似的议论,在江南地方志以及文集、笔记中屡屡可见。

对于人口压力加大所做出的消极被动反映①。这种看法,似乎过于绝对,也不一定合乎事实。诚然,正如李伯重所说,其他人口稠密的地区(如福建)并未出现同样的经营方式,这种经营方式是适合江南"区情"的、合理的和有效的,但不能由此反过来推论说,既然其他存在人口压力的地区未出现这种模式,既然这种模式是合理的、有效的,就说明这种经营模式的出现与人口因素无关。在面对相同的人口压力的条件下,不同地区的人们会根据本地的具体情况做出不同选择。如与江南一样人多地狭的徽州,就形成了大量人员外出经商和移民以弥补土地资源不足的经济模式②。李伯重试图借助太平天国失败后的情况论证自己的观点,指出当时江南人均耕地面积扩大到了明末的水平,但"人耕十亩"的模式仍维持了下来,说明人口压力导致经营规模过小的说法是不能成立的。这种解释有因果倒置之嫌。一种经营模式定型后,便会产生巨大的惯性作用,人口减少后农家依然维持这种模式,并不能反证当初即使人口不足也会出现这种模式。清代江南是当时世界上人口密度最高的地区,人口因素对经济模式不可避免地要产生重大影响。黄宗智等人的研究显示,明清江南曾出现小家庭农场对大规模耕作的排斥,以雇佣劳动为基础的富农经济与经营式农业,到明朝末年已开始衰退并逐渐趋于消失③。应该说,所谓"人耕十亩"经营模式的合理性,正是在给定的人地比例条件下的合理性,农家选择这种经营模式,恐怕是被动与主动兼而有之。

江南牛耕的衰退也是人口压力下的农家的被动反应。从生产能力上说,在江南地区,如同在其他地区一样,牛耕比人耕的生产效率要高出许多,"人日耕一亩,率十人当一牛"④,使用牛耕的农户可以比使用人耕的农户可以耕种更多的田地。李伯重虽然承认"江东犁确实非常先进",但又认为"但就江南大部分地区而言,它显然不很适合这里特定的水田生产条件",而铁

---

① 李伯重:"'人耕十亩'与明清江南农民的经营规模"、"从'夫妇并作'到'男耕女织'"、"'男耕女织'与'半边天'角色的形成",均收入《多视角看江南经济史》。
② 参见拙著:《徽州文化》,辽宁教育出版社 1998 年版,第 15—19 页。
③ 黄宗智:《长江三角洲小农家庭与乡村发展》,中华书局 1992 年版,第 62—63 页。
④ 顾炎武:《天下郡国利病书》原编第 6 册《苏松》。

搭"很适于在黏重的水田中翻地","工作质量明显优于耕犁"①。曾雄生对李伯重的说法表示反对,认为"江东犁经过改进是可以不断适应江东农耕的,它有铁搭所不可比拟的优越性";据他分析,农家之所以宁用人力而不用畜力,是因为需要把土地尽可能地用于衣食原料生产以解决温饱问题,从而造成养牛的成本太高②。事实上,李伯重自己对这一点有着明确认识,他曾指出是否使用牛耕与田产的规模紧密相关,在"人耕十亩"的模式下,农户养牛根本不合算,因此所有可以使用人力的活计都由人来干③。这种解释,必然会引出这样的推论:明清江南人口对于土地压力的不断增加,必然导致农户的家庭农场面积趋于缩小,这反过来又大大提高了畜养耕牛的成本,从而使大多数农户无力畜养耕牛,限制了农户的生产能力,形成恶性循环的局面。这种局面的形成当然不会是单一因素造成的,但"人满之患"应是重要原因之一。而且,从李伯重的研究中也可以看出,人口压力不仅直接影响到江南的农业生产模式,还直接影响到工业生产模式。比如,动力问题在工业发展中起着极为重要的作用,清代江南工业生产中主要使用人力,而很少使用水力、风力和畜力。如果说水力、风力不能推广系受自然条件所限,那么畜力不能推广,恐怕正是由于江南地狭人稠、寸土必耕,以致饲养和使用牛马的成本要远远超过使用人力所致。也就是说:由稠密人口造成的人力成本过于低廉,使明清江南无论是农业还是工业中都存在着对节约劳动的资本化的抑制倾向。

生产力:方法与数据问题

李伯重的江南经济史研究,主要集中在生产力方面,属于"生产力经济

---

① 李伯重:"曲辕犁与铁搭",载《光明日报》2002年5月28日。
② 曾雄生:"从江东犁到铁搭:九到十九世纪江南农耕技术的缩影",载《中国经济史研究》2003年1期。并参见曾雄生:"跛足农业的形成:从牛的放牧方式看中国农区畜牧业的萎缩",载《中国家史》1999年第4期。
③ Li Bozhong, *Agricultural Development in Jiangnan, 1620—1685*, p.45.

史"。在西方的经济史研究中,生产力一直受到高度关注;但在我国,"经济史的研究却长期集中在生产关系上,甚少研究生产力"①。正如李伯重所说,资本主义萌芽理论带有强烈的"惟生产关系"色彩,这些研究虽然也谈生产力,但其主要着眼点是生产关系,生产关系被视为推动社会生产发展的决定因素,而生产力只不过是被作为生产关系的一个条件而已②。缺少了生产力的经济史研究,当然只能算是"残缺不全的经济史",不可能全面揭示经济发展的事实真相和变动趋势。有鉴于此,李伯重对江南农业和各主要工业部门的生产力状况都做了细致考察,尤其是做了大量的定量化分析,为江南经济史研究建立了一个更加计量化的事实基础。

但是,如果从一个极端走向另一个极端,反过来认为生产关系不重要,只有生产力才是决定性的,这样的认识也是偏颇的。笔者感到,李伯重的经济史学观,多多少少带有一点"惟生产力"色彩,他对生产关系方面重视不够,未能将生产力变化与生产关系变化有机地结合起来。以对工业革命的解释为例,李伯重指出,18世纪以前,中国与英国发展的道路、动力和归宿都基本相同,但由于在早期工业化阶段,英国的重工业已在工业结构中占有相当比重,此后经过工业革命,重工业取得对于轻工业的优势地位,从而从早期工业化时代进入了近代工业化时代;而明清江南的工业结构属于"超轻结构",重工业无论是在规模上还是在工业中所占比重上,都十分微小③。也就是说,工业结构中轻、重比例的巨大差异,是导致中、英两国工业发展走上不同道路的关键因素。那么,又是什么原因造成两国轻、重工业比重的差异呢?李伯重反复称引雷格莱(Edward Anthony Wrigley)的说法,认为煤铁资源在其中起到决定性作用:"英国突破斯密型成长的界限,并不仅是靠通过海外扩张攫取新的资源,甚至也不是靠通过制度变革,而是靠世界史上没有前例的矿物能源大开发";反观中国,

---

① 吴承明:"生产力经济史和区域研究——序'发展与制约:明清江南生产力经济史研究'",载《中国的现代化:市场与社会》。
② 李伯重:《理论、方法、发展趋势:中国经济史研究新探》,第39页。
③ 李伯重:《江南的早期工业化》,第10章。

"由于缺乏煤铁资源,江南不可能出现能源革命(以及材料革命),因此当然也不可能发展到近代工业化"①。这种说法,恐怕是把煤铁的作用抬得过高了。西方学者关于工业革命起源的说法极多,雷格莱的观点只是一家之言;而且雷格莱在强调"煤炭和殖民地"因素的同时,也非常强调英格兰"农业革命"的重要性②。

不少学者认为,工业革命是一种渐进性积累的结果,并十分强调组织创新的作用③。在对彭慕兰《大分岔:欧洲,中国及现代世界经济的发展》——这本与李伯重《江南的早期工业化》同年出版的著作,也采用了雷格莱关于煤炭对工业革命作用的观点——的评论中,罗伯特·布伦纳和艾仁民指出,从前近代之始,英国经济的制度结构或社会财产关系系统就与中世纪(1100—1400)经济极不相同,与清代长江三角洲的制度更是大异其趣,两个地区的主要经济人因面临完全不同的限制与机会,采用了极其不同的经济策略或再生产方式,累积的结果就是两个地区的经济演化途径在前近代(1500—1750)已出现决定性的分岔④。两位学者提出的观点尽管还有待于进一步论证和完善,但确实值得重视。事实上,就是欧洲中世纪的制度,对其前近代以至近代经济发展也有很大影响。法律史学家泰格、利维将西欧资产阶级的崛起夺权的起点定在11、12世纪⑤,伯尔曼也认为"11世纪晚期和12世纪新的法学为按照秩序和正义的新概念把各种商业关系制度化和

---

① 李伯重:《理论、方法、发展趋势:中国经济史研究新探》,第27、36、203页;《江南的早期工业化》,第520页。
② 黄宗智:"发展还是内卷?十八世纪英国与中国——评彭慕兰《大分岔:欧洲,中国及现代世界经济的发展》",载《历史研究》2002年第4期,第174—175页。
③ (美)道格拉斯·C.诺斯:《经济史上的结构与变革》,商务印书馆1992年版,第12章。
④ Robert Brenner, Christopher Isett, "England's Divergence from China's Yangzi Delta: Property Relations, Microeconomics, and Patterns of Development", *The Journal of Asian Studies*, Volume 61, Number 2, May 2002. 本文引自"读与思"网站(www.readthink.xilubbs.com)转发的张家炎的中译本《英格兰与中国长江三角洲的分岔:财产关系、微观经济学与发展型式》。彭慕兰对罗伯特和艾仁民的批评进行了反驳,其要点见张家炎:"如何理解18世纪江南农村:理论与实践——黄宗智内卷论与彭慕兰分岔论之争述评",载《中国经济史研究》2003年第2期。
⑤ (美)泰格、利维:《法律与资本主义的兴起》,学林出版社1996年版,第二部分。

系统化提供了一种框架"①。从他们的论述中可以看出,11世纪以来西方法律变迁的主要趋势,就私法方面而言是与市场经济相适应的契约原则的日益客观化和普遍化,就公法而言则是法治与宪政原则的逐步推广,而两方面相辅相成的发展为资本主义的产生、成长和最终取得全面胜利提供了源源不断的动力②。因此,无论是研究西欧还是中国的经济史,只抓住生产力一条主线是不够的,必须把人口、资源、技术、制度、观念等方面的因素综合起来加以考虑。

李伯重关于明清江南生产力的个别估算数据也有待进一步验证。以对评估整体经济水平非常关键的水稻亩产量为例,布伦纳和艾仁民评论说,关于明清时期江南的人均粮食消费额、粮食输入量、水稻种植面积并没有进行"复杂运算所需的合格数据",李伯重的结论"是基于完全不可靠的估算方法之上","李实质上最后是在假定他所必须证明的东西"③。笔者认为,在可靠数据非常缺乏的情况下,利用现有的一些数据进行某些推测,这种方法无可厚非。但进行推测时必须保持高度审慎的态度。布伦纳和艾仁民提出的批评确实值得认真考虑。笔者细查李伯重的估测数字,且不论他较早时期提出的明清江南水稻单产没有明显增长的观点④,就是他近几年关于清代江南水稻亩产量的估计,也存在相互不一致的现象:他曾估计,清代中期江南稻米消费总量约为10800万石,其中自外地输入稻米约1500石,本地生产9300石,种稻面积约4050万亩,每亩产量约为2.3石;他还曾指出,输入稻米1500万石的估计数过高,实际上18世纪后期江南稻米输入量非常之小,若按不输入稻米计,亩产量就达到2.7石⑤;而在专门考察江南工业原料输入总量时,他又认为,清代中期江南每年输入的稻米远远不止1500万

---

① (美)伯尔曼:《法律与革命:西方法律传统的形成》,中国大百科全书出版社1993年版,第409页。
② 参见拙文:"资本主义兴起的法律阐释",载《史学理论研究》1999年第3期。
③ (美)罗伯特·布伦纳、艾仁民:"英格兰与中国长江三角洲的分岔:财产关系、微观经济学与发展型式","读与思"网站(www.readthink.xilubbs.com),第一部分注30。
④ 李伯重:"明清时期江南水稻生产信纸程度的提高",载《中国农史》1984年第1期。
⑤ 李伯重:《多视角看江南经济史》,第326—327页。

石,而应在 2400—3200 万石之间①。这样,关于清代中期江南水稻亩产量就有了三个数字:若按无稻米输入量计算,亩产约 2.7 石;若按输入 1500 万石计算,亩产约为 2.3 石;若按输入 2400—3200 万石(姑取其中数 2800 万石)计算,亩产约为 2.0 石。李伯重估计明代后期江南水稻亩产量为 1.6 石,清代中期如按亩产 2.7 石计,约比明代后期增加了 69%,如按亩产 2.3 石计,约增加了 44%,而若按亩产 2.0 石计,则仅增加了约 25%。水稻亩产量对于农业研究来说是一个基本问题,如果不能在这方面作出更加精确的估测,必然会影响到对江南农业经济发展的整体水平的评价。

  李伯重关于水稻亩产量的估算之所以出现相互不一致的现象,一方面是由于不同来源的原始记载本身的歧异造成的,另一方面也不能排除他所批评过的在经济史研究中广泛存在的"选精法"和"集粹法"的影响。在李伯重近些年的研究中,始终贯穿着一条主旨,就是要证明明代中期到清代中期的 300 年间江南经济的成长方式实现了从"广泛性成长"到"斯密型成长"的转变,农业和工业的劳动生产率都有明显提高,并未出现学者们普遍相信的"人口压力"和黄宗智描述的"过密化"。这种主导思想很容易产生对有助于证明生产率提高的资料的敏感性。当论证农业生产率的提高时,他可能无意识地偏爱较低的稻米输入量数字;而当论证工业的发展时,他可能又无意识地偏爱较高的稻米输入量数字。在《江南的早期工业化》一书,为了批评所谓"技术停滞"的传统观点,李伯重对江南工业在分工和技术方面的每一个微小进步都十分关注。但他列举的一些证明"明清绝非一个技术停滞的时期的"事例,如碾米由石砻、土砻改为木砻,制茶由蒸清法改为炒青法等,并不一定能使"技术停滞"论者信服,因为这些人也并非认为明清江南工业在技术上毫无进步,只是认为缺乏实质性的重大进步。

  (作者联系地址:北京行政学院学报编辑部 邮政编码:100044)

---

① 李伯重:《江南的早期工业化》,第 348—349 页。

自由与发展
——简析阿马蒂亚·森的自由发展观

郑振清

本文试图理解印度籍著名经济学家阿马蒂亚·森的自由发展观:分析他的基本思路、关键理念,介绍这种发展观所处理的两个重要议题,并从现实应用角度指出该发展观的缺陷。首先我们先从森对两个重要的发展问题的回答,了解他关于发展问题的基本思想。

20世纪50—60年代的新古典主义发展经济学家和80年代以来的新自由主义论者,习惯于将自然形成的"市场—价格机制"视为调节一切经济社会活动的原动力。但不论是自由主义或者新自由主义的"理想",都很少顺利地转化为发展中国家经济社会发展的现实。这是许多发展研究者一直困惑不解、聚讼不休的问题。对此,获得1998年诺贝尔经济学奖的阿马蒂亚·森(Amartya Sen),既坚持通过市场经济进行改革和发展的主流路线,又主张唤醒亚当·斯密倡导的将"人自身"作为根本目的的经济学伦理精神——而这屡屡被那些只强调"理性经济人"的功利经济学家所忽视。他还认为发展中国家经济改革和发展中出现的问题,要在完善市场体制和培植宽厚的经济伦理过程中逐渐解决。既要承认国家的作用,还必须承认其他组织和主体的功能。由此,他既被视为"市场的左派",又被尊为"经济学的良心"。

半个世纪以来,发展研究另外的重要关注点是经济增长和发展的关系以及经济发展的地位问题。1955年刘易斯很有代表性地说明了当时的"先增长后分配"发展观念:"我们的主要兴趣不在于分析经济分配,而在于分析增长。"①后来发展的事实证明,经济发展不仅涵盖了经济增长,还意味着随着产出的增长而出现的经济、社会和政治结构的变化,这就包括了分配问题。20世纪70年代初,英国经济学家杜德利·西尔斯指出,不少国家在各个发展阶段都发生了社会危机和政治动乱,似乎经济增长不仅不能解决社会和政治上的困难,而且某些类型的增长实际上会引起这些困难。② 这时,单纯注重增长的缺陷虽然被意识到了,但是以经济为中心的简单化发展范式自身的不足之处还没有得到认真的研究。今天,我们可以清醒地看到,经济增长和发展对促进整个社会全面发展的重大基础性作用不容否定,但是它们的核心是"物"——资本、产品及其增长率的问题,而非"人"——人被简单视为作为生产要素之一的"人力"、"劳动力",从而常常忽视了作为发展目的的人的权利、自由、尊严等根本价值问题,引发了发展的诸多挫折。阿马蒂亚·森批判了单纯的经济发展观,在发展进程中赋自由以新意,提出"以自由看待发展"的新理论,认为"发展可以看做是扩展人们享有的真实自由的一个过程"。自由既是发展的首要目的,也是促进发展的不可缺少的重要手段。森的自由发展观立足于发展中国家的现实困境,以人为本,关注贫困、饥荒、人权、自由和发展诸问题,这与具有"支配"性格的新自由主义理论要求发展中国家一味模仿发达国家道路的论说套路是不同的,因而在国际上得到了审慎看待发展问题的学者和官员的共鸣。

一、扩大信息基础:森的基本分析框架

之所以对同一事物的评价结果会有不同,根源就在于评价原则上的差异,而这种差异是由各个原则不同的"信息基础"造成的,即所侧重考虑的评价依据的范围不同。森深入反思了以往三种主要价值观看待发展问题时的信息基础,批判其狭隘性,并在"扩大信息基础"——这个更加宽厚的思想平

---

① 阿瑟·刘易斯:《经济增长理论》,周师铭译,商务印书馆1996年版,第1页。
② 杜德利·西尔斯:《发展的含义》,载罗荣渠主编:《现代化:理论与历史经验的再探讨》,上海译文出版社1993年版,第46—47页。

台上建立新的自由发展观。

这三种价值观是功利主义、自由至上主义和罗尔斯的公平正义论,它们深深影响了我们对个人与社会的关系、发展程序和结果的关系的判断。按照信息基础来分析,森指出每一种价值观都存在信息基础过于狭隘的问题。功利主义的信息基础是所有人的最大效用和福利,即单纯根据社会机制的后果来衡量事物的价值,却无法避免发生诸如漠视分配,忽略权利、自由,非效用因素易于被心理调节和适应性心态所改变等问题。自由至上主义注重的是法律所保证的最少限制的个人自由,强调程序先于后果(即所谓"绝对的自由权优先"),而且几乎不考虑后果。对此森引用自己在《贫困与饥荒》研究中的实例告诉人们,即使大规模的饥荒也可以在任何人的自由权利(包括财产权)不受侵犯的情况下发生——从而指出了自由至上论的褊狭。罗尔斯是从公平出发,导出立足于公平的一系列优先于任何其他考虑的自由权(即"作为公平的正义")。森基本赞同罗尔斯对自由和权利的重视,但认为如果要使公平意义上的"自由权优先"也适用于极端贫困的国家,就必须把作为公共物品的自由权和作为私人利益的收入、效用区分开来,给以不同的加权赋值,只有这样才能使"自由权优先"命题在更为广阔的信息基础中成立。

森的自由发展观就建立在拓宽发展评估的信息基础之上的。他提出,"聚焦于生活质量和实质性自由,而不仅仅是收入或财富……这种视角更宽广的思想与经济学专业创立之初就已包含的许多思路是一致的。""在我们集中注意商品所产生的功能而不是商品本身时,我们继承了经济学专业的某些古老的遗产。"[①]这是有历史和现实根据的:各种以商品、产出和收入为中心的现代指标,都在不同程度上忽视了人本身的基本价值,因此既脱离了经济学先驱亚当·斯密、大卫·李嘉图、威廉·配第等关注人的生活条件和幸福的深厚经济伦理传统,也无助于进行合理、全面、有效的政策指引,去促

---

① 阿马蒂亚·森:《以自由看待发展》,任赜、于真译,中国人民大学出版社 2002 年版,第 18—19 页。

进作为根本宗旨的人的发展。所以,森把发展的概念提升为促使社会上所有人们去享有各种值得珍视的生活之动态过程。"发展可以看做是扩展人们享有的真实自由的一个过程。聚焦于人类自由的发展观与更狭隘的发展观形成了鲜明的对照。狭隘的发展观包括发展就是国民生产总值(GNP)增长、或个人收入提高、或工业化、或技术进步、或社会现代化等等的观点。"此外,"自由同时还依赖于其他决定因素,诸如社会的和经济的安排(例如教育和保健设施),以及政治的和公民的权利(例如参与医疗公共讨论和监督的自由)。"[1]可以看出,这种发展观的信息基础明显超越了"收入中心论",其内涵更加深厚而宽广,其优点正如森所概括的:"以自由为基础的视角能够顾及功利主义对人类福利的兴趣,自由至上主义对选择过程和行动自由的关切,以及罗尔斯理论对个人自由权、对实质自由所需的资源的集中注意,等等。"[2]此外,森还引入了对实质自由进行测量的"可行能力方法"——按照可行能力的大小来衡量人们实际享有的实质自由的多少。

有了新的信息基础和新的方法,森信心十足地认为:"人们的自由能够以公开明晰的方式根据人们有理由珍视并追求的成果和程序来评价。"[3]新发展观的地基奠定了。

二、权利方法、实质自由与可行能力:核心概念及其内在逻辑

阿马蒂亚·森擅长运用拓展信息基础的方法分析一些人们耳熟能详的基本概念并赋予新意。他在《贫困与饥荒》(1981年)和《以自由看待发展》(1999年)这两部杰出著作中,通过对贫困、饥荒、发展等概念的重新定义,阐发了新发展观的核心理念。

最早,森创造性地运用了"权利方法"(entitlemen approach)来研究贫

---

[1] 阿马蒂亚·森:《以自由看待发展》,第1页。
[2][3] 同上,第71页。

困、饥荒以及对策问题。这实际上就是拓展对贫困现象进行研究的信息基础,从作为主体的人是否具备满足其生活需要的各种权利出发考察贫困、饥荒等问题。他认为"权利方法所重视的是每个人控制包括食物在内的商品组合的权利,并把饥饿看做是未被赋予取得一个包括有足够食物消费组合权利的结果"[1]而且,贫困必须被视为是对基本能力的剥夺,而不仅仅是收入低下,这是判别贫困的标准[2]。具体地说,他认为贫困和饥荒发生的原因,主要不在于食物或者所需物质资源供给不足,而是人们获得食物或资源的权利失败了(entitlement failure),或者从能力角度上说,获得食物和资源的能力被剥夺了(depreviation)。权利失败又有两种区分:"直接权利失败"(direct entitlement failure),指可供自己消费的粮食产量减少了;"贸易权利失败"(trade entitlement failure),这"可能是因为一个人可以通过贸易获得的粮食减少了"[3]。由于权利方法有着广阔的信息基础,所以对具体问题能开拓考察的深度和广度,"权利方法则强调不同阶层的人们对粮食的支配和控制能力,这种能力表现为社会中的权利关系,而权利关系又决定于法律、经济、政治等的社会特性。"[4]这样,森的研究就能超越单纯的经济学分析,从更为综合、更为合理的角度贴近问题本身,而不是在放大问题的某一经济层面时遗漏了其他更重要的层面。

在《贫困与饥荒》中森将自己的权利分析方法应用于对孟加拉、非洲萨赫勒和埃塞俄比亚等地区的经验研究中去,通过拓展的信息基础,把饥荒看做是经济灾难,而不只是粮食危机;这种经济灾难的关键是人们拥有或者消费食物的权利在特定处境下被扭曲、剥夺,而非粮食供给的多少。因而,"从政策的角度来看,理解这一点也是十分重要的,因为当人们需要的是粮食的权利的时候,只是把粮食运送到灾区是不够的"。[5] 森的分析方法独特而有

---

[1] 阿马蒂亚·森:《贫困与饥荒》,王宇、王文玉译,商务印书馆2001年版,第45页。
[2] 阿马蒂亚·森:《作为能力剥夺的贫困》,见:http://xueshu.newyouth.beida-online.com/data/data.php3? id=zuoweinl&db=xueshu
[3] 阿马蒂亚·森:《贫困与饥荒》,第69页。
[4] 同上,第198页。
[5] 同上,第202页。

用,正如其所说的,"在这本专题著作中,我所作出的分析是相当有实际意义的。"①而且也确实得到国际经济学界的公认。

实质自由(substantive freedom)和可行能力(capability)是森在《以自由看待发展》这部创新性著作中最为核心的概念,直接与其自由发展观紧密联系,也是继"权利方法"之后运用信息基础扩大法所取得的新成就。

森在这本书中一开始就指出他之所以提出新发展观的问题意识。他概括了20世纪经济丰裕以及民主、参与式治理、人权、政治自由观念、人均寿命、地区依赖性等要素的发展,同时指出世界仍然存在的各种新、老问题:长期的贫困、饥荒、侵犯自由权,忽略妇女利益和主体地位,等等。这些可以归结为自由权利的剥夺问题,而且都可以以这样或那样的形式,在富国和穷国观察到。② 而在以往的发展经济学文献中,往往过于注重"增长"和"效率"问题而难于全面且合理地关注上述综合的发展问题。因而,森提出克服这些新、老问题是发展的中心目标,并且必须认识到各种形式的自由对于解除这些苦难所能发挥的作用,还强调个人的主体地位对消除这些剥夺具有中心意义。此外,由于上述问题广泛涉及具体的发展进程,森在本书中就有针对性地运用关于饥荒、贫困、妇女权益等方面的经验研究来论证其观点,这使得本书的实证层面和理论体系紧密结合、相互印证。

"自由"作为贯穿全书的中心概念撑起了新发展观的整个体系架构。这里的"自由",有其明确的、独特的含义,即指人们在多大程度上、或者说有多大能力,去享受他们根据自身的理由而珍视的那种生活,森把它称作"实质自由"。更具体地说:实质自由首先是指人们具有享受起码生活水平、免于各种困苦的能力,例如避免饥饿、营养不良、可避免的疾病、过早的死亡等等,同时又包括诸如有机会接受教育、发表言论、参与社会和政治活动等等的自由。实质自由包括通常由法律规定的各种自由权利,它还进一步包括了各种"资格",比如说,失业者有资格得到救济,收入在最低标准线之下者

---

① 阿马蒂亚·森:《贫困与饥荒》,"序"。
② 阿马蒂亚·森:《以自由看待发展》,序言。

有资格得到补助,每一个孩子都有资格上学受教育。这样的自由观涉及确保行动和决策自由的个人选择"过程",以及人们在给定的个人与社会境况下所享有的"机会"。这种自由的过程层面和机会层面各具重要性,又存在明显的对照,不能把注意力仅仅局限于适当的过程上,不关注某些出境不利的人们是否遭受实质自由的系统剥夺(如当代自由至上论者有事所做的),也不能只强调适当的机会上,而不关心人们选择的自由(如功利主义者有时所做的)。实质自由的价值体现在两个方面:一是自由在发展中所起的"建构性"作用——发展旨在扩展上面提到的以及其他的基本自由,发展的过程就是扩展人类自由的过程,人类自由作为发展的至高目的具有自身固有的价值;二是自由的"工具性"作用——指关于各种权利、机会和权益是如何为扩展人类一般自由,从而为经济发展做出贡献的。森区分了工具性自由的五种类型:政治自由、经济条件、社会机会、透明性保证、防护性保障,这五种工具性自由能帮助人们更自由地生活并提高他们的整体可行能力,同时五种之间相互补充、相互增强的。

森还考察了一般人的实质自由所包容的各种具体的功能性活动(Functionings),包括吃、穿、住、行、读书、看电视、社会和政治参与活动等等,把这些活动列成一个清单,那么一个人的"可行能力"就是此人实际上所享有的、被列入其个人清单的各种活动的组合。实际生活中,每个人的这份"清单"各不相同,他们的可行能力也就有所差异。所以,可行能力也就是人们享有实质自由的实际能力。这种能力,既有天生的个人禀赋在内,但更重要的是后天的社会安排所造就的,可以用森的社会选择理论来进行规范分析和实证验证。因此,要扩展个人的实质自由以促进真正全面的发展,就要把关注的重心转向塑成个人可行能力的各种社会安排、环境因素。例如,教育和医疗卫生有助于促成个人获得就业和收入增长机会,所以必须加以重视;再如,参与民主和公开的社会讨论,能促使政府重视个人的声音并将这种重视反映在政策及其推行上,所以民主和公开讨论作为实质自由的一部分,也是可行能力提高的重要手段。

可行能力方法也可应用在贫困问题的分析上。按照森的说法,可行能力方法就是通过将基本的注意力从中间变量(means)(通常最常用的中间变量就是收入)转移到人们希望实现的最终目标(ends),或者说是转移到实现这些最终目标的自由,从而加深了对贫困和权利剥夺的特征和原因的理解。这就把实质自由的终极性、可行能力的工具性以及权利方法的基础性富有逻辑力度地串联了起来,体现了他突破"收入中心论"(income-centred)主导的旧发展观,有利于在更为宽广的视野中深入考察具体经济发展现象。

这样,我们就可以理解,森要论证的新发展观即自由发展观是,发展可以看做是扩展人们享有的真实自由的一个过程。此外,GNP或收入增长等要素可以作为工具性手段来实现扩展自由的目的,而且它们的意义也就体现在这种工具性角色中。所以,森不是要去寻找其他指标或新发展要素来取代这些工具性要素,而是通过扩大发展内涵并从"实质自由"和"可行能力"的新视角来包容这些工具性要素,重构发展的"手段—目的"框架,把发展的最高标准定位为以人为中心的实质自由,从而恢复了人自身在发展中本来应有的终极价值。

三、完善市场与面向主体: 自由发展观的重点议题

什么是发展的运行机制?如何看待发展中国家和经济转型国家中市场的作用?人在市场运行中的地位如何?这几个问题在森的自由发展观中都做了重点的讨论。

完善市场机制。阿马蒂亚·森长期被看做自由主义经济学家在发展问题上的"左翼",但是不可否认森长期以来坚持自由市场机制在发展进程中的基础性作用。

首先,森指出,在许多经济类型中,发展过程的最大成果之一便是用自由的劳动契约和不受限制的人身迁移制度,来取代人身依附性劳工和强制性劳工体制,这尤其体现在部分以传统农业社会为主的地区。以自由为基

础的开放性视角会马上注意到这个问题,而这是仅仅聚焦于最终成果的评价系统所不可能做到的。① 在此,森利用历史事实很有说服力地论证了劳力市场的自由化在发展中的关键性作用,自由对发展的建构性意义也因而得到了直接体现。

其次,森承接亚当·斯密的古典自由市场论,并在伦理层面捍卫了斯密经济理论中被后人忽视的完整性,以此来为发展和改革提供指导及解释视角。他和联合国《人类发展报告》主要作者马巴布·乌尔·哈克,早就敏锐地感受到"导致经济学诞生的广泛的人文关怀与评价经济成功经常依赖的进步规范的狭隘与机械性之间的巨大反差"②。森尖锐地指出"理性经济人"和"自利"假设并非斯密自由市场论的全部,斯密也考察了涉及经济、社会和政治关系的多种多样的价值观,并且极为重视价值观在资本主义中的作用。为此森还专门讨论了商业伦理、诚信与契约等行为准则在交换经济(市场经济)中不可替代的极端重要性。在这个意义上,森认为,欠发达国家按照国际货币基金组织的自由市场经济要求进行改革,其方向是正确的,改革在许多地方失败的原因在于市场机制不够完善,交换诚信和透明制度尚未来得及建立;而苏联和东欧国家在巨变后转轨之所以困难重重,原因不在自由市场制度本身,而在于"缺少那些对资本主义的成功运行具有中心意义的体制结构和行为准则",为此,"需要发展出另外一套具有自身逻辑和忠诚观念的新体制和规则系统。"③简言之,就是自由市场制度要有相配套的商业伦理和价值体系作为有效运行的制度环境,舍此则自由市场制度的优越性不能有效发挥。

再次,森也认识到市场的局限性在于,市场机制的理性适用于私人物品(例如苹果、衬衫等),而不是公共物品(例如环境保护、医疗保健等)。因此他批评连发展中国家的基本教育这类公共物品也要完全依赖于自由

---

① 阿马蒂亚·森:《以自由看待发展》,第 21 页。
② 阿马蒂亚·森:"简论人类发展的分析路径",载李惠斌主编:《全球化与公民社会》,广西师范大学出版社 2003 年版,第 409 页。
③ 阿马蒂亚·森:《以自由看待发展》,第 263 页。

市场的做法。从"公共物品"角度提出的超越市场机制的观点,补充了从基本可行能力的需要角度(诸如初级医疗保健和基本教育机会)提出的由社会来提供有关支持的主张。这样,森用公平补充并修正了效率,两者相辅相成。

面向主体。森指出,参照前现代时期关于"客体"(patient)和"主体"(agent)概念上的区别,以自由为中心来理解经济和社会的发展过程,是面向主体的观点。如果有适当的社会机会,个人可以有效地决定自己的命运并且互相援助。他们不应被首先看成是精心设计的发展计划的利益的被动接受者。① 这是自由发展观中精彩的论点,为发展的政策制定提供了正确的导引。

这种面向主体的观点与森所采用的可行能力方法密切相关。因为现在的"发展"对贫困地区及其人民来说具有重大意义,所以森考察了贫困和扶贫问题中的基本线索:贫困更本质地说乃是可行能力的剥夺,其中蕴含收入低下问题;可行能力剥夺作为判定处境劣势的一个标准,比收入低下更为重要。因此,扶贫问题就应该聚焦于可行能力剥夺和恢复问题上,而不仅仅是关注收入低下。在扶贫中存在对扶助对象的"激励机制"问题,即如何才能最大限度地鼓起受扶助对象的主动性来真正脱贫。这要求政府在制定政策和社会安排中,注意贫困评价的信息基础,从整体功能性活动水平以及实际达到的可行能力来给予综合的扶助。例如发放饥荒救济时,经常要求扶助对象参与一定工作和付出一定努力(例如提供就业机会),以获得不仅仅是经济收入的可行能力。森总结说,针对可行能力状况提供扶助,再减少激励性扭曲的程度,可使得政策对象的选择变得容易一些。② 这才能达到贫困人民发展的真正目的——可行能力的恢复和实质自由的扩展。

---

① 阿马蒂亚·森:《以自由看待发展》,第7—8页。
② 同上,第128页。

四、人类发展分析路径:自由发展观的应用

在发展观问题上,我们可以大致总结森的最为主要的创见:1.超越狭隘的收入中心论和单纯的效率优先论,通过拓展发展的信息基础,将其中心和目的定位在人的全面发展本身;2.权利方法作为分析贫困和饥荒问题的一个基本框架,始终围绕着人本身,对其发展和受挫(例如饥荒)进行多要素的深入分析;3.赋予抽象意义上的自由以实质含义,并以实质自由对应发展的多层面内涵,发展意味着扩展人们享有实质自由;4.强调完善市场机制和面向主体的观点,纠正了以往各种发展观对发展对象施加的被动压力。这些创见和贡献得到了国际认可,但是这种理想的理论如何得到切实应用,确实是个关键问题。

1990年以来,联合国开发计划署在森的新发展观指导下,根据与新发展观相适应的具体测量方法,每年都制定并发表《人类发展报告》。该报告采用了森的"可行能力路径"(Capability Approach),并将其完善成了一套独特的发展理论范式——"人类发展分析路径"(Human Development Approach),直接关注减少贫困、可持续发展、性别问题、全球化以及社会民主参与等问题。对此分析路径,森亲自阐释道:"我们可以较容易地将人类能够'过得更好'和'做得更多'的认识看做是人类发展分析路径的两个核心主题。"①

在《人类发展报告》中,人均GDP、预期寿命指数和教育指数是三个基本指标,综合相加得到人类发展指数HDI。但是简洁明了的HDI及其国际排名,还不足以涵盖内容丰富的人类发展分析路径。人类发展有四种最重要的基本能力:生存能力、学习能力、获得一定生活水准的能力以及参与社区的生活能力,其中前三种基本可以通过HDI反映出来,而第四种因为涉及复杂的政治自由、人权及参与问题,难于统一测量,只能在每年的报告序

---

① 阿马蒂亚·森:"简论人类发展的分析路径",载《全球化与公民社会》,第408页。

言中一再声明其重要性而已。此外,每年的报告都有自己的主题:人民的参与权问题(1993)、可持续发展(1994)、性别平等(1995)、增长与人类发展的关系(1996)、贫困问题(1997)、消费问题(1998)和人权问题(2000)、新技术问题(2001)、民主问题(2002)等,森不断丰富和完善人类发展路径的基本概念和测量工具,以应对每年报告中发展政策问题所面临的新挑战。

人类发展的分析范式在提出观点、指标之后,根据当前多数国家面临的挑战,还提炼出人类共同发展进程中的五项议程,由于这五项议程体现在多项联合国条约中,因而也被称为"纽约共识":1.以扩大受教育面和改善健康状况为目的的"社会发展"优先;2.经济增长从多方面为人类发展提供资源;3.政治、社会改革以实现民主治理为目的,保障人权、增强集体力量、扩大参与权与自主权;4.经济、社会、政治政策以公正为目标;5.全球范围内的体制改革,为欠发达国家参与全球市场、全球科技、全球信息提供更有利的经济环境。①

体现森的自由发展观的"纽约共识"和体现新自由主义发展观的"华盛顿共识"在坚持市场机制的基础性作用上是一致的,但是不同之处也是明显的:森和《人类发展报告》研究者就试图将发展经济学的重点从国民收入核算转移到以人为本的发展方针上。② Richard Jolly 则认为这两者"在目标、假设、约束、主要政策领域及绩效评估指数等方面存在着重大差异。"③可以说,"纽约共识"通过对综合发展、社会公正、一国和全球体制改革、人民自主参与等的重视,体现了经济学中常被简约掉的深厚的人文伦理关怀。

从人类发展的曲折历史经验思考:为什么还有这么多国家这么长时间没有实现经济的持续增长,也尚未达到经济与社会的协调发展?新发展观在具有强大解释力的同时,是否也具有有效的应用能力,以助于解决这两个难题?这就涉及新发展观在应用中的局限性问题。

---

① 萨基凯·福库达·帕尔:"人类发展路径分析:检阅、反思和前瞻",载李惠斌主编:《全球化与公民社会》,第 423 页。
② 同上。
③ 引自萨基凯·福库达·帕尔:"人类发展路径分析:检阅、反思和前瞻。"

应该说森基本上是在规范意义上提出了创新性的自由发展观的,但是实证层面上的现实问题是,人类发展的曲折现实常常和自由发展的理想状态一直存在不小的差距。诚如今日综合的新古典政治经济学派所言,在发展中国家多元利益漩涡中的复杂政治舞台,"看不见的脚"——利益群体和院外势力对再分配的影响——往往取代"看不见的手"去干扰经济的正常运转,这种情况下,自由发展观碰到了实证的考验:往往不得不寻求非市场力量的干预,不得不徘徊在市场调节与国家干预两个极端之间,努力寻找动态平衡点,难度很大。发展经济学的最新进展也已深入研究制度环境、社会稳定、政策调控等多要素对增长和发展的影响,自由发展观确实还需要这方面的成果的补充和完善,这样或许有助于降低这个难度。

再者,局限性问题还体现在"人类发展分析路径的包容性与人类发展指数的脆弱特性形成的鲜明对比"。① 森自己也有所反思:与国民生产总值(GNP)一样,《人类发展报告》中基础教育、寿命、人均收入这三项主要指标无一例外地将焦点集中在经济富足程度上,由它们所综合计算得出的 HDI 也是无法准确反映人类发展和贫困的复杂现实的。同时,在"赶超型"发展进程中,GNP(或者其替代品 GDP)作为一个衡量发展的"硬指标",往往被许多"发展导向"的政权奉为过于绝对的"硬道理",作为衡量政绩的单一标准。所以,森在纪念好友马巴布·乌尔·哈克时,不得不承认:"他的确成功地让世界注意到了如此简单的人类发展指数。但除此之外,人类发展指数没有任何意义。"②这可谓是他面对复杂发展现实时的一声叹息。此外,尽管森已经认识到,自由与福利有其内在的多样性,而且还受到政治、社会、法律、传染病以及其他很多因素的影响,但是这些因素构成的复杂现实被转化为一个简单的指数时,不得不丧失很大的信息灵敏度。而且,任何总指数对其多样性构成成分的连续性评估,都会倾向于将评估实践简单化。指标都难免有这两个通病,所以说断言人类发展指数的完整性只能是自欺欺人。

---

① 阿马蒂亚·森:"简论人类发展的分析路径",载《全球化与公民社会》,第 411 页。
② 同上,第 412 页。

基于以上原因,自由发展观以及人类发展分析路径的优点的充分发挥,还有赖于人类发展指数的进一步完善,甚至是森自己所说的:"超越人类发展指数"。

也许,试图通过某种新发展观或者新指数来一劳永逸地解决发展进程中的复杂现实问题,只不过又是一种新的"普世性"思维惯势,在实际工作中难以两全。但是人类的发展观念随着时代的发展而历经锤炼和持续更新,确实是一大进步。就自由发展观来说,把合理的新观念和经验研究结合起来,在具体的时空限度内开展更深入的研究工作,才是理论有效作用于现实的方法。从这个意义上说,森关于贫困与饥荒案例的理论和研究方法,可以推广应用于更多具体的发展困境研究;而自由发展观也会随着经验研究的深入,超越单纯经济要素,在综合分析中不断完善,从而发挥有效的政策导向功能,指引出更为健全、更加具体可行的社会综合发展战略。

(作者联系地址:北京大学世界现代化进程研究中心　邮政编码:100871)

"自由"的美国和"不自由"的第三世界
——评《自由美国和第三世界》

刘　青

Robert A. Packenham, *Liberal America and the Third World: Political Development Ideas in Foreign Aid and Social Science*, Princeton, New Jersey: Princeton University Press, 1973.

二战后,随着美国实力的进一步增强以及冷战格局的逐步形成,"第三世界"越来越为美国的政策制定者和社会科学家所关注。无论是通过经济、军事援助,还是像"和平队"这样的"输出民主"的计划,第三世界的发展问题都无可避免地与美国联系在了一起。然而,"自由"的美国对第三世界发展开出的药方在"不自由"的第三世界中却更多地表现为"水土不服",越南战争的失败则更是被认为是对美国第三世界政策的一大重创。在由越战引起的对美国外交政策的各种反思中,帕肯汉姆的这本书从一种更加深刻的角度,揭示出了美国自由传统的价值理念是如何塑造了美国政策制定者和社会科学家在第三世界政治发展问题上所达成的共识的。

一、作为政府政策和社会科学研究对象的政治发展

本书主要考察的是美国与第三世界有关的政策制定者和政治发展研究领域的社会科学家对第三世界政治发展的看法。范围主要划定在1947年到1968年这一段时间。作者将政策制定者们的政治发展理念称为"原则"(doctrines),将社会科学家的基本看法称为"理论"(theories)。由于政策制

定者们的理念主要体现在有关第三世界政治发展的政策上,且尤以援助政策形式表现出来,所以作者考察"原则"时,对这一时期的援助政策进行了梳理。作者认为,体现在从杜鲁门到约翰逊政府援助政策中的政治发展理念主要有三种取向。一为经济取向,认为通过援助可以促进第三世界的经济发展,而经济发展的结果自然就是政治民主、稳定、反共亲美和爱好和平等一系列的好东西,也即政策制定者眼中的"政治发展",这在杜鲁门的"第四点计划"中体现得很明显;二为冷战或安全取向,认为援助可以帮助加强第三世界国家的政治稳定,防止出现亲共的激进政权,为美国赢得盟友和军事基地,并使受援国在国际组织中成为美国的拥护者,而这些又都被认为在冷战时期有利于美国的国家安全,艾森豪威尔第一届政府和约翰逊政府时期的政策都以这一取向为主;三为更加明确的民主取向,即通过外交、直接地干预政治活动或间接地影响非政治因素而推动第三世界的政治民主和经济发展。这主要是肯尼迪时期的政策取向。(第25—109页)

作者认为,美国的政策制定者之所以会对第三世界的政治发展抱有这样的态度,除了经济、安全等其他原因外,一个很重要的因素就是受到了美国政治文化中自由传统理念的制约。所谓自由传统理念,是作者借用早年路易斯·哈滋在《美国的自由传统》一书中的用语,指由于美国文化和历史发展的独特性而产生的一种植根于民族政治文化中的一套基本理念。作者将其概括为四个方面:"1.变化和发展是容易的;2.好东西一起来;3.激进和革命是不好的;4.分权比集权更重要"。(第123—151页)作者认为,正是这一套基本理念构成了美国对第三世界政治发展的观念和思想基础。

考察完官员对政治发展的看法后,作者接着对比较政治研究领域里的学者的政治发展理论进行了一番梳理。根据作者的总结,学者的理论也可以分为三种。在20世纪50年代以前占主流的一派观点被称为"律法形式主义"(legal-formalism),这一理论将政治发展定义为英美式的宪政民主,并用一系列的"律法形式"变量和历史因素来解释政治发展,认为一个民主的宪法应该包括权力的分散、联邦制、具有竞争性的定期群众选举等要素,而种族、宗教、阶级、地理环境以及政治传统等也对政治发展产生了影响。

弗里德里希(C. J. Friedrich)、费纳(Herman Finer)等人是这一派的代表。第二种理论流行于整个20世纪50年代和大部分的60年代,以经济、社会体系和文化价值为基本取向。他们同样将政治发展定义为政治民主,但与前种理论不同的是,他们认为决定政治发展的更多的是工业化、阶级的开放程度和平等主义等这些非政治的因素。利普塞特(Seymour Martin Lipset)、阿尔蒙德(Gabriel A. Almond)等人都采用了这一方法。最后一种理论是20世纪60年代以后才出现的,信奉这一理论的人批评律法形式主义者只注意那些结构的东西,而忽视了像政府能力、政治决策、领导人应付大众需求的愿望和技能等这些重要因素。亨廷顿(Samuel P. Huntington)、艾森斯塔德(S. N. Eisenstadt)是重要的代表人物。(第195—239页)

作者回顾社会科学家的主要政治发展理论,其目的还是在于要考察社会科学家的理论和政府官员的原则之间的关系,理论有没有对原则有指导作用,它是否影响到了原则的制定。经过分析,作者得出了与其他学者很不一样的结论,即他认为,从整体上来讲,在过去的政策制定中,理论并没有产生出重要的影响,也没有能够起到指导原则的作用。因为官员对政治发展理论并不熟悉,而政治发展研究的学者的知名度也不大,没有能力影响到政策制定。不过更为重要的是,作者还指出,理论本身也不可能对政策制定提供太大的帮助,除了理论变化太快等因素外,作者认为,政治发展理论最大的失败在于它没有能用一种批评的眼光去看待政治发展原则,他没有能够为政策制定者指出局限性所在从而帮助制定更好的政策。相反,理论与原则的关系更多的表现为一种支持和提供合法性的关系。

作者认为,产生这样一种关系的原因是,理论和原则站在了同一个立脚点说话,也就是说,理论也受到了自由传统的制约。由于找到的是相同的假设前提,具备的是同样的看待问题的眼光,所以理论对原则的支持和辩护也就完全可以理解了。

二、自由传统和美国对第三世界政治发展的态度

这本书给读者最大的启示,就是从美国自由传统这个以前多被忽视的角度阐释了美国对第三世界政治发展的看法。如前所述,作者认为政策制定者和社会科学家在面对第三世界政治发展问题时都受到了这一传统理念的制约。

作者指出,在对第三世界的政策中,因为美国人从自身发展的历史上看出了变化和发展是相对容易实现的,所以他们相信促进第三世界国家实现经济社会和政治的变化也同样是容易的。他们认为只要他们提供援助就能够促进经济获得发展,而在他们那里,经济发展了,也就意味着民主、稳定和社会进步同时得到了实现。由此他们才会如此不假思索地在援助、经济发展和政治发展之间划上了简单的线性相关关系,并且如此乐观地认为在一个"相当短的时间内",他们就能帮助第三世界许多国家实现经济自助。同样,因为美国革命本身是温和的,它在很大程度上并没有造成社会的剧烈变动,甚至有学者指出,美国革命其实是在保存既有的东西。因而在他们看来,革命、冲突等暴力形式只会对经济和社会发展造成破坏,革命总是被与暴力、不稳定和反动联系在一起,他们还得出其他地区的革命和激进主义会影响到美国安全这样的结论,所以才会有从安全角度考虑,要将援助作为冷战工具的政策。而生而自由平等的美国人在对待政府的态度上,也总是认为政府就应该是宪政的、权力分散和制约的,在他们对第三世界描画图景时,他们总是按照美国自身的一套制度来设计第三世界国家的发展模式。他们无法理解第三世界国家集权和树立权威的需要,也无法理解为什么他们在拉美做出的促进宪政民主的努力总是得不到应有的回应。(第112—151页)

作者的这一系列分析可以说是很有见地的,正是因为带有着强烈的自身自由传统的影子,而没有太多考虑第三世界的实际情况,美国在促进第三世界政治发展的问题上才没有见到太大的成效。但是我们也发现,作者这

里讨论的更多的只是在美国怎样促进第三世界国家政治发展中,自由传统产生的影响,而他并没有解释美国为什么要不遗余力地在第三世界促进政治发展,其中又以民主的实现为最主要的目标。如果说是因为冷战背景下,美国人认为只有民主的世界才对美国是最有利的。那么,我们不禁又要问,为什么美国将其他地区的民主与本国的安全和利益联系在一起,为什么在其他国家我们没有看到如此大规模的"输出民主"的活动。如果说是因为"革命和激进主义是不好的",是会影响到美国的安全,那么,对于没有发生革命和激进冲突的国家,美国为什么也要施以援助,以帮助其获得经济发展乃至政治民主呢。对此,作者并没有给出一个明确的答案。但是,从美国的自由传统中,我们依然可以找到一种解释的角度。

我们知道,美国是一个由清教徒建立的民主国家,在清教的理想中,存有一种"上帝选民"的意识,即他们认为自己是世界上第一个民主自由的国度,是上帝眼中又一个耶路撒冷,而上帝赋予他们的使命就是要成为民主的楷模和榜样,如果说这一榜样在美国实力尚未强大起来之前是表现为孤立主义,以"自由的灯塔"、"山巅之城"的形象出现在世界舞台的;那么,二战后,美国崛起为世界上实力最雄厚的国家后,这种榜样就表现为了参与和干涉世界事务,向世界各地传播民主。在肯尼迪的一系列推动民主的计划中,这一理想主义的理念表现的非常明显。而同时,美国人也将民主和国家的安全利益联系在了一起。因为美国建国的神话和清教的民主学说认为,人是有理性有道德的,人与人之间的分歧可以用情理和道德规劝来解决。在民主的社会中,个人之间的权力是平等的,因而道德和理智就能正常的发挥作用,分歧也就不会酿成冲突,人和人之间处在一种和谐的状态中。这种和谐而又和平的状态在美国人那里只能是与民主联系在一起。斯帕尼尔说,"美国人从来没有问过自己,他们是不是靠民主才享有和平;也没有问过他们这种自然状态的和平是不是由于其他力量造成的。"[①] 但美国人却坚信,在不民主的国家里,人们的道德和理智由于滥用权力而败坏,掌握权力的人

---

① J. 斯帕尼尔:《第二次世界大战后美国的外交政策》,商务印书馆1992年版,第11页。

往往不会顾及到平民百姓的疾苦,分歧常常演变为冲突和战争。因而他们得出的结论是,不民主的国家生性好战并且邪恶,不民主的国家对民主的国家构成了一种威胁,美国的自由是与世界其他地区的民主和自由联系在一起的。

　　作者的讨论并没有提到上述这点。历史学家雷逊马说,帕氏没有能够意识到美国的发展理念与国家特性和国家使命观的关系。① 在我看来,帕氏虽然是在批判这种自由传统导致的美国对第三世界政策的失败,但他的前提预设中却也或多或少地隐含了这种与国家使命观有关的自由传统的色彩。因为美国独特的使命观的另一个方面还体现在,美国对其他国家负有道义上的责任,美国的对外政策中,对国家利益的追求是和对道德的追求密不可分的。作者没有质疑美国干预第三世界国家发展的合法性问题本身就表明,他似乎已经默认了使命观中美国对第三世界"应尽的责任"。虽然他反对美国向第三世界"输出民主",但他认为美国应该帮助第三世界国家实现经济发展,他说,"第三世界国家的经济发展水平太低,贫国和富国之间的差距太大,因此美国不能不承担起对第三世界国家的义务。"(第114页)在分析美国促进第三世界国家的利益时,他又认为,"美国如果忽略了第三世界的贫穷国家,美国就很难维持它的道德。"(第328页)由此我们可以看出,作者也没能完全摆脱美国的自由传统的束缚,他仍是站在"自由传统"的基础上来批判自由传统的。

　　认为自由传统对社会科学家的政治发展理论也产生了重要的影响是作者的又一个观点。在本书的序言中,作者自己说,他的著作超过了以前例外论学者的著作的一个方面就在于,他指出了美国的自由传统对一向被认为对此有免疫能力的社会科学家们也产生了深远的影响。(序言第15页)为此作者对社会科学家研究第三世界的政治发展理论进行了分析,他发现这些理论中的很多方面都暗含了自由传统的几个基本假设。比如说,在20世纪60年代中期以前,学者们对政治发展的定义都是单性式的,即认为政治

---

① 雷讯马:《作为意识形态的现代化》,中央编译局出版社2003年版,第21页注释1。

发展一定是向着前进的方向运动的,由此显露出的乐观主义正是美国传统中"变迁和发展是容易的"体现。而学者在关于政治发展目标的讨论时,也少有对其加以排序的,他们和政策制定者们的想法是一样的,即这些目标应该是可以同时实现的。在看待改革和革命的问题上,学者和官员的看法也无有二致,很少有学者会对改革和革命的发生条件进行具体分析,大家的看法都近乎一致地认为渐进的改革才是正确的选择。而对分权的偏好在学者们定义的"政治发展就是实现美国式的宪政民主"中也表露无疑。(第287—291页)

作者提出的这一看法,对当时的学术界有很大的启示作用。越战后期,很多人就已经开始对美国卷入这场战争进行反思了,人们越来越多地质疑美国的外援政策以及为这一政策提供观念和思想基础的现代化理论。而作者对政治发展理论与美国自由传统的关系的考察则无疑为这一反思指明了一个方向。学术中立的神话被打破了,当学者们正在指责是政府官员们的做事不力才使得第三世界的发展目标没有实现时,作者的这一观点无疑如冷水一般泼醒了自鸣得意的学者们,促使他们开始自我省察,在某些问题上,他们是否真的是"中立客观的",他们的理论中又带有了多少"种族中心主义"的色彩。此后,关于对这一问题的考察仍有不少论文论著出版,前文提到的雷逊马《作为意识形态的现代化》一书,对这一问题的考察更加深入,"社会科学所使用的辞藻,所提出的概念框架,所宣扬的思想,都体现了一种更广泛的自由国际主义观点,体现了这种观点对美国社会的性质的认知,也体现了一种认为美国可以通过投入自己的力量而引发全球大转型的信念。"①

那么,如何去看待社会科学家也深受美国自由传统理念的影响这一问题呢。我想,这一方面在于美国社会自身的特殊性。如例外论学者所说,美国的这一自由传统产生于其建国的神话和美国人对自己国家独特性的认知中。而这一政治文化传统一经产生后,"在一个政治文化稳定的国家

---

① 雷讯马:《作为意识形态的现代化》,第12页。

中,……就会有一种执著的倾向。"迈克尔·亨特发现,美国的社会文化有着其他国家少有的延续性,而在美国的历史发展中,大的社会制度断裂或重组也几乎没有,这就为这种自由传统的存续提供了良好的土壤。在美国,"伴随着体制结构以及社会与政治的价值观的延续而来的是外交政策领域中意识形态的长期延续,这在近代世界性大国中是绝无仅有的。"① 另一个方面,社会科学自身的研究特点也使其容易受到政治文化深层次的影响,社会科学不同于自然科学,自然科学研究的对象是一个"给定"的世界,由此可以对其进行"客观"的描述;而社会科学的研究中,研究者很大程度上是要介入到研究对象中去的,这种介入往往就会把研究者本人所持有被认为是不言自明的观点、价值和政治立场带入到研究中去,从而影响到研究结果。② 并且,社会学自身方法论中所追求的"科学性"就也注定它容易犯狭隘的普世主义的错误。除了作者研究的政治发展领域,社会科学的其他领域,像经济学、社会学等在对第三世界进行研究中都受到了这种自由传统的影响。

然而,就政策制定者和社会科学家而言,怎样才能超越这种自由传统的束缚,作者对此没有抱太过乐观的态度。在作者看来,只有美国社会本身发生变化,种族问题和其他社会问题得到较好解决后,人们才能纠正自己这种错误的认知观念。

二、如何看待第三世界的政治发展

作者主要考察的是美国官学两界在第三世界政治发展问题上的看法,而在对他们的看法进行分析和评估的时候,作者也表达了自己在政治发展问题上的基本观点。

首先是政治发展的定义。政策制定者和社会科学家都将政治发展定义为稳定、民主、反共亲美、和平等一系列的要素,而尤以美国式的宪政民主为

---

① 迈克尔·亨特:《意识形态与美国外交政策》,世界知识出版社1998年版,第15页。
② 安东尼·吉登斯:《社会理论与现代社会学》,中国社会科学出版社2003年版,第32页。

最重要的标准。但是作者认为,这样一个定义并不符合第三世界国家的实际情况,并在很大程度上带有种族中心主义的色彩。因为对于第三世界国家来说,首要的任务不是政治体系的民主化,国家的团结和整合、政府能力和权威的增强,对国家事务的广泛参与等看起来要比美国的宪政民主对第三世界国家的实际需要来说更重要。作者看到,对于第三世界国家来说,变革和经济发展是当务之急,所以他认为,在这些国家里,政治发展不应该只被看做是一个目标,而应该同时被视为一种手段来实现领导人和大众对经济、社会和政治发展的需要。为此,作者提出了他对政治发展的定义,他认为政治发展应该被定义为一种愿望和能力,这种愿望和能力能够应对特定情况下的最重要的价值需求,并能产生朝向实现这一价值需求的持续变革。具体地说,经济发展、个人自由和社会公正是第三世界国家当前最重要的三个价值需求。而从历史发展的事实中,作者发现,威权主义的国家要比民主国家能更好的实现这几个价值。因为威权主义政府能够更好地促进经济发展和社会公正,而又不会"严重"地影响到个人自由。(第338页)且不去说怎样去界定这一没有"严重"破坏个人自由的程度,单从后文来看,作者为了表明自己并没有忘记自由这一重要的价值,还特地强调了在一些威权主义国家里,个人自由是可以得到保障的。由此,我们不禁要问一句,在作者的眼里,经济发展、社会公正和个人自由这三者在威权主义政权下的实现,是否也有些"好东西都一起来"的味道呢?

第二是关于如何促进第三世界国家的政治发展。在分析对第三世界援助的经济取向时,作者最先就对经济发展导致政治民主这一命题提出了质疑。在这一点上,作者站在了亨廷顿一边,作者否定了经济发展和政治民主间存在的明确的线性关系,认为经济发展有可能会带来政治民主,而更大的可能是导致出现政治衰败。同样,对于像肯尼迪总统那样的"直接输出民主",作者也是持否定态度的。作者认为,这样一种政策具有太强烈的种族中心主义的色彩,并且在实践操作上也不是那么容易。他指出,美国人"应该学会如何生活在一个多样的世界中"(第191页),并适当地要去理解特定情况下第三世界国家激进革命和威权政府的必要性,因为在很多第三世国家里,实现民主的条件并不具备。在这一点上,作者无疑是有卓见的,至少作者认识到了美国种族中心主义的偏见,开始置疑适用于美国的那一套民主模式是否一样适用于其他地区,这在20世纪60年代后期逐渐为不少学者所深刻反思。

三、社会科学和政府政策的关系

本书一个重要的方面是在社会科学和政府政策关系上的讨论。在此,作者的观点可以被分解为两个方面:一是作者认为,在政治发展研究领域,社会科学家没有能够扮演好批评者的角色,他们一味地对美国在第三世界促进政治发展的政策表示了支持和为其提供了合法性。二是认为社会科学应该指明某种理论的适用性和不可行性,从而为政府政策提供更好的帮助。

对于第一点,作者的分析是,社会科学家个体在进行研究时应该以发现事实、追求真理为己任,他的结论可能是对政府政策的支持,也可能是批评。这样从社会科学家整体来看,情况就应该是既有批评又有支持。但是令作者感到不满的是,在政治发展研究领域,美国的社会科学家都站在了政府一边,批评的声音几乎没有,作者指出造成这一现象的原因是政治发展理论家受到了自由传统的影响。

其实,作者的这一分析涉及了社会科学研究的立场问题。对于一个社会科学家来说,他在进行研究时,不可能不受到其社会背景和民族文化传统的影响,尤其是在美国这样一个有着高度意识形态共识的国家里。那么怎么去看待社会科学研究的"客观性"呢,我想研究者能做的应该是尽可能地减小所受到的影响,从自己独立的思考出发,多方面的考虑研究对象,并避免受到利益的诱惑和引导。这样,研究得出的结论才能说是在"追求真理",也才是可以被接受的。

而且,对于社会科学研究来说,为政府政策提供合法性,这正是其所应承担的一项职能。在这一点上,美国的历史可谓不乏其例,特纳的边疆说为美国的大陆扩张做了合理的解释,社会达尔文主义支持了美国的海外扩张。

冷战开始后,在一种国家安全体制的动员下,美国社会在意识形态上可谓达到一种前所未有的一致,知识分子们更是主动地成为政府政策的拥护支持者。作者从共识角度解释的批评立场的缺乏由此是合理的。① 其实,在美国历史上,虽然出现过著名的批判社会现实的进步运动,但更多的时候,知识分子对政府还是以支持和认同为主,这当然是与美国社会的高度共识性有关。并且一般说来,只有在出现美国社会重大危机时,美国人才会进行深刻的反思,从而出现大量对现实的批判,越战以及20世纪60年代在美国出现的社会危机,正是本书的一个写作背景。

对于第二点,作者认为,如果社会科学仅仅指出某一结果的不可能性,则据此制定的政策就太过保守;如果只关注可能性,则又会有不切实际的危险。所以他提出,社会科学研究应该指明在什么情况下将可能会出现什么样的结果,这样才能为政策制定提供帮助。从作者的分析中,我们能够看到一种对社会科学研究的自信,一种认为社会科学研究能够被应用于政策制定的洋洋自得。而这正是与美国社会以及美国社会科学研究的特性有关。美国是一个非常务实的国家,由此,他们的学术也是非常有实用性的,它与欧洲仍存在的"象牙塔"似的学问不同。正如托克维尔所观察到的,在美国,工具技艺要比哲学思辨受欢迎得多。② 反映在社会科学研究中,美国人就往往认为社会科学研究一定能够为解决某项社会问题提供帮助。就像自然科学能够解释清楚自然界的问题一样,社会科学也一定能将人类社会的问题分析得一清二楚。

总的说来,本书是以美国政学两界对第三世界政治发展的看法为切入点,对美国的自由传统进行了深刻的反思。记得王缉思在考察美国对华政策时曾经说过,"外交行为受政治领导人思想意识的支配,而领导人的外交思想不仅是在对外部环境长期做出反应的基础上形成的,也是本国、本民族

---

① 参见牛可:"国家安全体制与美国冷战知识分子",《二十一世纪》(香港)2003年10月号,第28—41页。
② 托克维尔:《论美国的民主》,商务印书馆1988年版,第518—519页。

的政治文化、观念形态的反映。"①作者则进一步指出这一思想观念也影响到了社会科学界。这在很大程度上给予我们很大的启示。但是同样,我们也可以看出,身为美国社会科学家中的一员,作者也并未能完全跳出这一传统观念的束缚,他对美国第三世界政策做出的诊断和在具体操作层面上的详细分析都表明,作者的目的是希望能够帮助美国完善其对第三世界的政策,是希望将其变得更加切实可行,而并未从根本上对其加以否定。

(作者联系地址:北京大学世界现代化进程研究中心 邮政编码:100871)

---

① 王缉思:"美国外交思想传统与对华政策",载于中国社会科学院美国研究所(编):《中美关系十年》,商务印书馆1989年版,第130页。

政治权威主义与现代化

读《新加坡——"权威型"政治下的现代化》

闵凡祥

陈祖洲：《新加坡——"权威型"政治下的现代化》，
四川人民出版社 2001 年版。

现代化被认为是"一个'匀质'的运动"或"一个'同质的'过程"。但现代化的道路是多样的。新加坡的现代化属于现代化的东南亚模式，但它又在多方面有自身鲜明的特点。对此，南京大学陈祖洲先生的近著《新加坡——"权威型"政治下的现代化》做了系统的研究和总结。

从 1819 年沦为英国的殖民地开始到 1959 年获得内部自治的 140 年的时间是新加坡的英国殖民主义统治时期。近一个半世纪的英国殖民统治为新加坡日后的独立留下了一笔丰厚的遗产（物质的和精神的），形成了新加坡现代化的基础和前提[①]。但是，新加坡在独立时却并没有作好成为一个独立的国家和启动现代化的准备，因为它是被迫独立的[②]。独立之时，新加坡没有形成一支强大到足以接替英国殖民统治对当地进行有效统治的阶级力量，国民政治意识淡薄，政治参与程度比较低。新加坡资产阶级中受华语教育的民族主义者虽具有一定的经济实力，但却没有足够的政治力量促进自己的利益。这决定了新加坡独立后的政权必然落入受过英语教育、其利益同外国资本紧密相连的人民行动党所代表的阶级手中。

[①] 陈祖洲：《新加坡——"权威型"政治下的现代化》，第 96—99 页。
[②] 参见陈岳、趁翠华编著：《李光耀——新加坡的奠基人》，时事出版社 1990 年版，第 21 页。李光耀曾说过，"没有哪个头脑清楚的人会相信一个孤单的新加坡可以独立"。参见[英]W.G.赫夫：《新加坡的经济增长——20 世纪里的贸易与发展》，中国经济出版社 2001 年版，第 23 页。

以李光耀为首的人民行动党获取政权后,通过排斥左翼,镇压工运和学生运动,在新加坡建立一党专政政体,政党与国家融为一体。在这种政治体制下,公民非政治化,政治参与参数极小,政治同公民大众隔离,竞争性政治活动受到限制,公民基本上不能或很少有机会影响政治和经济决策;党国一体;政治角逐在人民行动党控制的议会内进行;伴随官僚和行政部门的扩展,官僚的权力和作用增加;国家是经济社会生活的主导。人民"有自由而无民主"。人民行动党所建立的这种"权威型"政治,是通过议会、法律、社会福利(住宅、中央公积金)等来实现的。一党议会的建立保证了新加坡公民的非政治化,议会成了资源分配和权力角逐的中心,除此以外的政治竞争被排斥;法律保证了对政治异端的惩治,保证了"权威型"政治的运作;社会福利通过将公民固定在国家提供的住宅中,剥夺其他生存手段,保证了政治异端的最小化。①

按照西方现代化理论,政治民主化是现代化的一个不可逆转的潮流,具体表现为个人和团体通过选举竞争政府职位,多党政治,政府领袖定期更迭,政府依照民意施政,公民享有言论、出版、集会、结社等的自由。但是,新加坡现代化的最大特点就是缺乏民主。人民行动党在上台伊始就宣布:"为了经济发展和安全的缘故,为了阻止共产主义的压迫,发展中国家的一些自由必须被牺牲"②,过多的民主等同于不稳定。时任第二副总理的 S. 拉贾拉南曾在 1982 年对政府工会会员说:"反对派的民主理论至少就新加坡而言是建立在欺诈的基础上……没有反对派进入议会能使政府统治得更好……坦率地说,反对派的作用是保证坏政府"。③ 这就向研究者提出了一个问题:在现代化基本完成的新加坡,"权威型"政治存在的基础是什么?陈祖洲先生将其归纳为如下三点④:

(1) 人民行动党治下新加坡经济的成功是"权威型"政治能够实施的一

---

① 陈祖洲:《新加坡——"权威型"政治下的现代化》,第 116—117 页。
② *The Times*, 1972.5.25.
③ Christopher Tremewan, *The Political Economy of Social Control in Singapore*, p. 158.
④ 陈祖洲:《新加坡——"权威型"政治下的现代化》,第 156—159 页。

个前提条件。先行的经济现代化为人民行动党的"权威型"政治提供了合法性基础。人民行动党保证了新加坡经济的成功,这不仅表现在它能不断满足公民变化的需求,还表现在它不只是保证了少数人,而且保证了绝大多数人的物质利益。虽然自 20 世纪 80 年代中期开始,人民行动党的政策遭到各种质疑与批评,但由于政府在对付人民需求方面继续成功,所以仍能够对社会进行有效的控制,人民行动党仍然能得到绝大多数新加坡人的支持。民众"保持人民行动党的优势能保证经济奇迹的发生"的信条是他们支持人民行动党的根本原因。对许多新加坡人而言,如果没有人民行动党那将是不可想象的[①]。

(2) 新加坡的"权威型"政治具有民主的外壳,因而具有某种"合法性"。在外表上,新加坡的政治不仅具有西方民主的各种因素,而且普通民众有"参与政治"的渠道,如报纸设有专门表达民意的信件栏等。但这种"渠道"是受政府高度控制的。

(3) 新加坡独特的政治制度所依赖的传统文化和价值观与西方不同。儒家文化及其所包含的价值观念为新加坡的社会和政治提供了形而上的基础。

"权威型"政治的确立,使人民行动党得以加强社会凝聚力,提高社会动员和政治动员能力。它产生了新加坡出口导向工业化所需的劳动力;它将工人阶级和少数种族整合进资本主义社会关系,造成新加坡社会的稳定,为吸引外国的投资和技术提供了可能;它使人民行动党能够根据国内外形势的变化及时调整其政策,保证了新加坡经济的快速增长。从某种意义上来说,没有人民行动党的"权威型"政治,就不可能有新加坡的经济现代化。[②]

陈祖洲先生抓住了新加坡现代化的根本特点——"权威型"政治,并紧紧围绕这一中心展开论述,将国内对新加坡现代化的研究推向了一个新阶段。这主要表现在陈祖洲先生对一些问题的独到见解与认识上。

---

① Bilver Singh, *Whither PAP'S Domnance? An Analysis of Singapore's 1991 General Elections*, Malaysia, 1992, pp. 38—39.

② 陈祖洲:《新加坡——"权威型"政治下的现代化》,第 159 页。

(一)新加坡是一个以华人为主题的社会,其经济发展的成功与否,很容易被同儒家的文化传统与价值观念联系在一起。以儒家伦理为代表的传统文化价值观在新加坡的经济现代化过程中究竟起什么样的作用呢?中国儒家文化是否比西方基督教文化更能推动资本主义的发展?对于这些问题,不同的历史阶段有不同的认识与观点。概括起来大致有两种:即阻碍说和挑战说。当代西方著名的社会学家、文化比较研究的先驱马克斯·韦伯(Max Weber)在对儒家文化的特性进行分析后指出,儒家文化是导致中国乃至亚洲国家缺乏资本主义发展的动力的根本原因。[①] 在 20 世纪 60 年代,美国学者则大多认为儒家伦理从根本上说来是与现代化,特别是理性化格格不入的,儒家思想与飞速发展的现代化是不相容的。[②] 随着东南亚新兴工业国家经济的成功,在 70 年代末期和 80 年代初,人们对这一问题又有了新的认识,认为 20 世纪 90 年代和 21 世纪初,对西方的挑战不会来自苏联或中东,而是来自东亚,并且这种挑战将是全面的,从经济发展的模式一直到基本的价值观。[③] 在他们之后的研究中,人们对这一问题的探讨更进一步深入与具体。一大批受过西方教育的华裔学者也加入到讨论研究中来。这些学者普遍认为,儒家文化中所包含的伦理精神是与清教伦理有着相等的功能的,正是这些伦理对"新型资本主义"(彼德·伯杰将其称之为"现代资本主义"或第二次现代化浪潮)的兴起做出了贡献。[④] 陈祖洲先生则认为,关于儒家文化与新加坡现代化的关系问题的讨论,应放在新加坡这

[①] 参见杜维明:《新加坡的挑战:新儒家伦理与企业精神》,三联书店 1989 年版,第 100 页。

[②] 参见 Joseph K. Levenson, *Confucian China and Its Modern Fate*, Califolia University Press, 1968.

[③] Roderick MacFarquar, "The Post-Confucian Challenge", in *The Economist*, February 1980.

[④] 参见杜维明:《新加坡的挑战:新儒家伦理与企业精神》;CDIS, *Confucian Ethics Textbook Secondary Three*, Singapore: Education Publications Bureau, 1985.;Peter L. Berger, *The Capitalist Revolution*, England: Wildwood House, 1987. 目前国内学者对这一问题的看法观点基本一致,即认为新加坡独立后的现代化是东西方两种文化相互融合、相互作用的结果。参见王文钦:《新加坡与儒家文化》,苏州大学出版社 1995 年版;马志刚:《新兴工业与儒家文化:新加坡道路及发展模式》,时事出版社 1996 年版。

一特定背景下进行思考,既要看到儒家文化对新加坡现代化的推动作用,如儒家文化支撑了人民行动党"权威型"政治的基础,对新加坡人的文化和心理结构方面,行为方面,甚至在总的精神趋向方面都有重要影响,但也要看到,儒家文化不是惟一对新加坡现代化产生影响的文化。在具体阐述这一问题时,要处理好这样一些问题。①

第一,新加坡社会是一个由多种族构成的移民社会,不同种族的文化对新加坡社会产生了不同的影响。我们在解释新加坡现代化成功的原因时,不能片面强调其惟一性而排斥其他因素的影响,必须将东方和西方的价值观结合起来考虑,从而对独特的新加坡情形作出适当的解释。正如美国匹兹堡大学教授许倬云先生所言:"……新加坡已经是这样一个国家:她的成功不仅在经济方面,而且也在她的社会以及人的性格和成就上,四个伟大的传统在这里快乐地和平共处……";就李光耀个人而言,他更是"东西方文化的美丽结合"(日本前首相宫泽喜一对李光耀的评价)。②

第二,在新加坡实际上有两种伦理在起作用,一种是年轻人推崇的、更注重个人的清教伦理,一种是比较年长的一代更注重的儒家伦理,这当中存在一种价值趋向的冲突。这种冲突产生某些积极的后果,也会产生某种紧张、矛盾和冲突。

第三,儒家文化中既有与现代化相和谐的因素,也有阻碍现代化发展的因素。认为儒家文化促进了东亚现代化的理论,实际上是忽视了儒家学说中非理性的方面,在方法论上犯了以点带面,以偏概全的错误。同时,强调儒家文化是现代化的动力,在某种意义上也是将东西方的价值观对立起来。儒家文化中促进现代化的只是其与现代化相和谐的一部分,而不是全部。

第四,作为一个多民族和多种族的社会,新加坡有其普遍化的文化发展趋势,这种趋势受制于新加坡人民行动党与外国资本结盟的策略,具体地说是寻求文化认同和普遍观点的综合,是将各种文化进行创造性的一体化。

---

① 陈祖洲:《新加坡——"权威型"政治下的现代化》,第 201—203 页。
② 杜维明:《新加坡的挑战:新儒家伦理与企业精神》,三联书店 1989 年版,第 173 页。

对新加坡这样的多种族社会而言,挖掘文化的本源,从而达到社会的共同泉源,才是惟一的途径。新加坡独立后,人民行动党所做的实际上就是将西方的竞争性与儒家伦理的勤奋结合到一起,使儒家伦理变得与西方的广泛挑战更加相容。

总之,儒家伦理和企业精神之间不是一种单一的因果关系。新加坡现代化的成功首先是西方直接输入资本主义生产方式的结果,在这当中儒家文化或中国文化的若干传统因子发挥了协调作用,使资本主义移植东亚后出现了许多与原产地不同的形态,发展出了比西方形态资本主义更具增长动力的东方形态资本主义。可以说,西化带来了资本主义生产方式、生活方式、先进技术和新价值思想,而本土文化则对其进行扬弃、整合和调节,从而结合本土文化结构的基本规范而促进东方形态的资本主义现代化。①

(二)统一的现代民族国家是现代化的载体,是现代化的组织者、实践者和促进者。现代化的启动与顺利进行需要有一个稳定的政治与社会环境。社会的多元状态是不利于社会稳定与现代化的。一个社会的多元主义程度越高,骚乱和武力干预的频率也就越高;高水平多元主义的国家倾向于在政治上不稳定和产生暴力……因社会多元产生的种族仇恨和暴力以及由此产生的种族独立和政治骚乱所引起的破坏作用比阶级革命更大。文化多元和种族分层是政治骚动的根源。② 一个新建国家要达成共识、秩序和稳定,获得政治、经济和社会的发展,一般是要减少文化多元和种族团体间的不平等,发展共同的信念、规范和价值观,使特定国家的人民具有共同的价值观、社会巩固感和命运感。一个国家的建国过程就是社会精神和归属感的恢复与确立。在发展中国家,这一目标通常是通过非多元化(depluralization)过

---

① 陈祖洲:《新加坡——"权威型"政治下的现代化》,第 203—204 页。
② 参见 Marie Haug, "Social and Cultural Pluralism as a Concept in Social System Analysis", in *American Journal of Sociology*, Vol. 73, 1967; Clifford Geertz, "The integrative revolution: primordial sentiments and civil politics in the new states", in C. Geertz ed.,*Old Societies and New States*, New York, 1963.

程来实现的。通过同化或整合①,破坏种族界限,实现种族认同,最终将种族分层转化为以个人,而不是以种族为基础的差异,将人们对种族的忠诚与认同转化为对国家的认同与忠诚,形成共同的社会价值观念。

新加坡是一个多元社会。多元种族与多元宗教、多元语言、多元文化交织在一起,形成独立前新加坡的一个基本的特征。新加坡的非多元化是通过整合(文化整合和结构整合)来实现的。通过整合,新加坡原有的多元文化和种族团体消除个性,发展共性,相互融合,形成一种独特的新文化和新的社会结构与机制。在这一过程中,各种种族认同和界限消退,新的、跨种族的国家认同和共同的社会价值观念形成。新加坡逐渐从独立前的多元社会转变为现代社会,成为一个"同质"的共同体。陈祖洲先生认为,目前的新加坡文化不是原有的某一种文化对另一种文化侵蚀的结果,而是不同文化因素的综合和提升,是一种新文化,包括西方文化在内都是这种新文化和综合文化基本的、不可分割的部分。② 这有别于认为新加坡文化是单一的华人文化(或儒家文化)或华人文化(或儒家文化)占主导的传统观点。

(三)在"城市化"一节中,陈祖洲先生对认为新加坡尚未形成一个"中产阶级社会"的说法③进行了批判。他指出:中产阶级社会是否存在并不在于中产阶级的数量,而在于这种社会的独特性,在于一些价值关的支配作用。同样,一个阶级也可能人数不多,但可以占不成比例的政治影响。新加坡在

---

① 同化(文化同化和结构同化):文化同化指附属团体将支配团体的文化内在化,在这一过程中,附属团体相应地失去自己的文化,是一个单向的过程,其最终结果是只有占支配地位的团体存在,并形成同质的社会。结构同化指完全废除所有的歧视和种族隔离,在这一过程中,附属团体日益失去其结构特性,变得越来越像支配团体;整合(文化整合和结构整合):文化整合指将两个或两个以上的文化融合在一起,产生一种独特的新文化。在这一过程中,各种种族认同和界限消退,新的、跨种族的国家认同形成。结构整合指形成联结两个或两个以上种族团体的机制,消除非共享的机制,产生出一种新的社会结构和机制。(陈祖洲:《新加坡——"权威型"政治下的现代化》,第219页。)

② 陈祖洲:《新加坡——"权威型"政治下的现代化》,第256页。

③ 他们认为,"中产阶级社会"等于出现了"一个阶级的社会",但研究表明人们并未集中在一个同质的、中间的区间,并且蓝领工人或体力工人的比例为52.7%,说明"中产阶级社会"是一个神话。参见 Stella R Quah etal eds, *Social Class in Singapore*, Singapore, 1991, p. 3, 71, 78.

独立后经历了中产阶级的迅速扩展。① 以致有如此论断:新加坡"几乎是亚洲惟一存在真正中产阶级的地方"。②

诸如此类的独到见解,在书中还有很多。限于篇幅,在此不再赘述,留待读者自己去慢慢发现和体味。

(作者联系地址:南京大学 47 号信箱 邮编:210093 E-mail:mailmin2002@sohu.com)

---

① 陈祖洲:《新加坡——"权威型"政治下的现代化》,第 260 页。
② [英]W.G. 赫夫:《新加坡的经济增长——20 世纪里的贸易与发展》,第 25 页。

现代化研究论文及著作索引(2000—2001)

一、论文

现代化总论

1. 钱乘旦:"世界近现代史的主线是现代化",《历史教学》,2001年02期。
2. 钱乘旦:"反现代化——一个理论假设",《学术界》,2001年04期。
3. 张云飞:"马克思社会发展理论的结构向度",《中国人民大学学报》,2000年06期。
4. 董正华、林被甸(Dong Zhenghua & Lin Beidian): "The Rise and Development of Studies on Modernization in 20th Century China," *Social Sciences in China* ,2000年04期。
5. 吕强盛、路军:"近年来社会发展与现代化研究的不足",《山东大学学报(社会科学版)》,2000年04期。
6. 刘艺书:"现代化的跨学科多视角研究",《国际关系学院学报》,2000年02期。
7. 陈浩:"马克思的'世界历史'理论与人的现代化",《宁波大学学报(人文科学版)》,2000年01期。
8. 李景鹏:"《共产党宣言》与社会主义现代化",《江苏社会科学》,2000年01期。
9. 洪银兴、沈坤荣、何旭强:《经济增长方式转变研究》,《江苏社会科学》,2000年02期。
10. 赵凯:"现代化必须奠基于传统",《21世纪》,2000年02期。
11. 冯钢:"关于中国近代史研究的'现代化范式'",《天津社会科学》,2000年05期。
12. 安然、王洛忠:"试析经典现代化理论中'人的现代化'理论",《天津社会科学》,2000年05期。
13. 赵克荣:"人的社会化与人的现代化",《社会科学研究》,2001年01期。
14. 张敬梅:"关于传统与现代化的断想",《武汉大学学报(社会科学版)》,2000年S1期。
15. 邓子美:"太虚与马丁·路德——现代化视角下的中西宗教改革比较",《世界宗教研究》,2000年01期。
16. 尹保云:"现代化意识形态发展的模型",《战略与管理》,2000年04期。
17. 尹保云:"构建现代化的国家意识形态",《中国改革》,2000年12期。
18. 陈明明:"现代化进程中政党的集权结构和领导体制的变迁",《战略与管理》,2000年06期。
19. 衣俊卿:"发展理念的更新",《学习时报》,2000年08期。

20. 马福云:"东亚现代化中的儒家文化及其发展前景",《国外社会科学》,2000 年 04 期。
21. 李晓男、郑维东:"论儒家传统与现代化",《辽宁教育学院学报》,2000 年 03 期。
22. 李作言:"对文化民族主义思潮两种观点的评述",《国际观察》,2000 年 02 期。
23. 侯传文:"论东方的现代化",《当代亚太》,2000 年 02 期。
24. 冯科:"工业化、现代化与信仰问题",《福建论坛(经济社会版)》,2000 年 06 期。
25. 尹全海:"现代化:世界发展的共同课题",《社会主义研究》,2000 年 01 期。
26. 胡志强:"文化帝国主义:一种现代化语境分析",《国际论坛》,2000 年 01 期。
27. 李拓、李卓鹏:"论现代化与精神革命",《山东社会科学》,2000 年 03 期。
28. 沈荣华:"法治现代化论",《苏州大学学报(哲学社会科学版)》,2000 年 04 期。
29. 王兆良、朱梅福:"简析市民社会与市场经济的关系——兼论社会主义市民社会的特征",《安徽农业大学学报(社会科学版)》,2000 年 04 期。
30. 田薇:"后现代主义与新儒学、现代化及马克思哲学的关系",《教学与研究》,2000 年 11 期。
31. 顾乃忠:"'近代化'和'现代化'概念之争",《社会科学报》,2001 年 03 期。

中国现代化史

32. 李慎之:"中国文化传统与现代化",《战略与管理》,2000 年 04 期。
33. 李伯重:"英国模式、江南道路与资本主义萌芽",《历史研究》,2001 年 01 期。
34. 顾保国:"近代以来中国社会与现代化分析",《江苏社会科学》,2000 年 02 期。
35. 罗志田:"民族主义与民国政治",《开放时代》,2000 年 05 期。
36. 周积明:"晚清经世实学对中国早期现代化运动的推动",《天津社会科学》,2000 年 03 期。
37. 余宜斌:"晚清政府的自强运动——现代化延误的制度分析",《南京社会科学》,2000 年 06 期。
38. 蒋伟新:"孙中山关于中国城市现代化的构想",《南京经济学院学报》,2000 年 05 期。
39. 高燕宁:"辛亥革命与中国政治现代化——兼论'告别革命'论的理论缺陷",《内蒙古社会科学(汉文版)》,2001 年 02 期。
40. 朱荫贵:"引进与变革:近代中国企业官利制度分析",《近代史研究》,2001 年 04 期。
41. 刘集林:"抗战时期一次关于西化问题的讨论",《社会科学研究》2000 年 01 期。
42. 蒋永清:"近代中国走向现代化的阻滞与转机",《华中师范大学学报(哲学社会科学版)》,2000 年 01 期。
43. 何友良:"决定国家民族命运的千秋大业——中国社会主义与现代化建设并进思路的简略考察",《当代中国史研究》,2000 年 03 期。
44. 张勇:"新民主主义理论与三四十年代关于中国现代化的论争",《中共党史研究》,2000 年 02 期。
45. 吴效群、杨红梅:"论近代以来中国的国家与社会关系",《河南社会科学》,2000 年 03 期。

46. 孙晓莉:"中国现代化进程中的国家与社会走向",《教学与研究》,2000 年 08 期。
47. 丁三青:"现代性与近代中国革命",《中国矿业大学学报(社会科学版)》,2000 年 02 期。
48. 黄世楚:"宗族现代化初探",《社会科学研究》,2000 年 04 期。
49. 杨慧锦:"现代化——毛泽东构建的中国社会发展的目标",《生产力研究》,2000 年 03 期。
50. 冯志勇:"国民的科学文化素质与我国现代化",《河南社会科学》,2000 年 02 期。
51. 杨雪:"毛泽东邓小平对中国社会主义现代化建设道路的探索",《沈阳农业大学学报(社会科学版)》,2000 年 02 期。
52. 龚新蜀:"中国工业化五十年回眸与评析",《长春市委党校学报》,2000 年 02 期。
53. 顾保国:"近代以来中国社会与现代化分析",《江苏社会科学》,2000 年 02 期。
54. 林小波、高玉宽:"论胡适对中国现代化的贡献",《开封教育学院学报》,2000 年 03 期。
55. 李玉珂:"邓小平的社会主义现代化思想探析",《辽宁师范大学学报(社会科学版)》,2000 年 05 期。
56. 龚绍林:"邓小平'两个大局'战略构想与中国现代化",《南昌大学学报(社会科学版)》,2000 年 04 期。
57. 吕书正:"'小康社会'与中国现代化道路",《学习时报》,2000 年 11/13。
58. 龚新蜀、刘桂清:"可持续发展:21 世纪中国现代化的主题",《松辽学刊(社会科学版)》,2000 年 05 期。
59. 宇一:"信息化进程中的中国现代化战略问题",《中共山西省委党校学报》,2000 年 03 期。

三农与现代化

60. 赵泉民:"论晚清重农思潮",《社会科学研究》,2000 年 06 期。
61. 阎海涛:"论农民在中国现代化中的作用",《东北师大学报(哲学社会科学版)》,2000 年 03 期。
62. 阎海涛:"世界发达国家农业现代化的经验和启示",《长春师范学院学报》,2000 年 01 期。
63. 苏文:"现代化进程中的农民——中国与苏俄之比较",《当代世界与社会主义》,2000 年 02 期。
64. 马约生:"农业在日本早期现代化过程中的地位和作用",《扬州大学学报(人文社会科学版)》,2001 年 04 期。
65. 林毅夫:"我国城市发展和农村现代化的几点意见",《决策咨询》,2001 年 8 期。
66. 李建民:"对我国农业现代化发展道路的再认识",《财经问题研究》,2000 年 02 期。
67. 罗宗美、郑庆昌:"构筑农村发展新平台:产业化,城镇化,文明化",《福建农业大学学报(社会科学版)》,2000 年 01 期。

68. 潘逸阳:"农民主体与21世纪中国社会的发展和进步",《江西社会科学》,2000年04期。
69. 宋亚平:"'三农'问题的根本出路在于现代化",《江汉论坛》,2000年08期。
70. 熊吕茂:"梁漱溟的乡村建设理论与实践评析",《岭南学刊》,2000年03期。
71. 杨素群:"中国农业现代化若干问题对策思考",《山东师大学报(社会科学版)》,2000年04期。
72. 李培文:"论中国农民在现代化进程中的两难处境",《宁夏党校学报》,2000年03期。
73. 黄熙:"乡镇企业现代化的理论探讨",《乡镇经济》,2000年05期。
74. 王仁发、张文勇:"论西部农业现代化及对策",《重庆师院学报(哲学社会科学版)》,2000年04期。

中国现代化的区域研究

75. 喻希来:"21世纪中国现代化议程(上)",《战略与管理》,2001年02期。
76. 喻希来:"21世纪中国现代化议程(下)",《战略与管理》,2001年04期。
77. 陈凌:"论浙江现代化的内发性进程",《浙江学刊》,2000年02期。
78. 冯年华、王飞:"南京城市现代化的战略目标与对策研究",《南京师范专科学校学报》,2000年01期。
79. 沈满洪:"浙江省现代化进程中生态环境建设的分析比较及对策思考",《浙江学刊》,2000年02期。
80. 李吉生、路凯旋:"WTO和天津市农业现代化",《天津农业科学》,2000年01期。
81. 陈杰:"广东省基本实现现代化指标体系及其预测",《中国软科学》,2000年01期。
82. 田宝琴、彭昆仁:"广东省现代化进程中农村产业结构的调整研究",《南方经济》,2000年06期。
83. 曹锡仁:"试析'海南热'中的社会心态",《海南大学学报(社会科学版)》,2000年01期。
84. 任维德:"社会转型与民族发展——中西部民族地区现代化进程的实证分析与对策研究",《内蒙古社会科学(人文版)》,2000年04期。
85. 郑振清、徐斌:"试析加入WTO后台湾对大陆经贸政策的两面性",《现代台湾研究》,2001年04期。
86. 刘志武:"西部发展小城镇:意义·问题·对策",《延安大学学报(哲学社会科学版)》,2000年04期。
87. 王梦奎:"西部开发与中国的现代化",《人民日报》,2000年7月6日。
88. 木拉提·巴海:"西部大开发战略与'三步走'发展战略",《乌鲁木齐成人教育学院学报》,2000.03。
89. 罗卫东:"改革开放以来浙江现代化进程的回顾与展望",《浙江学刊》,2000年06期。
90. 唐建明:"新民学会与湖南社会的现代化",《邵阳师范高等专科学校学报》,2000年04期。

91. 沈远新:"关于民族地区现代化的几个重大问题的思考",《贵州民族研究》,2000年01期。
92. 宋蜀华:"民族学的应用与中国民族地区现代化",《中央民族大学学报(哲学社会科学版)》,2000年05期。
93. 洪银兴:"奠定新世纪江苏经济发展的基础:经济结构现代化",《现代经济探讨》,2000年06期。
94. 王合生:"长江三角洲地区现代化进程中的问题与对策——以无锡市为例",《现代城市研究》2000年01期。
95. 韦家朝:"西部大开发、现代化与广西少数民族贫困地区的发展",《广西大学学报(哲学社会科学版)》,2000年06期。

各国现代化研究

96. 车效梅:"埃及的现代化历程",《西亚非洲》,2000年02期。
97. 程文进:"美国公司的现代化进程",《首都师范大学学报(社科版)》,2000年03期。
98. 万昌华:"韩国政治现代化的历史考察",《读书》,2000年10期。
99. 张家唐:"简述拉美现代化进程及问题",《河北大学学报(哲学社会科学版)》,2000年01期。
100. 姚大学、王泰:"中东国家的现代化改革及其发展前景",《内蒙古民族师院学报(汉文版＊哲学社会科学版)》,2000年03期。
101. 田文林:"伊斯兰复兴运动的政治现代化追求",《西亚非洲》,2000年03期。
102. 田文林:"抗拒与变迁:中东经济现代化的多维透视",《阿拉伯世界》,2001年03期。
103. 高鸿钧:"冲突与抉择:伊斯兰世界法律现代化",《比较法研究》,2001年04期。
104. 冀开运、钟秀萍:"伊斯兰原教旨主义与伊斯兰国家的现代化",《宁夏社会科学》,2001年06期。
105. 姚大学:"当代中东伊斯兰复兴运动的现代化释义",《内蒙古民族大学学报(社会科学版)》,2001年02期。
106. 朱荫贵:"中日早期现代化中资金问题的比较研究(1870—1911年)",《上海行政学院学报》,2001年03期。
107. 张四齐、林承节:"试析拉吉夫的经济思想",《南亚研究季刊》,2000年04期。
108. 赵自勇:"自由贸易的优势和局限性:1819—1959年新加坡经济发展形态研究",《华南师范大学学报(社会科学版)》,2000年01期
109. 王泰:"论埃及早期现代化的道路与模式",《内蒙古民族大学学报(社会科学版)》,2001年04期。
110. 陈芝芸:"墨西哥现代化进程中的地区发展问题",《拉丁美洲研究》,2000年05期。
111. 景德祥:"现代化理论与德国近现代史研究——联邦德国史学界研讨情况",《史学理论研究》,2001年02期。
112. 梁志明:"论东南亚区域主义的兴起与东盟意识的增强",《当代亚太》,2001年03

期。
113. 钱乘旦:"宗教对抗国家——埃及现代化的难题",《世界历史》,2000 年 03 期。
114. 钱乘旦:"寻找现代化的楷模——论明治维新的失误",《开放时代》,2000 年 03 期。
115. 陈晓律、陆艳:"在民主与权威之间——马来西亚政治发展特点剖析",《世界历史》,2000 年 04 期。
116. 董经胜:"拉美民众主义的特点及其演变",《山东师大学报(社会科学版)》,2000 年 03 期。
117. 董经胜:"拉美军队的新职业化与军人参政——20 世纪六七十年代巴西、秘鲁之比较研究",《拉丁美洲研究》,2000 年 04 期。
118. 洪广烨、郑成宏:"中国和韩国的传统思想与现代化",《当代韩国》,2001 年 04 期。
119. 马万利:"试论日本法西斯主义的反现代化思想渊源",《池州师专学报》,2001 年 04 期。
120. 董正华:"伊斯兰复兴运动中的'原教旨主义':现实与历史的成因",《战略与管理》,2001 年 06 期。
121. 马万利:"试论日本法西斯主义的反现代化思想渊源",《池州师专学报》,2001 年 04 期。
122. 沈宗武:"苏联集体农庄经济制度的形成原因及若干思考",《东欧中亚研究》,2000 年 03 期。
123. 冀开运:"论伊朗的半殖民地化、西方化与现代化",《商洛师范专科学校学报》,2000 年 01 期。
124. 张清:"撞击与吸收的交织——日本现代化'和'、'洋'文明融合趋势的出现",《贵州大学学报(社会科学版)》,2000 年 02 期。

现代化与全球化

125. 葛洪泽:"全球化与现代化",《马克思主义与现实》,2000 年 05 期。
126. 庞中英:"另一种全球化——对'反全球化'现象的调查与思考",《世界经济与政治》,2001 年 02 期。
127. 庞中英:"东盟与东亚:微妙的'东亚地区主义'",《太平洋学报》,2001 年 02 期。
128. 洪广烨、郑成宏:"中国和韩国的传统思想与现代化",《当代韩国》,2001 年 04 期。
129. 陈晓律:"全球化进程中的民族主义",《世界历史》,2001 年 04 期。
130. 万俊人:"全球化的另一面",《读书》,2000 年 01 期。
131. 刘杰:"经济全球化进程中的文化主权问题",《世界经济研究》,2000 年 01 期。
132. 周敏凯、谭再文、张玲:"全球化与民族主义",《国际观察》,2000 年 06 期。
133. 肖宪、袁勤:"论全球化的发展趋势",《思想战线》,2000 年 01 期。
134. 赵行良:"现代化、全球化与中国人文精神的当代建构",《广东社会科学》,2000 年 04 期。

现代化思想评论

135. 吴梓明:"宗教教育的世俗化与现代化——香港中文大学崇基学院个案研究",《复旦学报(社会科学版)》,2000年03期。
136. 俞吾金:"现代化:一个批评性的反思",《人文杂志》,2000年05期。
137. 刘德斌:"现代化研究的新视角——《改革与现代化》",《史学集刊》,2000年04期。
138. 李喻喻:"现代化问题的病理研究——评《现代化通病》",《世界历史》2000年03期。
139. 冯棠:"从现代化的角度考察法国大革命——评马生祥著《大革命与现代化》",《世界历史》2000年04期。
140. 吕一民:"用历史社会学的研究方法探究发达国家的现代化之路——评《发达国家的现代化道路》",《世界历史》,2001年04期。
141. 李伯重:"'相看两不厌'——王国斌《转变的中国:历史变迁及欧洲经验的局限》评介",《史学理论研究》,2000年02期。
142. 邹兆辰、杨丽珍:"罗荣渠的现代化研究及对当代史学的影响——访林被甸教授",《史学月刊》,2001年03期。
143. 王海光:"从求强、求富到人的现代化——中国现代化50年发展战略的反思",《北京行政学院学报》,2000年04期。
144. 陆玉林:"东亚经济危机之后反思'儒教假说'",《中国青年政治学院学报》,2000年04期。
145. 程宗璋:"关于民法与现代化的思考",《内蒙古工业大学学报(社会科学版)》,2000年01期。
146. 黄凤志:"关于20世纪中东国家现代化问题的思考",《内蒙古民族师院学报(汉文版*哲学社会科学版)》,2000年03期。
147. 赵子祥:"社会学与中国社会变迁20年",《社会科学辑刊》,2001年01期。
148. 陈廷湘:"从近二十年儒学讨论看东亚区域意识的强化",《社会科学研究》,2001年01期。

现代性探讨

149. 甘阳:"西方现代性的史诗与挽歌",《读书》,2001年06期。
150. 杨敏:"后发现代化的发展逻辑与现实悖论——从国家与社会的分离看社会现代化",《贵州社会科学》,2000年04期。
151. 谢立中:"'现代性'及其相关概念词义辨析",《北京大学学报(哲学社会科学版)》,2001年05期。
152. 刘小枫:"施密特与政治哲学的现代性",《浙江学刊》,2001年03期。
153. 陈振声:"东亚现代性的世界性涵义——杜维明教授对全球化、现代化与多元化理解和认识问题",《西南民族学院学报(哲学社会科学版)》,2000年10期。
154. 秦晖:"自由主义、社会民主主义与当代中国'问题'",《战略与管理》,2000年05期。
155. 杜维明:"'公共知识分子'与儒学的现代性发展",《贵州师范大学学报(社会科学版)》,2001年01期。
156. 赵映显:"现代、民族主义与后现代之间——韩国的'东亚话语'",《山东师大学报(社会科学版)》,2000年04期。

二、专著

现代性与现代化理论

1. (英)安东尼·吉登斯:《现代性的后果》,田禾译,译林出版社2000年版。
2. (德)乌尔里希·贝克 等著:《自反性现代化:现代社会秩序中的政治、传统与美学》,赵文书译,商务印书馆2001年版。
3. (美)杜维明:《东亚价值与多元现代性》,中国社会科学出版社2001年版。
4. 尹保云:《什么是现代化:概念与范式的探讨》,人民出版社2001年版。
5. (德)沃尔夫·查普夫:《现代化与社会转型》,陈黎、陆宏成译,社会科学文献出版社2000年版。
6. 聂运麟:《政治现代化与政治稳定》,湖北人民出版社2000年版。
7. (美)罗纳德·H.奇尔科特:《比较政治学理论》,社会科学文献出版社2001年版。
8. 李元书主编:《政治发展导论》,商务印书馆2001年版。
9. (美)杰弗里·亚历山大:《社会学二十讲:二战以来的理论发展》,贾春增、董天民等译,华夏出版社2000年版。

全球化问题

10. (德)乌·贝克、哈贝马斯等著:《全球化与政治》,王学东、柴方国等译,中央编译出版社2000年版。
11. (美)布鲁斯·罗宾斯:《全球化中的知识左派》,中国社会科学出版社2000年版。
12. 王正毅:《世界体系论与中国》,商务印书馆2000年版。
13. 林振江、梁云祥主编:《全球化与中国日本》,新华出版社2000年版。
14. (美)伊曼纽尔·沃勒斯坦:《现代世界体系》,尤来寅等译,高等教育出版社2000年版。
15. (德)贡德·弗兰克:《白银资本》,中央编译出版社2000年版。
16. (英)齐格蒙特·鲍曼:《全球化:人类的后果》,商务印书馆2001年版。
17. 厉以宁:《经济全球化与西部大开发》,北京大学出版社2001年版。

18. 马陵:《疆界的终结——全球化》,新华出版社 2001 年版。
19. 王梦奎主编:《经济全球化与政府的作用》,人民出版社 2001 年版。
20. 北大马克思主义文献研究中心:《共产党宣言与全球化》,北京大学出版社 2001 年版。

专 题 研 究

21. (美)列文森:《儒教中国及其现代命运》,郑大华、任菁译,中国社会科学出版社 2000 年版。
22. 刘靖华、东方晓:《现代政治与伊斯兰教》,社会科学文献出版社 2000 年版。
23. (美)詹姆斯·C.斯科特:《农民的道义经济学:东南亚的反叛与生存》,程立显、刘建等译,译林出版社 2001 年版。
24. 林承节:《印度现代化的发展道路》,北京大学出版社 2001 年版。
25. 刘祖熙:《改革和革命——俄国现代化研究(1861—1917)》,北京大学出版社 2001 年版。
26. 张蕴岭主编:《亚洲现代化透视》,社会科学文献出版社 2001 年版。
27. 孙晓莉:《中国现代化进程中的国家与社会》,中国社会科学出版社 2001 年版。
28. 倪鹤琴:《审美视野中的城市风景:深圳迈向现代化进程中的文化建构》,中国社会科学出版社 2001 年版。
29. 单世联:《现代性与文化工业》,广东人民出版社 2000 年版。
30. 李明德、江时学主编:《现代化:拉美和东亚的发展模式》,社会科学文献出版社 2000 年版。

其 他

31. 中国现代化报告课题组:《中国现代化报告 2001》,北京大学出版社 2001 年版。
32. 许宝强、渠敬东选编:《反市场的资本主义》,中央编译出版社 2001 年版。
33. 许宝强、汪晖选编:《发展的幻象》,中央编译出版社 2001 年版。
34. (英)埃里克·霍布斯鲍姆:《民族与民族主义》,李金梅译,上海人民出版社 2000 年版。
35. (英)安东尼·吉登斯:《第三条道路》,郑戈译,北京大学出版社 2000 年版。
36. 蒋梦麟:《西潮·新潮》,岳麓书社 2000 年版。
37. 何传启:《第二次现代化的行动议程 I:公民意识现代化》,中国经济出版社 2000 年版。
38. 何传启:《第二次现代化的行动议程 II:K 管理:企业管理现代化》,中国经济出版社 2000 年版。
39. 何传启、张凤:《第二次现代化前沿 I:知识创新——竞争新焦点》,经济管理出版社 2001 年版。

40. 何传启:《第二次现代化前沿 II:分配革命——按贡献分配》,经济管理出版社 2001 年版。

(郑振清 昝涛辑录;第一辑所载 1998 年论著索引由周东华辑录)

图书在版编目(CIP)数据

现代化研究.第3辑/北京大学世界现代化进程研究中心主编.—北京:商务印书馆,2005
ISBN 7-100-04277-1

Ⅰ.现… Ⅱ.北… Ⅲ.现代化—研究—世界—文集 Ⅳ.K14-53

中国版本图书馆 CIP 数据核字(2004)第 102741 号

所有权利保留。
未经许可,不得以任何方式使用。

本书出版获得"北京大学创建
世界一流大学计划"的资助

XIÀN DÀI HUÀ YÁN JIŪ
现 代 化 研 究
第 三 辑
北京大学世界现代化进程研究中心 主编

商 务 印 书 馆 出 版
(北京王府井大街36号 邮政编码 100710)
商 务 印 书 馆 发 行
北京瑞古冠中印刷厂印刷
ISBN 7 - 100 - 04277 - 1/K·819

2005 年 1 月第 1 版　　开本 787×960　1/16
2005 年 1 月北京第 1 次印刷　印张 29¼
定价:42.00 元